Die Teile und das Ganze

Bausteine der literarischen Moderne in Österreich

Herausgegeben von Bernhard Fetz und Klaus Kastberger

Paul Zsolnay Verlag

Die Reihe *Profile* wird unterstützt von:
Österreichische Nationalbibliothek
Bundeskanzleramt, Wien
Magistrat der Stadt Wien – Kultur

ISBN 3-552-05215-1

6. Jg. 2003, Band 10 der Reihe
Diese Buchreihe kann zur Fortsetzung über den Buchhandel bezogen werden.
Herausgeber: Österreichisches Literaturarchiv der Österreichischen Nationalbibliothek

Gestaltung und Produktion: Thomas Kussin, Gabi Schuster für buero8, Wien
Covergestaltung: Thomas Kussin
Druck und Bindung: Friedrich Pustet, Regensburg
Printed in Germany

Inhaltsverzeichnis

BAUSTEINE

Von der Romantik zur Postmoderne

Ruinen / Schnitte / Samples

Der Schatten des Ganzen

Von László F. Földényi

Zu fragmentarisch ist Welt und Leben!
Ich will mich zum deutschen Professor begeben.
Der weiß das Leben zusammenzusetzen,
Und er macht ein verständlich System daraus;
Mit seinen Nachtmützen und Schlafrockfetzen
Stopft er die Lücken des Weltenbaus.

Heines Zeilen aus dem *Buch der Lieder* zeugen vom heiteren und freisinnigen Gemüt ihres Verfassers. Und darüber hinaus auch von der veränderten Stimmung zum Ende der 1820er Jahre. Bis dahin war die Idee eines Systems oder eines Ganzen vollends zur Zielscheibe des Spottes geworden; statt ein Attribut des Göttlichen zu sein, sei es bloß eine Maske, mit deren Hilfe ein Teil der Sterblichen sich den Anschein von Unsterblichkeit verleihen mochte. Heine macht keinen Hehl daraus, daß der König nackt ist: Er möchte zwar als ein göttliches Ganzes erscheinen, verspürt im Grunde seines Herzens jedoch eine eisige Angst, die er mit Hilfe der Maske des Systems und des gesunden Menschenverstandes verbergen möchte.

Wovor diese Angst? Vor der Fragmentiertheit, sagt Heine. Vor etwas, das übrigens in der Tat furchterregend sein kann. In dem die Gefahr des Zerfalls, der Zerrüttung lauert. Das Fragment ist wie eine Mine: Tritt man darauf, explodiert es. Und mit ihm explodiert noch vieles mehr: die Literatur genauso wie die Moral oder das System der Sitten. Oder sogar der Staat. Es hat etwas Terroristisches an sich. Nach übereinstimmender Ansicht hat sich das Fragment zum Ende des 18. Jahrhunderts zu einer ästhetischen Kategorie hochgekämpft. Aber die ästhetische Sichtweise ist an sich schon das Ergebnis einer Art Zähmung. Selbst im Kern der ausufernden Fragment-Ästhetik der Jenaer Romantiker spürt man noch die Angst vor der zerstörerischen Wirkung des Fragments. In einem seiner berühmten Fragmente vergleicht Friedrich Schlegel das Fragment mit einem Igel: „Ein Fragment muß gleich einem kleinen Kunstwerke von der umgebenden Welt ganz abgesondert und in sich vollendet sein wie ein Igel.“ (Schlegel 1958, 197) Aber wenn wir die Metapher des liebenswerten Igels ausdehnen und – wie es manche der Romantiker getan haben – das ganze Universum als ein einziges Fragment zu sehen beginnen, dann wächst dieser Igel ins Schreckliche, wird wie der „eigentümliche [...] Apparat" in Kafkas Erzählung *In der Strafkolonie.* Er spießt nicht mehr Blätter, sondern lebendige Menschen auf.

Im folgenden wird nicht von den ästhetischen Aspekten des romantischen Fragments die Rede sein, sondern von dieser ihm innewohnenden zerstörerischen, das menschliche Leben bedrohenden Kraft. Von seiner Fähigkeit, einem unaufhaltsamen Mechanismus gleich, die ganze menschliche Existenz einschließlich des Körpers zu zerstückeln, in Fragmente – mit anderen Worten: verstümmelte Glieder – zu zerlegen.

*

Auf diese hinter der Maske des Ganzen verborgene Angst war Heine aufmerksam geworden. Das Fragment bejaht gegebenenfalls noch die eigene Vernichtung und Auflösung mit aller Leidenschaft. Und natürlich reduziert es auch das Leben auf das, „was ist" (um es mit Georges Bataille auszudrücken): beraubt es der Illusion eines umfassenden Sinnes. Deshalb bedarf es der Nachtmützen und Schlafrockfetzen; mit ihnen kann man alle Lücken stopfen, damit das Leben abgerundet erscheine. Es entsteht der Eindruck, als hätte es einen Sinn, als wären sein Anfang und sein Ende miteinander verknüpft. Die Idee des Ganzen legt die Erlösung nahe. Das Fragment gewährt Einblick ins Nichts.

„Die Menschen vergehen darum, weil sie nicht die Kraft haben, den Anfang an das Ende anzuknüpfen", schrieb der vorsokratische Weise Alkmaion – und bezeichnenderweise blieb sein Ausspruch als Fragment (Diels-Kranz 1989, 215) erhalten. Anders ausgedrückt: Die Zügel ihres Lebens entgleiten ihren Händen, sie verfehlen das Ganze und werden schon durch ihre bloße Existenz zu Verkörperungen des Fragments. Es ist verständlich, daß sie stets vom Fragment zum Ganzen, von der Vergänglichkeit zur Unvergänglichkeit gestrebt haben. Die europäische Kultur läßt sich auch als ein von Platon bis Hegel währendes Gefühl von Heimweh beschreiben, das den Dichtern, den Denkern, den Gläubigen, ja selbst den Liebenden stets eingeflüstert hat, sie müßten versuchen, irgendwie aus der Schattenwelt des Fragments ins Sonnenlicht des Ganzen hinauszugelangen.

Verglichen mit dem Ganzen galt das Fragment schon immer als schattenhaft. Aber wessen Schatten könnte es sein, wenn nicht der des Ganzen? Wenn dem so ist, stellt sich die Frage, weshalb das Ganze überhaupt einen Schatten wirft? Weshalb es sich nicht mit sich selbst, mit seiner eigenen Helligkeit begnügt? Weshalb es sich genötigt sieht, außer seines Selbst etwas zu dulden, was später es selbst ausschließen und verleugnen wird? So lautete eine der Grundfragen der Gnosis, die zum Ende des 18. Jahrhunderts eine bis dahin ungekannte Aktualität erlangte. Und die nicht zuletzt auch dem vom Ganzen abgefallenen Fragment zu einer glänzenden Karriere verhalf.

Die gleiche Epoche war es auch, die mit beispielloser Leidenschaft eine Antwort auf die Frage nach dem Verhältnis zwischen dem Schöpfer und der sich gegen ihn wendenden Schöpfung, zwischen dem Guten und dem entfesselten, bodenlosen Bösen zu suchen begann. Die Laufbahn des Fragments ist unlösbar verbunden mit der Suche nach dem Ursprung des Bösen, die in der Epoche der Romantik fast niemanden unberührt ließ. Natürlich hat die Erschütterung des Vertrauens zum Schöpfer schon lange vor der Zeit der Romantik ihre Wirkung gezeigt. In Miltons *Das verlorene Paradies,* dem größten puritanischen Epos aus der Mitte des 17. Jahrhunderts, antwortet Raphael Adam, als ihn dieser nach den Geheimnissen des Weltalls befragt, also Einblick in die Funktionsweise des Ganzen gewinnen möchte, folgendes:

> Heav'n is for thee too high
> To know what passes there; be lowlie wise:
> Think onely what concernes thee and thy being;
> Dream not of other Worlds, what Creatures there
> Live, in what state, condition or degree,
> Contented that thus farr hath been reveal'd
> Not of Earth onely but of highest Heav'n. (Book VIII)

Raphael versucht Adam zu überreden, sich mit der Fragmentiertheit der Existenz abzufinden. Aber Adam kommt sich, da er vom Geheimnis des Anfangs und des Endes ausgeschlossen worden ist, zu Recht wie ein dem Nichts anheimgefallener Splitter vor, der vom Ganzen abgesprungen ist. Das hält er später dem Schöpfer vor:

> Did I request thee, Maker, from my Clay
> To mould me Man, did I sollicite thee
> From darkness to promote me? (Book X, 743–5)

Die Frage klingt selbstverständlich. Wie es auch selbstverständlich war, daß die gleiche Frage eineinhalb Jahrhunderte später zum Motto jenes Romans wurde, der am allerradikalsten die Frage nach der Zersplitterung stellte. Mary Shelleys *Frankenstein* (1818) behandelte das Problem der Fragmentiertheit als Grundgegebenheit des menschlichen Lebens. In einer Schlüsselpassage der Geschichte spricht der Dämon, der im Roman die innersten Zweifel und Sehnsüchte seines Schöpfers Frankenstein verkörpert und dessen Körper von vornherein aus Fragmenten besteht, aus in Schlachthäusern und Leichenhallen zusammengesuchten Körperteilen so zusammengeflickt ist, daß die Nähte noch gut erkennbar sind, folgendes: „My person war hideous, and my stature gigantic: what did this mean? Who was I? What was I? Whence did I come? What was my destination? These questions continually recurred, but I was unable to solve them." (Shelley 1969, 128) Diese Fragen hätte der Dämon auch in Kants *Kritik der Urteilskraft* finden können. Aber seine Folgerungen unterscheiden sich von denen Kants. Der Dämon ist der charakteristische Schatten jenes neuzeitlichen Menschen, der sein Vertrauen zum Schöpfer verloren hat, der keinen verläßlichen metaphysischen Zusammenhang über oder hinter sich mehr empfindet und der den Anfang und das Ende deshalb auch nicht miteinander zu verknüpfen vermag. Er hat im Roman sein Leben erhalten, ohne darum gebeten zu haben, und wird es verlieren, ohne diesbezüglich gefragt zu werden. Das Leben ist für ihn in der Tat ein einziges, gewaltiges Fragment. Ein Ereignis ohne Voraussetzung und ohne Auswirkung. Ein sinnloser Unfall.

*

In der Epoche der Romantik diente die Emanzipation des Fragments dazu, den Zusammenbruch der Metaphysik aufzuwiegen. Das Fragment hat das Ganze gleichsam entthront, wobei es selbst dessen Platz einnahm und zum neuen Ganzen wurde – zu einem negativen Universum. An Stelle des Lichtes erschuf es das Reich der Dunkelheit, so wie Heinrich in Novalis' *Heinrich von Ofterdingen,* der am immer mehr in Fragmente ausufernden Ende des Romans auch die Sonne zerschmettert. An ihrer Stelle erschafft er das Reich der Nachtsonne, die genauso scheint wie das Licht des Tages, nur daß dieses Licht – wie auf den Nachtgemälden von Caspar David Friedrich – eine tödliche Färbung hat. Das Fragment ist das Werkzeug der von der Nachtseite her erfolgten Schöpfung.

Das Fragment erschafft so, daß es das Erschaffene mit derselben Geste auch wieder auslöscht. Die Wirkung (das, was erschaffen wurde) löscht die Ursache (die

Geste des Erschaffens) aus und kommt ihr damit auch zuvor. Neben den um die Zeitschrift *Athenaeum* versammelten Theoretikern des Fragments muß auch auf einen ihrer Zeitgenossen hingewiesen werden, den man sonst nicht mit ihnen in Verbindung zu bringen pflegt: den Marquis de Sade. In *Justine* (1791) spricht der Libertin Bressac die Bosheit unter Berufung auf die Natur frei, indem er die allgemeine Ansicht zurückweist, daß jede Wirkung eine Ursache habe: „Man schärft uns mit bedeutungsvoller Miene ein, daß keine Wirkung ohne Ursache sei; man wiederholt uns fortwährend, daß sich die Welt nicht selber geschaffen habe: mithin ist das Weltall jedoch sehr wohl eine Ursache und mitnichten eine Wirkung oder ein gewirktes Werk". (de Sade 1990, 174) Die Welt ist kein zusammenhängendes System, sondern ein zusammenhangloser Haufen in sich bestehender Teile, behauptet Sade; alles existiert um seiner selbst willen, nichts läßt sich auf irgendein Ganzes zurückführen. Wie es später die Protagonistin in *Juliette* formuliert: „Früher hielt ich mich noch an die Natur, meine neuen Gedanken lösen mich von ihr. Wir hängen von ihr vielleicht genauso wenig ab wie von Gott. Vielleicht hängen Ursachen und Wirkungen gar nicht zusammen." (de Sade 1998, 180)

Wie über ein Jahrhundert später Alfred Jarry, der Erfinder der Theorie der Pataphysik, verleiht auch Sade dem Zufall und der Zusammenhanglosigkeit Gesetzeskraft, ohne diesem „Gesetz" irgendeine einigende Kraft zuzuschreiben. Im Gegenteil: Dieses Gesetz ist das „Gesetz der Fragmente", das einheitlichen Erklärungen entgegenwirkt. Unter seinem Einfluß wird alles schrecklich. Es ist das Gesetz des ‚Todes'. In Sades Universum zerfällt die Welt in tödliche Fragmente. Oder – und das ist dasselbe – jeder Einzelfall erlangt absolute Gültigkeit, ohne deshalb aufzuhören, ein Einzelfall zu sein. Ein solches Leben ist dynamisch und paralysiert zugleich. Einerseits ist das Fragment ein Ausdruck der Einfachheit, lebendig und unendlich; andererseits ist es unzugänglich und tödlich erstarrt. Beweglich, sich nach außen öffnend, zugleich nach innen gekehrt, eingekapselt. Es erschafft, indem es das Erschaffene auch wieder zurücknimmt.

*

Dieser doppelte Aspekt des Fragments wird anschaulich, wenn wir zwei Romane nebeneinanderstellen, in denen die Fragmentiertheit eine vergleichbare strukturelle Bedeutung hat: de Sades *Die 120 Tage von Sodom* (1785) und Novalis' *Heinrich von Ofterdingen* (1800–1802). Beide sind fragmentarisch, wenn auch auf je eigene Weise. Novalis' Roman ist in erster Linie wegen des Todes seines Verfassers ein

Torso geblieben. Dennoch lassen die Struktur und der beabsichtigte Ausgang des Romans seine Vollendbarkeit von vornherein zweifelhaft erscheinen. *Heinrich von Ofterdingen* erweckt den Eindruck, als wäre er nicht wegen Novalis' Tod fragmentarisch geblieben, sondern umgekehrt, als wäre sein Verfasser wegen der Unvollendbarkeit seines Werkes gestorben. Auf andere Weise sind auch *Die 120 Tage von Sodom* ein Torso geblieben, auch wenn an seinem Ende ein Punkt steht. Aber seine Fragmentiertheit ist von anderer Natur. *Heinrich von Ofterdingen* ist gleichsam vertikal unendlich; Novalis hat in ihm metaphysische Dimensionen aufgezeichnet, die über das traditionelle metaphysische Denken hinausweisen und den Roman auf das nie zu vollendende Unmögliche hin öffnen. Im Gegensatz dazu wirkt Sades Roman so, als wäre er von Reifen umschlossen. In dieser Verschlossenheit erscheint, die Gestalt des Todes annehmend, das Unmögliche. Und dieses tödliche Unmögliche zermalmt zum Schluß nicht nur alles, sondern läßt auch den Verlauf des Romans brüchig und fragmentarisch werden. Novalis' Werk ist fragmentiert, weil die die Romanwelt erschaffenden Kräfte explodieren; die Fragmentiertheit von Sades Buch ist Folge einer Implosion. *Heinrich von Ofterdingen* ist ein Vulkan. *Die 120 Tage von Sodom* hingegen ein dunkel glühender Schlackenberg.

Dementsprechend symmetrisch ist die fragmentierte Natur beider Romane. Sie spiegeln einander wider, ergänzen sich jedoch auch. Beide sind gerade infolge ihres Strebens nach Vollendung gigantische Torsi geblieben. Statt der Vollendung des Ganzen kennzeichnet beide das Fehlen des Ganzen. Beide Verfasser wollten die Ganzheit des Universums erfassen – mit einer in der französischen, deutschen und englischen Epik des 18. Jahrhunderts nie gekannten Vehemenz. Wollte man nach einer Parallele suchen, müßte man sich an Dantes *Göttliche Komödie* wenden. Allein mit Dantes auf das Positive hin ausgerichteten Universum läßt sich das in diesen beiden Romanen sich entfaltende negative Universum vergleichen. Einerseits sind die Entwürfe des Universums bei Dante beziehungsweise bei Sade und Novalis gleichermaßen in sich geschlossen. So heißt es am Ende von Dantes Werk:

> O ew'ges Licht, das, auf dir selbst nur ruhend,
> Allein du selbst dich kennst und, dich erkennend,
> So wie von dir erkannt, dir liebend lächelst!

Auch Sades Universum ist in sich geschlossen; mit den Worten des Verfassers: Auch die von ihm dargestellte Welt ist eine Wirkung ohne Ursache. Aber andererseits wird dieses Universum nicht von Dantes unbewegtem Beweger, sondern vom umgebenden

Nichts gelenkt, das allmählich auch in die Poren dieses Universums eindringt. Durcets von hohen Bergen umstelltes Schloß, in das sich die vier Libertins mit ihren Opfern und den Bediensteten zurückziehen, ist wie ein einsam kreisender Planet. Es ist von einer unüberbrückbaren Schlucht umgeben, zudem reißen seine Bewohner nach ihrem Einzug die einzige Brücke hinter sich ein. Das Ergebnis ist ein solipsistisches Universum. In diesem von allem abgefallenen, in sich ganzen und dennoch fragmentierten Kosmos muß das negative Ganze verwirklicht werden. Und dieses wird paradoxerweise gerade durch seine Fragmentiertheit ganz. Sade schwebt die Idee eines fragmentierten, negativen Universums vor. Mit dessen Hilfe will er das positive Ganze niederreißen, vor dem sich seine Libertins dorthin zurückgezogen haben.

Das negative oder destruktive Ganze vernichtet jedoch nicht nur das positive Ganze, sondern verzehrt allmählich auch sich selbst – wie das auf Goyas kurz darauf entstandenem Gemälde *Saturn* (1820–1823) zu sehen ist. Auf diesem Bild vernichtet der mörderische Gott, sein eigenes Kind verstümmelnd und auffressend, sich selbst. Auf Goyas Gemälde schlagen christliche Mythologie und Jesusgeschichte in ihr Gegenteil um. Infolge der Erschütterung des Gottesvertrauens tritt der zerstörerische Aspekt der Jesusgeschichte in den Vordergrund. Bei Goya wird der Gott selbst fragmentiert, indem er sein eigenes Kind zerreißt. Bei Sade werden wir Zeugen eines ähnlichen Vorgangs: Durcets Schloß wird dadurch zu einem vollendeten und dennoch fragmentierten Universum, daß allmählich alles eine Beute des Todes wird.

Das zeigt sich auch in der Struktur des Romans. Bis zum dreißigsten Tag schreitet die Geschichte als traditioneller Roman voran, entsprechend der für die Gattung charakteristischen, linearen Struktur. Am Ende des dreißigsten Tages betritt unerwartet der Verfasser selbst die Bühne, bittet um das Wort, notiert die Fehler, die er bis dahin begangen hat. Und vom nächsten Tag, dem 1. Dezember, an beschleunigt sich nicht nur die Aufzählung der Perversionen, sondern der Text selbst wird wirr. In seinem Streben nach dem Ganzen führt Sade die Ereignisse immer weniger aus: Er begnügt sich mit immer fragmentierteren Aufzeichnungen. Einerseits registriert er die einzelnen Perversionen genau, nüchtern, beinahe mit kühlem Kopf; andererseits ist er auch in fieberhafter Eile, überhastet sich, schreibt skizzenhaft und beläßt alles in Fragmenten.

So wird in *Sodom* das Fragment zum tödlichen Prinzip: Alles muß erzählt werden, aber gerade deshalb kann nichts wirklich erzählt werden. Sades Text glüht im Würgegriff des ‚Alles' und des ‚Nichts'. Die einzelnen Verbrechen haben keine Voraussetzung (es gibt keine Erklärung für sie) und keine Auswirkung (es gibt keine

Vergeltung, keine Sühne – überhaupt: Alle gehen über sie wortlos zur Tagesordnung über). Deswegen lassen sich die aufgezählten und aufgelisteten Verbrechen auch nicht wirklich als Perversionen bezeichnen, denn sie sind aus jedem moralisch deutbaren System herausgefallen und lassen sich ausschließlich an sich selbst messen. Ihre Fragmentiertheit stellt den einzigen Maßstab dar – jedes Verbrechen ist in sich ein kategorischer Imperativ. Bei Sade zeigt sich am deutlichsten an der Wende vom 18. zum 19. Jahrhundert die zerstörerische, alles verzehrende Wirkung der Fragmentiertheit. Bei ihm sind Fragmente Botschaften eines der Oberhoheit des Schöpfers entrissenen Universums, Offenbarungen des Unmöglichen. Kein Wunder, daß die Fragmente in *Sodom* von einem bestimmten Punkt an immer surrealer werden. Ein Libertin „fickt eine Ziege von hinten, während man ihn peitscht. Die Ziege bekommt ein Kind von ihm, das er ebenfalls fickt, obgleich er ein Monstrum ist." (de Sade 1979, 217) „Ein Arschficker nimmt einem Knaben und einem jungen Mädchen die Eingeweide heraus, gibt die des Knaben in den Körper des Mädchens und umgekehrt, näht sie wieder zu, bindet sie Rücken an Rücken an einen Pfeiler und sieht zu, wie sie sterben." (de Sade 1979, 260)

Die Fragmente von *Sodom* glühen in aller Ewigkeit – ihr Verfasser beabsichtigt mit ihnen nichts weniger als mit ihrer Hilfe alles aufzulösen, einschließlich der Fragmente selbst. Hinter den Fragmenten, aber auch in ihnen selbst spürt man das wachsende Nichts. Am liebsten würden Sades Helden auch die Schöpfung zurücknehmen und das Universum selbst vernichten. Wie Curval, eine der Hauptfiguren in *Sodom,* bemerkt: „Wie oft [...] habe ich mir nicht gewünscht, daß man die Sonne angreifen könne, das Universum berauben oder die ganze Welt vernichten." (de Sade 1979, Bd. I, 215)

Und an dieser Stelle lohnt sich ein Hinweis auf *Heinrich von Ofterdingen.* Dem anständigen, fast beängstigend sanftmütigen Heinrich stehen libertäre Ideen fern, statt des Verbrechens zieht ihn das Gute in seinen Bann. Aber auf seine Weise strebt er nicht weniger nach Universalität als die Libertins und denkt nicht weniger ausschließlich als sie. Kein Wunder, daß wie Curval auch er sich nach nichts Geringerem sehnt, als das Reich der Sonne zu zerschmettern. Wobei ihm die Idee des Guten vorschwebt. „Wann wird es doch [...] gar keiner Schrecken, keiner Schmerzen, keiner Not und keines Übels mehr im Weltall bedürfen?" fragt Heinrich Sylvester im zweiten Teil des Romans. (Novalis, 137) Aber in dieser Frage schwingen die gnostischen Untertöne genauso mit wie in Sades gnadenlosen Gedankengängen. Und auch seine Antwort ist nicht weniger radikal als die der Gnostiker und Sades: Damit die Not und das Böse aufhören, müsse auch das gegenwärtige

Universum aufhören: „Das Weltall zerfällt in unendliche, immer von größeren Welten wieder befaßte Welten. Alle Sinne sind am Ende ein Sinn. Ein Sinn führt wie eine Welt allmählich zu allen Welten." (Novalis, 137) Über die Vernichtung führt der Weg zu jener Erfüllung, die der Titel des zweiten Teils *(Die Erfüllung)* verspricht, die uns der Roman aber natürlich schuldig bleibt. Die Welt muß erst in Fragmente zerfallen, bevor ein qualitativ neues Universum entstehen kann – eines, dessen innerstes Prinzip ebenfalls eine Voraussetzung und Auswirkung nicht kennende, sich jedem Kontext widersetzende Fragmentiertheit ist. Jener Surrealismus, der am Ende von *Sodom* vorherrschend wird, macht sich auch am Ende von Novalis' Roman bemerkbar. Alles, was übernatürlich ist, wird natürlich, Blumen und Tiere beginnen sich über die Menschen zu unterhalten, die Figuren nehmen die Jahreszeiten gefangen, setzen der Zeit ein Ende, lösen den Raum auf. Anders ausgedrückt: Sie lösen das auf, was ist, um Platz zu machen für das, was nicht ist.

*

Sade und Novalis wenden sich unter dem Bann eines negativ definierbaren Ganzen gegen die Idee jenes positiven Ganzen, das sie von der Tradition der europäischen Metaphysik geerbt haben. Eine der prägnantesten Ausführungen dessen findet sich in Hegels *Phänomenologie des Geistes* (1807), in der dieser, zur Deutung der Religion gelangt, schreibt: „Nur das Ganze hat eigentliche Wirklichkeit und daher die Form der reinen Freiheit gegen Anderes, die sich als Zeit ausdrückt." (Hegel 1970, 498) Was eine Existenz in der Zeit hat, ist folglich ärmlich, beschränkt. Mit anderen Worten: Es ist die endliche, unmittelbare Existenz, das gebrechliche, von Schranken eingegrenzte Leben. Was jedoch beschränkt ist, ist nicht von sich aus so, wie es ist; es wird durch etwas definiert, wonach man vergeblich in ihm selbst suchte. (Hegel 1971, 229) Also gewinnt das, was unmittelbar, sinnlich und individuell ist, seine Form letztendlich aus dem, was ihm fehlt. Von der Hegelschen Idee des Ganzen betrachtet, ist das Fragment ein Fragment infolge des Fehlens des Ganzen. Hegels Auffassung ist der Gipfel einer zweieinhalbtausend Jahre alten metaphysischen Tradition, die die Fragmentiertheit mit einem negativen Vorzeichen versehen hat. „Fragmente – seien es die Ruinen der Vergangenheit, seien es die Fragmente der Zukunft – weisen über sich hinaus", schrieb Luther: „Sie leben und wirken in Spannung zu jener Ganzheit, die sie nicht sind und nicht darstellen, auf die hin aber der Betrachter sie zu ergänzen trachtet. Fragmente lassen Ganzheit suchen, die sie aber selber nicht bieten und finden lassen." (zit. in: Grimmer 2000, 253)

Gegen diese traditionelle Idee des Ganzen, die an der Wende vom 18. zum 19. Jahrhundert zunehmend nur noch gewaltsam aufrechtzuerhalten war, haben sich Sade und Novalis sowie ein Großteil der Romantiker gewandt. Warum mußten sie sich gegen sie wenden? Weil parallel zur immer schneller werdenden Säkularisation des 18. Jahrhunderts auch die die Idee des Ganzen überwölbende transzendente Schutzschicht Risse bekommen und das göttliche Prinzip, das das Ganze belebt hatte, seine frühere Aktualität eingebüßt hatte. In seiner Prophezeihung *Die französische Revolution* schrieb William Blake 1791: „God, so long worshipp'd, departs as a lamp / Without oil" (137–8). Der junge Hegel vertrat 1798 die Ansicht: Das „Gefühl, worauf die Religion der neuen Zeit beruht – das Gefühl: Gott selbst ist tot." (Hegel 1958, 433) Und August Klingemanns Nachtwächter sprach 1804: „Gottlob, es giebt einen Tod, und dahinter liegt keine Ewigkeit!" (Klingemann 1974, 169) Die Menschen vergehen darum, weil sie den Anfang und das Ende nicht miteinander verknüpfen können, haben wir Alkmaion zitiert. Die Romantiker hingegen empfanden, daß mit dem Verlust der göttlichen Garantie das Ganze (also die vermeintliche Verknüpfung) den Menschen ebensowenig vor der Endgültigkeit des Todes bewahren kann wie die fragmentierte Existenz. Deshalb versuchten sie Kraft vor allem daraus zu schöpfen, was den Sinnen gegeben war: aus der als tödlich empfundenen Zersplitterung, die dennoch so lebendig war, daß sie als Leben zu Ende gelebt werden konnte. „Die Welt ist das Chaos. Das Nichts ist der zu gebärende Weltgott", schrieb Büchner in *Dantons Tod* (IV. Aufzug). Und Grabbe meinte: „Aus Nichts schafft Gott, wir schaffen aus / Ruinen! Erst zu Stücken müßten wir / Uns schlagen, eh' wir wissen, was wir sind / Und was wir können!" (*Don Juan und Faust,* I. 2.)

Für die Romantiker ist das Fragment ebenso ein Ausdruck der Nicht-Identität wie nach der traditionellen, christlichen Auffassung. Der entscheidende Unterschied besteht darin, daß diese Nicht-Identität in ihren Augen kein Ausdruck des Mangels, sondern der Erfüllung ist. Wenn der Mensch sein Vertrauen zum Schöpfer verloren hat, schöpft er Kraft aus dem, was in ihm selbst am gebrechlichsten ist: seiner Vergänglichkeit. Damit hat sich die Luthersche (und Hegelsche) Auffassung gleichsam in ihr Gegenteil verkehrt: Das Fragment weist tatsächlich über sich hinaus, ist mit sich selbst also nicht identisch – aber nicht weil es ein Splitter der Vergangenheit oder der Zukunft wäre, sondern weil es sich mit der Kraft seiner eigenen, endgültigen Fragmentiertheit wappnet. Gerade durch den in ihm herrschenden Mangel erfüllt es sich. Das sichert ihm eine innere Unendlichkeit, der nur die Unendlichkeit des positiven Ganzen gleichkommt. Gerade infolge seiner Nicht-

Identität kann das Fragment zur Quelle von Erfahrungen werden, die früher göttlich genannt worden sind. Parallel zur Beschleunigung der Säkularisation und einsetzend mit der Romantik läßt sich beobachten, daß die positive ‚Idee' (Ideologie) der Identität von der positiven ‚Erfahrung' der Nicht-Identität abgelöst wird. Von da an gehört das letzte Wort jenem tragischen Dualismus, der nach Hans Urs von Balthasar „heroisch die Unvollendbarkeit (als ewige Wiederkehr) absolut setzt (bei Nietzsche), oder das Fragment erfährt im ‚Scheitern' (Jaspers) und in der ‚Entschlossenheit zum Tod' (Heidegger) ein Aufblitzen der Ganzheit, deren man nur auf sie verzichtend ansichtig und teilhaft wird." (Balthasar 1963, 104f.)

*

Kehren wir zum Schatten zurück. Es war die Rede davon, daß das Fragment auch als Schatten des Ganzen – genauer gesagt: des Denkens im Ganzen – gesehen werden kann. Wenn jedoch das Fragment „emanzipiert", jenem metaphysischen Zusammenhang enthoben wird, der im Laufe der europäischen Kulturtradition sich als Gewölbe darüber gespannt hat, dann verselbständigt sich auch der Schatten, wird autonom, fällt von dem „Körper" ab, dessen Anhängsel er bis dahin gewesen ist, und wird selbst zu einer dunkelnden Lichtquelle. Hierher gehört die Geschichte Peter Schlemihls, die Chamisso 1814 veröffentlicht hatte. Darin fällt der Schatten nicht nur metaphorisch, sondern wirklich von seinem Träger ab und verselbständigt sich. Schlemihl zerfällt in zwei Teile, sein Wesen wird fragmentiert. Ein Körper ohne Schatten erweckt einen genauso verstümmelten Eindruck wie ein Schatten ohne Körper. Ähnlich verstümmelte Körper – Körperfragmente – sind auf Goyas zur gleichen Zeit (1810–1820) entstandenen, die Schrecken des Krieges darstellenden Kupferstichen zu sehen *(39: Großtat! Mit Toten);* und etwas früher (1799) sind auf manchen Stücken der Caprichos losgelöste, Schlemihls Schatten ähnelnde Schatten erkennbar, die gleichfalls durch ihr fragmentiertes Wesen bedrohlich wirken *(3: Da kommt der schwarze Mann, 52: Was ein Schneider vermag!).* Ein Jahr nach Chamissos Erzählung erschien Hoffmanns Geschichte *Der Sandmann.* Hier zeigt sich eindrucksvoll, daß der Körper immer dann fragmentiert wird, wenn auch die Seele ihre Ganz-heit, Ein-heit verliert und zerrüttet wird, das heißt in einen Haufen Fragmente zerfällt. Olympias aus Fragmenten, organischen und anorganischen Stücken mechanisch zusammengesetzter Körper ist ein genaues Spiegelbild von Nathanaels gleichfalls in Stücke zerfallener Seele. Und natürlich ähnelt er auch dem Körper Kunigundes in Kleists *Das Käthchen von Heilbronn* (1810) und nimmt den Körper von Frankensteins Geschöpf in Mary Shelleys Roman vorweg, in dem der Dämon folgendermaßen in Erscheinung tritt: „yellow skin scarcely covered the work of muscles and arteris underneath“ (Shelley 1969, 57). Der Dämon ist jedoch seinerseits das Spiegelbild, der losgelöste Schatten Frankensteins, dessen Seele genauso in Stücke zerfallen ist wie die Nathanaels oder Schlemihls.

In *Frankenstein* ist die Fragmentiertheit der menschlichen Kreatur verflochten mit der Frage nach der Schöpfung selbst. Wenn der Schöpfer (Frankenstein) von vornherein ein fragmentiertes Wesen ist, dann muß die Fragmentiertheit auch für sein Geschöpf der natürliche Zustand sein. Zur Zeit der Wende vom 18. zum 19. Jahrhundert ist LaMettries Theorie der menschlichen Maschine von vielen nicht nur wiederbelebt, sondern auch weitergedacht worden: Der Mensch ist eine Maschine, der – um Blake zu zitieren – das Öl ausgegangen ist, so daß der Körper knirscht, klappert, in Stücke zerfällt.

Parallel zum Prozeß der Säkularisation fällt der Körper aus jenem größeren Zusammenhang heraus, dessen Teil er früher gewesen ist. Nach der diesbezüglichen Fachliteratur läßt sich die „Emanzipation“ des Körpers mit der französischen Revolution in Zusammenhang bringen: Galt noch früher der zeitlose Körper des Königs und Christi als maßgeblich, so wurde zum Ende des 18. Jahrhunderts der zeitliche, „zivile“ Körper des die politische Bühne betretenden Individuums repräsentativ. (Outram 1989, 160) Es ist jedoch hinzuzufügen, daß der „zivile“ Körper nicht nur politisch, sondern auch entsakralisiert genannt werden kann. Bezeichnend für den entsakralisierten Körper ist, daß er seine ‚metaphysischen‘ Dimensionen eingebüßt hat und zur bloßen ‚Physis‘ geworden ist. Der Körper reduziert sich auf die Materie, auf Knochen, Muskeln, Eingeweide, Fleisch, Blut, Haut, also auf das, was von vornherein dazu verurteilt ist, zu verfallen, in Stücke zu zerfallen. Sade, Blake, Mary Shelley, Chamisso, Hoffmann, aber auch Matthew Gregory Lewis oder Charles Robert Maturin lassen uns spüren, daß sich die Rolle, der zivilisatorische ‚Stellenwert‘ des menschlichen Körpers zum Ende des 18. Jahrhunderts radikal geändert hat. In *Die französische Revolution* (1791) beschreibt William Blake die verschiedenen Veränderungen des Körpers, die endlosen Qualen, die die Gefangenen in den sieben Kerkertürmen erwarten, so gründlich und detailfreudig, daß er damit schon den Schilderungen im 1785 niedergeschriebenen *Die 120 Tage von Sodom* des Marquis de Sade am nächsten steht. Gleich Sade erforscht auch Blake das Geheimnis des Körpers dadurch, daß er buchstäblich in den Körper eindringt, alles ans Tageslicht befördert, was bis dahin im Dunkeln verborgen war, und den Körper letztendlich zerstückelt. Nicht aus sadistischem Interesse zeichnen Sade und

Blake ein solches Bild des Körpers, sondern im Gegenteil: Gerade die jeder Aussicht auf Auferstehung beraubte, gebrechlich gewordene menschliche Existenz ist es, die in ihnen – und in auffallend vielen ihrer Zeitgenossen – die sadistische Phantasie weckt. 1792 schrieb Claude-Henri Watelet folgendes im Band *Dictionnaire des arts de peinture, sculpture et gravure* unter dem Stichwort *beau ideal:* „Unserer Ansicht nach stellt das *beau ideal* heute die Vereinigung all jener Vorzüge dar, die manchen Individuen teilweise eigen sind. Wenn wir das *beau ideal* mit den Ideen der griechischen Künstler aus der Zeit des Perikles vergleichen wollen, müssen wir uns die Schönheit so vorstellen, als hätte die Natur alle ihre Exemplare mit der vortrefflichsten Erlesenheit erschaffen, allem voran den Menschen, den sie mit allen allgemeinen und besonderen Vorzügen ausgestattet hat." (Solomon-Godeau 1997, 122) Watelets Artikel ist deutlich zu entnehmen, daß das Ideal ein Zusammenfügen der einzelnen Teile bedeutet. Anders formuliert: Das Ideal ist nichts anderes als etwas, was aus Stücken zusammengesetzt wurde. Es ist nicht verwunderlich, daß in der akademischen Bildung gerade zu jener Zeit die sogenannten „écorché" aufkamen. Darunter verstand man Jean-Antoine Houdons (1741–1828) zerlegbare, mechanische Figuren, die er unter der Anleitung eines Chirurgen angefertigt hatte und bei der Ausbildung der Maler an der Französischen Akademie in Rom verwendete. Blakes, Sades, Mary Shelleys und Hoffmanns Figuren wären ohne Houdons Erfindung unvorstellbar. Aber sie taucht auch in *Wilhelm Meisters Wanderjahre* (1829) auf. In einer anatomischen Werkstatt nimmt Wilhelm geschnitzte und aus Wachs geformte Körperteile, die der Meister („Künstler") bei genauer Beachtung der Gelenke, Knochen und Sehnen angefertigt hatte, in Augenschein: „Wilhelm erfuhr nun, daß solche Modelle im stillen schon weit verbreitet seien, aber zu größter Verwunderung vernahm er, daß das Vorrätige eingepackt und über See gehen solle." (Goethe 1948, 328)

Aber nicht nur Houdon hat viel zur Instrumentalisierung und Zerlegbarkeit des Körpers beigetragen. Henri-Louis Jaquet-Droz stellte 1774 in Paris drei Automaten vor, die so lebensecht aussahen, daß sie als „androiden" bezeichnet wurden (Hillier 1976, 55); sein Schüler, Henry Maillardet, ließ sich in London nieder und stellte dort 1800 seine eigenen Automaten vor. Aber schon früher, 1772, eröffnete James Cox im Spring Garden in London sein eigenes Museum mit 56 Automaten. (Hillier 1976, 58) Beliebt waren auch Bücher über Automaten; zu den bekanntesten zählte Dr. W. Hoopers Werk *Rational Recreations,* das 1794 in London erschienen war. Philipp-Guillaume Curtius gründete 1770 in Paris ein Wachsfigurenkabinett und fertigte von jedem berühmten Hingerichteten eine Totenmaske an. Seine Mitarbeiterin war Madame Tussaud, die 1802 am Strand in London ihre eigene Filiale eröffnete. (Ockman 1995, 100–155) 1798 eröffnete der Belgier Robertson unter dem Titel *Phantasmagorie* seine Laterna magica, in der mehrere Besucher vor Angst ohnmächtig wurden. Und 1802 wurde in London eine *Phantasmagorie* unter der Leitung Philipstals eröffnet; die Figuren, die er vorführte, konnten ihre Größe und Gestalt verändern, wuchsen, schrumpften zusammen, lösten sich auf, verschwanden in der Luft, ja verschmolzen sogar ineinander. (Castle 1966, 141)

Während sich in Deutschland, in Jena und Berlin, die Dichter und Philosophen mit der Theorie des Fragments befaßten, übte man sich in anderen Ländern Europas schon lange in der Fragmentierung des Körpers. Während Grabbe und Hoffmann von der „Zerschlagung" des menschlichen Körpers phantasierten, stellten Engländer und Franzosen die zerlegbaren und neu zusammenschraubbaren Körpermodelle schon in Serie her. Der menschliche Körper wurde zum Objekt eines neuartigen „anatomischen" Interesses, so wie auch die Figuren des Marquis de Sade nicht Opfer der sadistischen Instinkte, sondern des *anatomischen* Interesses ihrer Folterer wurden. Lauter „écorché": Der Körper entsteht aus Stücken. Oder lauter „corps morcelé": Der Körper zerfällt in Fragmente. Aber wenn der Körper entsakralisiert wird, ist es nur noch eine Frage des Standpunktes, ob derselbe Körper als schön oder als ein Bote der Vergänglichkeit, des Zerfalls, der Fragmentiertheit empfunden wird. So wie *Heinrich von Ofterdingen* und *Die 120 Tage von Sodom* nicht nur einen Gegensatz bilden, sondern einander auch ergänzen, so stehen auch Monströses und Ideales, Fragmentiertes und Ganzes, Lebendiges und Totes nicht nur im Gegensatz zueinander, sondern sind auch die Vollendung voneinander. Sie alle sind Schatten des jeweils anderen, während sie alle zugleich auch als eigenständige, unübertreffliche Lichtquellen dienen.

Übersetzung aus dem Ungarischen: Akos Doma

Verwendete Literatur

Balthasar 1963 = Hans Urs von Balthasar: Das Ganze im Fragment. Aspekte der Geschichtstheologie. Einsiedeln: Benziger 1963.

Castle 1966 = Terry Castle: The Female Thermometer – Eighteenth-century culture and the invention of the uncanny. Oxford: Oxford University Press 1966.

de Sade 1979 = Donatien Alphonse François de Sade: Die hundertzwanzig Tage von Sodom oder Die Schule der Ausschweifung. 2. Bd. Dortmund: Harenberg 1979.

de Sade 1990 = Donatien Alphonse François de Sade: Justine und Juliette. Bd. I. München: Matthes & Seitz 1990.

de Sade 1998 = Donatien Alphonse François de Sade: Justine und Juliette. Bd. VIII. München: Matthes & Seitz 1998.

Diels-Kranz 1989 = Diels-Kranz: Die Fragmente der Vorsokratiker. Bd. I. Zürich: Weidmann 1989.

Goethe 1948 = Johann Wolfgang Goethe: Wilhelm Meisters Wanderjahre, in: Goethes Werke. Hamburger Ausgabe in 14 Bänden. Hg. von Erich Trunz. Bd. 8. Hamburg: Christian Wegener 1948.

Grimmer 2000 = Karl F. Grimmer: Geschichte im Fragment. Grundelement einer Theologie der Geschichte. Stuttgart: W. Kohlhammer 2000.

Hegel 1958 = Georg Wilhelm Friedrich Hegel: Glauben und Wissen, in: H. Glockner (Hg.): Sämtliche Werke. Bd. 1. Stuttgart: Fr. Frommann – G. Holzboog 1958.

Hegel 1970 = Georg Wilhelm Friedrich Hegel: Phänomenologie des Geistes. Frankfurt am Main: Suhrkamp 1970.

Hegel 1971 = Georg Wilhelm Friedrich Hegel: Vorlesungen über die Ästhetik. Bd. I. Stuttgart: Philipp Reclam jun. 1971.

Hillier 1976 = Mary Hillier: Automata & Mechanical Toys. An Illustrated History. London: Jupiter 1976.

Klingemann 1974 = August Klingemann: Nachtwachen von Bonaventura. Frankfurt am Main: Insel 1974.

Novalis = Novalis' ausgewählte Werke. Bd. II. Leipzig: Max Hesses Verlag o. J., S. 137.

Ockman 1995 = Carol Ockman: Ingres's Eroticized Bodies. Retracing the Serpentine Line. New Haven, London: Yale University Press 1995.

Outram 1989 = Dorinda Outram: The Body and the French Revolution. Sex, Class and Political Culture: New Haven, London: Yale University Press 1989.

Schlegel 1958 = Kritische Friedrich-Schlegel-Ausgabe. Hg. von Ernst Behler unter Mitwirkung von Jean-Jacques Anstett und Hans Eichner. Bd. 11, 2. Abt. München, Paderborn, Wien: Schöningh 1958.

Shelley 1969 = Mary Shelley: Frankenstein. London: Oxford University Press 1969.

Solomon-Godeau 1997 = Abigail Solomon-Godeau: Male Trouble. A Crisis in Representation. London: Thames and Hudson 1997.

Mord und Montage

Von Juliane Vogel

Als der Maler George Grosz die Dreharbeiten zum *Blauen Engel* besucht, gilt sein Interesse nicht Marlene Dietrich. In seiner Autobiographie vermerkt er allein das merkwürdige Verhalten des Regisseurs Josef von Sternberg und seines Gehilfen, des Cutters:

> In Babelsberg bei Berlin besuchte ich ihn im UFA-Atelier, wo er den Tonfilm *Der blaue Engel* drehte. Er ließ vor ein paar Freunden einige eben gedrehte Szenen daraus vorführen; dann nahm er uns mit in den Raum, wo sein Gehilfe dabei war, einige Filmstreifen zu „schneiden". Den Gehilfen hatte er aus Hollywood mitgebracht. Sie hatten beide Baskenmützen auf und dicke Wollshawls um den Hals, als frören sie. Von uns nahmen sie keine Notiz. Wie ein Zaubermeister und – Gehilfe im Märchen, dachte ich mir. Sie unterhielten sich in einer unverständlichen Pfeifsprache, wie die Vögel. (Grosz 1955, 191)

Grosz' Aufmerksamkeit gilt der Praxis des Schneidens und ihrer Inszenierung. Der Maler, dessen Arbeiten sich selbst im Spektrum der Schneidetätigkeiten bewegen, der zu den Szenen der Zerstückelung stets zurückkehrt, beschreibt die zeremoniellen Anordnungen, die beim Schneiden im Atelier der UFA getroffen werden. Mit Baskenmütze und Wollschal geben der Regisseur und sein Mitarbeiter auch in der sprichwörtlichen Hitze des Studios vor allem eines zu verstehen: Wer schneiden will, geht in die Kälte. Wer den Zusammenhängen aufkündigt und das Material durchtrennt, agiert bei niederen Temperaturen. Die Leute vom Film rüsten sich zu einer Tätigkeit, die sich in der Wärme mit der nötigen Radikalität nicht durchführen ließe. Auch das Schneiden fällt unter die „Verhaltenslehren der Kälte", die nach Helmut Lethen in der Zwischenkriegszeit gelten. (Vgl. Lethen 1994b, 187ff.)

Unter diesen Bedingungen wird schon der Eintritt in die Welt als Einschnitt erfahren. Die Schere in der Hand wiederholt nur jenen Schnitt, der die Akteure als „kalte Personen" in die Welt entließ: „Das Blutsband ist eine Erfindung [...]. Mit dem Nabelschnitt ist alles aus", heißt es bei Walter Serner. (Serner 1981,

Nr. 369, vgl. Lethen 1994b, 156) Historische, familiäre Bindungen und Zusammenhänge fallen von jenen ab, die sich bei allem, was sie weiter beginnen, um trennscharfe Verhältnisse bemühen. Ihr Koordinatensystem ist „ein Gitternetz kalkulierter Entmischungen und Trennungen", das das Alltagsleben in der modernen Großstadt überzieht und ihr Fließen unterbindet. (Lethen 1994b, 289) Walter Benjamin sieht das von der Wärme bürgerlicher Sozialisation ausgeschlossene Proletarierkind von zwei scharfen Schneiden zugleich bedroht und begünstigt: Schneidende Erkenntnisse klären es über seine Situation auf, schneidende Winde bezeichnen ihm seinen Nicht-Ort abseits bürgerlicher Wohnkultur. (Benjamin 1972, Bd. III, 88, vgl. Lethen 1994a, 308)

Daß sich beim Schneiden auch die Sprache verändert, daß die gesprochene Sprache im Schneideraum durch ein alternatives Zeichensystem ersetzt wird, ist die zweite Merkwürdigkeit der Groszschen Erinnerung. Die Cutter reden nicht mit Menschenzungen, sie verständigen sich in „einer unverständlichen Pfeifsprache, wie die Vögel". Das Paradigma des Schneidens greift tief in die Bedeutungsstruktur der menschlichen Ausdrucksmittel ein. Wo das Verbundene oder, wie im Film, das Fortlaufende durchtrennt wird, unterliegt auch das menschliche Verständigungsmittel einer einschneidenden Reduktion. Wenige, aber scharf voneinander getrennte Bedeutungselemente scheinen hinzureichen, um die Tätigkeit des Schneidens zu kommentieren und voranzutreiben. Die Fülle der sprachlichen Zeichen, die die Klarheit und Eindeutigkeit des Schneidens durch Geschwätz gefährdet, wird drastisch eingeschränkt. An ihre Stelle tritt auch nicht die Seelensprache der bürgerlichen Vogelwelt, sondern ein Signalsystem, in dem sich der Vorgang des Schneidens akustisch abbildet. Die Verschärfung der Unterschiede und die Erhöhung der Abständigkeit ist beiden gemeinsam. Pfiffe und Schnitte heben sich scharf von der „vagen Fülle des Übrigen" ab. (Musil 1978, Bd. 8, 1146) Das Metall der Instrumente, das „Quietschen der Schere" (Pfemfert 1915, 216) tritt trennscharf in die alten Kontinua ein.

Der Schneideraum des Films ist dabei nur einer unter den zahllosen Schauplätzen des Schneidens, die sich in Kultur und Kunst der zwanziger Jahre eröffnen. Die moderne Geschichte des Schnitts und seiner Szenen erreicht hier ihren Höhepunkt. Die in ihrem Verlauf entwickelten Praktiken und Techniken plazieren sich an sichtbarer Stelle und potenzieren ihre Tätigkeit. Insbesondere der Zusammenbruch der Monarchie markiert eine zentrale historische Schnittstelle, die in Metaphern des Schneidens einen „Mythos der Trennung" begründet. In dem Maße, indem die alte Ordnung zurückgewiesen und die traditionellen Deutungsrahmen unbrauchbar werden, bietet sich im Schnitt nicht nur eine mit der nötigen Gewalt ausgestattete Metapher der Unabhängigkeit an. (Vgl. Lethen 1994b, 133ff.) Begriffsbildungen werden mit Vorliebe in Bildern des Schneidens gedacht. Klarheit und Schärfe zeichnen das mit der „Schere der Begriffe" zurechtgeschnittene geistige Gebilde aus. (Jünger 1979, 139, vgl. Lethen 1994b, 187ff. u. 197) Analytische Arbeit bewegt sich im Metaphernfeld des Schneidens, indem sie gründliche Teilungen durchführt und Grenzen und Ränder schärft. Wer die Praxis des Schneidens beherrscht, begründet Ordnung auf dem Feld seiner Gegenstände und sichert zugleich die eigenen Grenzen. Durch kontrollierte Handhabung von Messer und Schere definiert er sich selbst und seine Objekte. Klare Schnitte schaffen klare Verhältnisse.

Das Schneiden ist damit nicht nur die Metapher einer Abgrenzung und Konturensicherung, sondern vor allem eine Tätigkeit. Die Zeitungen, die Bilder, die Sätze, die Wörter, die Buchstaben, die Filmstreifen, die Schnittmuster dienen ihr zum Gegenstand. Messer und Scheren entwickeln dabei nicht nur eine metaphorische, sondern eine operative Energie, die sie zu Akteuren einer auf Eingriff ausgerichteten kulturellen wie ästhetischen Praxis werden läßt. Die Herstellung von Ausschnitten wird auch hier zur Grundlage einer modernen ästhetischen Kultur erklärt, die Akteure des Schneidens ernennen sich selbst zu Chirurgen. (Vgl. Lethen 1994b, 187 u. Benjamin 1974, 36)

So werden an den Popanzen des Ganzen und der Kontinuität, an ideellen wie konkreten Gebilden Scheren angesetzt. Weder die Zeit noch die Welt bleiben verschont. „Ich schneide die Zeit aus", schrieb Franz Pfemfert in einem, an Karl Kraus orientierten, programmatischen Text seiner Zeitschrift *Die Aktion.* (Pfemfert 1915, 216) „Gut! Ich habe also das Weltsystem in hundert Feuilletons zerschnitten", Theodor Lessing. (Lessing 1986, 121) Ausschnitte werden en masse hergestellt, gesammelt, archiviert, bearbeitet, sie werden aber auch als ein papierner Fetisch mit Begehren besetzt und statt ins Archiv ins Strumpfband gesteckt. Mit Hilfe der Schere und angesichts eines vermehrten Illustriertenmaterials werden Ansichten, vor allem aber Teilansichten bzw. Teilstücke des jeweils anderen Geschlechts beschafft. Am Herzen von Selbstmörderinnen finden sich Bilder hoffnungslos geliebter Filmstars, die sie sich, wie Theodor Lessing schreibt, „aus der Illustrierten ausgeschnitten" haben. (Lessing 1986, 135) Doch hatte schon der junge George Grosz als Knabe „eine kleine Sammlung von Bildausschnitten kitschig schöner, halbbekleideter Damen angelegt" (Grosz 1955, 37), die seinen umfangreichen Ausschnittsammlungen aus den zwanziger Jahren als eine erotische Matrix vorausliegt.

Nicht zufällig aber bewegen sich fast alle diese Projekte auf publizistischem Terrain. Wer die Zeit ausschneiden will, zerschneidet realiter die Zeitung, deren Papier, Format und Seitenaufgliederung direkt zum Ausschneiden ermutigt. Die Feuilles des Feuilleton erweisen sich als potentielle Scherenschnitte, Artikel und Werbungen werden mit schwarzen Rändern umgrenzt, die die Zerteilung des Nachrichtenbildes ebenso vorantreiben wie sie der Schere den Weg weisen. Zahllose Zeitungsausschnittbüros schneiden seit der Jahrhundertwende auf Bestellung und im großen Stil. Lektüren werden, so Anke te Heesen in ihrem schönen Katalog *CUT and PASTE um 1900,* durch eine Art „Ausschnittverfahren", durch eine „institutionalisierte Papieroperation" gesteuert und von persönlichen Leseerfahrungen und Lesetempi abgekoppelt.

Der Mobilmachung aller Verhältnisse entspricht die Mobilmachung des Materials. Im Akt des Ausschneidens wird das Geschnittene ein für allemal freigesetzt. Durch die Schere aus ihren Zusammenhängen befreit, sind die Ausschnitte leichter zu klassifizieren, zu kombinieren und auf eine vorläufige Weise zusammenzustellen. Wenn aber Schreibakte durch Schnittechniken ersetzt werden, dann verschwinden auch die Spuren der Autorschaft an dem herkunftsvergessenen Material. Der Schnitt ist radikal, nicht auktorial. Eine Montage aus Zeitungsausschnitten besitzt immer auch die Eigenschaften eines anonymen Briefs. Die Signatur des Autors kann sich diesem Vorgang nicht mehr einprägen. „Nehmt eine Zeitung", schreibt Tristan Tzara,

> Nehmt Scheren. / Wählt in dieser Zeitung einen Artikel von der Länge aus, die Ihr Eurem Gedicht zu geben beabsichtigt. / Schneidet den Artikel aus, schneidet dann sorgfältig jedes Wort dieses Artikels aus und gebt sie in eine Tüte. Schüttelt leicht. Nehmt dann einen Schnipsel nach dem anderen heraus. Schreibt gewissenhaft ab in der Reihenfolge, in der sie aus der Tüte gekommen sind. Das Gedicht wird euch ähneln. Und damit seid Ihr ein unendlich origineller Schriftsteller mit einer charmanten, wenn auch von den Leuten unverstandenen Sensibilität. (Tzara 1976, 44, vgl. auch Möbius 2000, 165)

Dem Schnitt ins Blatt entspricht die Erstarkung der Typographie. Mit Letterndruck und Schnittkante ziehen sich gleich zwei unmißverständliche Grenzlinien zwischen die Zeichen, deren Abständigkeit auf doppelte Weise gesichert wird. Wie bei den Pfiffen in Sternbergs Schneideraum sollen durch Schnitte Unterschiede akzentuiert werden. Ihre Trennschärfe läßt auch hier vergessen, daß „die Dinge unter der Oberfläche treiben und drängen". (Musil 1978, Bd. 1, 219) Die Grenzen sind unter Kontrolle, der Grenzverkehr der Bedeutungen unterbunden. Das aus der Zeitung ausgeschnittene Wort und der ausgeschnittene Buchstabe scheinen doppelt gegen semantische Unschärfen gewappnet. Zugleich setzt die Montage, die bei der Montierung der geschnittenen Teile allein von analytischen Gesichtspunkten ausgeht, die völlige Eliminierung ursprünglicher körperlicher Zusammenhänge voraus. Das physische Kontinuum des Materials wird durch ein analytisches, d. h. durch ein nicht durch den Körper, sondern durch ein Konzept begründetes Kontinuum ersetzt, die Fasern durch den Gedanken.

Anachronistisch ist Tzaras Text allein in einem einzigen Punkt: „Schreibt gewissenhaft ab in der Reihenfolge, in der sie aus der Tüte gekommen sind." Der geschnittene Text wird in die persönliche Handschrift zurückübertragen, deren Züge dem graphologischen Blick jenes Persönliche offenbaren, welches der Schnitt programmatisch tilgte. Hinterrücks rettet Tzara den auratischen Autographen des Autors, der durch die Montage von Wortschnipseln gerade ausgelöscht werden sollte.

Sonst aber werden diese Praktiken und Metaphern des Schneidens von der Phantasie einer vollkommenen Abtrennung, vom geraden und sauberen Schnitt geleitet. Diese Phantasie, die zur Steigerung der Ausschnittsproduktion der zwanziger Jahre beiträgt, läßt sich jedoch nur auf gesichertem Terrain durchführen und ist auf geeignete Materialien angewiesen. Vor allem Papier und Zelluloid bieten sich der auf Begradigung ausgerichteten Schere dar. Aufgrund ihrer Trockenheit und Festigkeit besitzen sie den materiellen Widerstand, der eine völlige Trennung erst ermöglicht, ohne die eigene Konsistenz zu gefährden. Sie garantieren sowohl die Übersichtlichkeit der Schnittszene als auch die gründliche Aufhebung natürlicher Zusammenhänge.

Wenn sich aber die Künstler der zwanziger Jahre bei ihrer Arbeit als „Chirurgen" begreifen, dann auch als Herren eines weit problematischeren Materials, des Fleisches. Wenn das Papier an seine Stelle tritt, dann wird ein schwieriges durch ein einfaches, ein weiches und unberechenbares durch ein trennscharfes Material ersetzt. Wenn statt des Fleisches Papier oder Zelluloid unter das Messer gerät, dann scheinen jene fundamentalen Probleme gelöst, der sich die moderne Geschichte des Schneidens in der Auseinandersetzung mit ihren Objekten zu stellen hatte. Diese läßt sich als eine Geschichte jener Bemühungen lesen, vor allem den Körper durch das Schneiden zu beherrschen und durch kunstvolles Sezieren am lebenden wie am toten Objekt jene Unklarheiten zu beseitigen, die dem Fleisch auf störende Weise eigen ist. Sollen tiefe und trennende Schnitte durchgeführt wer-

Fig. 144.

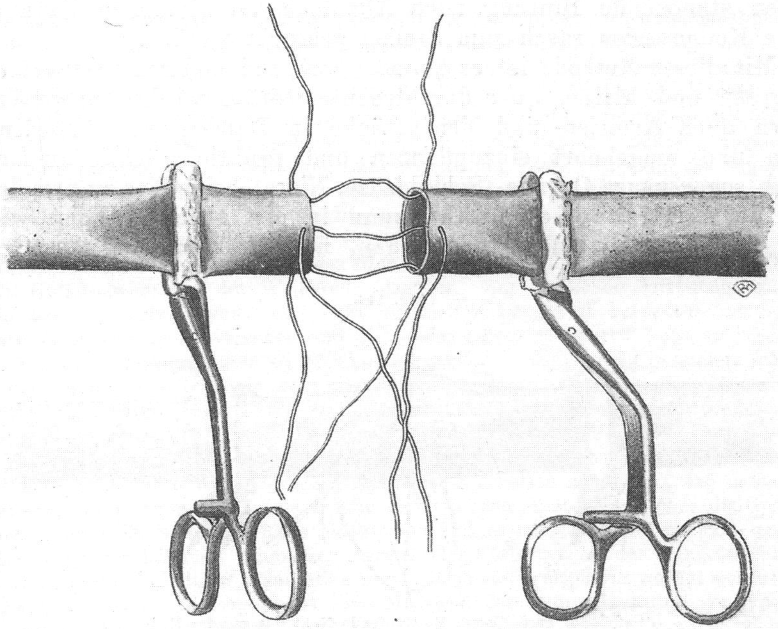

Fig. 145.

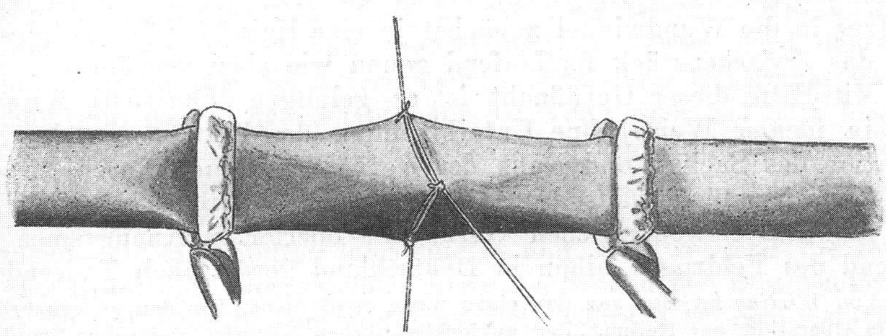

Gefäßnaht nach *Carrel*. Anlegung der Haltefäden.

Illustration aus Friedrich Pels-Leusden: Chirurgische Operationslehre für Studierende und Ärzte. Wien, Berlin: Urban und Schwarzenberg 1925

den, so muß es erst aufbereitet, seine Schnittfestigkeit erst hergestellt und seine Übersichtlichkeit gewährleistet werden. Blut und Fasern, die größten Herausforderungen an den klaren Schnitt, sind unter Kontrolle zu bringen. Medizin und Naturwissenschaften entwickeln Techniken des Schneidens, die den Unterschied zwischen organischem und anorganischem Stoff zu eliminieren suchen. Operationen finden auf klaren Schnittplatten statt.

Dabei scheint die medizinische Chirurgie der zwanziger Jahre den größten Störfaktor eines Schneidens am Körper weitgehend ausgeschaltet zu haben: das Blut. Optimistisch lehrt sie ein Schneiden im Trockenen, im blutleeren Gewebe. „Die Beherrschung der Blutung hat eine hohe Stufe der Vollkommenheit erklommen", heißt es in Walter von Brunns 1928 erschienenen *Kurzen Geschichte der Chirurgie.* „Die großen, einstmals durch Blutung und folgende Wundeiterung abschreckenden Eingriffe [...] verloren großenteils ihre Gefahren." (v. Brunn 1928, 306) Mit neuen und effizienteren Methoden der Blutstillung wird auf dem Operationsgebiet ein noch unbekanntes Maß an Übersichtlichkeit geschaffen. Erst nach der Trockenlegung des Geländes kann die völlige Trennung des Gewebes gelingen. „Im Allgemeinen durchtrennen wir Haut und Subkutangewebe in einem einzigen, glatten, überall bis in die Tiefe vordringenden Schnitte", lautet die selbstsichere Anweisung in Pels-Leusdens *Chirurgischer Operationslehre für Studierende und Ärzte* von 1925. (Pels-Leusden 1925, 58) Dabei wird vor allem in den beigefügten Zeichnungen eine von Flüssigkeit freie Körperszene entworfen, ein vollständig gesäubertes Operationsgebiet, auf dem das Messer seine ordnende Tätigkeit ausüben kann. Die strenge Linearität der Zeichnung solidarisiert sich mit einer Körperphantasie, die sich diesseits der Ekelgrenze ansiedelt und in übersichtlichen Schnitten zerlegbar ist. Die Schnittstellen bilden kontrollierte und an den Rändern begradigte Öffnungen, die umliegenden Gefäße sind leer. Daß die Einschnitte dabei immer wieder die Gestalt von weit geöffneten Mündern annehmen, führt dabei ein Moment der Unheimlichkeit in die Szene ein. Diese suggerieren ein ungewisses Sprechen oder Schreien mit aggressivem Zahnbesatz, ein irritierendes Eigenleben der aufgeschnittenen Stelle, das mit der chirurgischen Kontrollphantasie nicht in Einklang zu bringen ist.

Ungeachtet dessen werden die Messer und Skalpelle der Chirurgie insbesondere jener Aufgabe gerecht, die ihnen auch in der Geschichte der Anatomie – d. h. am nicht mehr lebendigen Körper – zugewiesen worden war: Sie dienen der *demonstratio,* der „Darstellung" des Fleisches. Auch der heilsame chirurgische Schnitt bleibt, auf den anatomischen bezogen, der, der am toten Körper größtmögliche Klarheit

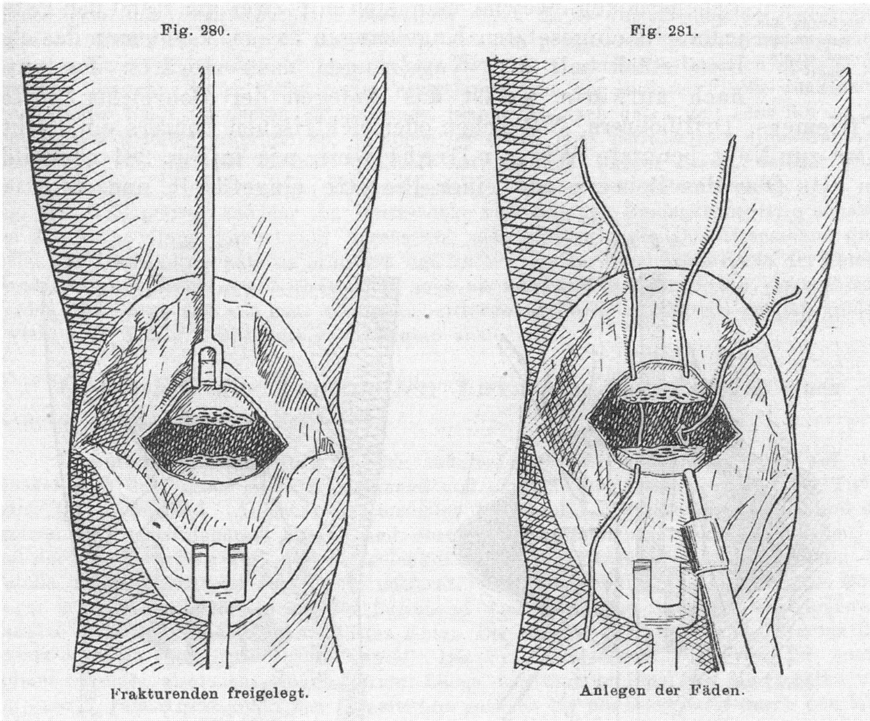

Illustration aus Friedrich Pels-Leusden: Chirurgische Operationslehre für Studierende und Ärzte. Wien, Berlin: Urban und Schwarzenberg 1925

schafft. Mit der Öffnung der Leichen „wird alle Unklarheit schwinden“, hatte ein prominenter Anatom des 19. Jahrhunderts, Marie François Xavier Bichat, seinen Studenten versprochen. (Porter 2000, 310) Die in diesem Geist verfaßten anatomischen Praktika regelten die Schnittbewegungen der Studierenden, wobei sie empfehlen, „in einer gewissen Ordnung vorzugehen“ und dabei möglichst große und „gleichförmige Schnittflächen“ bloßzulegen. Das „überflüssige Herumschnitzeln“ ist dabei ebenso zu vermeiden wie „das gewaltsame Hervorstürzen von Flüssigkeiten“, die Zerstörung gerader Schnittkanten ebenso zu fürchten wie die Überschwemmung der Schnittszene. Das „Unheil einer plan- und resultatlosen Leichenverwüstung“ wird durch „Ordnung und Zweckmäßigkeit“ abgewendet. (Vgl. Herschl 1859, 4 u. 6 u. 15 u. 22)

Der Traum von der vollkommenen Trennung des Gewebes stellt aber auch darüber hinaus eine der großen Bereinigungsphantasien der Moderne dar, die in den Schneideszenen der Weimarer Kultur ihren Höhepunkt erreichen. Sie ist eine der Nullpunktvisionen, mit der die bürgerliche Gesellschaft ihren Abschied vom Ancien régime zelebriert. So wird 1791 eine neue spektakuläre Schneidetechnik am Körper initiiert, die ihren revolutionären Code auch den anderen Praktiken des Schneidens mitteilt, die Guillotine, die als Protagonistin bürgerlicher Bestrafungstechnik eine moralische Chirurgie am Körper des Delinquenten betreibt. (Vgl. Foucault 1994, S. 20ff.) Als eine im Wortsinn realisierte Metapher der gründlichen Trennung stiftet sie in der langen Geschichte des Schneidens einen neuen Anfang, der auf die Schnittkünste von Anatomie und Chirurgie nicht ohne Einfluß bleibt. Die Wucht, mit dem das Messer auf den Hals des Delinquenten niedersaust, zertrennt in einem einzigen unter Präzisions- und Perfektionsgebot gestellten Akt den Zusammenhang zwischen Kopf und Körper. Im Gutachten des Dr. Louis von 1792 heißt es:

> Wenn wir die Struktur des Nackens studieren, dessen Zentrum die Wirbelsäule ist, die aus einer Reihe von Knochen besteht, deren verbindende Gelenke nicht ohne weiteres zu erkennen sind, wird uns klar, daß eine schnelle und vollkommene Abtrennung nicht möglich ist, wenn man mit dieser Aufgabe Menschen betraut, die aus moralischen und physischen Gründen unterschiedlich handeln. Für eine vollkommene Prozedur ist es absolut notwendig, sich eines unveränderlichen mechanischen Werkzeugs zu bedienen, dessen Kraft und Wirkung sich genau bestimmen lassen. (Louis, zit. in: Kershaw 1959, 51)

Als eine Apparatur zur Vernichtung von Unterschieden verfolgt der Schnitt der Guillotine eine Strategie der physischen wie der politischen Verallgemeinerung. Er produziert Abstraktion am Körper, d. h. liefert „regelmäßig" geschnittenes Fleisch. Auf dem modernen Schafott wird schon durch die effiziente Schnittechnik das Prinzip der Gleichheit durchgesetzt. Die Signatur der Tat kann bei der Guillotinierung ebensowenig abgelesen werden wie die Signatur des Henkers, der zum bloßen Mechaniker degradiert wird. (Vgl. Foucault 1994, 21) Das perfekte Messer schafft allgemeine, nicht besondere Verhältnisse, strafend, operierend, sezierend legt es das Allgemeine, nicht das Besondere bloß, fügt es das Allgemeine, nicht das Besondere zu. Ein Umstand, der gleichfalls für den Anatomiesaal des 19. Jahrhunderts gilt, wenn es in Herschls Einführung in die Sektionstechnik heißt: „Das

Haupterfordernis einer guten Sectionsmethode ist somit, dass sie sicher und rasch die Zugänglichkeit zu den Organen ohne Rücksicht auf den speziellen Fall gewährt, d. h. dass sie allgemein anwendbar ist." (Herschl 1859, 2)

Die Phantasie der vollkommenen Abtrennung sowie die mangelnde Rücksicht auf den speziellen Fall bei der Herstellung von „regelmäßigen Schnittflächen" prägen die Kulturtechniken des Schneidens, wie sie sich auch noch in der Kunst und Kultur der Weimarer Republik ausnehmen. In letzter Konsequenz war die Schneidbarkeit des Fleisches dann gegeben, wenn es sich dem Papier so weit wie möglich angenähert hatte. Erst wenn es papierähnlich geworden war, konnte ein vollkommener Schnitt gewährleistet werden. Vor allem die sich im 19. Jahrhundert etablierende Histologie entwickelt Schneidetechniken, die ihre Gegenstände ins Trockene schaffen. Körpermaterialien werden zu Präparaten verarbeitet, die eine differenzierte Prozedur der Festigung durchlaufen haben. Insbesondere bei der Herstellung von Schnitten bzw. von hauchdünnen Gewebeschichten für die mikroskopische Untersuchung muß das weiche Material zunächst in eine geeignete Fasson gebracht werden. Im Verlauf der Verarbeitung verwandelt sich das Fleisch jenen Materialien an, deren besondere Resistenz und Übersichtlichkeit über jeden Zweifel erhaben ist: dem Papier und dem Zelluloid. Zu diesem Zweck wird es in Kunststoffe wie Paraffin oder Celloidin eingegossen, welche das Material des Objekts so sehr erhärten, daß es unter den Messerschlitten des Mikrotoms gelegt werden kann – ein in der ersten Hälfte des 19. Jahrhunderts entwickeltes Gerät, das das mit freier Hand geführte Rasiermesser einer apparativen Feststellung unterzieht. Das Material wird in eine Kunststoffmasse eingelegt, die dem Messer auch bei maximaler Verdünnung des Objekts standhält. In jedem Fall ist das frische, in seiner Zellstruktur noch lebendige Objekt durch „geeignete chemische Behandlung in der Weise abzutöten, dass sich die Struktur der Zellen möglichst nicht verändert." (Stehli 1943, 51) Im idealtypischen Fall stellt sich der präparierte Körper als eine geordnete Schichtung von zarten blättrigen Präparaten dar, deren Ähnlichkeit mit den Schrift- und Bildträgern der zeitgenössischen Kultur von Anatomen und Pathologen selbst bemerkt und reflektiert wird. Der vollkommen in Schnitte zerlegte Mensch gleicht einem Buch, das man lesen kann, in dem sich das chaotische Gemenge des Organismus in eine lesbare und paginierte Ordnung transformiert hat. So träumt der berühmte Pathologe Rudolf Virchow in seinen Lebenserinnerungen davon, „ein solches seciertes Organ einzurichten, wie ein Buch, das man hie und da aufschlagen, oder ganz und gar ‚durchblättern' und dann wieder zumachen kann. Lässt man doch auch ein Buch deshalb binden, um jedem Blatte seinen bestimmten Platz zu sichern, so daß man in jedem Augenblicke ohne viel Mühe es an seiner Stelle auffinden kann." (Virchow 1893, 33, vgl. Matyssek 2002, 65)

Fleisch ist hier Papier geworden, der Übertragungsverkehr zwischen dem verweslichen und dem unverweslichen Material für diesmal entschieden. Papier und blätterdünnes Präparat etablieren eine Beziehung der Ersetzung, Vertauschung und der wechselseitigen Verweisung, die sich immer mehr zugunsten des Papiers zu verschieben scheint. Die Celloidin-Lösung, so lehren die Praktika, wird „in kleine, aus Schreibpapier anzufertigende Kästchen gegossen und die Objekte in dieselben eingetragen." (Strasburger 1884, 283) Schon bei der Bereitung und Formung des Kunststoffs wird die Berührung mit dem Schreibpapier gesucht, welches als Gußform des Präparates zwischen schnittfestem Präparat und Schriftträger vermittelt. Andererseits deutet die im Zusammenhang der Materialaufbereitung merkwürdige Wahl des Wortes „eintragen" auf einen schrift- und papierbezogenen Fluchtpunkt des Präparierens, auf eine Verschriftlichung des Präparats, die mit dem Gebrauch des Schreibpapiers konspirativ verschaltet ist. In der Sprache des Praktikums entspricht die Einlegung des organischen Objekts dem Eintrag auf einem Blatt Schreibpapier. Der Fleischcharakter und die Gefahren des Gestaltverlusts werden zugunsten einer geklärten und trocken gelegten Bedeutungsstruktur, das Objekt aber in seine von körperlichen Resten bereinigte Repräsentation überführt.

Denn auch histologische Schnitte, so zeigt sich, können sich dem Papier so weit annähern, daß sie in genauer Analogie zur kartonierten Karteikarte in sogenannten Kartotheken aufbewahrt werden. In dem ausgezeichneten Artikel über die Sammeltätigkeit des Hirnforschers Oskar Vogt von Michael Hagner (= Hagner 2002) ist eine Photomontage aus der *Kölner Illustrierten Zeitung* von 1931 abgebildet, auf der die wechselseitige Spiegelung zwischen Papier bzw. Photographie und Fleisch, des einen Schnitts im anderen einen Höhepunkt erreicht. Der Triumph des Skalpells und der Schere über das organische Material ist hier endgültig Bild geworden. Bereits die Struktur der Photomontage beruht per definitionem auf Schnitten, deren schlichte Verläufe in scharfen Linien sichtbar hervorgehoben sind. Das größte unter ihnen zeigt Oskar Vogt bei der Sektur des Hirns des Schweizer Philosophen August Forel, im Gegenschnitt dazu die Intarsie eines Bildes Lenins, des berühmtesten Opfers seiner Kunst, dem sich der sozialistisch bewegte Pathologe auf peinliche Weise anverwandelt hat. Auf der rechten Seite reihen sich vier repräsentative Hirnschnitte aus Vogts Kartothek untereinander. Auf der linken Seite dokumentiert das Mikrotom das Schnittvermögen des Pathologen, darunter folgt die Kartothek, in der zahllose Hirnschnitte ihr an der Karteikarte orientiertes Format gefunden haben. Vogt präsentiert sich als Herr des Schneidens, des souveränen Schnitts samt seiner gesamten Apparatur und als Herrscher über sein Material. Das Organ wird nach Maß eines rechteckigen medizinischen Schnittmusters zugeschnitten. Daß die Hirnschnitte in Form einer Montage präsentiert werden, zeigt dabei, wie sehr der Gegenstand über die Struktur seiner Darstellung bestimmt. Nur in einem Ensemble von Ausschnitten kann der Arbeit des Anatomen entsprochen werden. Umgekehrt aber zeigt sich deutlich, daß die Form der Montage bei der Zerstückelung des Körpers ihren Ausgang nimmt, daß sie auf der Bühne des Papiers wieder und wieder durchspielt, was dem Körper geschehen ist. Die Ausschnitte der Photomontage sprechen immerfort vom Schneiden, das Papier vom Fleisch, das Fleisch vom Papier, wobei die Souveränität des Schneidens auf allen ihren Szenen sichergestellt scheint.

Von diesem Ort des Triumphs ist nun aber jener Punkt anzuvisieren, an dem dieser reibungslose Stellvertreterverkehr zwischen Papier und Fleisch seiner Krise zutreibt, an dem sich zeigt, was die Herren des Schnitts zu ignorieren wissen: die Gewalt, die als andere Seite des Schneidens immer gegenwärtig ist. Eine radikale Versuchsanordnung aus den Tagebüchern Franz Kafkas erlaubt die Nahsicht auf jenen kritischen Moment, in dem der Körper sein eigenes Papier hervorbringt. Die Szene des Schneidens, die Herstellung von Hirnschnitten wird auf die Bühne des lebenden und mehr noch: des eigenen Körpers zurückverlegt. Das Objekt des Schneidens, das den Anatomen, Pathologen, Histologen und Monteuren in selbstverständlicher Fremdheit gegenüberstand, bietet sich nun in der Gestalt des eigenen Körpers dar. Seine „Eintragungen auf Schreibpapier" entwerfen eine Gewebelehre des Schreibens, die die Technik des Schnitts an die Erfahrung des Zerschnittenwerdens zurückbindet. Das Schreibpapier wird als „blätterdünne Hülle" nicht von der Leiche, sondern vom eigenen lebendigen Fleisch abgetragen. In einer Eintragung zum 9.10.1911 heißt es:

> Vierzig Jahre alt werde ich aber kaum werden, dagegen spricht z. B. die Spannung, die sich mir über die linke Schädelhälfte öfters legt, die sich wie ein innerer Aussatz anfühlt und die auf mich, wenn ich von den Unannehmlichkeiten absehe und nur betrachten will, den gleichen Eindruck macht wie der Anblick der Schädelquerschnitte in den Schullehrbüchern oder wie eine fast schmerz-

Folgende Doppelseite:
Illustration aus *Kölnische Illustrierte Zeitung* vom 24.10.1931

Der sezierte Verstand

Die Frage der Begabung eines Menschen und die Erforschung ihrer körperlichen Grundlagen gehört zu den interessantesten wissenschaftlichen Aufgaben, die unsrer Zeit gestellt sind. Es ist das Verdienst der Deutschen Kaiser-Wilhelm-Gesellschaft, ein Institut gegründet zu haben, in dem in mühevoller und exakter Laboratoriumsarbeit die physiologische Grundlage unsrer Gedankentätigkeit, das Hirn, systematisch erforscht wird.

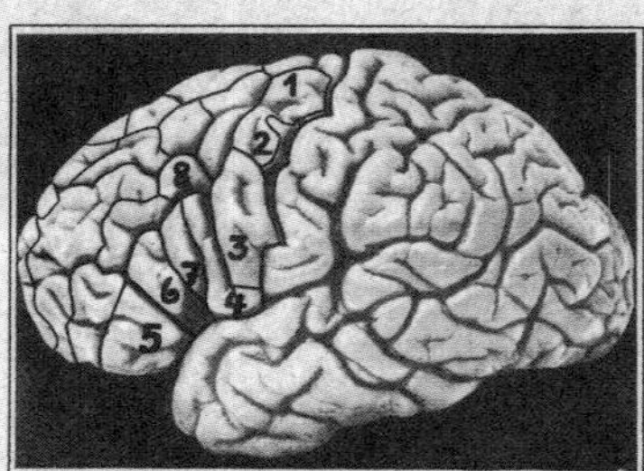

Die Generalstabskarte des Gehirns
Der Leiter des Instituts für Hirnforschung, Professor Vogt, hat eine physiologische Hirnkarte aufgestellt. Die Nummern dieses Bildes bezeichnen die „Kommandozentralen" der Bein- (1), Arm- (2), Kopf- (3), Kau- (4), Sprach- (7) und Augenbewegung (8)

Die Präparierung eines Hirnschnitts
Der Hirnschnitt wird in einem Farbbad eingefärbt, so daß sich die Struktur des Gehirns leicht erkennen läßt

Das Institut für Hirnforschung der Kaiser-Wilhelm-Gesellschaft zur Förderung der Wissenschaften in Buch unter Leitung von Professor Oskar Vogt (berühmt seit 1898, als er die erste „Neurologische Zentralstation" in Berlin gründete, populär, seitdem er nach Moskau berufen wurde, um das Hirn Lenins zu studieren) will nicht nur in Tausenden von mikroskopischen Schnitten die Eigenschaften und den Aufbau des normalen Menschenhirns untersuchen, es will nach Möglichkeit auch die durch psychologische Anomalien bedingten physiologischen Änderungen erforschen. Nicht nur am toten, sondern auch am lebenden Hirn. In den mit modernsten Mitteln ausgestatteten Untersuchungsräumen werden an Gesunden und Kranken psychologische Reflexe ausgelöst und studiert.

Über die Aufgaben des Instituts sagt Professor Vogt folgendes: „Die Zwecke, die wir im Kaiser-Wilhelm-Institut für Hirnforschung verfolgen, sind entsprechend der Not unsrer Zeit ausschließlich auf Förderung des Volkswohls eingestellt. Das spezielle Ziel unsers Instituts ist die Höherzüchtung des geistigen Menschen, die Förderung sozial nützlicher und die Hemmung schädlicher Eigenschaften der einzelnen seelischen Persönlichkeit und im Rahmen dieses Strebens die Verhinderung sonst schicksalsmäßiger Entwicklung zum Geisteskranken oder zum Verbrecher. Voraussetzung dieser Ziele ist die Erkennung der Leistungs- und Vererbungstendenzen, sowie der Beeinflussungsmöglichkeiten des einzelnen Menschen. Ein Teil dieser Erkenntnis kann und muß auf psychologischem Weg erfolgen, der eigentlich immer wieder auf Selbstbeobachtung zurückführt. Wenn wir im Institut jedoch nicht psychologische Methoden, sondern die der Hirnforschung bevorzugen, so hat es ganz bestimmte Gründe. Der wichtigste Grund ist folgender: Wirklich wesentliche Umgestaltung einer Persönlichkeit und

Hirnkategorie I: Von besonders wertvollen Gehirnen macht man vor dem Zerschneiden Abgüsse, um die äußere Form jederzeit wiederherstellen zu können

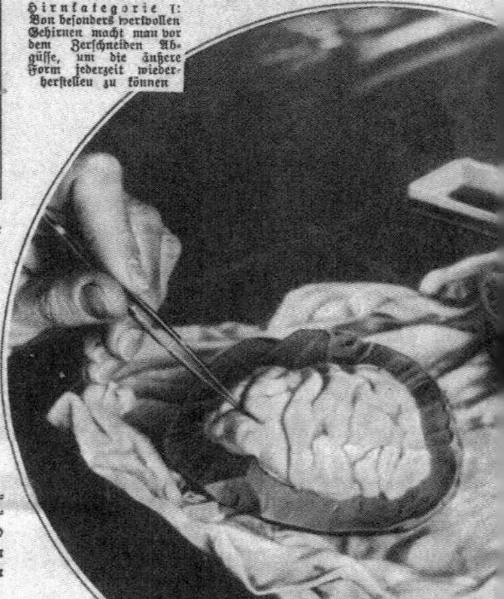

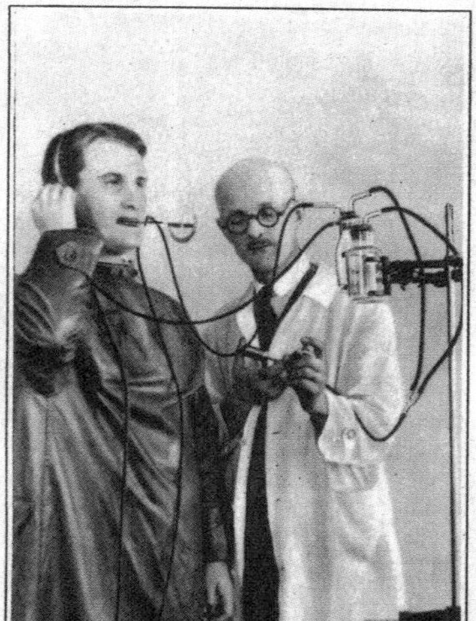

Gleichgewichtsprüfung
Durch Ohrspülungen wird das Gleichgewichtsorgan im Ohr beeinflußt: die Versuchsperson beginnt zu schwanken. Die beobachteten Schwankungen ermöglichen Rückschlüsse auf die Gleichgewichtsfunktion

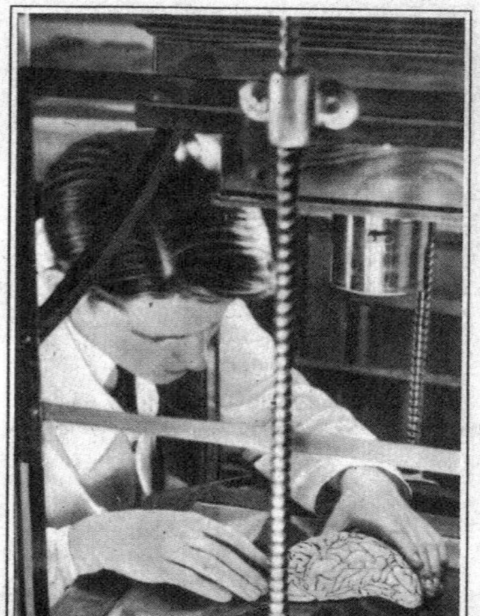

Für die Nachwelt erhalten
Bevor das Gehirn zu Forschungszwecken zerschnitten wird, muß es mittels besonders gebauter Apparate von 24 Seiten aus photographiert werden

Die Kartothek der toten Gedanken
Die einzelnen Gehirnschnitte werden nach der Untersuchung in einer Art Kartothek aufbewahrt, die bereits mehrere Millionen umfaßt und in einem feuersichern Turm des Instituts untergebracht ist

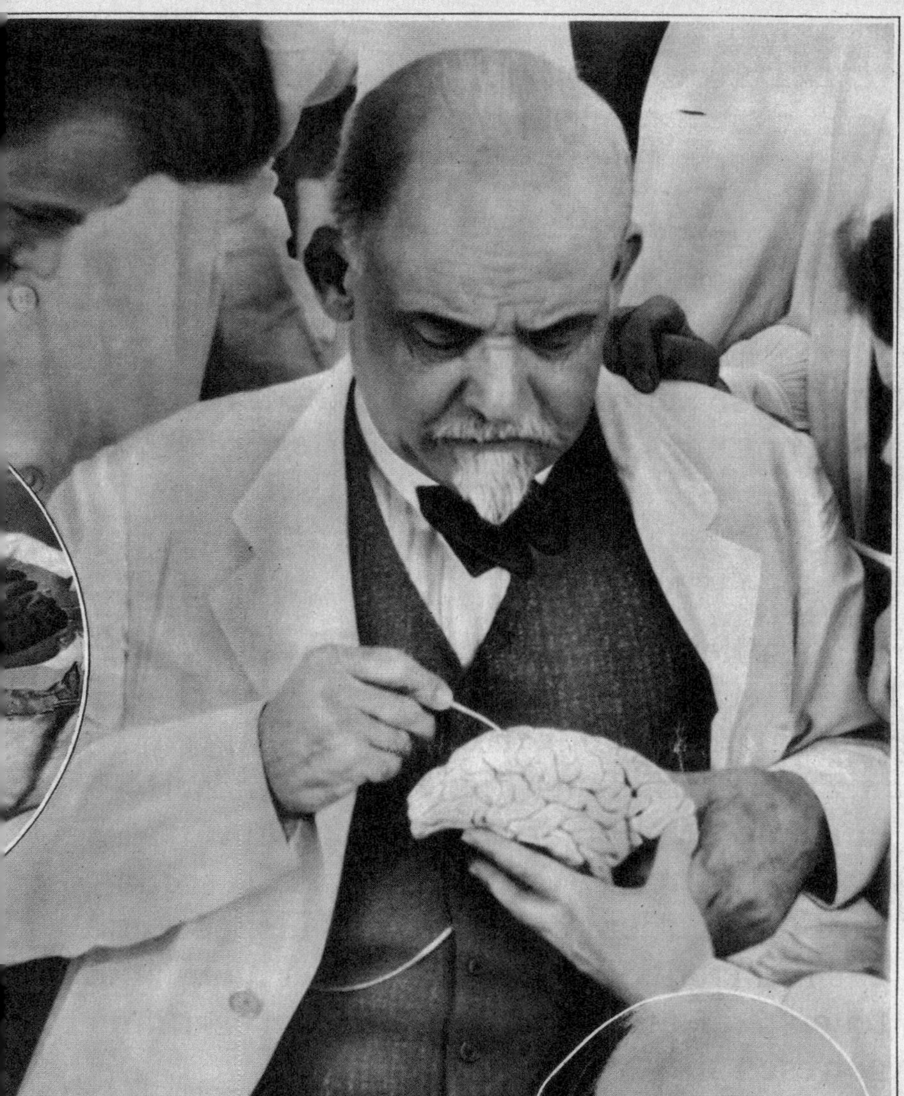

Gelehrtengehirne begegnen sich
)skar Vogt, der weltbekannte Leiter des Hirnforschungsinstituts der Kaiser-Wilhelm-Gesellschaft, vor seinen Mitarbeitern das in Paraffin präparierte Gehirn August Forels, des schweizerischen phen und Forschers, der bekanntlich sein Gehirn testamentarisch dem Bucher Institut vermacht hat

ondere eine Heilung oder Vorbeugung schwerer Geisteskrankheiten erwarten die Zukunft nur von materiellen Einwirkungen auf das Gehirn. Nur wenn gelingt, für bestimmte Gewebeteile des Gehirns besondere Nähr- oder gssubstanzen zu entdecken und dem Gehirn zuzuführen, werden wir solche gen erzielen können." — Auch über das damit eng zusammenhängende der Begabung kann man heute schon manches sagen. So vor allem, daß jede g eine durchaus komplexe Erscheinung ist, die sich aus den verschiedenen nten, die wieder in verschiedenen Quartieren des Hirns lokalisiert sind, nsetzt. Eine Begabung kann also nicht zustande kommen durch einseitige rung einer einseitigen Hirnpartie (die ja notwendig eine Verkümmerung artien zur Folge haben muß), sondern nur durch eine harmonische Höher-ng aller Komponenten, die bei der betreffenden Begabung mitspielen.

Der russische Revolutionär Wladimir Lenin dessen Hirnschnitt nebenstehend abgebildet ist

So sieht dein Hirn aus!
Schematische Querschnitte durch die Gehirne vier verschiedener Menschen:
Der Normalmensch

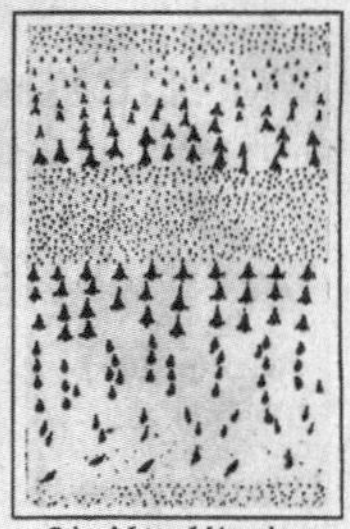

Die schwachsinnige Mörderin

Das erkrankte asoziale Individuum

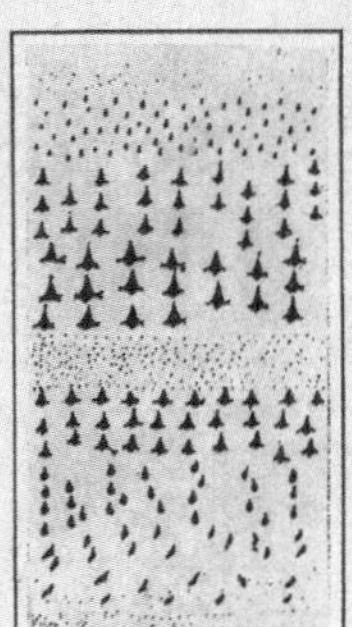

Lenin

Sonderaufnahmen für die Kölnische Illustrierte von Weltrundschau

> lose Sektion bei lebendem Leibe, wo das Messer ein wenig kühlend, vorsichtig, oft stehenbleibend und zurückkehrend, manchmal ruhig liegend blätterdünne Hüllen ganz nahe an arbeitenden Gehirnpartien noch weiter teilt. (Kafka 1994, Bd. 1, 57)

Im ersten Teil der Querschnittsphantasie ist der Körper des Dichters an die papierne Anatomie bereits ausgeliefert. Die schichtenweise Abtragung des Fleisches in papierdünnen Blättern scheint vollendet und im Wortsinn zum Lehrbuch gebunden. Im zweiten aber wird ein unendlicher Vorgang der Aufblätterung eingeleitet. Kafka betreibt eine Selbstpräparation in vivo, indem er Gewebeschichten von „arbeitenden Gehirnpartien" abtrennt. Das Fleisch ist noch nicht tot, und das Schneiden des Menschen, das Rudolf Virchow seinem glorreichen Abschluß entgegenführen wollte, hört nicht auf. Das „noch weiter" am Ende des Eintrags treibt und verlängert die präparatorische Tätigkeit ins Unendliche. Den Körper imaginiert es als ein unendlich und unablässig Teilbares, dessen Blätter ebensowenig enden wie die Schrift, die sie bedeckt. In diesem grausamen Bild zeigt sich die Möglichkeit des Schreibens an einen unaufhörlichen Prozeß der Selbstpräparierung gebunden, zugleich aber an die notorische Blättrigkeit des Tagebuchs, in dem, wie Kafkas Eintragungen nahelegen, ebensoviel geschrieben wie geblättert wird. Die auch diesem Schneidevorgang einwohnende Gewalt schließt sich in das kleine Wort „fast" ein, das deren unvollständige Verdrängung auf eine beunruhigendere Weise bewußt macht. Das Fast der Schmerzlosigkeit deutet auf den Rest einer noch unvollendeten Mortifikation.

Drei Jahre später ist die raffinierte Anatomie zur Metzgerei geworden. Eine neue und traumatische Dimension des Schneidens eröffnet sich und schafft katastrophale und unübersichtliche Verhältnisse dort, wo das anatomische, chirurgische und guillotinierende Messer alle Unklarheiten beseitigen wollte. Mit dem Jahr 1914 wird das Schneiden am menschlichen Körper nicht mehr als eine subtile Folter erlebt, bei deren Vollzug sich trockene Blätter vom Körper lösen, sondern als eine blutige Schlachterei. Das Messer gelangt in grobe Hände. Hinter dem Pathologen des eigenen Körpers taucht die Figur des Schlächters auf. Die in Kafkas Tagebuch mühsam zurückgestaute Gewalt ist nun über das Fleisch hereingebrochen: „riesengroß, mit einem erloschenen toten Auge hinter dem Hackeklotz stehend, den dreieckigen Latz der langen Schlächterschürze wie eine Ordenstracht vor der Brust, ein großes Fleischermesser in der Faust, ein Kotelett zerteilend – wie ein symbolische Figur. […] Er sah eben wie ein Fleischer aus, nicht wie ein Arzt oder ein Musiker. Nein, in diese Hand gehörten das Hackebeil, die Holzkeule und die verschiedenen Fleischermesser.“ (Grosz 1955, 47f.)

Kein anderer als George Grosz hat diese Figur entworfen und beschrieben – als „symbolische Figur“ eines anderen Schneidens, das die Gewalttätigkeit und die Grobheit seiner Instrumente unmißverständlich hervorkehrt. Dieser Fleischer läßt keinen Zweifel an seinem Gegenstand: Hier wird kein Papier geschnitten. Sämtliche Voraussetzungen des kontrollierten und definierenden Eingriffs, die Voraussetzungen der chirurgischen und anatomischen Praxis wie die Prämissen einer bereits vor dem Krieg florierenden (Aus-)Schnittkultur sind im Ausnahmezustand des Krieges außer Kraft gesetzt. Das Schneiden gerät außer Kontrolle, es erleidet einen traumatischen Kontrollverlust, in dem die Raffinessen der Schneidekunst keine Heilung mehr bringen. Im Krieg und auch nach 1914/18 bleibt es auf eine katastrophische und kollektive Erfahrung des Zerschnittenwerdens bezogen, die in ihrer Intensität alle bürgerlichen Kastrationsphantasien überbietet. Die moderne Geschichte des Schneidens, die sich einerseits die totale Herrschaft über ihren Gegenstand erwirbt, erfährt andererseits eine traumatische Unterbrechung, die sie in ihrem Fortgang in eine souveräne und eine verdrängte Geschichte spaltet.

So steht Grosz' Fleischer auch nach dem Krieg dafür ein, daß sich hinter den sauberen Szenen des Schneidens in Kunst und Kultur ein barbarisches und durch keine Übertragungen verschobenes Schlachten wiederholt. Die gewaltsame Seite des Schneidens, die sein Ordnungsstreben zunichte macht, ist auch dann gegenwärtig, wenn sich die Herren des Schnitts mit Schere und Messer in Szene setzen. In immer erneuter Vorführung seiner Souveränität erinnert und verdrängt das obsessive Geschnipsel der Zwischenkriegszeit jene Katastrophe, die Krieg am instabilen Material des Fleisches anrichtete, die Schnitte, die nicht Ordnung, sondern Verwüstung, die nicht saubere, sondern dreckige Linien hinterließen. Mit nicht nachlassender und wiederholungssüchtiger Energie suchen die klaren Schnitte die Grenzenlosigkeit der eigenen Wunde nachträglich zu begrenzen und die Konturen des Körpers zu befestigen. Sezieren und Verwüsten, Montage und Mord verweisen nach 1914 in katastrophischer Dynamik aufeinander. Wer auf dem Schlachtfeld war, trägt auch mit Papier und Schere nur die Schicksale des Fleisches aus. Das Papier wird zur scheinbar gesicherten Bühne eines traumatischen Wiederholungszwangs, zum Schauplatz eines Symptoms. Auf der anderen Seite der Szene erweisen die Herren des Schnitts sich als die unheilbar Zerschnittenen.

Die Symbolisierungen und Verschiebungen der im Krieg erlittenen Gewalt sind von der Forschung genau kartographiert, die traumatischen Aspekte der Kunst

George Grosz: Der kleine Frauenmörder, 1918

← Otto Dix: Scene II (Mord), 1922

der Weimarer Zeit herausgearbeitet worden. (Vgl. Helmut Lethen 1999, Anton Kaes 2000, Brigid Doherty 1997, Maria Tatar 1995, Inka Mülder-Bach 2000 u. a.) An der großen Vorliebe für das Thema des Lustmords in der Weimarer Politik ließ sich zeigen, daß die im Krieg erlittene Gewalt umgehend an den weiblichen Körper weitergegeben, daß vor allem in der Prostituierten jene Figur gefunden wurde, die ein Schneiden ohne zivilisatorische Auflagen, ein Hinschlachten des Materials und eine Wiederkehr des Fleischs gestattet. Am weiblichen Körper agieren Messer und Schere nicht mehr mit der Ruhe des Anatomen, Chirurgen oder Histologen, sondern mit dem Furor des Mörders, der durch keine kontrollierte Hand mehr eingedämmt werden kann, letztlich aber mit dem Furor des Krieges, der vor allem den Soldaten in Stücke riß. (Vgl. Tatar 1995) Am weiblichen Objekt, nicht am männlichen, wird der Schritt zwischen Darstellung und ungehemmter Vernichtung getan. Kathrin Hoffmann-Curtius hat ihrerseits den „Ausschnitt" als Grundelement des weiblichen Körpers in der Kunst der zwanziger Jahre beschrieben, der dessen gewalttätige Zerteilung voraussetzt. (Vgl. Hoffmann-Curtius 1993) An den Frauenmördern von George Grosz und Otto Dix sieht sie eine Gewalt am Werk, deren Potentiale in der Form der Montage angelegt sind. Den Ausschnittsammlungen, die weibliche Körperteile in papierner Form versammeln, entspricht der Frauenmord auf der Szene des Fleisches.

Auf der Ebene des Materials, bei den Übertragungsprozessen zwischen Papier und Fleisch, ist aber zuletzt zu bedenken, daß diese nicht nur Objekte der Zerstörung, sondern besonders auch der Entwertung sind. Beide erfahren eine Wertminderung, die den Akt des Schneidens auf eine in genauen Zahlen nicht mehr zu benennende Materialmenge verweist. Was die Schnitter der zwanziger Jahre schneiden, ob Fleisch oder Papier, ist zuletzt ein durch grenzenlose Vermehrung bedingter und produzierter Abfall, eine entwertete und unabsehbare Masse. Angesichts des „Haufens", wie es bei George Grosz heißt, sind sie zum Scheitern verurteilt. Die Entwertung des soldatischen Körpers durch den Krieg, die Lazarette, das Verschwinden des Einzelnen in der immer weniger definierten und gegliederten Körpermasse des Krieges läßt das Ordnungsprojekt des Schneidens ins Leere laufen. Hier ist das Papier sein genauer Spiegel. Denn im Bewußtsein ist es nun nicht mehr das disziplinierende Material, das Medium der Buchhaltung, auf dem die Dinge eine endgültige Ordnung erhalten und das über alle Verwesung erhaben ist. Die Vermehrung des Blätterwaldes, die Masse der Zeitungen gesteht dem Zeitungsausschnitt einen allenfalls transitorischen Wert zu. Der Bedeutung des auserwählten und eingeklebten Ausschnitts entspricht die amorphe Menge des Altpapiers, die zu gleicher Zeit entsorgt werden muß. Zusätzlich wird sie durch jenes Papier vermehrt, das 1923 seinen Wert im selben Zeitmaß verliert wie die tägliche Zeitung: das Papiergeld der Inflation, das das Papier zum Inbild der Wertlosigkeit macht. Im Bild dieses Abfalls fällt auch das entwertete Papier mit dem entstalteten Körper der Kriegsopfer zusammen. Das eine im anderen drängen sie auf die Szene des Schneidens zurück: Der Mann, der auf dem Boden „vor einer Handtasche voll Papieren wie in den Eingeweiden eines geschlachteten Tieres" kniet (Hausmann, zit. in: Schaub 1999, 23), heißt Kurt Schwitters und arbeitet aus der Fülle des organisch-anorganischen Abfalls. Er „drehte sich im Papierwirbel", berichtet Käte Steinitz in ihren Erinnerungen, „und fing mit beiden Armen Papier, Papier, Papier. Zu seinen Füßen türmten sich Berge von Papierklumpen und Fetzen". (Steinitz, zit. ebd., S. 20)

Dennoch gibt es in diesem Spiel der Verluste und der Materialkatastrophen einen Sieger: Er trägt den Namen Krupp. 1922 produziert die nach dem Ende des Ersten Weltkrieges auf die Ziviltechnik zurückverwiesene Firma die ersten Nirostamesser. Nun endlich, mit diesem neuen Produkt, ist der Glanz des Messers gegen den Andrang aggressiver amorpher Materialien immunisiert. Die neue Technik sichert es gegen die Spuren, die das Geschnittene auf der Klinge hinterließ, seine Schnittfähigkeit beeinträchtigt und seinen Spiegel trübte. „Alle diese Stahle sind weißglänzend, behalten unverändert ihr silberähnliches Aussehen – ‚es behält seinen prächtigen Spiegelglanz', auch wenn [es] mit scharfen sauren Speisen in Berührung kommt", heißt es in einer zeitgenössischen Frauenzeitschrift. (Beyer'sche Schnitte 1924, 327) Die „Debatte des Stahl mit den flüssigen Gewebebestandteilen" (Durtain, zit. in: Benjamin 1974, 60) ist zugunsten spiegelnder Härte entschieden, die Macht von Messer und Schere gegenüber der diffusen Menge der Objekte bestätigt. Wenn das Messer fleckenlos aus dem Chaos des Materials emportaucht, hat sich seine Souveränität, seine Unveränderlichkeit und seine vollendete Differenz erwiesen. Nirosta aber ist die zivile Verarbeitung des 1912 entwickelten, salpeter- und korrosionsbeständigen V2A-Stahls. (Thyssen Krupp 2002) Als solches widersteht es auch dem Fleisch, das zu deformieren es ursprünglich entwickelt wurde. Aus Nirosta werden auch die künstlichen Kinnbacken hergestellt, die die von Krupp-Geschossen zerstörten Gesichter der Soldaten des Ersten Weltkriegs wieder menschenähnlich machen. (Vgl. Manchester 1978, 311)

Verwendete Literatur

Benjamin 1974 = Walter Benjamin: Das Kunstwerk im Zeitalter seiner technischen Reproduzierbarkeit. Drei Studien zur Kunstsoziologie. Frankfurt am Main: Suhrkamp 1974.

Benjamin 1972 = Walter Benjamin: Gesammelte Schriften. Hg. von Rolf Tiedemann. Frankfurt am Main: Suhrkamp 1972ff.

Beyer'sche Schnitte 1924 = Beyer'sche Schnitte, H. 20 (1924).

Doherty 1997 = Brigid Doherty: „See: We Are All Neurasthenics!" or, The Trauma of Dada Montage. In: Critical Inquiry 42 (1997) Nr. 1, S. 82–110.

Foucault 1994 = Michel Foucault: Überwachen und Strafen. Die Geburt des Gefängnisses. Frankfurt am Main: Suhrkamp 1994.

Grosz 1955 = George Grosz: Ein kleines JA und ein großes NEIN. Sein Leben von ihm selbst erzählt. Hamburg: Rowohlt 1955.

Hagner 2002 = Michael Hagner: „Mit der Tagespresse sich zu befassen, ist nicht jedermanns Geschmack". Oskar Vogt und die Öffentlichkeit des Gehirns. In: Anke te Heesen: CUT and PASTE um 1900 (= Kaleidoskopen 4). Berlin 2002, S. 116–129.

Herschel 1859 = Richard Herschl: Sections-Technik. Anleitung zur zweckmässigen Ausführung pathologischer Sectionen und zur Abfassung der Befundscheine. Wien 1859.

Hoffmann-Curtius 1993 = Kathrin Hoffmann-Curtius: Im Blickfeld George Grosz „John, der Frauenmörder". Stuttgart: Hatje 1993.

Jünger 1979 = Ernst Jünger: Strahlungen II. Das zweite Pariser Tagebuch. Stuttgart: Klett-Cotta 1979.

Kaes 2000 = Anton Kaes: M. London: BFI Publishing 2000.

Kafka 1994 = Franz Kafka: Gesammelte Werke in 12 Bänden. Nach der Kritischen Ausgabe von Hans-Gerd Koch. Frankfurt am Main: Fischer 1994.

Kershaw 1959 = Alister Kershaw: Die Guillotine. Eine Geschichte des mechanischen Fallbeils. Hamburg: Kriminalistik 1959.

Lessing 1986 = Theodor Lessing: Ich warf eine Flaschenpost ins mehr der Geschichte. Essays und Feuilletons. Hg. und eingeleitet von Rainer Marwedel. Darmstadt: Luchterhand 1986.

Lethen 1994a = Helmut Lethen: Lob der Kälte. Ein Motiv der historischen Avantgarden. In: Die unvollendete Vernunft. Moderne versus Postmoderne. Hg. von Dietmar Kamper und Willem van Reijen. Frankfurt am Main: Suhrkamp 1994, S. 282–325.

Lethen 1994b = Helmut Lethen: Verhaltenslehren der Kälte. Lebensversuche zwischen den Kriegen. Frankfurt am Main: Suhrkamp 1994.

Lethen 1999 = Helmut Lethen: Der Knall an sich. In: Modernität und Trauma. Beiträge zum Zeitenbruch des Ersten Weltkriegs. Hg. von Inka Mülder-Bach. Wien: Edition Parabasen 2000.

Manchester 1978 = William Manchester: Krupp. Chronik einer Familie. München: Kindler 1978.

Matyssek 2002 = Angela Matyssek: Rudolf Virchow. Das pathologische Museum. Geschichte einer wissenschaftlichen Sammlung. Darmstadt: Steinkopff 2002.

Möbius 2000 = Hanno Möbius: Montage und Collage. München: Fink 2000.

Mülder-Bach 2000 = Inka Mülder-Bach (Hg.): Modernität und Trauma. Beiträge zum Zeitenbruch des Ersten Weltkriegs. Wien: Edition Parabasen 2000.

Musil 1978 = Robert Musil: Gesammelte Werke in neun Bänden. Hg. von Adolf Frisé. Reinbek bei Hamburg: Rowohlt 1978.

Pels-Leusden 1925 = Friedrich Pels-Leusden: Chirurgische Operationslehre für Studierende und Ärzte. Wien, Berlin: Urban und Schwarzenberg 1925.

Pfemfert 1915 = Franz Pfemfert: Ich schneide die Zeit aus (1915). In: Ich schneide die Zeit aus. Expressionismus und Politik in Franz Pfemferts „Aktion". Hg. von Paul Raabe. München: dtv 1964 (= dtv dokumente), S. 216.

Porter 2000 = Roy Porter: Die Kunst des Heilens. Eine medizinische Geschichte der Menschheit von der Antike bis heute. Übers. von J. Wissmann. Heidelberg, Berlin: Spektrum 2000.
Schaub 1999 = Gerhard Schaub: Schwitters Anekdoten. Frankfurt: Anabas 1999.
Serner 1981 = Walter Serner: Letzte Lockerung. Ein Handbrevier für Hochstapler und solche, die es werden wollen. München: Renner 1981.
Stehli 1943 = Georg Stehli: Mikroskopie für Jedermann. Eine methodische erste Einführung in die Mikroskopie mit praktischen Übungen. Stuttgart: Franck 1943.
Strasburger 1884 = Eduard Strasburger: Das botanische Praktikum. Anleitung zum Selbststudium der mikroskopischen Botanik f. Anfänger und Fortgeschrittene. Jena 1884.
Tatar 1995 = Maria Tatar: Lustmord. Sexual Murder in Weimar Germany. Princeton: Princeton Univ. Press 1995.
te Heesen 2002 = Anke te Heesen: CUT and PASTE um 1900 (= Kaleidoskopen 4). Berlin 2002.
Thyssen Krupp 2002 = Thyssen Krupp inside 6 (2002).
Tzara 1976 = Tristan Tzara: 7 Dada Manifeste. Übers. von Pierre Gallissaire. Hamburg: MaD Verlag 1976.
Virchow 1893 = Rudolf Virchow: Die Sektionstechnik im Leichenhaus des Charité-Krankenhauses mit besonderer Rücksicht auf gerichtsärztliche Praxis. Berlin [4]1893.
v. Brunn 1928 = Walter v. Brunn: Kurze Geschichte der Chirurgie. Berlin: Springer 1928.

Das Fragment in der Postmoderne

Von Eberhard Ostermann

Die Hereinnahme fragmentarischer, zerbrochener, absichtlich unvollständiger Strukturen in den literarischen Text kennzeichnet die Literatur der Moderne seit ihren Anfängen. Sie begleitet und prägt derart den Weg ihrer Ausdifferenzierung in eine Vielfalt unterschiedlicher Stimmen und Schreibweisen, daß man diesen Weg insgesamt als eine „Bahn der Zersplitterung“ (Blanchot 1982, 277) bezeichnet hat. Die Bandbreite dieser Phänomene beginnt bei Mallarmé, dem die „authenticité glorieuse“ (Mallarmé 1945, 663) der Fragmentform den Absolutheitsanspruch einer Literatur verbürgen soll, die sich zum Ziel gesetzt hat, die Gesamtheit des Sinns in einem einzigen Buch, dem Buch schlechthin, zu versammeln, die aber gerade deshalb nur als Fragment erscheinen kann. Sie endet im Nonplusultra sprachlicher Zerstückelungskunst, dem Joyceschen *Finnegans Wake,* jenem work in progress, dem, wie schon dem frühromantischen Fragmentarismus, das Motiv der unendlichen Streuung von Sinn zugrunde liegt. Das Fragmentarische betrifft nicht nur die auf Totalität ausgerichteten und daher per se unabschließbaren Großwerke der Moderne, wie Musils *Mann ohne Eigenschaften* oder die *Cantos* von Ezra Pound, sondern es dringt als gattungsübergreifendes, teils destruktives, teils konstruktives Prinzip auf allen Ebenen in die Literatur ein und steigert ihre Adaptionsfähigkeit an eine vielgestaltige, mythisch entzauberte Welt. So zielen beispielsweise die frühen Montageromane eines Döblin oder Dos Passos auf die Abbildung jener chaotischen Großstadtrealität, die zuvor dem Film als sein ursprüngliches Thema zugefallen war, während die Auflösung narrativer Schemata in den Romanen Faulkners oder Virginia Woolfs mit einer Kritik an überkommenen Identitäts- und Kontinuitätsmustern einhergeht. Dem entspricht im Drama, seit den Fetzenszenen in Goethes *Götz von Berlichingen,* das Vordringen antiaristotelischer, offener Strukturen, die sowohl, wie etwa im Theater des Absurden, als gezielte Subversion des klassischen, auf Kausalität und Finalität angelegten Handlungsmodells fungieren können als auch, wie etwa in Brechts epischem Theater, wo die illusionszerstörende Unterbrechung die kritisch reflektierende Mitarbeit des Zuschauers in Gang setzen soll, als Element einer argumentativen Didaktik eingesetzt werden. Auch in der Lyrik sind fragmentarische Schreibweisen, seitdem Coleridge sein Gedicht *Kublah Khan* explizit als Fragment ausgegeben hat, auf vielfältige Weise fruchtbar gemacht worden. Man denke hier etwa an das expressionistische Reihengedicht mit seiner Aufsprengung des Raum- und Zeitkontinuums, an René Chars *Poème Pulvérisé,* das in seiner archaisch-erratischen Gestalt die Ausstrahlungskraft heraklitischer Fragmente heraufzubeschwören sucht, oder an die Form- und Sprachexperimente der Konkreten Poesie.

Gerade angesichts der modernen Lyrik, die die Auflösung der Texteinheit am weitesten vorangetrieben hat, stellt sich die Frage, ob die dort praktizierten Verfahren der Segmentierung, der Kappung referentieller und syntaktischer Bezüge noch zureichend mit dem Begriff des Fragments zu erfassen sind, in dessen Wesen es liegt, daß es den Bezug zur Idee des Ganzen noch in sich bewahrt. Walter Benjamin, dem der allegorische Sinn des Bruchstücks, aber auch dessen ästhetische Entleerung zur handwerklichen Routine am barocken Trauerspiel aufgegangen war, hat bereits in Baudelaire einen Nachzügler sehen wollen, in dessen lyrischen Allegorien die Form des Fragments auf den Status einer bloßen Geste zurückgefallen sei. (Vgl. Benjamin 1980/2, 690) Eignet sich das Fragment, dies ist die Kehrseite seiner gloriosen Aura, ohnehin bestens zur Mystifikation, so macht sich, nachdem einmal die Exzesse der Sprachzertrümmerung durchgespielt sind und die damit verbundene Euphorie verflogen ist, eine gewisse Erschöpfung breit. Diese leitet in negativer Hinsicht den Übergang zur Postmoderne ein. Erschöpfung (exhaustion), so schreibt der amerikanische Autor John Barth in einem programmatischen Essay von 1967, meint die „Ausgezehrtheit bestimmter Formen bzw. die Ausgeschöpftheit bestimmter Möglichkeiten". (Barth 1987, 82) Dahinter steht die Wahrnehmung, daß in der Literatur wie auch in der Kunst im allgemeinen ein Punkt erreicht ist, an dem der Ausgriff auf bisher nicht kunstfähige Strukturen und Sujets so weit vorangeschritten ist, daß nunmehr buchstäblich alles, und sei es durch Gestaltungsverzicht, durch bloße Kontextverschiebung, ästhetisiert werden kann, mithin ein Fortschritt in diesem Sinne, d. h. auf dem Wege einer noch weitergehenden Universalisierung des Ästhetischen, nicht mehr denkbar ist. In positiver Hinsicht entspricht dem eine gewisse Entkrampfung und Entdramatisierung, mit der ein Verzicht auf Tiefe, auf Ernsthaftigkeit, auf eine klare und strenge Trennung zwischen Hoch und Niedrig, aber auch ein spielerischer, zitierender Rückgewinn einstmals verbrauchter Ausdrucksmöglichkeiten einhergeht, wie dies Umberto Eco in seiner *Nachschrift zum „Namen der Rose"* erläutert hat. (Vgl. Eco 1986) So stehen in der Literatur der Postmoderne, zuweilen in ein und demselben Text, Schreibweisen, die an die Zersplitterungstechniken der Avantgarden, an Dada und den surrealistischen Schreibstrom anknüpfen, neben geschlossenen Bauformen, wie sie im 19. Jahrhundert gepflegt wurden. Die Frage ist nun, was dies für den Stellenwert der ästhetischen Idee des Fragments bedeutet.

Im Selbstverständnis der Moderne korrespondiert die Form des Fragments noch mit einem Konzept künstlerischer Ganzheit, das in den Systemen des Idealismus, aber auch schon in der Kunstphilosophie Friedrich Schillers seinen höchsten Punkt erreicht hatte. Die durchgängig vermittelte, gleichsam organische Einheit des Kunstwerks stand dort für die Idee einer Versöhnung von Subjekt und Natur und damit auch für die Möglichkeit einer zwanglosen Einheit des Subjekts mit sich selbst. Diese Möglichkeit wird in der Moderne unter dem Eindruck der vielfach zerrissenen, prosaischen, gerade nicht ästhetischen Lebensverhältnisse, deren negative Gewalt bis in den Herstellungsprozeß der Kunstwerke hineinreicht, zwar in Frage gestellt, sie bleibt jedoch als regulative Idee, die auch weiterhin den künstlerischen Schaffensvorgang bestimmt, bestehen. Folglich wird die Form des Fragments als Ausdruck eines, wenn auch gescheiterten, so doch unternommenen Synthetisierungsversuchs verstanden, der gerade, ja nur noch als gescheiterter glaubwürdig auf die Idee der Einheit verweist und der somit die Utopie geschichtlicher Versöhnung ex negativo einklagt. Deutlichster Beleg hierfür ist die *Ästhetische Theorie* Adornos, in der, trotz der Affinität ihres Autors zu den avanciertesten Formen künstlerischer Modernität in Musik und Literatur, die Fragmentform als eine latente Totalitätskategorie fungiert. Indem das zum Fragment zerfallene Kunstwerk als Statthalter des Nichtidentischen in Erscheinung tritt, sichert es der philosophischen Vernunft die Option auf eine Vermittlung mit dem ihr Anderen, die sie in Form des begrifflichen, identifizierenden Denkens selbst nicht mehr überzeugend aussprechen kann.

Das postmoderne Denken bedeutet gegenüber diesen Tendenzen keinen grundsätzlichen Neuansatz, sondern vielmehr eine Forcierung der seit Anbeginn der Moderne artikulierten Kritik an der Repräsentierbarkeit des Wirklichen, sei es in mythischer, metaphysischer, philosophischer oder ästhetischer Hinsicht. Wo in der Moderne noch das Prinzip der Exklusion herrscht, d. h. die Stärkung von Positionen auf Kosten anderer und zugunsten der einen, ausschließlichen, ausschließenden Wahrheit, setzt die Postmoderne als radikalisierte Moderne die Inklusion, den Einschluß divergenter Positionen, allerdings nicht mehr zu einer in sich stimmigen Synthese, sondern zu einem heterogenen Nebeneinander. Dieser Pluralismus geht einher mit der Wahrnehmung einer zunehmenden, ökonomisch und medial verursachten Ästhetisierung der Lebenswirklichkeit, die sich als eine Ästhetik der Oberfläche, des Designs, des Gehäuses geltend macht und auf problematische Weise mit jener bereits erwähnten Universalisierung des Ästhetischen, wie sie gewissermaßen von innen heraus von der authentischen, an keine bestimmten Stoffe und Formen mehr gebundenen Kunst ausgeht, konvergiert. In diesem pluralistischen Kontext verliert die Form des Fragments ihre Verweisungskraft, so daß sich diesbezüglich, aber auch nur diesbezüglich, mit einigem Recht von einer postfragmentistischen Zeit sprechen läßt, von einer Zeit „nach den Fragmenten", wie ein poetologisch einschlägiges Gedicht des Lyrikers Durs Grünbein betitelt ist. (Grünbein 1995, 55f.; vgl. Braun 2002, 264–280) Fragment und Ganzes stehen nebeneinander, ja sie sind, genau genommen, identisch, weil jeder Einheit die Zerstückelung des Mediums, dem sie entstammt, vorausgeht. Folglich kann es nicht mehr darum gehen, das Fragment im Horizont einer möglichen, aber verhinderten Ganzheit zu verorten. Ein solches Erkennen des Bruchstücks als Teil einer abwesenden, sei es vergangenen, sei es zukünftigen Totalität entspricht der modernen Auffassung des Fragments, die zwar rationalitätskritisch ist, letztlich aber noch auf eine ästhetische Korrektur unseres Denkens und solchermaßen auf eine Versöhnung von Vernunft und Natur setzt. Demgegenüber kommt es jetzt darauf an, das Fragment im Ganzen durch dessen erneute Zerschlagung freizusetzen, um einen subversiven, entwaffnenden Effekt zu erzielen, der die selbstgenügsam in sich ruhende Vernunft ereignishaft und schockartig mit ihren uneinsehbaren Voraussetzungen konfrontiert. Dieses Konzept kann in Zusammenhang gesehen werden mit der postmodernen Aktualisierung des Erhabenen, wie sie vor allem Jean-François Lyotard im Sinne einer Darstellung des Nicht-Darstellbaren im Hinblick auf avantgardistische Kunst unternommen hat. Die erhabene Wirkung zielt dabei allerdings nicht mehr, wie noch in Kants Theorie des Erhabenen, auf eine Stärkung des Subjekts, das sich zum Beispiel angesichts entfesselter Naturkräfte als vernunftbegabtes Wesen von deren Übermacht nicht nur nicht betroffen, sondern in seiner Autonomie sogar noch bestätigt sieht. Im Gegensatz hierzu soll sich das Erhabene nunmehr in der Weise negativ und destruktiv im Innern des Subjekts durchsetzen, daß es den illusionären Schein seiner Selbsteinheit und Selbstmächtigkeit zuletzt wieder zerstört.

Sucht man nach den Ursprüngen dieser Denkfigur, so stößt man auch hier, wie so oft, auf Nietzsche, den Ahnherrn der Postmoderne. In seiner Frühschrift über die *Geburt der Tragödie aus dem Geiste der Musik* von 1872 stellt er der als apollinisch bezeichneten Welt des schönen Scheins, der klaren, organischen, abgegrenzten Formen, ein ihr zugrunde liegendes uneinsehbares Substrat gegenüber, das er mit dem mythischen Gott Dionysos identifiziert. Während sich in der apollinischen Scheinwelt die Bilder des Traums zu sinnlich schönen, aber täuschenden Repräsentationen menschlicher Individualität und Selbstbestimmung verdichten, äußert sich im Dionysischen, das dem Rausch, der Ekstase, dem Wahn verwandt ist, die „Natur mit ihrer wahren, unverstellten Stimme" (Nietzsche 1988/1, 108), jedoch ausdruckslos, ohne Gestalt annehmen zu können. Schicksal des Dionysos ist es, daß er, um sich bemerkbar zu machen, in apollinische Ganzheiten zerstückelt werden muß. (Vgl. Nietzsche 1988/1, 72) Im tragischen Kunstwerk der Griechen sieht Nietzsche eine destruktive Dialektik von Dionysischem und Apollinischem sich entfalten, in deren Verlauf der in sich gerundete Schein des Apollinischen wieder zerstört und somit der Zugang zu den Kräften, die er nur scheinbar gebändigt hatte, freigelegt wird. Auf dem Höhepunkt der Tragödie greift die Einbildungskraft unter dem suggestiven Eindruck der Musik, die der apollinischen Form ein Höchstmaß an sinnlicher Präsenz und Bedeutung verliehen hatte, auf das ihr Äußere, auf das Negative und Häßliche, über, so daß der schöne Schein als „Schein des Scheins" (Nietzsche 1988/1, 39) schlagartig erkennbar wird und zerplatzt, seine Zerstörung aber, mit der die Vernichtung des Helden einhergeht, zugleich als Einbruch der schaffenden Naturkraft, als buchstäbliche Re-Präsentation des leidenden Gottes Dionysos rauschhaft erlebt wird.

Nietzsche hat sich zwar später von den metaphysischen Implikationen dieses Modells distanziert und ist zu einer radikalisierten Form der Vernunft- und Subjektkritik übergegangen. Die von ihm entdeckte Dualität von Dionysischem und Apollinischem, die eine der Deckungsgleichheit von Teil und Ganzem ist, konnte jedoch entscheidend den postmodernen, d. h. fortgeschritten modernen Diskurs über das Fragment bestimmen. Die Richtung hierfür hat er selbst vorgegeben, als er in seiner Spätphilosophie den unumgänglichen Fiktionscharakter der Wahrheit, den Vorgang des Metaphernbildens, das perspektivische Kräftespiel sich einander bekämpfender Interpretationen zum Grundprinzip der Wirklichkeit erhob und damit einen theoretischen Anhaltspunkt für die postmoderne Erfahrung einer Allgegenwärtigkeit des Ästhetischen lieferte. Wenn die Sinnstrukturen, die für uns die Wirklichkeit ausmachen, als Effekte einer transsubjektiven, ebenso anonymen wie unhintergehbaren sinnerzeugenden Tätigkeit aufgefaßt werden, büßen die Werke der Kunst und Literatur ihre privilegierte Stellung als Orte einer, und sei es auch nur partiell oder indirekt anschaulich gemachten, symbolischen Wahrheit ein. Sie werden ihrerseits zu Elementen eines übergeordneten, unabschließbaren

Symbolgeschehens, jenes „sich selbst gebärende[n] Kunstwerk[s]“ der Welt (vgl. Nietzsche 1988/12, 119), von dem sie sich graduell, nicht aber mehr ihrem Wesen nach unterscheiden. Unter diesen Bedingungen verliert das künstlerische Fragment seine einstmalige Transzendenz. Es kann auch nicht mehr als eine eigene Form des Werks, z. B. als eine spezifische literarische Textsorte, konzipiert werden. Dies war bereits erkennbar in der Frühromantik, wo das Fragment teils als eigenständige Gattung im Sinne einer besonderen Form des Aphorismus, teils schon als Signum für das sich entfesselnde Universum der Poesie erschien, deren eigentliches Wesen es sein sollte, daß sie „ewig nur werden, nie vollendet sein kann“ (Schlegel 1967, 183). Im Zeichen einer radikal erweiterten ästhetischen Perspektive, wie sie mit Nietzsche ins Spiel kommt und wie sie in der Postmoderne zum Durchbruch gelangt, ist letztlich nicht einmal mehr eine eigene Poetologie des Fragments denkbar, da dies noch auf ein strategisches Kalkül, mithin auf eine Stabilisierung von Strukturen hinauslaufen würde. Worauf es nun ankommt, ist der Akt der Fragmentierung selbst, der Augenblick der Freilegung des Fragments im Ganzen, mit dem der Kontrollverlust des Subjekts im Sinne einer subversiven, schrecklich-erhabenen Wirkung einhergeht. Nur auf dem Wege der Fragmentierung, nur im Moment der Zerstückelung überzeugungskräftiger, täuschend echter Ganzheiten, kann sich eine authentische Kunst gegen die Künstlichkeit der postmodernen Wirklichkeit geltend machen. Nur im Ereignis der Fragmentierung, nicht aber in einer selbständigen Form des Fragments, gewinnt sie überhaupt erst und vorübergehend Präsenz. „Das Fragment [die Kunst] ist also das Symbolische selbst im Augenblick seiner Unterbrechung.“ (Nancy 1994, 183)

Beobachten läßt sich diese Auffassung beispielsweise an den literaturkritischen Schriften Michel Foucaults. In einer gewissermaßen postmodernen Lektüre avancierter moderner Literatur hat Foucault an den Werken Mallarmés, Batailles, Roussels und Artauds eine Tendenz der Zersplitterung erkennen wollen, die eine ästhetische Grunderfahrung ermöglicht. Indem sich die Werke dieser Autoren als sprachliche Einheiten, als Werke, verfehlen, indem sie den Zufall in sich zulassen und zum Wahn oder zum desartikulierten Schrei übergehen, vollziehen sie an sich selbst eine Sprachentleibung, die, so Foucault, der Sprache in ihrer Reinheit, d. h. dem unkontrollierbaren Spiel sinnkonstituierender Zeichen, Raum verschafft. Dieser Effekt ereignet sich nur im Übergang von Sinn in Nichtsinn, in der Transgression von Sinngrenzen, und eröffnet solchermaßen augenblickshaft den Zugang zu einem Außen der Sprache jenseits ihrer diskursiven Verknappung und Verknüpfung zu Sinneinheiten, jenseits ihrer Einbindung in repräsentative, machtinfiltrierte Ordnungen. In der Zerbrochenheit ihrer Strukturen offenbart diese Literatur, so Foucaults Redeweise, die Sprache im „Glanz ihres Seins" (Foucault 1980, 366), wobei die Metapher des Glanzes (splendeur) bei Foucault wie auch bei Roland Barthes (vgl. Barthes 1980, 23) nicht als Abglanz eines transzendenten oder utopischen Seinszustandes gemeint ist, sondern auf die irritierende, gleichsam blendende Wirkung abzielt, die eine Desorientierung der klar und distinkt erkennenden Vernunft herbeiführt. Foucault hat diesen Effekt zeitweise emphatisch begrüßt, sah er doch darin die Möglichkeit, daß Literatur, wenn sie sich radikal auf ihre eigene ästhetische Sprache zurückzieht, zum Ort einer anders nicht zu gewinnenden Erfahrung wird, die das menschliche Subjekt – gemeint ist das moderne, cartesische Subjekt, das sich als das Zugrundeliegende aller Seinsbestimmungen wähnt –, die dieses hybride Subjekt mit seiner Endlichkeit konfrontiert und dadurch seinem Allmachtsanspruch einen heilsamen Schock versetzt. Foucault hat sich allerdings von den Hoffnungen, die er mit diesem Vorgang verbunden hatte, wieder verabschiedet, als er in seiner Spätphilosophie mehr und mehr die Unterwerfung des Subjekts innerhalb vollständig geschlossener Machtzusammenhänge thematisierte, von denen aus ihm ein befreiender Zugang zu einem prädiskursiven Außen nicht mehr denkbar schien.

Das Motiv lebt jedoch bei Derrida und der ihm folgenden Ästhetik der Dekonstruktion, so etwa bei Harald Bloom und Paul de Man, fort. Derrida knüpft in seinem frühen und wichtigen Aufsatz über *Kraft und Bedeutung* explizit an Nietzsches Gegensatz von Dionysos und Apollo an. „Das Unterschiedliche, die Differenz zwischen Dionysos und Apollo, zwischen dem Antrieb und der Struktur", heißt es dort, „löst sich nicht in der Geschichte auf, weil sie nicht in der Geschichte ist. [...] Er [Dionysos] sieht und läßt sich sehen. Und sticht (sich) die Augen aus. Immer schon steht er in Beziehung zu seinem Äußern, zur sichtbaren Gestalt, zur Struktur als seinem Tod. – Nur so tritt er für sich in Erscheinung." (Derrida 1985, 50) Für Derrida ist es das unbeherrschbare Spiel einer fundamentalen, überall anwesenden textuellen Produktivität, die als ebenso sinnerzeugende wie sinnverschiebende Kraft Bedeutungen nicht nur erzeugt, sondern sich auch zersetzend in sie einschreibt und die es dadurch verhindert, daß sich ein Sinn jemals in der Einheit eines Textes, in einem wie immer auch gearteten strukturellen Ganzen fixieren läßt, um dort Präsenz zu erhalten. Diese Auffassung entspricht genauestens dem postmodernen Primat des Ästhetischen, dessen Kehrseite es ist, daß er die ästhetische Differenz, d. h. den Unterschied zwischen authentisch ästhetischen Kunstwerken und nichtästhetischen Sinnstrukturen, zwischen

z. B. Literatur und Philosophie, einebnet. Statt dessen existieren immer zwei Texte gleichzeitig: ein allgemeiner, niemals erreichbarer, der sich nicht als solcher, sondern nur im Anderen seiner selbst durch seine Zerstückelung zu erkennen gibt, und ein spezieller, das Fragment, das aus dieser Zerstückelung hervorgeht, und dessen geschlossene, ganzheitliche Gestalt der notwendige Schein jener konstitutiven Gespaltenheit ist, die er verdeckt. „Das Fragment ist kein bestimmter Stil und kein bestimmtes Scheitern, es ist die Form des Geschriebenen." (Derrida 1985, 111) Die Dekonstruktion als eine Methode des Eingreifens in Texte legt es dementsprechend darauf an, das Fragment im Ganzen freizulegen, indem sie den umgekehrten Weg geht, indem sie das Fragment ein zweites Mal fragmentiert. Dies geschieht durch eine absichtlich aporetische Lektürestrategie, die ihre Aufmerksamkeit auf den buchstäblichen Wortlaut von Sätzen, auf die gleichzeitig stabilisierende und destabilisierende Rolle des Kontextes, vor allem aber auf die rhetorischen Figuren eines Textes richtet, weil diese nicht nur Sinneffekte entfachen, sondern immer auch, wenn man sie nur lange genug betrachtet, unterminieren. Auf diese Weise macht die Dekonstruktion die Lücken in einer Argumentation kenntlich, begibt sie sich absichtlich in Situationen der Unentscheidbarkeit von Bedeutungsfragen bis hin zur Erfahrung radikaler Unlesbarkeit von Texten, die zwar die Illusion eines präsenten, im Text anwesenden Sinns zerstört, die jedoch zugleich auch die Erfahrung jenes unhintergehbaren Spiels der Sprache ermöglicht, das Bedeutungen entstehen läßt, zu dem es aber direkt, in Form von Bedeutungen, keinen Zugang gibt. Diese eigentlich negative Erfahrung wird dennoch letztlich als eine entlastende, lebensdienliche verstanden, weil sie uns, so ist die Hoffnung, von überzogenen Wahrheits- und Geltungsansprüchen befreien kann oder, um es mit den Worten einer Romanfigur von Thomas Bernhard zu sagen:

> Die höchste Lust haben wir ja an den Fragmenten [...] Erst wenn wir das Glück haben, ein Ganzes, ein Fertiges, ja ein Vollendetes, zum Fragment zu machen, wenn wir daran gehen, es zu lesen, haben wir den Hoch- ja unter Umständen den Höchstgenuß daran. Unser Zeitalter ist als Ganzes ja schon lange Zeit nicht mehr auszuhalten [...] nur da, wo wir das Fragment sehen, ist es uns erträglich. (Bernhard 1985, 41)

Verwendete Literatur

Barth 1987 = John Barth: Die Literatur der Erschöpfung. In: Schreibheft 29. 1987. S. 82–88.

Barthes 1980 = Roland Barthes: Leçon/Lektion. Antrittsvorlesung im Collège de France. Gehalten am 7. Januar 1977. Frankfurt am Main: Suhrkamp 1980.

Benjamin 1980/2 = Walter Benjamin: Charles Baudelaire. Ein Lyriker im Zeitalter des Hochkapitalismus. In: Ders.: Gesammelte Schriften. Werkausgabe. Bd. 2. Hg. von Rolf Tiedemann und Hermann Schweppenhäuser. Frankfurt am Main: Suhrkamp 1980.

Bernhard 1985 = Thomas Bernhard: Alte Meister. Komödie. Frankfurt am Main: Suhrkamp 1985.

Blanchot 1982 = Maurice Blanchot: Der Gesang der Sirenen. Essays zur modernen Literatur. Frankfurt am Main, Berlin, Wien: Ullstein 1982.

Braun 2002 = Michael Braun: „Hörreste, Sehreste". Das literarische Fragment bei Büchner, Kafka, Benn und Celan. Köln, Weimar, Wien: Böhlau 2002.

Derrida 1985 = Jacques Derrida: Die Schrift und die Differenz. 2. Aufl. Frankfurt am Main: Suhrkamp 1985.

Eco 1986 = Umberto Eco: Nachschrift zum „Namen der Rose". München: Dtv 1986.

Foucault 1980 = Michel Foucault: Die Ordnung der Dinge. Eine Archäologie der Humanwissenschaften. 3. Aufl. Frankfurt am Main: Suhrkamp 1980.

Grünbein 1995 = Durs Grünbein: Falten und Fallen. Gedichte. 4. Aufl. Frankfurt am Main: Suhrkamp 1995.

Mallarmé 1945 = Stéphane Mallarmé: Œuvres complètes. Hg. von Henri Mondor und G. Jean-Aubry. Paris: Gallimard 1945.

Nancy 1994 = Jean-Luc Nancy: Die Kunst – Ein Fragment. In: Bildstörung. Gedanken zu einer Ethik der Wahrnehmung. Hg. von Jean-Pierre Dubost. Leipzig: Reclam 1994. S. 170–184.

Nietzsche 1988/1 = Friedrich Nietzsche: Die Geburt der Tragödie. In: Ders.: Kritische Studienausgabe. Bd. 1. Hg. von Giorgio Colli und Mazzino Montinari. München, Berlin, New York: Dtv/de Gruyter 1988.

Nietzsche 1988/12 = Friedrich Nietzsche: Nachgelassene Fragmente 1885–1887. In: Ders.: Kritische Studienausgabe. Bd. 12. Hg. von Giorgio Colli und Mazzino Montinari. München, Berlin, New York: Dtv/de Gruyter 1988.

Schlegel 1967 = Friedrich Schlegel: Charakteristiken und Kritiken I (1796–1801). In: Ders.: Kritische Friedrich-Schlegel-Ausgabe. Bd. 2. Hg. von Hans Eichner. München, Paderborn, Wien, Zürich: Schöning/Thomas 1967.

Kassetten basteln.
Literatur als Teil der Popkultur

Von Moritz Baßler

> Vielleicht sollten wir über Pop reden. Wir reden über Pop. Er erzählt von einem Deppen, dem er die letzten Blur-Platten ausgeliehen hat.
> – Und der meinte dann, als er sie mir zurückgegeben hat, der hätte sich die besten Stücke auf einer Kassette zusammengestellt, und das wären insgesamt 27 Minuten.
> Da sind wir uns in unserer Ablehnung dieser Idiotenmeinung natürlich einig, ich meine, die Kassette will ich mal hören, da ist dann vielleicht „Girls & Boys" drauf und „Parklife", „Country House", „Charmless Man", „Stereotypes", „Song 2", „On Your Own" und „Beetlebum", vielleicht noch „The Universal". Aber was ist mit „M.O.R." und „Look Inside America", mit „It Could Be You" und „Clover Over Dover", „End Of A Century" und „London Loves"? Und „Mr. Robbinson's Quango" und all den anderen („Jubilee", „Death Of A Party" usw.)? Poor boy.

Dies ist der Auszug aus einem deutschen Roman. Man hat Benjamin von Stuckrad-Barres *Soloalbum* (1998, 240f.), den besten und erfolgreichsten der sogenannten Popromane der 1990er Jahre, bereits mit dem *Werther* verglichen, „dem Urbild des Popromans", oder auch mit Salingers *Catcher in the Rye.* (Rutschky 2003, 108f.) Solche Vergleiche erfassen sicher Aspekte des Ich-Erzählers („Poor boy") und der thematischen Anlage („Girls & Boys"), die bei Stuckrad-Barre freilich kaum zur narrativen Entfaltung gelangt. Sie vernachlässigen dagegen das, was einem traditionellen Roman-Leser bei Lektüre des zitierten Textausschnittes am meisten auffallen dürfte und ihn womöglich irritieren könnte: die katalogische Textur, die Tendenz zur bloßen Aufzählung. Eine Reihung von nicht weniger als achtzehn englischsprachigen Songtiteln der Britpop-Band Blur in acht Zeilen – und der Roman ist voller solcher Kataloge –, das geht über Lottens „Klopstock!" deutlich hinaus, auch wenn es demselben Muster folgt.

Was ist das genau für ein Muster? Hier wird innerhalb des Textes Bezug genommen auf einen oder mehrere andere Texte (der Literaturwissenschaftler spricht in solchen Fällen von Intertextualität). Diese anderen Texte werden sowohl bei den Protagonisten als auch bei den Lesern als bekannt vorausgesetzt, und genau darum, könnte man sagen, geht es. Daß Lotte und Werther angesichts des Gewitters dasselbe Gedicht eines Gegenwartsautors, Klopstocks *Frühlingsfeier,* mit den entsprechenden Wallungswerten abrufen können, macht sie zur empfindsamen Ingroup, grenzt sie ab gegenüber Alltagsmenschen wie Lottes Ehemann, die über dieses Repertoire nicht verfügen – und die jungen Leser, die hier teilhaben, dürfen sich ebenfalls als Teil dieser Jugendbewegung fühlen („It Could Be You"). Wichtig bei der Sache ist, daß hier nicht auf ein allgemeines Schul- und Bildungswissen zurückgegriffen wird, sondern auf eine populäre Gegenwartskultur, deren selektive Aneignung vom spezifischen Geschmack des einzelnen zeugt und allein diesem zuzurechnen ist. Nicht über Homer, sondern über Klopstock, Goldsmith und Ossian finden Werther und Lotte zusammen. Indem ein Roman solche Elemente noch nicht kanonisierter Gegenwartskultur – heute sind das Songs, Filme, Marken usw. – aufgreift, kann er selbst an ihr teilhaben. Die Anspielungen verweisen also nicht nur auf eine bereits bestehende Jugendkultur (Empfindsamkeit bei Goethe, Britpop bei Stuckrad-Barre), sondern bringen diese gleichzeitig mit hervor und tragen dazu bei, sie zu definieren und zu stabilisieren. Anders als der situativ gebundene Protagonist kann der affizierte Individualleser seine Pop-Ausstattung anhand des Gelesenen dann auch jederzeit ergänzen und vervollständigen.

Wie verhalten sich hier Teil und Ganzes zueinander? Schon im *Werther* wird über die einfache Nennung eines Autorennamens eine ziemlich umfangreiche gegenwartskulturelle Enzyklopädie aufgerufen. Wer „Klopstock!" sagt, sagt ja nicht nur dezidiert nicht „Gottsched!" oder „Nicolai!", er setzt außerdem voraus, daß der Partner daraufhin aus dem Werk Klopstocks nicht den *Messias* aufruft oder die Tatsache, daß der Autor gerade in Hamburg weilt, sondern daß er aus allen Möglichkeiten just die angemessene Auswahl trifft. Mit der Gewitterszene am Fenster gibt es im *Werther* dafür noch eine starke situative Vorgabe, in Popromanen wie *Soloalbum* verselbständigt sich dieses Verfahren jedoch. Es wird geradezu zum Prinzip erhoben: Man redet eben auf Partys über Pop, und über Pop reden heißt, aus einem großen kulturellen Reservoir (den Blur-Platten, den Oasis-B-Seiten) eine Auswahl treffen, Listen machen, Kassetten basteln, deren Qualität und Quantität dann die „Idiotenmeinung" vom Wissen der Eingeweihten trennt.

Der Poproman reproduziert und archiviert nun dieses „Reden über", den Diskurs über Pop. Sein ureigenes Verfahren ist also der Katalog, aber nicht der vollständige, historistische Katalog, sondern der Katalog als Ergebnis einer Auswahl, die Kultur definiert: „Ein Gesetz, ein sichtbares, ist zu konstruieren, das uns trennt, das uns Glaube gibt, trotzdem es unsere Konstruktion ist", hieß es für den Snobb oder Dandy bereits eine Jahrhundertwende zuvor. (Einstein 1909, 23) Aber die Avantgarden zu Beginn des 20. Jahrhunderts zogen aus dieser Aufgabe eine völlig andere Konsequenz als die Pop-Ästhetik am „End Of A Century". Gemeinsam ist ihnen die bereits von Bourget und Nietzsche als „Stil der décadence" beschriebene Verabschiedung organischer Ganzheit, die Beobachtung, „daß das Leben nicht mehr im Ganzen wohnt", jedenfalls nicht in jenem Ganzen, das das Kunstwerk stiftet. „Das Ganze lebt überhaupt nicht mehr: es ist zusammengesetzt, gerechnet, künstlich, ein Artefakt." (Nietzsche 1888, 27) In der emphatischen Moderne wird dieses Artefakt jedoch selbst zu einem absoluten Ding erhoben. Dieses ist zwar nicht mehr in der Lage, die Welt und ihre Gesetze zu repräsentieren und zu interpretieren, wie das klassische Epos; das soll es jedoch auch gar nicht. Vielmehr soll es aufgrund seiner Totalität und Eigengesetzlichkeit dazu dienen, diese Welt zu zersprengen und eine neue zu konstruieren. Kunst als Revolte eines ganz und gar Neuen gegen das Althergebrachte, mit der Autorität des Geistigen und Absoluten, dies ist das Programm hinter den in der Tat revolutionären Texturen der kubistischen, suprematistischen und abstrakten Kunst, der futuristischen, expressionistischen und surrealistischen Literatur usw. Der Autonomie-Anspruch dieser avantgardistischen Ästhetik reicht, und sei es in der politischen Schrumpfform des ‚Kritischen', bis weit in die E-Literatur unserer Tage hinein.

Eine Literatur, in der es allen Ernstes um die richtige Anzahl und Auswahl von Blur-Titeln geht, gehorcht offenkundig einer von Grund auf anderen Ästhetik. Dabei handelt es sich jedoch auch nicht, wie man vielleicht meinen könnte, um die Ästhetik eines wie auch immer gearteten Realismus, die der Sprache eine relativ unproblematische Abbildung von Welt zutraut (und die in ‚verfilmbarer' Literatur, in Trivialliteratur oder auch im alten und neuen Erzählen von Autoren wie Berhard Schlink oder Judith Hermann immer präsent war und ist). Nein, Kataloge und Listen taugen zur Notation, aber nicht zur Abbildung. Die Musik von Blur, Oasis oder den Pet Shop Boys wird bei Stuckrad-Barre ja nicht beschrieben, der Roman verwandelt sie sich nicht an, indem er sie etwa in Sprache setzte. Die Popmusik, und mit ihr ein ganzer Komplex von Geschmacksurteilen und Gefühlslagen, wird vielmehr als bekannt vorausgesetzt, wird als etwas benannt, was seinen Wert, seine Konnotationen und seine Wirkung längst jenseits und unabhängig von Stuckrad-Barres Roman entfaltet hat – im Gegensatz zu Klopstocks Ode im *Werther* sogar jenseits der literarischen Tradition.

Eine Literatur, die diese Art von Zitiertechnik pflegt, die Markennamen und Musiktitel für sich selbst sprechen läßt, eine solche Literatur verzichtet großzügig auf das, was vielen Autoren auch heute noch das Heiligste ist: die Autorität der ersten Worte, die vermeintlich autonome Definitionsmacht der literarischen Sprache. So gesehen verbirgt sich hinter den Katalogen und Hitlisten der Popliteratur auch ein neues und ziemlich verwickeltes Verhältnis von Literatur und Umwelt. Ein literarisches Werk, das operiert wie das *Soloalbum,* gibt von Anfang an den Anspruch auf, jenes Ganze zu sein, das den Teilen, auch den von außen herbeizitierten, ihren Sinn zuweist. Gerade dies, daß die Teile bereits vor- und außerliterarisch voller kultureller Bedeutung sind, daß ihnen bestimmte Gruppendiskurse, Images und Gefühlswelten immer schon anhaften, gerade dies qualifiziert sie als Bausteine des Popromans. In der Prosa der Popautoren werden sie zitiert, arrangiert und gewertet, und ihrem spezifischen Arrangement, das oftmals nur durch schwache narrative Muster zusammengehalten wird, mutet man zu, was im traditionellen Literaturverständnis der Sprachmächtigkeit des Autors zugeschrieben wurde: die Repräsentation von Welt und die Stiftung von Kultur.

Der Poproman funktioniert, so gesehen, nach dem Muster der zusammengestellten Musikkassette. Sie besteht durch und durch aus fremdem Material – und sagt doch mehr als ein individuell formulierter Brief, ja, als das Leben selbst, wenn man Karen Duves *Dies ist kein Liebeslied* glaubt: „Wenn du dir von einem Mann eine Cassette aufnehmen läßt, erfährst du mehr über ihn, als wenn du mit ihm schläfst" (Duve 2002, 45), heißt es dort, und das wird an einer ganzen Reihe von Kassetten (und Männern) durchgespielt. Sorgfältig gesetzte Worte dagegen wirken peinlich, weil sie den unabdingbaren Anspruch auf Originalität, auf erste und authentische Gedanken, doch nie einlösen können:

> Der Brief war wirklich sehr albern. Er sprach Dinge aus, die man einfach nicht aussprechen sollte, Gefühle. Es war für mich schwer erträglich, daß es noch andere Mädchen gab, die wegen Hemstedt litten. Meine Liebe war [...] eine Allerweltsliebe. (Duve 2002, 197)

„Stereotypes" – jede Liebe ist eine Allerweltsliebe, und dennoch handelt Literatur immer noch von ihr und läßt ihre Protagonisten, vom Werther bis zu den Ich-

Figuren in *Soloalbum* oder *Dies ist kein Liebeslied,* immer wieder die Größe und Peinlichkeit jugendlicher Zustände durchleben. Nun ist in der zweiten Hälfte des 20. Jahrhunderts, abseits von der etablierten Hochkultur und unter den Bedingungen des westlichen Marktes, eine eigene Kultur entstanden, die Goethe so noch nicht kannte – die Popkultur. Auch wenn ihre ersten Heroen inzwischen das Rentenalter erreicht haben, war und ist sie im wesentlichen eine Jugendkultur. Ihre Leitkunst ist die anglo-amerikanische Popmusik („Look Inside America"), deren massenmedial verbreitete Erzeugnisse im wesentlichen um besagte Größe und Peinlichkeit jugendlicher Zustände kreisen. Dazu kommen Fernsehprogramme, Filme, Konsumgüter, Markenartikel, Comics, Zeitschriften, Sportereignisse und die wunderbare Welt des World Wide Web und der Computerprogramme. Die allermeisten Menschen zwischen 15 und 50 Jahren, darunter die Autoren und die potentiellen Leser von Literatur, sind, selbst wenn ihre Eltern das noch gern verhindert hätten, unter dem Einfluß dieser Popkultur aufgewachsen. Seit sie in den frühen siebziger Jahren mit über der Play- und der Record-Taste ihres Kassettenrecorders gespreizten Fingern der Internationalen Hitparade oder ähnlichen Radioprogrammen gelauscht haben, um in auratischen Sitzungen ihre ersten Kassetten zusammenzustellen, seither ist dies der kulturelle Raum, in dem sie – jenseits hochkultureller Vorgaben – ihren Geschmack entwickelt und ausdifferenziert haben.

Die Katalogprosa der Popliteraten ist die erste Literatur, die diese Form der Subjektwerdung für voll nimmt. Im englischen Prototyp, Nick Hornbys *High Fidelity* (1995), nimmt der Protagonist seinen Liebeskummer zum Anlaß, seine Plattensammlung neu zu sortieren – nach dem Datum der Anschaffung:

> That way I hope to write my own autobiography without having to do anything like pick up a pen. I pull the records off the shelves, put them in piles all over the sitting room floor, look for Revolver and go on from there [...], because this, after all, is who I am. I like being able to see how I got from Deep Purple to Howling Wolf in twenty-five moves. (Hornby 1995, 52)

Die zusammengestellte Kassette ist die Essenz dieser autobiographischen Plattensammlung, an der sich zeigt, wer man ist, selegiert und zusammengestellt als Botschaft an einen anderen. In *High Fidelity* fungiert sie als Liebeserklärung ebenso wie in *Komm, süßer Tod* von Wolf Haas oder in *Neue Musik aus Japan* von Thorsten Krämer (1999). Bei Krämer werden die Erwägungen, die beim Erstellen so einer Kassette eine Rolle spielen, gleich auf den ersten Seiten ausführlich dokumentiert, der Protagonist Arnd reist extra früher aus dem Urlaub ab, um genügend Zeit und Muße für das zu reservieren, was diese Aufgabe verlangt:

> Die ungeheure Akribie, die der Compilator bei der Zusammenstellung der einzelnen Titel bewiesen hatte, die zum Teil aufwendigen Recherchen, die manche entlegenen Stücke an den Tag gebracht und zugänglich gemacht hatten, kurzum: all die Liebe, die der schüchterne Arnd nur auf diese Weise auszudrücken vermochte. (Krämer 1999, 15)

Bei Duve kommt dann die Rezeptionsseite ausführlich zur Darstellung, es erschließt sich die Innensicht einer Person, und diese wirkt direkt auf die nächste Seele:

> Es war, als fächerte Hemstedt mir alle Möglichkeiten seiner Seele auf oder doch wenigstens die ganze Bandbreite seines Geschmacks, dem ich nicht bis an die Ränder zu folgen vermochte, der mich zum Zentrum hin aber bezauberte. [...] Ich hörte die Kassette zu Ende. Danach fühlte ich mich, als wäre auch ich am Ende meines Lebens angekommen. Ich spulte die B-Seite wieder ganz zurück und begann mein Leben von vorn. (Duve 2002, 166f.)

Bei den Suhrkamp-Popliteraten Rainald Goetz, Thomas Meinecke und Andreas Neumeister wird die Poetologie des Kassettenbastelns durch das etwas erhabener klingende DJ-ing ersetzt, das aber auf dasselbe Muster hinausläuft (vgl. Baßler 2002): Künstlerische Arbeit als Auswahl und Arrangement von in der Popkultur vorgefundenem Material, das in seinem neuen Kontext nicht wie in der klassischen Montagetechnik radikal neu definiert, sondern in seiner semantischen Qualität beerbt und genutzt wird.

Man darf sich dieses Verfahren keineswegs nur identifikatorisch vorstellen. In einem Initialtext wie Bret Easton Ellis' *American Psycho* (1991) ist der durch unzählige Kataloge (von Körperpflege-Artikeln, Kleidungsmarken, Trimmgeräten etc.) charakterisierte Held ein grausamer Serienmörder und nicht als Identifikationsfigur geeignet, und auch der Ich-Protagonist in Christian Krachts *Faserland* (1995) wird als deutlich defizitärer Charakter ausgestellt. Allerdings hat die Rezeption, etwa durch Florian Illies, diese Seite kaum bemerkt, weil etwas anderes im Vordergrund stand: „Die Ernsthaftigkeit, mit der Kracht Markenprodukte einführte und als Fundamente des Lebens Anfang der neunziger Jahre vor Augen führte, wirkte befreiend." (Illies 2000, 154) Selbst das Autobiographische im Poproman erfolgt selten unreflektiert, und die provozierende Selbstinszenierung von fünf Popliteraten als snobistisches „popkulturelles Quintett" im Berliner Adlon in *Tristesse Royale* (1999) macht die Komplikationen, die sich aus Distinktion durch selektive Teilhabe an Pop- als Massenkultur ergeben, ausdrücklich und auf intelligente Weise zum Thema. (Vgl. Baßler 2002)

Schon die Tatsache, daß eine Generation, die im ständigen Kontakt mit der Popkultur sozialisiert wurde, erstmals Mitte der 90er eine Literatur vorfindet, in der diese ihre Kultur repräsentiert ist, ist bemerkenswert. In den Katalogtexturen der Popliteratur wird denn auch auf einmal von dieser Kultur archiviert, was das Zeug hält – offenbar bestand Nachholbedarf: „Von ‚After eight' bis ‚Omo', von ‚Prickel-Pit' über ‚Charlie' zur Bifi-Wurst durchs WG-Klo zurück zum Futon-Hochbett, von ‚Dalli Dalli' bis ‚Nights in white Satin' wird das Inventar der siebziger und achtziger Jahre heruntergespult". (Köhler 1998, 193) „Es ist alles hier vorhanden, gerettet und erlöst von einem, der nichts vergessen hat und nichts unterdrückt […] – erst Fanta –, dann Apfelkornrausch, Bonanza-Fahrräder mit Bierdeckeln in den Speichen und Fuchsschwanz am Easy-Rider-Sattel, Luftgitarrespiel zu Led Zeppelin-Songs, Ostverträge, Gesamtschule, Habermas und Baader-Meinhof." (Lau 1998, 159)

Die zum Teil heftigen Abwehrreaktionen, die diese Art von Literatur bei deutschen E-Literaten und Feuilletonisten hervorgerufen hat, weisen darauf hin, daß sich hier eine Entwicklung abzeichnet, die durchaus das Verständnis von Literatur insgesamt betreffen könnte. Und hier kommen wir auf das Thema von Teil und Ganzem zurück: Die Aufnahme von Teilen der Popkultur – Bandnamen, Songs, Markennamen etc. – in die Literatur erfolgt im deutschen Poproman eben nicht primär als Verortung und Beschreibung von Pop aus der Sicht eines autonomen Mediums Literatur, sondern eher im Gegenteil: Mit Bret Easton Ellis, Nick Hornby und Benjamin von Stuckrad-Barre, dessen Lesungen unter den Tourneedaten im *Rolling Stone* angezeigt werden, wird die Literatur erstmals zu einem Teil der Popkultur. Das läßt sich noch präzisieren: Um einen Roman von Peter Handke oder ein Stück von Thomas Bernhard zu lesen, muß der Leser über die Enzyklopädie der europäischen Hochkultur verfügen. Zwar kommen bei Handke durchaus popkulturelle Gegenstände vor, aber immer unter der Ägide einer Literatur, die sich auch die Jukebox anverwandeln kann. Das literarische Werk ist ein Ganzes, es bestimmt die Gesetze, nach denen es Teile aus seiner Umwelt in sich inkorporiert. Im Poproman ist es umgekehrt: Zwar wird gelegentlich Bezug auf die literarische Tradition genommen – so spielt der Beginn von *Dies ist kein Liebeslied* auf Johann

Peter Hebels *Unverhofftes Wiedersehen* an, und *Faserland* endet am Grab Thomas Manns. „Kein Leser von *Soloalbum* verpaßt allerdings etwas Wichtiges, wenn er weder von Kafka und Goethe noch von Orwell und der Geschichte der RAF je gehört hat" (Rutschky 2003, 108), und die Popliteraten „vernebeln" ihre „Bezugnahme auf jene klassischen Autoren" auch nicht, wie Rutschky meint (ebd.) – sie findet schlicht nicht oder eben erst nachträglich, in der Lektüre des traditionell gebildeten Lesers, statt. Der kulturelle Hintergrund, vor dem diese Prosa gelesen werden muß, vor dem ihre Setzungen, Verknüpfungen und vor allem ihre ständigen Distinktionen allererst verständlich und sinnvoll werden, kurz: die paradigmatische Dimension des Popromans ist vielmehr die Popkultur. Sie ist jenes Ganze, aus dem diese Literatur ihr Material entnimmt und in das sie sich selbst, ihre spezifischen Neu-Verknüpfungen und Um-Wertungen, wieder hineinstellt. Das wird in den Romanen von Wolf Haas sehr schön gezeigt: Der Detektiv Brenner und sein Erzähler verfügen durchaus über Hochkultur; Rilkes *Schlußstück* und die *Matthäus-Passion* spielen in *Komm, süßer Tod* eine tragende Rolle, aber das Gedicht wird einem Kondolenzbuch entnommen, und die Musik von Bach entstammt – erwartbarerweise – einer Kassette, die ihm eine Freundin in der Pubertät einmal aufgenommen hatte.

> Wie ihm die Klara damals im Gymnasium das Lied aufgenommen hat, hat es ihm sogar gefallen. Obwohl sein persönlicher Geschmack damals: nur Jimi Hendrix. (Haas 1998, 131f.)

Der Unterschied dürfte klar sein: Handke hält einige Dinge aus der Welt des Pop für würdig, die literarischen Weihen zu empfangen. Im Poproman gibt es dagegen einige Dinge aus der Welt der Hochkultur, die durchaus Pop-Würden verdienen:

> Und du wirst lachen, Bach und Jimi Hendrix gar nicht so verschieden. Jimi Hendrix immer die Wiederholungen und Bach auch immer die Wiederholungen. (Haas 1998, 132)

Es ist klar, daß der traditionellen deutschsprachigen E-Literatur-Szene mit ihrem Pathos der Distanz und Reflexion einerseits, ihrer Betonung der historischen Schuld und der Authentizität andererseits diese unbekümmerte Art von Nicht-mehr-Nachkriegsliteratur hochgradig suspekt sein muß. Hier versteht sich Literatur auf einmal ganz selbstverständlich als Teil einer Kultur des Pop, der Marken und Medien, einer Kultur, die bislang stets das Andere war, auf die man als Vertreter der Hochkultur, wenn überhaupt, dann mit Verachtung oder ‚kritischer Distanz' herabgesehen hatte. Dazu kommt, daß die ganze Pop-Sphäre durch und durch angelsächsisch geprägt ist, so daß englische Namen und Wörter diese neue deutschsprachige Prosa in einem nie zuvor gesehenen Maße prägen. Man denke an die Blur-Titel im Eingangszitat oder schlage das neue Buch von Andreas Neumeister auf, *Angela Davis löscht ihre Website* (2002) – hier liest man seitenlang nur englische Sätze, die aber Teil der deutschen Kultur sind (das quantitative Verhältnis der Sprachen zueinander entspricht ungefähr dem im Titel). Und das ist nur das, was im Text steht – entscheidend hinzu kommt noch derjenige Vorrat an Wendungen, Namen, Songs und Stil-Optionen, aus dem das in der Prosa manifest Gewordene ausgewählt wurde und in bezug auf den es allererst verständlich wird.

Gegen diese ganze kulturelle Sphäre, in der wir leben, hatte die deutschsprachige Literatur sich jahrzehntelang erfolgreich abgeschottet, auf die Gefahr ihrer zunehmenden Obsoletheit hin. Auf einmal gibt es daneben etwas, das sich, von den zuständigen hochkulturellen Instanzen gleichsam unautorisiert, ebenfalls Literatur nennt, dessen Paradigmen aber nicht mehr die abendländische Hochkultur und die deutsch-österreichische NS-Vergangenheit sind, sondern die angloamerikanische Medienkultur und die Vereinigten Staaten von Amerika. Ihnen gilt die Liebe und der Haß der Pop-Generation, hier findet die Auseinandersetzung am Beginn des 21. Jahrhunderts statt. „Vielleicht sollten wir über Pop reden", denn, wie der deutsche Dichter sagt (d. h.: zitiert): „the day is young, it's just begun, anything can happen". (Neumeister 2002, 121)

Verwendete Literatur

Baßler 2002 = Moritz Baßler: Der deutsche Pop-Roman. Die neuen Archivisten. München: Beck 2002.

Duve 2002 = Karen Duve: Dies ist kein Liebeslied. Roman. Berlin: Eichborn 2002.

Einstein 1909 = Carl Einstein: Der Snobb [1909]. In: ders.: Werke Bd. 1. 1908–1918. Hg. von Rolf-Peter Baacke. Berlin: Medusa 1980, S. 23–27.

Haas 1998 = Wolf Haas: Komm, süßer Tod. Reinbek bei Hamburg: Rowohlt 1998.

Hornby 1995 = Nick Hornby: High Fidelity [1995]. London: Indigo 1996.

Illies 2000 = Florian Illies: Generation Golf. Eine Inspektion. Berlin: Argon 2000.

Köhler 1998 = Andrea Köhler: Seasons in the Sun. Matthias Polityckis „Weiberroman“ und die junge deutsche Literatur [NZZ 24.1.1998]. In: Maulhelden und Königskinder. Zur Debatte über die deutschsprachige Gegenwartsliteratur. Hg. von Andrea Köhler und Rainer Moritz. Leipzig: Reclam 1998, S. 189–195.

Krämer 1999 = Thorsten Krämer: Neue Musik aus Japan. Roman. Köln: KiWi 1999.

Lau 1998 = Jörg Lau: Literatur. Eine Kolumne. Literarische Theorie, theoretische Literatur. In: Merkur 52/1998, S. 153–159.

Neumeister 2002 = Andreas Neumeister: Angela Davis löscht ihre Website. Listen, Refrains, Abbildungen. Frankfurt am Main: Suhrkamp 2002.

Nietzsche 1888 = Friedrich Nietzsche: Der Fall Wagner. Ein Musikanten-Problem [1888]. In: ders.: Sämtliche Werke. Kritische Studienausgabe in 15 Bdn. Hg. von Giorgio Colli und Mazzino Montinari. Bd. 6. München: dtv 1980, S. 9–53.

Rutschky 2003 = Katharina Rutschky: Wertherzeit. Der Poproman – Merkmale eines unerkannten Genres. In: Merkur 57/2003, S. 106–117.

Stuckrad-Barre 1998 = Benjamin von Stuckrad-Barre: Soloalbum. Roman. Köln: KiWi 1998.

Fragment / Ruine –
Die Zeichenweise dieser Zeit. Auch Weltstand?

Von Burghart Schmidt

Fragment/Bruchstück/Ruine, das aktuelle Thema in einer Zeit, deren Wesen aus Beschleunigung aller Angelegenheiten menschlicher Gesellschaft besteht. Im wachsenden Tempo überholen sich die Unternehmen selber, und es stehen da im Resultat großer Bauvorhaben Ruinen im Augenblick ihrer Fertigstellung. Fabrikanlagen werden überhaupt erst nicht in Betrieb genommen, ebenso Bürohausanlagen. Den Infrastrukturen geht es da etwas anders, weil das konstante Anhalten des Wachstums von Verkehr gar nicht genug Bahnen erhalten kann.

Aber was ist es in einer science-fictionalen Überlegung, wenn in der Tat durch das Einsetzen der neuen Informations- und Kommunikationstechnologien in Produktion und Organisation der Produktion die große Dezentralisation verwirklicht würde, und so durch elektronisch nahezu körperlosen Verkehr ein Großteil des gewichtig dreidimensionalen Körperverkehrs sich erübrigte? Dann würden auch infrastrukturell Großteile von Bahnnetzen sich ruinierend herumliegen.

Doch auch ohne den science-fictionalen Ausblick verwirklicht sich Ruine selber als dynamischer Prozeß in den Staus und Infarkten des Verkehrs, anschaulich ruinös auf den zahlreichen Reparaturbaustellen der Straßensysteme. Und wenn wir die Eisenbahn nehmen, so sehr sie als Verkehrssystem der Zukunft beschworen wird überall, so sehr real werden überall die Verschiebebahnhöfe stillgestellt fürs Rosten und die Verwilderung oder abgerüstet für den Ersatz durch neue Stadtteile aus Cinemax, Großkaufhäusern, Erlebnisanlagen, die ihrerseits bald als Ruinen dastehen mögen. Und die sich überholende Industrie hinterläßt Fabrikanlagen und Industriebrachen den Hoffnungen auf Erlebnisparks und Renaturierungen, von den anwachsenden Müllandschaften ganz abgesehen, in denen schließlich Jäger schwer vergiftetes Rehfleisch erjagen.

Ich selber wuchs in einer Stadt auf, die zu den Zeiten meines Großwerdens schon industriell gründlich überholt war. Hingeklotzt als Großkriegshafen eines Deutschen Reichs, das sich die größte Kriegsflotte der Welt zulegen wollte, war es damit 1945 zum Glück aus. Und die Stadt fand nur sehr fragmentarische Ansätze zur Umfunktionierung auf Zivilwirtschaft. Ja selbst jüngste Versuche mit industriellen Großanlagen direkt an der Meeresküste verdankten sich Fehlplanungen eines Wirtschaftssumpfes, so daß nun die Großanlagen unbetrieben herumstehen, immerhin noch als schlechtestbestes Zwischenlager für die Abfälle einer gerade nur erst angelaufenen, dann abgebrochenen Produktion. Die Ruinen des Kriegshafens hätte man fast als Real-Zeichen eines startenden Willens zu Friedensbewegung verstehen können, gerade durch ihre Ruinosität. Und irgendwie habe ich samt der Ruinosität der Stadt, einem lückenhaften Gebiß gleichend mit Kioskbuden als Zahnstümpfen, das auch so empfunden, irgendwie mit Genugtuung. Immerhin bot solches unserer Jugend herrliche Taucherlandschaften wie an mediterranen Felsenküsten mit den geborstenen Hafen-Quais und wildeste Abenteuerprärien mit sandigen Auf- wie Zuschüttungen. Ich wurde also groß in aktueller Großruine, jenseits romantischen, barocken, manieristischen Sinns für das Thema, und entwickelte eine andersartige, nämlich eine Abenteueranhänglichkeit daran, an das Fragmentarische, seiner eigentlich gemeinten Intention entzogen, anderes ansteuernd, als investiert war: Von dem, was sein Ziel verfehlt hat, läßt sich lernen für Knotenpunkte zu neuen Zielen.

Aber die Aktualität des Fragmentarischen und des Ruinösen reicht ja viel weiter. Denken wir an die neuen Medientechnologien, die uns über den Computer eine Bibliothek von Babylon versprechen daheim. Das Bild meint schließlich seit dem Mythos optimalen Zugang zu allem Menschheitswissen der Welt, was das Überwinden des Fragmentarischen wäre. Aber nun versichert uns Technikererfahrung, daß die Speicherverfahren allenfalls dreißig Jahre durchhalten, dann zerfällt die Speicherung, außer man frischt sie auf. Wer betreibt aber die Auffrischung? Mangel an Arbeitszeit hierfür zwingt zu Auswahl. Und nach welchen Kriterien diese auch passieren würde, sie würde wiederum lauter Fragmentarik erzeugen, im Verfall der Speicher. Allerdings neuerlich science-fictionaler Ausblick könnte antworten, maschinell-automatisch würde die Auffrischung aller Daten ohne Auswahl installiert und garantiert. Dann stünde aber der Mensch vor diesem unendlich sich selbst erhaltenden Datenspeicher einer dann tatsächlichen Bibliothek von Babylon in Wiederholung wie vor der Gesamtwelt, die man ja auch als unendlichen Datenspeicher in actu verstehen könnte. Und wie die Welt dem endlichen Menschen einige Nummern zu groß geraten ist, um sie auch nur irgendwann in

Peter Daniel: *Good Morning Israel.* Pläne, Letraset-Buchstaben, Transparentpapier auf Karton. 1992/93. © VBK. Mit freundlicher Unterstützung der Edition *SPLITTER*, Wien

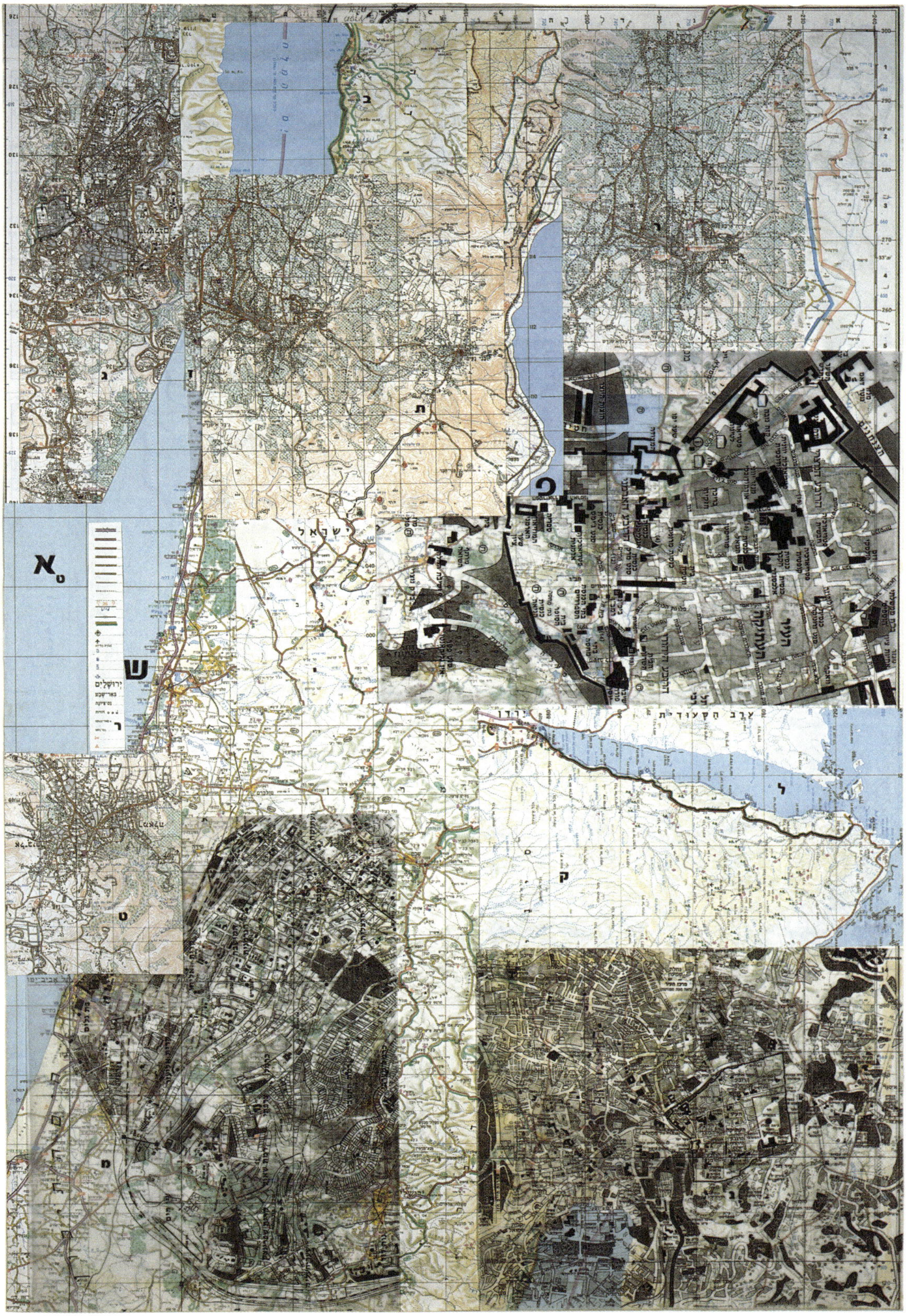
ערב הסעודית
ירדן
ישראל
ירושלים

Gänze zu verstehen oder, sagen wir besser, aufzufassen, so verhält sich das mit der vom Menschen selber veranstalteten elektronischen Bibliothek von Babylon. Der endliche Mensch ist der große Fragmentarisierer aus Not. Denn das ist nun hervorzukehren, daß Fragment wie Ruine wie Bruchstück, alle drei ganz besonders, menschliche Kategorien oder Vorstellungen sind. Die Natur an sich selber weist keine Ruinen, Bruchstücke, Fragmente auf. Zu diesen Vorstellungen gehört immer die Vorstellung eines Ganzen, Ausgeführten, in Relation zu welchem etwas eine Ruine ist oder ein Fragment wie Bruchstück.

Nehmen wir zur Verdeutlichung ein Beispiel. Im Salzburgischen stand bis vor kurzem ein Alpenberg, dem die Menschen den Namen „Bischofsmütze" gegeben hatten, weil er zwei Gipfelspitzen in die Landschaft zeigte, also der Form nach einer Bischofsmütze glich. Normale Erosionsprozesse ließen die eine Gipfelspitze abstürzen, nun hatte der Berg nur noch eine einzige Gipfelspitze. Gegenüber dem Konzept der Bischofsmütze war er keine Bischofsmütze mehr, sondern nur noch deren Bruchstück oder Ruine. Aber dieses Konzept kam ja von den namensverleihenden Menschen, es war nicht das Konzept des Berges selber und insofern ist er nicht zu einer Ruine oder einem Bruchstück von etwas geworden.

Das ließe sich sogar an einer Umkonzeptionalisierung durch den Menschen weiter beleuchten. Gesetzt den Fall, die Menschen würden aufgrund seiner erosionalen Veränderung den Berg nicht mehr Bischofsmütze nennen, sondern Zipfelmütze oder Zwergenzipfelmütze, dann wäre er allemal in diesem Konzept kein Bruchstück, sondern vollendete Ausführung. Also die Natur kennt keine Ruinen oder Bruchstücke, sie entstehen nur dem Menschen aus seinen Konzeptualisierungen.

Nun zeigen sich darum zunächst einmal dem Menschen zwei Typen von Fragmenten oder Ruinen. Der eine Typ ist der, der je nach Graden sein intendiertes Konzept noch nicht erreicht hat, der andere der, der von vollendet gewesenem Konzept her in dessen Zerfall, dessen Sichzersetzen übergegangen ist. Und hier könnte man vielleicht formulatorisch festlegen: Das Bruchstück als unvollendetes Werk im Spannungsbogen zu einem Konzept oder auch als Teilstück, das seine Endmontage noch nicht erfahren hat, doch in Spannungsbogen zu einem Montagekonzept steht, das sei im engeren Sinn ein Fragment. Während Bruchstückhaftes im Hervorgang aus dem Zerfall eines realisierten Konzepts besser als Ruine auszudrücken wäre. Doch das sind nur definitorische Fragen, die sich auch immer wieder aufregen und aufwühlen lassen. Soll man etwa die Überreste von Skulpturen Ruinen nennen und nicht zu Ende ausgeführte Bauten Fragmente? Dann wäre es besser, Ruine dem Architektonischen vorzubehalten und allem anderen Fragment nachzusagen.

Wie steht es aber mit den Baumruinen, den Menschenruinen? Und so weiter.

Man sollte im Sprachlichen das Metaphorische durch Definitionskünste nicht allzu stark behindern, weil strenggenommene Wörtlichkeit überall nahezu unerreichbar ist. Sie liefert sich schnell der Eulenspiegelei als ihrem ständigen Begleiter aus. Platon wurde einmal, und das gehört zum Ruinenthema, von einem Kyniker um eine ganz kurze Bestimmung des Menschen gebeten. Platon faßte schließlich zusammen: in einen federlosen Zweibeiner. Am nächsten Tag brachte ihm der Kyniker ein gerupftes Huhn mit dem Ruf: Hier hast Du Deinen Menschen.

Viel wichtiger ist zu fassen im Hinblick auf die zwei Typen von Fragment, die ich anzeigte, daß sie sich mit dem Konzept zusammen in einen Prozeß hinein bewegen, dem das Konzept den Scheitelpunkt macht. Ihm gegenüber stellt der eine Fragmenttyp das Vorher dar, der andere das Nachher. Aber auf dem Weg solcher Überlegung können wir rasch in eine Überlegungsfalle hineintappen. Bei mikroskopischer, mikrologischer Betrachtungsweise zeigt sich der Scheitelpunkt als reine Grenze jenseits von Zeit und Raum, er kommt genaugenommen nicht zur Existenz. Das verhält sich so wie bei Arthur Schopenhauers Nachdenken über ganz reine Gegenwart. Gegenwart ist ja das Dazwischen zwischen Vergangenheit und Zukunft. Will man sie exakt gegenwärtig denken, dann ist sie zwar das existierend Immerwährende und doch als reine Grenze gar nicht da. Alles ist immer noch im Vorher oder schlagartig im Nachher, ohne daß der Umschlag kleinsten Zeitanteil in Anspruch nehmen darf.

Gegen solche Absurdität hat ein Bogen von Augustin zu Heidegger Argumentation bemüht: Nein, vom Existierenden her sei im Existenzempfinden für die Gegenwart eine kleine Dauer eingelassen, in der die sinnliche Präsenzauffassung Vorbilder und Nachbilder mit dem direkt, momentan gesehenen Bild in eine gleichscharfe Vorstellungseinheit zusammenfaßt zur Zone zwischen Erwartung und Erinnerung. Diese Dauer müssen wir auch für das Ganze eines realisierten Konzepts in Anspruch nehmen gegen die mikroskopische, die mikrologische Überlegung.

Ja, vom realisiert existierenden Konzept eines Ganzen her, statt vom Auffassenden, muß diese Dauer eines Durchgangspunkts noch erweitert werden zu einer Phase, in der so ungefähr das realisierte Konzept, je nach Perspektive des Beobachters auf es verschieden, sich gleichbleibt. Nehmen wir das nicht an, dann fangen wir uns in einer bekannten Falle. Nimmt man nämlich eine Phänomenalität zu einem Thema langer Überlegungsarbeit, dann verwandelt sich allmählich alles in diese Phänomenalität. Etwa kann man das an Tendenzen der auf Sprache gerichteten Philosophie verfolgen. Alles wird zu Sprache. Für unser Problem: Alles wird zu Ruine oder Fragment.

Aus solcher Falle hilft einem nur der Relativismus der Relationalität, das heißt bestimmter Relativismus, der darauf beharrt, daß stets Einem sein ihm Anderes im Bezug entgegenzuhalten ist. Denn absolute Ruine oder Fragmentarik kann es nicht geben, Ruine und Fragment sind Relationsbegriffe. Sie setzen darum die Existenz von Ganzheiten voraus.

Das tröstet über einen anderen Widerspruch hinweg. Ich sagte auch, daß die Natur die Ruine, das Fragment nicht kenne. Nun haben aber Norbert Bolz und andere (vgl. Bolz 1996) in Nähe zu hier formulierten Überlegungen die Ansicht entworfen, daß dem Fragment/Ruinen-Begriff vorausgesetzte Ganzheiten einer Formenwelt der Natur durch menschliche Arbeit gleichsam aufgeformt, eingeformt, zugeformt würden. Die Natur würde sich aber sogleich dieser Formung widersetzen, die Formen abzuschütteln beginnen im ihr gemäßen Ruinierungsprozeß, in dem sie sich gegen die menschliche Arbeit geltend mache. Ruine wäre demnach gerade Ausdruck der Natur. Das würde aber eine Teleologie der Natur einbekennen, diesfalls eine negative, gleichwohl Teleologie. Für die Natur handelt es sich jedoch unteleologisch nur um einen Umformungsprozeß, nicht um ein Wirken gegen menschliche Zwecke und Formen. Als Umformungen sind sie so zugelassen wie alle möglichen anderen Umformungen. Und wenn die natürliche Umformung sie wiederum wie auch alle Naturformen umformt, dann entsteht von der Natur an sich her nur andere Form, nicht Ruine. Das ist auch der Punkt, an dem Gérard Raulet im nämlichen Sammelband zur Ruine der pessimistischen Sicht von Bolz widerspricht, der die Ruine absolut sieht in Hinblick auf menschliche Arbeit und menschliche Geschichte. Vielmehr, so schreibt Raulet, sei das Ruinen- oder Fragmentmotiv in einer Perspektive der Moderne dem Menschen und seiner Arbeit lauter Provokanz zu transformativer Konstruktion, unnachlaßlich, nachhaltig, sustainable.

Die Überlegung gilt auch gegenüber einem weiteren Einwand zur These, die Natur kenne keine Ruine, kein Fragment. Ich selber habe mit dem Vertreter visueller Poesie Peter Daniel in einem Projekt zusammengewirkt, das wir „Gezeitenalphabet“ (vgl. Schmidt 1999) nannten. Es ging dabei um fractale Poesie, zu der ich figurativ das Thema beitrug und darstellte: Fractale Küsten, meine Hommage an alle Zusammenkünfte von Land und Meer. Hauptanliegen war die Abbruchkante des Lands zum Meer in ihrem dauernden Wandel, was ein Fragmentarisieren schlechthin wäre. Ja, ich betonte zu dem Umstand ein dabei sich geltend machendes wechselweise ineinander umschlagendes Positiv-Negativ-Verhältnis, bei dem man doch aus der Abbruchkante auf das Abgebrochene einige Schlüsse ziehen könnte. Das legt geradezu nahe, Küsten als Ruinen- oder Fragmentränder des Landes aufzufassen.

Peter Daniel: *Eine fraktale Küste.* Chaos-Antichaos. Ajin/Nichts. Letraset-Buchstaben auf Papier. 1992/1993. © VBK. Mit freundlicher Unterstützung der Edition *SPLITTER,* Wien

Und das trifft in der Tat für den Menschen zu, der sich in eine vorangegangene Form eingewöhnt hat, die ihm dann später zerstört wurde. Jemand, dem Sylt ganz vertraut wurde, würde mit Recht, wenn eine Sturmflut an zwei Stellen, was immer droht, durch das schmale Inselband durchbräche, sagen können: Die Insel wurde in drei Bruchstücke zerschlagen. Aber das würde noch nicht einmal am Platz sein für jemanden, der die drei Inselchen später kennenlernen würde. Er könnte sich allenfalls darüber informieren, daß früher dort einmal ein langes Inselband gelegen hätte. Noch weniger ließe sich der Natur an sich selber nachsagen, sie hätte drei Inselfragmente geschaffen, sie hat eben nur umgeformt. Es bleibt dabei, Natur kennt keine Ruine, so wie sie jenseits einer Ganzheit der Insel Sylt liegt.

Ruine entsteht weiterhin nur in bezug auf menschliche Ganzheitsvorstellungen. Die Natur an sich ruiniert nichts, auch nicht durch Vulkanausbrüche und

Sturmfluten. Selbst die durch Tötung entstehenden Leichenberge düngen den Boden für Wachstumsumformungen und so weiter. Damit will ich allerdings nur polemisieren gegen naive Teleologien der Natur.

Eine andere Teleologie der Natur möchte ich dagegen vertreten, eine in Pluralität, die den Menschen als aus der Natur entstanden begreift und nun ihn in der Natur angelegte Teleologien, als Möglichkeiten angelegte Teleologien verwirklichen läßt. Teleologie kann immer nur vom Menschen, durch den Menschen, mit dem Menschen vermittelt vermittelnd gedacht werden. Insofern aber der Mensch der Natur angehört, sind solche doch Teleologien der Natur.

Die Natur ist es in derartigen Zusammenhängen, die für gewisse Dauerphasen menschliche Formungen trägt und dann nur ganz allmählich abträgt. Statt mit Entsetzen in die Labilität menschlicher Formenwelt gegenüber ihrem Naturträger vernarrt zu sein, mag man sich doch wundern, wie lange die Ruinenreste, abgebaut bisweilen zu bloßen Spuren, in der Trägernatur verharren. Man denke, wie noch senkrechte Luftaufnahmen von Kulturland Grundrisse bloßer Holz- und Lehmhäuser aus der Bronzezeit und zuvor sichtbar machen, weil Bodenveränderungen durch die damaligen Häuser bis heute durchgehalten haben.

Man ziehe zu solchem die große Sentenz aus Walter Benjamins Trauerspielbuch hinzu, nach der aus den Trümmern großer Bauten ihr Bauplan besser zu erschauen sei als aus den vollendeten. Diese Sentenz wollte sich ja einerseits verdeutlichen durch den Hinweis auf Ruinen gotischer Kathedralen, zielte aber auf noch unvollendete, unvollendet gebliebene Werke etwa des barocken Trauerspiels, beides also, das Vorher-Fragment und das Nachher-Fragment. Wir können diese Sentenz gar noch auf die bloßen Spuren von Menschenwerk rückbeziehen cum grano salis, wenn wir uns der Erschließungsvermögen der Paläontologie und der Archäologie vergewissern, in Hinsicht auf die Baupläne freilich nur.

Umgekehrt, in die andere Richtung der Geschichte hatte Benjamin mit der entscheidenden Sentenz schließlich gemeint, daß vollendet realisierte Konzepte über ihr Zustandekommen hinwegtäuschen wollten. Die Attacke gilt aller Klassik eben der gelungenen Werke. Sie streben zur einen Seite danach, als „ewige Muster" zu erscheinen, wie der zwar religiös ungläubige, aber graecistisch kunstgläubige Karl Marx in klassischer Gesinnung klassischer Kunst einräumte. Und dafür möchten sie den Eindruck erwecken, sie seien wie durch ein Wunder zustandegekommen. Sie tilgen alle Spur von Arbeit und Technik an ihnen, auch wenn die Wunderkraft eine Naturbegabung genannt wird, das Genie. Zwar ihre Theoretiker, wie Leon Battista Alberti, verraten jenseits der Werke anders als die Bauhütten der Gotik alles, aber doch unter der reservatio mentalis, es müsse zur ausgekochten Machart, die nur Mittel bereitstelle, noch etwas Großes hinzukommen, das aus einem wertvollen Produkt der Handarbeit ein Kunstwerk mache.

Insofern die vollendeten Werke klassischer Weise ihre Herkunft also überspielend verleugnen wollen, als hätten sie keinen Bauplan gehabt, sondern nur visio magna, steckt in ihnen eine Tiefenlüge, infam, verglichen mit der Lüge des Kitschs. Denn die Lüge des Kitschs, wo er sich nicht demokratisch moralisierend verabsolutiert als die Kunst für die Vielen statt asozial für Eliten, betrifft durch sein Versprechen umstandslos leichter Versöhnung mit den Umständen nur die Entlastung des Lebens durch Unterhaltung und schweigt, wo es nicht um diese Entlastung geht. Während die klassische Lüge vorgibt, das Wesen menschlicher Angelegenheit in der Welt auszudrücken. Das hat auch nichts mit der Kunstlüge Friedrich Nietzsches zu tun, diese klassische Lüge, weil bei Nietzsche Künstler wie die, die mit Kunst umgehen, sich des Lügencharakters von Kunst, im Namen allerdings des Wesens von Menschsein in der Welt, bewußt zu sein hätten, während die klassische Lüge der Kunst sich ihren Lügencharakter nicht eingestehen darf bei Strafe des Verlusts von Klassik.

Die doppelt gedrehte Infamie der klassischen Lüge war es wohl, weshalb alle Rossetäuscher-Diktatoren sich mit Klassik umgaben, wenn auch einer bombastisch-monumentalisierten. Das wollte wiederum die klassische Klassik nicht, weil sie sich generalisierbar wünschte über die historische Umstürzerei hinweg, ein weiterer infamer Dreh, über den eigenen Intentionskern einer Ordnungssucht um jeden Preis hinwegzutäuschen, indem er Probleme einbügelte, statt sie hervorzukehren. Und in der Infamie wurde die herausgestellte Oberflächlichkeit für tief vergewissert ausgegeben im Gestus einer unfragmentarischen Bildung, wie sie schon denkerische Manieristen von Nikolaus Cusanus bis zu Giordano Bruno verhöhnt hatten. Benjamin war sich sicher, im Fragmentarischen, Ruinösen, Unvollendeten, Unvollendbaren einen Kunstsinn gefunden zu haben, der schon immer der klassischen Spirallüge widersprochen habe, wie sie zwar in der Renaissance von den Ruinen ausging, um sie aber gründlich mit ihren eigenen Anstößen zu überspielen.

Ein solcher Ansatz im Aufklärungscharakter des Fragmentarischen gegenüber dem Klassischen unterscheidet sich vom neuzeitlichen Ruinenkult, obwohl dieser von dorther Anregung und Aufregung erhielt. Da hatte die Renaissance zwar in Ruinenfeldern sich motivieren lassen, aber nur, um die aus den Ruinen gezogenen Ahnungen der Ganzheiten, die eine Wahn- und Irrgeschichte zerstört habe

(Rede vom finsteren Mittelalter!), kreativ, neu also, hervorzubringen, und das heißt ja wohl trotzdem die Ruinen wiederzuerwecken. Der Manierismus ließ aber spüren, daß hier die Wirklichkeit des Stands der Zeit durch rekonstruktive Simulation hatte überspielt werden sollen. Jenseits der rekonstruktiven Simulation hat er darum nun in der Tat die Ruinen simuliert, um ihre Melancholie freizulegen, statt dem Wahn zu erliegen, man könne sie transformativ wiedererwecken.

Deshalb bleibt ja für den Manierismus als Schlüssel so sehr das selber fragmentarische Epos des Miguel de Cervantes bestehen vom *Don Quixjote,* wenngleich dieses vom Wiedererwecken des klassischen Rittertums aus dem Mittelalter im Absolutismus handelt, eine leichte Strukturverschiebung, aber treffend der Hohn des Cervantes gegenüber Wiedererweckungsmanövern für die Haltung des Manierismus zur Renaissance mit ihrem Willen zur griechischen, römischen Klassik.

Allerdings gerade wenn man sich über den *Don Quixjote* des Cervantes dem Manierismus nähern will, dann bleibt ein Sinn der Klassik, die Vollendbarkeit der Werke bis zum äußersten Bemühen zu verfolgen, wie Don Quixjote es tut gegen alle Wirklichkeit. Ohne diese Eingabe hinge freilich aller Manierismus in der Luft und wäre, was man ihm nachsagte, raffinierter Pfusch. Eine These zu *Don Quixjote* geht von Ernst Bloch aus, nach der der Ritter von der traurigen Gestalt (eine Ruine?) der ihn umgebenden Wirklichkeit überlegen gewesen sei, weil er in vielfach spiralisierter Selbstbelügung und Belügung anderer gegen sie zu handeln vermochte: durch unablässigen Drang nach der Vollendung eines Ideals der Vergangenheit. Das bleibt von der klassischen Intention auf Vollendung der Werke. Und demgegenüber ist Cervantes' Schluß, der Satire beabsichtigt, matt und verlegen. Dem Manierismus kann man aber nicht vorwerfen, er habe eine solche Abrechnung gegenüber der Renaissance gezogen und abgeheftet.

Er blieb problemorientiert und hat das Sehnsuchtsthema einer Wiedererweckung der Ruinen gewendet in die Erhabenheit der Zeit, die durch sie, die Ruinen, zur Erscheinung käme. Und der Barock hat solchen Ruinenkult fortgesetzt. Beiden ging es dabei um die Hinfälligkeit des Diesseits, wenn auch mit umgekehrtem Akzent. Der Manierismus wollte sich einnisten in die Ungewähr des Diesseits mit der Melancholie eines nach der Klassik wiedererweckten Stoizismus des Vergrübelten, der sich seine Abschirmung schafft für Grübelei, worin alles fragmentarisiert wird, dabei aber genau und unverlogen (Albrecht Dürers *Melancolia*). Ein Sicheinrichten in die Winkelkünste der Winkelei, jeder Winkel ist Fragment einer anderen Figur, bei der sich aber der Winkelgrad verschieben mag, der Winkler weiß das noch nicht ganz, er muß rechnen und rechnen.

Der Barock hingegen wollte die Erhabenheit der Zeit als Hinfälligkeit des Diesseits ideologisch, nicht bildnerisch, um das Diesseits zur Vorbereitung auf das Jenseits zu machen, zu drängen. Ideologisch wollte er Leidensfähigkeit erzeugen im Diesseits, was nur durchsetzt werden sollte durch simulierte Anzeichen einer Aufhebung hin zur leidlosen Seligkeit im Jenseits. Bildnerisch haben die Künstler aber einen Strich durch die ideologische Rechnung gezogen. Sie ließen die Anzeichen eines Einbruchs von Jenseits ins Diesseits darstellerisch so zu Jubilarien der schon geschehenden Abschlagszahlungen von Jenseits im Diesseits ausarten, daß gegenüber den Abschlagszahlungen das Jenseits gleichgültig zu werden vermochte. Am stärksten verspürt man das in der Barockmusik von Gesualdo bis Monteverdi, solche Jubilarien aus einem tief-traurigen Hintergrund anhebend, daß man in erfüllt scheinende Augenblicke sich versetzt fühlt, die einem zurufen: Was haben wir zu fürchten, wenn es solches Menschenwerk gibt. Marcel Proust hat das wieder erreicht, literarisch, in den Passagen, die um vollständige Erinnerung eines vergangenen Augenblicks in seinem Eintritt kreisen: Was haben wir zu fürchten, wenn es solches gibt?! Aber selbstverständlich, die Augenblicke solcher Art, die die Künstler schufen, im Grunde für alle, real für die, die zu sehen, zu hören vermochten, sind selber Fragmentarik durch und durch. Sie vermochten vom Menschenwerk her Jenseitsideologie zu unterlaufen, falsche Ganzheiten. Weil sie nichts mehr wollten als Augenblicke, waren und sind sie von Lüge frei, gerade wenn sie diese Augenblicke darstellen als nicht erarbeitbar, nicht herbeizwingbar. Sobald sie das verneint Letztere per Interpretation tun wollen, schließen sie sich der Lüge ein und bei. Fragmentarik der Lust- und Jubilaraugenblicke, das war künstlerische Intention zur Erhabenheit der Zeit, und der Augenblick unterbricht und unterbricht, anderes so wie sich selber.

Als Arthur Schopenhauer im 19. Jahrhundert die Ruine als die Anschauung von Erhabenheit der Zeit wiedereinholte, hatte er ernüchternd nur das manieristische und das barocke Modell im Auge, er hatte die Romantik in Sachen dieses Motivs überlesen, übersehen. Daher hat er in seiner klassizistischen Einstellung dieses Thema antiseptisch und immunisierend isoliert als Sonderphänomen der möglichen ästhetischen Genüsse. Er bewies damit nur, daß zwischen Pessimismus, dessen Parteigänger er war, und stoischer Melancholie manieristischer Art ein himmelweiter Unterschied bestand, der zwischen dem sentimentalen Jammerer, der er selber war, und dem des Trotzers ohne Optimismus, und doch an Hoffnung gebunden, bestand. Darum haben trotz seines Sinns für Erhabenheit der Zeit Ruine und Fragment keinen rechten Platz bei ihm. Und nicht einmal manieristischer oder barocker

Ruinensinn gehen recht bei ihm auf. Fressen und Gefressenwerden müssen sich ihm bruchlos ineinanderschließen. Auch die Klage hat klassisch vollendet zu sein.

Die Romantik zuvor hatte aber eine Wende gefunden von Manierismus / Barock zu einer Neuidee, einer Neuschreibung von Ruine und Fragment, und das geht auf den von Fichte inspirierten Hegel zurück. Es verläuft über die Erhabenheit der Zeit, die ja schon Kant angeregt hatte, zu dem Verhältnis von Endlichkeit und Unendlichkeit. Während Manierismus und Barock mit umgekehrter Parteinahme dieses Verhältnis verteilten auf Diesseits und Jenseits samt Einbrüchen und unterbrechenden Korrespondenzen, also quasi in einer Montage des Unzusammengehörigen, hat die Romantik den von Fichte hervorgerufenen Weg Hegels eingeschlagen, so sehr Hegel ein Feind der literarischen und künstlerischen Romantik war. Die romantische Formel durchaus im Gleichklang mit Hegel: Einzige Weise des Unendlichen sei der unendliche Übergang eines Endlichen in anderes Endliches, darüber hinaus gäbe es kein Unendliches. Das ist dann die absolute Formel der Fragmentarik. Allerdings scheint bei Hegel die Fragmentarik überrundet und ausgesteuert durch die ausgekochte Vermittlungskunst. Aber womit schließt denn die *Phänomenologie des Geistes?* Mit der Schädelstätte, dem Golgatha, dem Haufen aus angehäuftem Kopfgebein, Hamlets Friedhofsszene also, mit Geist als Knochen, finstere Fragmentarik aus *Nachtwachen des Bonaventura.* Das Unendliche, das als Einziges das Ganze sein könnte, existiert nur durch die von ihm unendlich vermittelten Endlichkeiten, die ihm gegenüber nur Bruchstücke sind; deren Übergänge wiederum sind ihre einzige Teilhabe an dem Ganzen, von dem sie Bruchstücke sind, führen also weiterhin nur zu Fragmenten und so weiter.

Grundmotive der Kunst wurden so der Horizont, endliche Grenze und doch immer unerreichbar, oder die Baumstammenge, die eine durchgehbare Waldmauer ausmacht, durchlässige Abwehr, bei Caspar David Friedrich, oder die Rahmung des Gerahmten bei Philipp Otto Runge etwa, eine bis ins Internste durchgehende Ornamentalisierung der Sujets, worin die Internalisierung der Horizontstruktur sich ausdrückt zu unendlicher Schachtelung nach innen eben. Romantik, das war die letzte große Explosion des unmittelbaren Ruinenmotivs im Namen der Erhabenheit von Zeit, aber als Dialektik des Endlichen und Unendlichen. Danach siegten die revolutionären und konservativ-restaurativen Optimismen, unfähig zu Erbe an der Geschichte der Melancholie. In der Lebenskraft und Vitalität symbolisierenden Anlage englischer Gärten nahmen Ruinen sich unpassend aus. Nur in der anwachsenden Archäologie feierte das Fragment Überwinterung, nun aber im doppelten Selbstwiderspruch des Triumph-Beutestücks aus Zugriff zu Welt und ihrer Vergangenheit, als Didaktikum klassizistischer Akademien außerdem und in Form des verkrüppelten Proletariats, aus Produktion und Imperialkrieg realiter.

Erst der Impressionismus brachte gegen den Neoklassizismus das Fragmentthema wieder in Erinnerung, nun aber entschieden als das Vorher-Fragment, das unausgeführte, das abgebrochene Werk. Dieses entgeht aber nicht einiger Komik. Weil der Impressionismus gegen die Zustandseinstellung von Realismus und Naturalismus sich auf die Beschleunigung von Lebens- und Wahrnehmungsprozessen richtete und darum, so Eduard Manets Motivierungsbericht, zu impressionistischen Verfahren, zu ganz schneller Mal- und Zeichnungsweise überging, hat die Interpretation den Bildwerken des Impressionismus ihre Unausgeführtheit, ihre Unausgearbeitetheit nachgerechnet, bloße Ideenskizziererei, bis der Impressionismus sich diese Interpretation bildhauerisch von Rodin bis zu Giacomettis Vereinigung von reduktiver Strukturalität mit scheinbar flüchtiger, aber hart erarbeiteter Oberflächenbearbeitung einer fast nicht mehr vorhandenen Oberfläche selber zu eigen machte.

Es lassen sich ja zwei Wege aufweisen aus der Naturalität, die im Namen der Natur stets vollendete Werke nahelegte: in die sogenannte künstlerische Gegenstandslosigkeit, durch die Beschleunigung fragmentarisierend zu bloßer Ansatzskizze, und der Weg der unendlich weiterarbeitenden Überarbeitung der Werke aus der Grundidee der Romantik heraus, Produktion sei alles. Das führt zu Verdichtung, in der die Vorlage ebenso fragmentarisiert wird. Durch Texte von Honoré de Balzac wurde das so beschrieben wie durch Texte Gottfried Kellers (*Der Grüne Heinrich*), lange bevor die gegenstandslose Kunst auftrat.

Aber einer war noch vorher den Weg der Verdichtung entlang naturaler Phänomenalität aus dem Geist der Romantik gegangen, der späte William Turner mit seinen Nebelungs- und Sonnenkreiselbildern, Lichtexplosionen und -wirbel. Ins Gegenstandslose gab es diese zwei Verdichtungs-, statt Beschleunigungsvorstöße aus der Romantik, neben dem natural motivierenden Turner den internalisierend schachtelnden Ornamentalisierer Philipp Otto Runge, also abstrahierender Weg der Konstruktion, an Gotik erinnernd. Aber insgesamt faßt das die gegenstandslose Kunst unter den Aspekt des Vorher-Fragments. Wenn dem dann so wäre, dann wäre die gegenstandslose Kunst, und im Ansatz war das wirklich so, aus dem Fragmentarisieren zu begreifen, man vergleiche auch den Kubismus. Sie hätte dadurch aber eines geleistet, das Grundmotiv des Antiklassischen, eben das Fragment in eine neue Klassizität zu überführen und zu bannen. In der gegenstandslosen Kunst wäre das Fragmentarische seiner melancholischen, das heißt permanenten Unruhe entkleidet worden.

Die konkrete Poesie hat diesen hinterhältigen Lügenschluß in der konkreten Kunst gespürt und die konkrete Kunst zu dem egal Fragmentarisierenden der Schrift hin aufgebrochen. Denn das ist ja das Merwürdige an der Schrift, als sie gegen Bilderschrift Lautschrift wurde, daß sie in jedem Schritt, der Zusammenhalt will, auseinanderlegen und aufbrechen muß, die tiefe Erfahrung des talmudischen Judentums. Schrift ist als Lautschrift permanenter Einschnitt und Montage des Geschnittenen. Wie sagt die Wiener Künstlerin Angelika Kaufmann in einem Projekttitel so treffend: *The slip of the Alphabet.* Wenn bei diesem Fragmentarisieren der Schrift im Zusammenhalt des Auseinandergelegten, Zerstreuten das Lautschriftliche betont wird, dann ergibt sich daraus, daß solches Wesen auch die Sprache betrifft, die lebendige Rede, die scheinbar für Gefaßtheit als ihre Intention steht.

Und mitten in der Intention setzt durch das Einschnittswesen der sprachlichen Laute, durch ihre minimalen Zusammenstöße untereinander die Streuung ein. Man möchte fast meinen, daß durch die Entdeckungen an der Sprache, durch die Sprache in der Sprache in ihrer Schriftlichkeit und ihrer Geredetheit während des 20. Jahrhunderts ein permanent gemachtes Fragmentarisieren aufging. Seien die Entdeckungen gemacht von den Kunstproduktionen der konkreten Poesie oder seit Ferdinand de Saussure in der von ihm begründeten strukturalistischen Sprachtheorie, die die kommunikative Destinationspotenz der Sprache von der lebendigen Rede her über Entwickeln der Phonetik auf Lautopposition, Lautzusammenstoß gründete, etwa zwischen Vokalischem und Konsonantischem; oder sei es, daß durch die Entdeckungen aus dem Zusammenwirken von konkreter Poesie mit strukturalistischer Sprachtheorie der Sprache überhaupt ein Fragmentarisieren nachgesagt wird, als wäre sie schon immer Präformation unserer durch Beschleunigung aller Prozesse des gesellschaftlichen Lebens erzeugten Fragmentarisierungskultur gewesen.

Tatsächlich stand ja die Sprache besonders durch ihre Schriftlichkeit am Anfang als das Mittel menschlichen Beschleunigungsdrangs da, Siebenmeilenstiefel des Begriffs, sagte Hegel, indem dieser Stiefel lauter Fragmente hinterlasse. Und umgekehrt bedankt sich sozusagen unsere euroamerikanische Westkultur bei der Sprache, indem noch nie so viel Sprache in den breitest öffentlichen Verkehr geschickt wurde wie heute, vom unaufhörlichen Ge-talk-e bis zur visuellen Buchstaberei in der Werberei bis zum Logo, Papierverbrauch bis dahinaus, aber jedes Blatt Papier, jede Seite, jeder Umbruch, jeder Zettel macht schon aus dem, was ein Ganzes zu werden gemocht hätte, ein Fragment, tieferer Sinn von Arno Schmidts Programmtitel *Zettels Traum,* jeder Text sei Zusammenstückelung von Fragmenten. Weicht der Klebstoff auf, beginnt der freie Flug der Sprachfetzen, wie das Geschick der lebendig geredeten Sprache, zu zerfallen in Sprachfetzen auf einer ordentlich dröhnenden Disco-Party. Alles ungemein plausibel, unsere westliche Industriekultur erfülle das Lied, das sich als Wiegenlied in ihren Babytagen die Sprache erträumt hatte, sowie diese Industriekultur am laufenden Band die Märchenerzählungswünsche der Sprache erfüllt vom Fliegenden Teppich bis zu Aladins Wunderlampe, beides Fragmentarisierungstechniken, Zerfetzen der Erfahrung durch Flüchtigkeit und Zerfetzen der Eindrücke durch Überblendung, Durchblendung.

Und doch gibt es einen westlichen Denker, der aufgebrochen ist zur Argumentation gegen die Preisgabe unseres Bewußtseins an dessen Fragmentarisierungsgefühle, Richard Rorty. Er hat sich allerdings mit seiner Hauptargumentation nicht am Wesensgeschick der Sprache orientiert, obwohl er zu ihr zurückkehrt. Er klammert sich an das, was er als den Grundtraum aller Philosophen deklariert, die Selbsterschaffungs-Souveränität des Bewußtseins, die sich abstrampelt gegen allen Fragmentarisierungseindruck durch die Welt. Er unterstellt also der Philosophie einen durchgängigen Kampf für Durchsetzen von Klassizität im Ringen um vollendete Werke. Zum Argumentationsmodell im letzten Extrem nimmt er sich Heidegger, stärksten Beschwörer von Vergänglichkeit, Ungewährtheit, Geworfenheit, Hineingehaltensein in das Nichts, Verfallenheit an das fragmentarisierte Man. Und doch habe dieser sein Denken konzentriert auf das, was Rost und Motten dieses Hineingehaltenseins in das Nichts nicht fressen könnten. Dazu habe er seine Theorie des Todes entworfen, nach der der Tod als Zerstörer, Fragmentarisierer aller Pläne, den der Mensch nicht im mindesten steuern könne in seinem Zuschlagen, alle menschlichen Vorhaben ins Fragmentarisieren versenke und alles Streben nach Ganzheiten jenseits der Ruinen, jenseits dem Stückwerk lächerlich mache. Doch habe Heidegger eine Lehre von der schmalen existentiellen Dauer entworfen, die der Tod nicht berühren könne. So sehr Heidegger Epikur verachtete, er hängt im Wesen seiner Lehrintention ganz von dessen Satz ab: „Wo du bist, ist der Tod nicht; wo der Tod ist, bist du nicht!" Heidegger hat ja stets die verachtet, die er bis zum Letzten ausbeutete. So Schopenhauer, dessen Grundgedanke vom Menschen als Erfasser des Seins-Kerns ihm sein Grundargument zur Fundamentalontologie gab. Schlechter Charakter, aber wichtige Gedanken, wieder ein Beitrag zum Fragment.

Schön, Rorty hebt hervor, daß Heidegger eine solche schmale Dauer angestrebt habe, die der Tod nicht betreffen könne, das Sein der nächsten Augenblicke, und in dieser Phase müsse man immer und überall wesentlich sein im Verlöschenlassen der Erinnerungen zur schmalen Phase hin, weil sie zu großen Projektionen verführen, im Verdämmern der Erwartungen, damit sie nicht durchkreuzt würden zu Fragment. So habe Heidegger den Klassizitätstraum der vollendeten Werke wieder einholen wollen, die Selbsterschaffungssouveränität des Individuums gegen alles Fragmentarisieren, das in seiner Souveränität dann alles Fremde gleichgültig, ohne Neugier, ohne Bereitschaft zu Erfahrung, ohne Entgegenkommen an sich ablaufen lassen könne. Hatte noch das englische Sprichwort die weite Interpretation der Habeas-corpus-Akte im Sinn gehabt: My home is my castle, so übersetzt Heidegger endgültig ein solches Sprichwort ins Deutsche, entlarvt aber dabei den Kern der Klassizität, die unerschütterliche Spießigkeit. Das war immer der Sinn aller Heideggerphilosophie, Rechtfertigung des Spießers und das aus dem Deutschen dessen.

Rorty hat das gewittert und auch dessen bleibende internationale Durchschlagskraft. Nur deswegen wendet er dagegen seine Argumentation, indem er einfach die Unternehmen und Werke unabhängig macht von den wüsten Vollendungsphantasien, die gerade die Philosophen immer wieder betrieben hätten, bis Heidegger sein souveränes Schneckenhaus fand. Was ich von der Natur sagte, überträgt er auf das Menschenwerk. Auch das Menschenwerk ist an jedem seiner Produktionszustände immer schon am Ziel; weil es nicht um vollendetes Erreichen von Zielen geht, die planerisch entworfen wurden. Und erst dann wär's. Alles andere wäre unwesentliches Mittel gewesen, das im Scheitern nur Verfehlung wäre, die man sich besser gespart hätte. Nein! Es lag eine Transformation vor, die weiterläuft oder auch in einer Sackgasse landet und doch ihre interpretierbaren Spuren hinterläßt, also etwas war.

Gegen Heideggers Standpunkt, man bewahre in klassischer Gesinnung eine schmale Phase von Existenzdauer vor dem Fragmentarisieren des Weltprozesses zu Vollendungsgefühlen, wendet Rorty die Rückverwandlung des Menschen in Natur, er solle auf die klassischen Vollendungsintentionen verzichten und begreifen, daß es in einer Welt der Transformation keine Vollendung gäbe. Wenn es aber diesen Ganzheitswahn nicht gäbe, dann gäbe es auch das Fragment und die Ruine nicht, wie von der Natur sagbar, daß sie solches nicht kenne.

Mir leuchtet das ein unter der Voraussetzung, daß der Mensch Fortsetzer der Natur sei, es gibt nur Zwischenprodukte der Transformationen, aber alle Produkte der Transformationen sind ständig Zwischenprodukte, also entweder relative Ganzheiten oder zugleich auch schon relative Ruinen; mach' Dir einen Schabbes daraus, o.k. Und doch, alle Philosophen wollen absolute Entscheidungen, die sie schließlich als glasklar artikulieren können. Heidegger legt, um die Klassizität der Vollendung zu wahren, den Spießerkern der Klassik dar als Schneckenhaus der

Küstenabbruch an der irischen Küste © Alexandra Millner

Verschneckten. Außer diesem Schneckenhaus ist ihm alles Ruine. Rorty verweigert das Schneckenhaus, aber, obwohl er vom Pragmatismus her den Menschen nur als in Menschenwelt und aus Menschenwelt sieht, verwandelt er ihn in Natur, um sagen zu können, nichts am Menschenwerk sei Ruine oder Fragment, jedes Menschenwerk in Transformation sei immer schon am Ziel und würde in seinem Verfall immer nur andere Ziele rückläufig erreichen.

Ich bleibe, obwohl mir Rorty zunächst einmal unheimlich viel näherliegt, historischer Relativist, bestimmter Relativist, und das heißt, ich mache weder die Formel mit, nach der alles Fragment und Ruine sei und nur Notwehrbunkerei im Westwall die Erlösungshoffnung, noch die, nach der man solchem Bunkergeist nur glaubt antworten zu können, daß man statt schwarzwäldernd mit offenen Armen reisefroh sagt, nichts sei Ruine oder Fragment.

Letztere Lösung hat das phantasierende Intentionale vollkommen außer acht gelassen. Und in diesem gibt es die Spannung zwischen ihm, dem Erreichten, und den Graden dazu, dem Wiederabweichen der verschiedensten Stärken im Zerfallen. Menschlicher Intentionalität liegt eine Hermeneutik des Ermittelns von Intentionen des Menschenwerks noch aus letzten fragmentarischen Spuren offen, und darin lassen sich die Abweichungen feststellen, die unter die Kategorien des Fragments und der Ruine fallen.

Rortys Rede davon (vgl. Rorty 1992, 5. Kap., Passus Heidegger), daß Menschenwerk immer schon am Ziel sei wie die Transformationen der Natur, ist eine einzige Ermunterung zum Pfusch, wie seine Romananalysen zeigen, richtig, so wie die Natur pfuscht in ihrem Verschwendungsvermögen (Batailles komischer Jubel, so sollten die Menschen es auch tun, Verschwendungsökonomie). Menschen können sich aber die große Verschwendung so willkürlich nicht leisten, oder vielmehr so willkürlich wie die Natur haben sie sie sich immer schon geleistet. Die Kritik Batailles trifft ja nur ganz kurze Wirtschaftsphasen spezialisierter Sparwirtschaft, die auch wieder falsch lag, weil sie sich nur auf die Produktivkräfte richtete.

Überhaupt kann schon gegenüber menschlicher Phantasie, weil sie ärmer ist, als viele meinen, die Verschwendungsökonomie des Pfuschs nicht geleistet werden, ohne psychisch zu verkrüppeln. Und gerade für die erforderliche Phantasieökonomie benötigt der Mensch die Relationalbegriffe von Fragment und Ruine etwa, weil sie allein das einzig Wahre an der Klassik, die Utopie der Vollendung, garantieren, von der der Mensch bei aller Unerreichbarkeit nicht lassen darf, außer gänzlich in Natur zurückzufallen.

Das einzige, was, von Rorty ausgehend, dabei zu beachten wäre, wäre der Rortysche Trost gegen die Verkrampfung auf vollendete Werke. Aber gegen den zu Pfusch ermunternden Trost Rortys läßt sich reden von der menschlichen Intentionalhermeneutik, die auch aus den Trümmern nicht nur Baupläne ermittelt, sondern noch aus letzten Spuren von Menschenwerk die gemeinten Sinnperspektiven, Motivursprünge. Der Mut zum Fragment, der Sinn für Ruine heißt nicht Pfusch. Vorausgesetzt ist für Menschenwerk die Vollendungsintention der Klassik, sonst, ohne das klassische Unternehmen, wären nicht Fragmente und Ruinen.

Verwendete Literatur

Bolz 1996 = Norbert Bolz: Ruinen des Denkens. Denken in Ruinen. Hg. von Willem von Reijen. Frankfurt am Main: Suhrkamp 1996.

Rorty 1992 = Richard Rorty: Kontingenz, Ironie und Solidarität. Frankfurt am Main: Suhrkamp 1992.

Schmidt 1999 = Peter Daniel, Burghart Schmidt: Gezeitenalphabet. Wien: Edition Splitter 1999.

(Dieser Aufsatz entstand aus der Zusammenarbeit mit Peter Daniel und aus einem Workshop an der Hochschule für Gestaltung Offenbach am Main zusammen mit den Kollegen Wolfgang Luy, Dieter Lincke, Claudia Billouroux und Peter Baum 1999–2002.)

Die literarische Moderne in Österreich

Totalität und Fragment

Auf halbem Weg mit ganzen Mitteln. Zum Fragment in der österreichischen Literatur

Von Wendelin Schmidt-Dengler

„Verändern werd' ich es, vollenden nie", sagt Goethes Torquato Tasso zur Prinzessin, die seinen geplanten Abgang nach Rom bedauert. Zwar hat er dem Herzog Alfons von Este schon eine Fassung seiner Dichtung übergeben, doch war er mit dieser unzufrieden. Nach der Krise und der Gefangenschaft am Hofe in Ferrara hegt er die Hoffnung, in Rom „mit Sorgfalt und Geduld" „die letzte Hand an sein Gedicht" zu legen, doch wird diese durch das Bewußtsein, daß er diesem Anspruch nicht gerecht wird, verdrängt. (V 4; Verse 3118–3132) Der historische Tasso versuchte das ohne seine Zustimmung 1581 veröffentlichte Epos *La Gerusalemme liberata* unter Beibehaltung des Handlungsgerüstes durch ein neues unter dem Titel *La Gerusalemme conquistata* zu ersetzen, in dem – folgt man den meisten Kritikern – die Intensität und Sprachgewalt des ersten Werkes fehlte. Goethes Vers ist eine prägnante Zusammenfassung der Problematik, der sich Tasso ausgesetzt sah: Es wird – um es mit einem heute leider schon allzu modischen Begriff zu bedenken – ein work in progress bleiben. Was der Öffentlichkeit bekannt wurde, fand nicht das Placet des Autors; und daß man jenen, die sich dieser Publikation gleichsam schuldig machten, indem sie gegen den Willen des Autors verstießen, heute dankbar zu sein hat, ist eine der vielen Paradoxien, die am Beginn jeder Beschäftigung der Literaturwissenschaft stehen.

Tasso hatte einen prominenten Vorgänger: Auch Vergil war mit seiner *Aeneis* nicht zufrieden und wollte, so die Überlieferung, sein Werk dem Feuer überantworten. Hermann Broch läßt in seinem Roman *Der Tod des Vergil* den Dichter im Gespräch mit Augustus, der das Werk einfordert und den Dichter an der Vernichtungstat hindern will, Worte sprechen, die denen Tassos bei Goethe erstaunlich ähneln und sie darüber hinaus geradezu zu kommentieren scheinen:

> Die Dichtung, ist sie einmal abgeschlossenes, [ist] etwas in sich Ruhendes [...], so daß also der Schaffende seine Hand nicht von der Arbeit lassen darf, ehe

> sie nicht Vollkommenheit erreicht hat; er muß abändern, er muß das Unzulängliche ausmerzen, so ist es ihm befohlen, und er muß es tun, selbst auf die Gefahr hin, daß das ganze Werk darob zugrunde geht. Es gibt nur einen einzigen Maßstab, und der ist das Ziel des Werkes; nur am Ziel des Werkes kann ermessen werden, was bleiben darf und was vernichtungswürdig ist, wahrlich, auf dieses Ziel allein kommt es an, nicht auf das getane Werk. (Broch 1976, 293)

Das Problem der Vollendung des Kunstwerks und die prekäre Frage nach der Legitimation von Kunst erscheint in diesem Gespräch eindrucksvoll und dramatisch verknüpft: Der Wille nach Perfektion kann sich auf verhängnisvolle Weise gegen das Kunstwerk selbst richten; nicht von außen wird es bedroht, das zersetzende Ferment entwickelt sich gleichsam endogen. Für Augustus, den nüchternen Pragmatiker, dem die *Aeneis* in das politische Konzept paßt, zählen die Sorgen des Dichters nicht, denn was für den Dichter „erschreckend ungetan" ist, ist für den Imperator „wahrhaft getan". (Broch 1976, 295)

Nicht der Pedanterie, einem bloß formalen Perfektionismus oder eitler Ziererei ist die widerstrebende Haltung des Dichters verpflichtet, sondern dem Wissen um das eigene Ungenügen und um die Krisen, die ein wesentlicher Schreibanlaß waren und die sich auch durch die Hervorbringung des Werkes als unlösbar erwiesen. Zudem belastet jeden Schreibenden die Tatsache, daß es eben auch ein literarisches Werk als „etwas in sich Ruhendes" geben kann, und Tassos Einsicht, daß er sein Vorhaben nie vollenden werde, erhält just dadurch, daß sie in einem als Muster der Geschlossenheit und Vollendung geltenden Drama, nämlich Goethes *Torquato Tasso,* zu stehen kommt, einen bitteren ironischen Akzent.

Das Problem der Abschließbarkeit von Werken gehört, wie durch das Vorangehende deutlich wird, also nicht dem 20. Jahrhundert allein. Es gewinnt allerdings in diesem Jahrhundert eine Brisanz, die sich der früherer Epochen nicht vergleichen läßt; ja die Unmöglichkeit, ein Ganzes zu liefern, ist schlechthin zum Gemeinplatz der ästhetischen Debatte geworden, die sich auch eine sarkastische Zurechtweisung gefallen lassen muß: „Fragmente: eine Himmelsgabe für Schriftsteller, die keine ganzen Bücher zustande bringen", lesen wir bei Pitigrilli. (Zit. in: Eco 2003, 75) Daß das Fragment nicht notwendig bereits ein Indiz von Qualität sein kann und nicht jedem Fragment im vorhinein die Priorität vor einem abgeschlossenen Werk zukommt, steht außer Streit. Seinen Rang kann es nur dadurch erweisen, daß es auch die Gründe, die es unvollendet sein lassen, transparent macht, indem es das Ziel, dem es im Sinne Hermann Brochs verpflichtet ist und dem es nicht zu genügen vermag, wenn schon nicht eindeutig definiert, so doch als verpflichtende Instanz kenntlich macht. Adornos *Ästhetische Theorie* insistiert geradezu emphatisch auf dem Rang des Fragments und hebt es implizit damit auch vom Fragment in der Romantik ab: „Die Kategorie des Fragmentarischen [...] ist nicht die der kontingenten Einzelheit; das Bruchstück ist der Teil der Totalität des Werkes, welcher ihr widersteht." (Adorno 1974, 74) Das Fragment bedeutet Protest gegen die Autorität des Monumentalen, das den Schein der Geschlossenheit suggerieren will: „Integrale Form verschlingt sich mit Herrschaft, obwohl sie diese sublimiert [...]. Größe ist die Schuld der Werke, ohne solche Schuld langen sie nicht zu. Der Vorrang bedeutender Fragmente, und des fragmentarischen Charakters anderer, fertiggestellter, vor den runden Werken mag daher rühren." (Adorno 1974, 279) „Die Wendung zum Brüchigen und Fragmentarischen ist in Wahrheit Versuch zur Rettung der Kunst durch Demontage des Anspruchs, sie wären, was sie nicht sein können und was sie doch wollen müssen; beide Momente hat das Fragment." (Adorno 1974, 283) Brochs Vergil will auch durch den Hinweis auf das Unvollkommene seines Werkes eben dieses dem Anspruch des Augustus entziehen und so die Kunst an sich um den Preis des von ihm selbst verfaßten Einzelwerkes retten.

„Das Rätselhafte der Kunstwerke ist ihr Abgebrochensein. Wäre Transzendenz in ihnen zugegen, sie wären Mysterien, keine Rätsel; das sind sie, weil sie als Abgebrochene dementieren, was sie doch sein wollen. Erst in der jüngeren Vergangenheit ist das [...] thematisch geworden in Kafkas beschädigten Parabeln. Retrospektiv ähneln alle Kunstwerke jenen armseligen Allegorien auf Friedhöfen, den abgebrochenen Lebenssäulen." (Adorno 1974, 191) Mit anderen Worten: Bei unserem Blick zurück in die Geschichte verwandeln sich auch die Werke, die als vollendet gelten, in Fragmente, und Adorno meint schließlich doch auch im Fragmentarischen ein Kriterium der Qualität zu erblicken: „Kunst obersten Anspruchs drängt über Form als Totalität hinaus, ins Fragmentarische." (Adorno 1974, 221)

Die Optionen für das Fragment scheinen also von der Theorie her wohl begründet. Die Notwendigkeit, für das Fragment apologetisch einzutreten, hat es nobilitiert und sowohl mit einem ästhetischen und, weil es sich jedem Totalitätsanspruch entgegensetzt, auch mit einem moralischen Mehrwert ausgestattet.

Was indes im Hochland der ästhetischen Theorie gefällt, taugt nicht unbedingt auf dem Marktplatz, auf dem die Literatur gehandelt wird. Zumal auch bei Fragmenten aus dem 20. Jahrhundert selten der Versuch riskiert wird, sie von fremder Hand zu vollenden. Was bei Mozarts *Requiem* und bei Schillers *Demetrius* zulässig scheint, gilt kaum für Musils *Der Mann ohne Eigenschaften* oder Kafkas *Process.* Ausnahmen, gerade im Falle von Opern, mögen die Regel bestätigen. In der Literatur aus Österreich ist die Zahl jener Werke, die Fragmentcharakter besitzen, in ästhetischer Hinsicht als bedeutend gelten und in den Literaturgeschichten nicht fehlen dürfen, auffallend hoch. Das mag zur Kennzeichnung ihrer Besonderheit gewiß kein triftiges Merkmal sein, kann vielleicht aber auch damit zu tun haben, daß die Bereitschaft, sich auf einen eigensinnigen Umgang mit literarischen Formen einzulassen, doch ein kontinuierlich feststellbares Moment in der österreichischen Literatur ist: Man denke nur an die Romane Adalbert Stifters, unter denen *Witiko* – eine extreme und ebenso raffinierte Belastungsprobe für die Leserschaft – ja auch als Fragment gelten muß. Ob man an Hofmannsthals *Andreas oder Die Vereinigten,* Hermann Brochs *Die Verzauberung,* Ingeborg Bachmanns *Todesarten*-Zyklus oder Konrad Bayers *Der sechste Sinn* denkt: Der Abbruch der Werke ist nicht nur durch den Tod der Autorinnen oder Autoren bedingt, sondern scheint keimhaft in der Konzeption angelegt. In diesem Zusammenhang sind Kafkas Romane zu nennen, die zum Inbegriff des Unabgeschlossenen geworden sind und zugleich keine Vollendung, weil auf ihre Weise vollendet, zulassen können. Die Autorität des abgeschlossenen Werkes scheint auch hinter vielen dieser Fragmente zu stehen: Hofmannsthals *Andreas* zitiert die Tradition der Reise- und Entwicklungsromane herbei, Musil muß sich zwangsläufig den Vergleich mit den gewaltigen Entwürfen einzelner Bildungsromane gefallen lassen, und Hermann Brochs *Verzauberung* steht einer Fülle an zur Entstehungszeit in den dreißiger Jahren mit viel Erfolg gehandelten und in sich gerundeten Berg- und Bauernromanen gegenüber. Dieses Buch reproduziert paradigmatisch das Verhältnis des Autors zu einem eigenen abgeschlossenen Werk und erinnert damit auch an die Situation, in der sich Tasso gegenüber seinem *Befreiten Jerusalem* befand und in der auch Brochs *Vergil* steht: Die erste Fassung hatte Broch mit einem Schluß versehen, an dessen Ende die Geburt eines Kindes steht, das sein Hoffnungsträger sein könnte, ein konventionelles Finale, das auch die politische Aussagekraft des Buches reduziert. An zwei weiteren Fassungen hat Broch gearbeitet und schließlich doch kapituliert.

Es ist nicht nur die Problematik des Finales, die so viele Texte zu Bruchstücken werden läßt. Es gibt wenige Romane, die ein so deutliches und zugleich drastisches Ende haben wie Kafkas *Process.* Doch läßt die Abfolge der einzelnen Kapitel und die Verfugung der Handlung viele und auch bei der Lektüre beunruhigende Fragen offen. Auch die einzelnen Teile von Fritz von Herzmanovsky-Orlandos *Österreichischer Trilogie* sind eindeutig finalisiert, doch macht vor allem im *Mas-*

kenspiel der Genien und in *Der Rout am Fliegenden Holländer* die lockere Fügung der Episoden den Bruchstückcharakter des Ganzen evident.

Die Signatur der modernen Literatur und im besonderen die der Décadence scheint für den jungen Musil gerade dadurch bestimmt, „daß das Leben nicht mehr im Ganzen wohnt", und er hat auch die Konsequenzen für den Stil gedeutet: „Das Wort wird souverain und springt aus dem Satz hinaus, der Satz greift über und verdunkelt den Sinn der Seite, die Seite gewinnt Leben auf Unkosten des Ganzen – das Ganze ist kein Ganzes mehr." (Musil 1983, 28) Schöner könnte auch der Ursprung der als avantgardistisch bezeichneten Verfahren aus dem Geiste der Décadence und ihrer Neigung nicht umrissen werden. Das legitimiert das Fragment als Form der Äußerung für die Avantgarde, und viele dieser kurzen Texte erinnern an die von Adorno als „beschädigt" bezeichneten kurzen parabelhaften Geschichten Kafkas. Das Ganze zum Fragment werden zu lassen, ist ein Prinzip, das für die Literatur produktiv wird. Das Zerschneiden größerer Einheiten, die Schnittstellen besonders zu markieren und darüber hinaus die Formen nicht mehr als intakte bestehen zu lassen, ist ein Verfahren, das für die literarische Moderne und im besonderen für die als experimentell bezeichnete Literatur der sechziger und siebziger Jahre kennzeichnend ist.

Claudio Magris erblickte in der fragmentarischen Form ein Moment, das die meisten österreichischen Schriftsteller miteinander verbindet: „Das Maß, mit dem der österreichische Schriftsteller das Reale mißt, porträtiert zwar letzteres als zersetzten Schutt, als pathologische Unordnung, als radikale Absence, doch das zersplitterte Detail wird am impliziten Maßstab der verlorengegangenen Totalität und der zerbrochenen Hierarchie gemessen." (Magris 1979, 292) Das Bekenntnis zur Fragmentform und damit auch zur Unvollständigkeit ist nicht nur beschränkt auf literarische Werke im engeren Sinn. In der Einleitung seiner *Kulturgeschichte der Neuzeit* protestiert Egon Friedell gegen das Leitbild der Vollständigkeit mit dem provokanten Satz: „Möglichste Unvollständigkeit war überall angestrebt", und bekennt: „Wir können die Welt immer nur unvollständig sehen; sie mit Willen unvollständig zu sehen, macht den künstlerischen Aspekt." (Friedell 1976, 18)

Dies führt in der Folge auch zu der Bevorzugung kleinerer Texteinheiten. Man könnte von einer besonderen Kunst des Filigranen in der österreichischen Literatur sprechen, von jenen kurzen Prosaskizzen, als deren Meister Kafka, Hofmannsthal, Altenberg, Musil und später Herzmanovksy-Orlando, Doderer, Canetti, Erich Fried, Ilse Aichinger, Elfriede Gerstl, die Autoren der Wiener Gruppe, wie Friedrich Achleitner, Konrad Bayer, Gerhard Rühm und H. C. Artmann, und auch Thomas

Bernhard (*Der Stimmenimitator*) zu nennen wären. Die Vollendung als Grundsatz ist an die kleinen Strukturen delegiert. Abrundung ist in den kleinen Formen noch möglich, auch wenn diese nicht allzu selten deutlich auf ihr „Abgebrochensein" verweisen. Abermals Egon Friedell, der den Kritiker Alfred Polgar gegen seine Tadler verteidigt: „Daß seine kurzen Sachen zusammen kein Ganzes bilden, kommt einfach daher, daß jede von ihnen selbst ein Ganzes ist." (Friedell 1988, 89)

Es fehlt freilich auch nicht an Gegenpositionen: Heimito von Doderer hielt sich viel darauf zugute, daß er seine Werke auch zu einem Abschluß zu bringen vermochte; dies galt vor allem für die große Komposition der *Dämonen,* die nicht zuletzt der Anstrengung zu verdanken ist, zu den Fragmenten seiner Zeitgenossen auf Distanz zu gehen. Er postulierte die große Symphonie als Vorbild für den Roman, wußte aber auch, daß der Romancier stets das Bestreben habe, die Komposition, „die sich vom Inhaltlichen her fortwährend bereichert und gliedert", „wieder zu vernichten", eben weil er um die „Unendlichkeit des epischen Feldes" und daher auch um die „Lebenstotalität" wisse. (Doderer 1970, 173f.) Vielen gilt seine Leistung gerade deswegen als problematisch, weil er zumindest den Schein jener „Lebenstotalität" in den Romanen wider besseres Wissen zu etablieren suchte, was ihm – allerdings mit großer Virtuosität – nur in Ausschnitten gelang.

In diametralem Gegensatz zu Doderer steht Bernhard, der auf der Künstlichkeit seiner Prosa insistierte und bereits 1965 in einer Vorfassung zu seinem Roman *Verstörung* jede Vollkommenheit ausschloß und den Fürsten Saurau sagen läßt, daß nur ein Dummkopf behaupten könne, daß die Natur ganz oder die Schöpfung vollkommen sei, obwohl diese doch „das vollkommenste, das es gibt und die Natur das Ganze" ist. (Thomas Bernhard Nachlaß, Bernhard-Archiv Gmunden, W2/1, 124) In *Alte Meister,* dem in der Reihenfolge der Entstehung letztem größeren erzählerischen Werk, ruft sein Protagonist Reger dazu auf, aus jedem Kunstwerk ein Fragment zu machen und darin den „tödlichen Fehler" zu suchen. (Bernhard 1985, 42) Diese Radikalität, die dem „antiorganische[n] Programm des Autors" (Höller 1981, 57) verpflichtet ist, bestimmt genau den Punkt, an dem die Debatte um das „Abgebrochensein" der Werke sich befindet: Die Werke kommen auf halbem Wege ins Stocken, weil die Kritiker und mehr noch die Schöpfer selbst im Wissen um die Gefahren der Arbeit und im Wissen um alle ihnen verfügbaren Mittel die Ansprüche nicht einlösen können und die eigene Leistung nicht durch den falschen Schein eines Ganzen hinfällig machen wollen.

Verwendete Literatur

Adorno 1974 = Theodor W. Adorno: Ästhetische Theorie. Hg. von Gretel Adorno und Rolf Tiedemann. Frankfurt am Main: Suhrkamp 1974.

Bernhard 1985 = Thomas Bernhard. Alte Meister. Komödie. Frankfurt am Main: Suhrkamp 1985.

Broch 1976 = Hermann Broch: Der Tod des Vergil. (= Kommentierte Werkausgabe. Hg. von Paul Michael Lützeler. Bd 4); Frankfurt am Main: Suhrkamp 1976.

Doderer 1970 = Heimito von Doderer: Die Wiederkehr der Drachen. Aufsätze, Traktate, Reden. Vorwort Wolfgang H. Fleischer. Hg. von Wendelin Schmidt-Dengler. München: Biederstein 1970.

Eco 2003 = Umberto Eco: Die Bücher und das Paradies. Über Literatur. Aus dem Italienischen von Burkhart Kroeber. München, Wien: Hanser 2003.

Friedell 1976 = Egon Friedell: Kulturgeschichte der Neuzeit. Die Krisis der europäischen Seele von der schwarzen Pest bis zum Ersten Weltkrieg. München: dtv 1976.

Friedell 1988 = Das Friedell-Lesebuch. Hg. von Herbert Illig. München: C.H. Beck 1988.

Höller 1981 = Hans Höller: „Es darf nichts Ganzes geben" und „In meinen Büchern ist alles künstlich". In: Bernhard. Annäherungen. Hg. von Manfred Jurgensen. Bern, München: Francke 1981, 45–63.

Magris 1979 = Claudio Magris: Ein grenzenloser Kataster des Fragmentarischen: Musils Tagebücher. In: Die Andere Welt. Aspekte der österreichischen Literatur des 19. und 20. Jahrhunderts. Festschrift für Hellmuth Himmel zum 60. Geburtstag. Bern, München: Francke 1979, 291–295.

Musil 1983 = Robert Musil: Tagebücher. Hg. von Adolf Frisé. Neu durchgesehene und ergänzte Aufl., Reinbek bei Hamburg: Rowohlt 1983.

„Nichts als das Unvollendete". Der Fall Hermann Broch

Von Bernhard Fetz

> Die höchste Lust haben wir ja an den Fragmenten, wie wir am Leben ja auch dann die höchste Lust empfinden, wenn wir es als Fragment betrachten, und wie grauenhaft ist das Ganze und ist uns im Grunde das fertige Vollkommene. (Der Musikwissenschaftler Reger in Thomas Bernhards *Alte Meister,* Bernhard 1988a, 41)

Alles bedarf einer permanenten Korrektur, alles muß zersetzt und zergliedert werden, um jene Funktion von Kunst zu erfüllen, die der Systemtheoretiker Niklas Luhmann einfordert: Wahrnehmungskunst zu sein, die unseren Blick auf die Wirklichkeit umwendet und damit dem Totalen als möglichem Totalitären des Systems begegnet. Zur Korrektur gehört aber unausweichlich auch die Korrektur der Korrektur: Der Wunsch, ganz zu sein, der Wunsch nach Auflösung der Dissonanzen in einem vollendeten Gedanken, einem vollendeten Bauwerk, einem vollendeten Kunstwerk.

Unter jenen Büchern, die Franz Josef Murau am Beginn von Thomas Bernhards *Auslöschung* seinem Schüler Gambetti zum Studium übergibt, befindet sich auch der zweite Teil von Hermann Brochs 1932 erschienener *Schlafwandler*-Trilogie, ein Klassiker der modernen österreichischen Literatur. (Bernhard 1988b, 8) *Esch oder die Anarchie* beschreibt, wie das Bedürfnis des Buchhalters Esch nach Ordnung und Erlösung im Chaos endet. Um scheiternde Synthesen geht es im Werk beider für die Grundlegung einer österreichischen Moderne so zentralen Autoren. In vielem erscheint der Schriftsteller, Kulturkritiker, Theoretiker, dilettierende Logiker und Mathematiker Hermann Broch wie ein Bruder im Geiste der Bernhardschen Helden. Von den Nazis aus seinem Heimatland vertrieben, findet Broch im amerikanischen Exil als Privatgelehrter mit unsicherer universitärer Anbindung sein Auskommen. Brochs Cambridge, wir denken an die Figur Roithamer und den Erzähler in Thomas Bernhards Roman *Korrektur,* heißt Yale oder Princeton. Zeitlebens treibt Broch ein unbedingter Wille zum absoluten Kunstwerk an. Seinen Zweifel an der Legitimität und Erreichbarkeit dieses absoluten Kunstwerks –

für Broch sollte es einen neuen säkularen Mythos in einer Zeit totalen Wertverlustes begründen – kompensierte Broch mit wissenschaftlichen und erkenntnistheoretischen Studien, an die er ebenfalls einen universalen Erkenntnisanspruch knüpfte. Die absolute Form, Brochs „Kegel", um die Bernhardsche Absolutheitsmetapher aus *Korrektur* zu zitieren, ist nur denkbar in einer immer wieder unmöglichen Synthese von Philosophie, Wissenschaft und Dichtung, wie sie für Reger in *Alte Meister* und wohl auch für Thomas Bernhard mit dem Namen Novalis verbunden ist. (Vgl. Bernhard 1988a, 263) Die angelsächsische Geisteswelt erlaubt Broch, seine Fragment gebliebene, erst postum veröffentlichte monumentale Studie zur *Massenwahntheorie* voranzutreiben. Aber auch in der stets mißlingenden Realisierung persönlichen Glücks ist Broch den Bernhardschen Absolutheitssuchern nahe; der Briefwechsel mit seiner zweiten Frau Annemarie Meier-Graefe ist eines der erschütterndsten Dokumente über das Zuschandenwerden privaten Lebens an maßlosen ethischen und ästhetischen Ansprüchen. (Vgl. Broch 2001)

Am 8.3.1940 schreibt Broch an Ernst Polak:

> Du läßt Dich von etwas treiben, was wirklich Leben heißen darf [...]; ich hingegen werde von etwas getrieben, das mit Leben so wenig etwas zu tun hat wie die ganze Literatur [...] aber während die Deine immerhin den Keim einer inneren „Vollendung" in sich trägt, sehe ich nichts als das Unvollendete, Unvollendbare schreckhaft vor mir; [...] d. h. mein Seelenheil ist nicht vollendet, und mein Sterben wird ein Krampf sein. (KW 13/2, 178f.)

Bernhards Kopfmenschen sind bereits einen Schritt weiter. Ihr Totalitätsanspruch erscheint lächerlich, ihr Scheitern als „naturgemäß", trotzdem gewinnt die Erzählung ihre Dynamik aus dem nicht stillzustellenden Wechselspiel von Anspruch auf Totalität und dessen Uneinlösbarkeit. Broch versuchte mit unendlicher und bewundernswerter Kraftanstrengung etwas zu retten, das nicht mehr zu retten war: die Einheit totalisierender Erkenntnis. Er wollte dies erreichen durch eine völlige Neubegründung von Dichtung und Philosophie. Dabei sehen sich die Texte dem Paradox ausgesetzt, immer zugleich Ausdruck dessen zu sein, was sie überwinden wollen.

Die Kunst der Moderne reagierte auf den beschleunigten Rhythmus des modernen Lebens, dem Maschinen, Geld, Kommunikationssysteme und Medien den Takt angaben, mit einer Revolutionierung der poetischen Sprache. Broch selbst hat daran mitgewirkt, den Teufel der Fragmentarisierung mit dem Beelzebub eines polyhistorischen, formal komplexen Romans austreibend, der Romantrilogie *Die Schlafwandler*. Der begeisterte Gestus der verschiedenen Avantgarden, die die rasenden Produktivkräfte, die Verkehrsströme als Befreiung von den alten Ordnungen, als Befreiung vom Terror der Signifikate feierten, fehlte dem Platoniker Broch jedoch völlig. Deshalb erscheint dieser Autor in seltsamer Zwitterstellung, als formal bewußter, moderner Schriftsteller, der den Roman an seine Grenzen treibt und als konservativer Kulturkritiker, für den Masse, Großstadt, Unterhaltungskultur und die nur mehr auf sich selbst verweisende Oberfläche funktionaler Architektur zum Inbegriff des Bösen werden können.

Die Figur, die bei der Hervorbringung der Texte zum Tragen kommt, ist die der Ambivalenz: Auf einer in den monomanisch verfaßten Briefen und in der *Psychischen Selbstbiographie* konstruierten Ebene des Psychischen erscheint sie als double bind zwischen ethischer Pflicht und individueller neurotischer Disposition; als aussichtsloser Kampf mit einem selbst gesetzten Pflichterfüllungsideal. Dazu gehört der nicht einlösbare Anspruch, die Erkenntnisarbeit auf möglichst vielen Gebieten voranzutreiben: „Ich führe einen aufreibend zähen Kampf gegen den eigenen Dilettantismus", schreibt Broch am 11.9.42 an Kurt Wolff. (KW 13/2, 292) Die Veröffentlichung der *Psychischen Selbstbiographie* hat das Geflecht aus sich entsprechenden und widersprechenden Diskursen im Werk Brochs nochmals übertroffen – durch die autoanalytische Entwicklung einer psychischen Mechanik, in deren Räderwerk es ächzt und kracht. Der psychische Haushalt erscheint in der Selbstbeschreibung als Dampfmaschine, die jeden Moment in die Luft fliegen kann. Dieser brillante rhetorische Gewaltakt nährt mit jedem Satz die Verdachtsmomente in eigener Sache, die er doch mit Hilfe des Freudschen Werkzeugkastens und unter Rückgriff auf das Weiningersche Arsenal – die reine geistige und die niedere sexuelle Frau – zu entkräften sucht. (Vgl. Broch 1999)

Auf textueller Ebene erscheint die Ambivalenz als rhetorische Strategie der Überbietung. Der Gleichgewichtszustand zwischen Ich und Welt, zwischen den Teilsystemen Wirtschaft, Religion, Militär, Politik, Kunst etc. und einem transzendentalen Fluchtpunkt, zwischen Wirkungsabsicht und Autonomie der Kunst ist nur durch die permanente Erzeugung von Ungleichgewichten, man könnte auch sagen, von Differenzen, überhaupt erst als Möglichkeit denkbar und vor allem darstellbar. Die Zerrissenheit, die Widersprüchlichkeit, das Unabgeschlossene und Unabschließbare des Werkes ist systemimmanent; dem System der Kunst und dem System Broch immanent. In Anwendung systemtheoretischer Überlegungen kann man in Blick auf die Brochsche Poetik formulieren: Im Schreibraum dieses Werkes kommt es zu ständigen „Irritationen", die nicht von außen kommen, von der Umwelt oder der ‚realen' Realität, sondern die im Inneren dieses Raums, der ein Teil des Systems Kunst ist, entstehen.

Hinter all der auch noch in ihrem Scheitern grandiosen „Überleistung" steckt jener ungeheure Synthetisierungs- und Systematisierungsdruck, den Broch sich selbst auferlegte; jener Druck, der angesichts der bösen synthetisierenden Leistung der Nazis mit dem Anspruch auftrat, ebenfalls alles, aber jetzt in die Sphäre des Guten, zu integrieren. Brochs Werk ist als Modellfall einer psychischen und intellektuellen Schriftstellerbiographie dieses Jahrhunderts zu lesen und zu interpretieren. Es setzt in vielen seiner Momente zum Tigersprung aus dem totalisierenden Denken des Ganzen an, um im letzten Moment wieder kehrtzumachen. Die Bewegung allerdings ist fast immer spürbar.

Irritation – Das System zwischen Öffnung und Schließung

Öfters wurde bereits auf Ähnlichkeiten zwischen der Brochschen Werttheorie und der Luhmannschen Systemtheorie hingewiesen. (Vgl. Lützeler 2000, 15 und Obermeier 1988, 100 und passim) Doch Ähnlichkeit beruht auf Differenz. Brochs zentrale These lautet, daß sich seit dem christlichen Mittelalter mit seinem integrativen religiösen Zentralwert die einzelnen Wertgebiete verselbständigten, was zur Auflösung der Gesellschaft und zum völligen gegenseitigen Unverständnis der Mitglieder dieser Gesellschaft führte. Der extreme Individualismus mündet in Gewalt und Zerstörung. Im dritten Teil der *Schlafwandler* hat Broch seine Überlegungen zum „Zerfall der Werte" eingebaut. Hugenau, die Hauptfigur des dritten Teiles, ist das personifizierte Böse; sein Handeln gehorcht keinerlei allgemeinverbindlichem Wert mehr. Er, der Kriegsgewinnler von 1918, steht am Beginn der nationalsozialistischen Katastrophe.

Den Paradigmenwechsel in der Frühmoderne, mit seinem zentralen Kumulationspunkt um 1800, beschreibt Niklas Luhmann als Abnahme der „Richtlinienkompetenz" der Vergangenheit und als Zunahme der „Unsicherheit der Zukunft". Das hat auch für Luhmann mit dem „Zusammenbruch der Einheit christlicher Weltbeschreibung" zu tun, neben vielen anderen Faktoren, die man evolutionstheoretisch als Zunahme von Komplexität beschreiben kann. Parallel dazu nimmt die Selbstreflexivität der Gesellschaft zu, die ihr eigenes Komplexerwerden immer genauer registriert und beobachtet, und die die Instrumente, mit Hilfe derer sie auf diese Situation reagiert, ständig verfeinern muß. Luhmann spricht von „Irritation". (Luhmann 1995a, 88) Diese „Irritationserzeugung in der modernen, funktional differenzierten Gesellschaft" produziert eine Vielzahl an Erscheinungen, die sich eben nicht mehr auf den einfachen Nenner einer mittelalterlichen Theodizee bringen lassen. Vielmehr stellt die Realitätsbewältigung um auf Modalität. Wir sehen uns einer „einzigen Realwelt" konfrontiert, „deren Strukturen aber reiche Möglichkeitsüberschüsse generieren". Und dies ist in der Folge eine entscheidende Differenz zum Brochschen Modell: „Möglichkeiten zu ermöglichen", dies ist ein Privileg der „Imagination", der Kunst, aber auch der Technik, die, gerade indem sie Reduktionen an der Realität durchführt, neue Möglichkeiten eröffnet. (Vgl. Luhmann 1995a, 93) Zugleich, das heißt um 1800, stellt die „Leitsemantik von Ontologie auf Sprache" um, wobei Sprache Zeichencharakter gewinnt, der keine ontologischen wahr/falsch Schlüsse mehr zuläßt. Das heißt, jeder Wahrheitsanspruch muß auch mit seinem Gegenteil rechnen: „Was konstruiert wird, kann auch dekonstruiert werden." (Luhmann 1995a, 94f.) Das Bewußtsein vom Wechsel der Leitsemantik von Ontologie auf Sprache ist dem Werk Brochs als teils bewußte, teils unbewußte Voraussetzung eingeschrieben; sie steht in Konkurrenz mit der in Ansätzen vorhandenen Sprachtheorie mit ihrem eschatologisch-utopistischen Moment. Luhmann führt nun ein kritisches Argument ins Treffen, das auch Broch trifft: Der Versuch, den Fluß der Bedeutungen, der durch den Zeichencharakter der Sprache bedingt ist, durch welche „Einheitskonzepte" auch immer, von Kants transzendentalem Subjekt bis zu Habermas' Konzept vernünftiger Kommunikation, aufzuheben, hat fatale politische Konsequenzen: „Denn jede Gesellschaft, die auf letzte Kriterien des Richtigen zurückgreift, ist auf Mechanismen sozialer Diskriminierung angewiesen." (Luhmann 1995a, 95)

Keineswegs sind wir dazu verurteilt, den Werterelativismus der Postmoderne fatalistisch hinzunehmen oder mit den Zeichen des Apokalyptischen zu versehen. Vielmehr kann daraus eine neue Qualität entstehen, und die Kunst nimmt in der Definition dieser Qualität einen hervorragenden Platz ein. Worauf es nach Luhmann ankommt, ist die ständige Überprüfung jeder Handlung und jeder Kognition durch eine Angabe der „Systemreferenz", das heißt durch die Frage: Wer ist es, der etwas sagt. Dadurch wird jede Aussage modalisiert und dies gilt besonders für „Theorien mit universalem [...] Geltungsanspruch". Also gerade sie brauchen das Korrektiv ständiger Modalisierung. Das spürte auch Broch. In den theoretischen Schriften ist dieses Korrektiv eine sich ständig an der Grenze zum tautologischen Sprechen bewegende Sprache; in der Literatur sind es die erkenntnis- und werttheoretischen Exkurse, die die ‚bloße' Dichtung in einem anderen Modus erscheinen lassen sollen.

Was heißt nun „Irritation“ und „Modalität“ im Kontext der Kunst, wie sie Niklas Luhmann versteht? Die Autonomisierung der Kunst ist eine Folge der Emanzipierung des Künstlers von weltlichen oder kirchlichen Auftraggebern. Dazu kommt der innerkünstlerische Evolutionsprozeß, der es ermöglicht, daß die zu einem bestimmten Zeitpunkt im künstlerischen Feld akkumulierten Möglichkeiten technischer, formaler und inhaltlicher Natur von jedem Künstler jeweils durch Auswahl realisiert werden können. Beides führt zu formaler Innovation, da die Kunst einerseits nicht mehr gefallen muß und da sie sich in scharfen Kontrast zur Konvention setzt. (Vgl. Luhmann 1995a, 97 und Bourdieu 1999, 430) Was als Befreiung von außerkünstlerischen Zwängen und als ständige formale Innovation gelten kann, kehrt bei Broch, etwa im *Hofmannsthal*-Aufsatz, in negativer Konnotation wieder. Brochs ambivalente Einstellung der künstlerischen, zumal der dichterischen Avantgarde gegenüber ist durchaus ressentimentgeladen. Diese Avantgarde realisierte jedoch, systemtheoretisch gesprochen, in einem wichtigen Punkt nichts anderes als Broch im *Tod des Vergil,* nämlich die Negation der Kunst in der Kunst zu deklarieren: „Die eigene Evolution bringt das Kunstsystem in den Zustand perfekter Autonomie, und das heißt: daß es auch die Negation von Kunst nur selber vollziehen kann“. (Luhmann 1995a, 97) Die Kunst braucht die Kunst, um sich selbst aus der Welt zu schaffen.

Funktion von Kunst in der Luhmannschen Konzeption ist es, etwas Inkommunikables, etwas über Sprache als Kommunikationssystem Hinausgehendes in den Kommunikationszusammenhang einzuführen. Bei Broch heißt dies: Mythos, Lyrisches, Musik etc., bei Luhmann: Wahrnehmung. Das Kunstwerk schafft eine zweite imaginäre Realität, die sich von der ‚realen‘ Realität abhebt; sie führt eine Differenz ein, die Irritation erzeugt und Wahrnehmungsmodalitäten erlaubt. (Luhmann 1995a, 98) Dem Betrachter ist es freigestellt, wie er die Brücke zwischen den Realitäten schlägt, ob affirmativ, ironisch oder sonstwie. (Vgl. Luhmann 1995b, 231) Luhmann formuliert hier eine Wahrnehmungsästhetik, die sich von Brochs vor allem in den theoretischen Schriften formuliertem Pflichtprogramm zur ethischen Erziehung unterscheidet.

Die moderne Ästhetik verabschiedet die Kunst als Organon eines existentiellen oder metaphysischen Ganzen völlig. Nicht nur in der Luhmannschen Konzeption ist Ästhetik ein Korrektiv, das jeweils an einzelnem Verhalten das Nichtfunktionale bewußt machen kann. Es kann auch anders sein, als es ist. Ästhetik kann so zum Korrektiv ethischer Normen werden:

> Wie Hegel richtig gesehen hat, ist die moderne Ästhetik mitsamt den Herstellungs- und Wahrnehmungsformen, von denen sie handelt, unrettbar partial geworden. Nur ist das keine Schwäche, sondern eine große Stärke. Im Gefolge einer profan gewordenen ästhetischen Wahrnehmung, die die Lebenswirklichkeit weniger überhöht und verklärt als durchdringt und erschüttert, wird Ästhetik zu einem internen Korrektiv der Ethik, indem sie den nichtfunktionalen Sinn einer begrenzten Verhaltensweise zur Geltung bringt. (Seel 1996, 17)

Und: „Die Kunst [...] läßt die Rolle des existentiellen und jedes sonstigen Ganzen unbesetzt". (Seel 1996, 19) Eine solche abgeklärte Gelassenheit des Nachgeborenen ist Broch völlig fremd. Dieses Zitat bewertet jene historischen und ästhetischen Erfahrungen gelassen positiv, die für Broch des Teufels waren. Ist dies nun bloß der Ausweis einer postmodern gewendeten müden Anspruchslosigkeit? Wohl kaum.

Im Zitat von Martin Seel ist, wie in vielen ähnlichen Zitaten, der Bewußtseinsstand der Adornoschen *Negativen Dialektik* gespeichert. Dessen Verdikt gegen die Ausmerzung des „Nichtidentischen" (Seel nennt es das „Nichtfunktionale", bei Günther Anders in der *Antiquiertheit des Menschen* ist die Kunst jener Bereich, der eben keinen Sinn macht und deshalb dem universalen Verwertungszusammenhang entzogen bleibt) im idealistischen Zwang zum System trifft Broch, denn die Reinheit seiner Vorstellung vom Wertsystem ist nur um den Preis des Ausschlußes des anderen aufrechtzuerhalten: „Worüber sie [die Philosophie] erst triftig zu urteilen hätte, das wird postuliert, ehe sie anhebt. System, Darstellungsform einer Totalität, der nichts extern bleibt, setzt den Gedanken gegenüber jedem seiner Inhalte absolut und verflüchtigt den Inhalt in Gedanken". (Adorno 1982, 35) Broch war besessen vom Wunsch nach einem System. Der Theorie vom Zerfall der Werte antwortet die *Diktatur der Humanität innerhalb einer totalen Demokratie* (1939). Das System ist gefräßig: Eine Philosophie, die in Systemkategorien denkt, und dies ist zu einem großen Teil die idealistische, hat den Hunger des Raubtieres auf sein Opfer zum reinen Erkenntnisakt des deduktiv philosophierenden und wertesetzenden Philosophen verschleiert. „Das zu fressende Lebewesen [das Außen des Systems] muß böse sein. Dies anthropologische Schema hat sich sublimiert bis in die Erkenntnistheorie hinein." (Adorno 1982, 33)

Wie aber kommt es nun in den Texten zu jener Erzeugung von Differenzen, zu Irritationen? Oder dekonstruktivistisch formuliert: Wie funktioniert jene Doppelbewegung der Brochschen Texte, bei der die rhetorische Verfassung die Sinnzuschreibungen unterläuft? Realität ist nicht mehr das, „was sich aus dem Widerstand der Außenwelt gegen Erkenntnisversuche ergibt, sondern Realität ergibt sich für ein System aus dem Widerstand der eigenen Operationen gegen die eigenen Operationen". (Luhmann 1995a, 96) Übertragen auf den Prozeß des Schreibens könnte man formulieren, daß dieser Widerstand als Sprengkraft einer Sprache, die alles synthetisieren will, die Erkenntnistheorie, Mythenschöpfung und ethische Erziehung ineins zwingen will, stets anwesend ist.

In einem Brief an Giuseppe Antonio Borgese vom 3.3.1940 schreibt Broch, daß er die „Realisierbarkeit einer Absurdität", wie sie das Hitler-System darstellt, als so „aufregendes Faktum" empfinde, daß es „beinahe als selbsttätige Funktion meiner Schreibmaschine" ein Eigenleben zu führen beginne. (KW 13/2, 173) Im folgenden seien einige Formen dieser zitierten Selbsttätigkeit der Schreibmaschine Broch skizziert.

Die Vertreibung von Wort und Geist aus dem Paradies eines göttlichen Ursprungs und ihr Sündenfall bilden den Subtext des Essays *Geist und Zeitgeist* von 1934. Er ist das Paradigma einer Kritik des rhetorischen Charakters der Sprache im Zeichen der Rhetorik. Weder die radikale Dekonstruktion der Sprache bei Joyce noch die Sprachzertrümmerungen der literarischen Avantgarden, noch die Sprachmystik eines Karl Kraus oder Friedrich Nietzsche oder Martin Heidegger – Resultat einer Verabsolutierung der Sprache und damit „Rhetorik in edelster Form" (KW 9/2, 193) – entgehen dem positivistischen Fatum; einzig der Musik gelingt es noch, ihre Reinheit zu bewahren. *Geist und Zeitgeist* enthält nicht nur die Elemente der Brochschen Kulturkritik, der Essay führt auch ihre Funktionsweise paradigmatisch vor. Es sind Begriffsheere, die gegeneinander antreten und in Opposition, Spiegelung, vervielfachter Spiegelung, im Kreuzgang und nach dem Gesetz der wachsenden Glieder an einen Umschlagpunkt kommen, der sie wieder in ihre Bahn zurückwirft oder einen Abschluss in Form eines Postulats nötig macht, in Form einer Allfigur: dem Wirken der Musik und dem Walten des Geistes noch inmitten der vielstimmigen positivistischen Stummheit im Falle von *Geist und Zeitgeist.*

Als Beispiel für eine theoretische Aussage, die als Metapher für das eigene Schreiben gelesen werden kann, sei hier eine Stelle aus der zweiten Fassung von *Geist und Zeitgeist* zitiert. Die Rede ist von sich wellenartig über den ganzen Erdball ausbreitenden Wertkreisen, die von einem letzten inhaltslosen Wertkreis überwölbt werden:

> wenn wir andererseits sehen, dass dies keineswe[g]s eine blosse gedankliche Konstruktion ist, sondern dass die Gesamtheit der Welt, dass die Weltgeschichte tatsäch-

> lich mit einer unübersehbaren unendlichen und aberunendlichen Fülle von Wertkreisen überdeckt ist, von den Wertkreisen der Kulturepochen, der Stadt- und Landesgeschichten, den Wertkreisen des Oekonomischen, des Rechts, des Militärischen u.s.f., dargestellt in den zugehörigen Historien, wie der ökonomischen oder der Rechtsgeschichte, wenn man sieht, wie sich alle diese Wertkreise überschneiden, einander umfassen, sich schliesslich aufgliedern in den Wertkreisen der Einzelpersonen, die wieder ihrerseits, sei es als erkennende Wesen, sei es als handelnde oder führende Personen wieder in die grösseren Wertkreise eingreifen, sich in sie zu projizieren, und wenn man sieht, wie sich um all diese Wertgebilde, als deren grösster, allerdings auch als kantisch monumentalster, d.h., als völlig inhaltsentleerter und formaler Wertkreis aller Wertkreise schliesst, unter dem nichts anderes zu verstehen ist, als Hegels Weltgeist, so sehen wir in der Gesamtwelt, in der Gesamtgeschichte ein Gebilde entstehen, beinahe eine geologische Geschichte, das als System von Entsprechungen und Aber-Entsprechungen, von Spiegelungen und Gegenspiegelungen ad infinitum eine auffallende Aehnlichkeit mit der Struktur des magischen Weltbildes aufzeigt. (YUL 51/1142, 17f.)

Es herrscht eine strukturelle Ähnlichkeit zwischen Brochs Theorie des „Plausibilitätspunktes" und der Funktionsweise der Texte. Der Plausibilitätspunkt ist so etwas wie der geistige und transzendentale Fluchtpunkt menschlichen Strebens nach Sinngebung. Im christlichen Mittelalter lag er in dem einen Gott der alles beherrschenden monotheistischen Religion. Er hat sich von der Vielheit der Dingdämonen in Urzeiten in die intuitive Erkenntnis eines Urgrundes Gott als universelles und ordnendes Letztaxiom und schließlich in eine abstrakte Unendlichkeit verlagert, die im Regreß ewigen Fragens gefangen ist. An diesem Punkt verharren wir, historisch wie ästhetisch. Brochs Texte suchen den Plausibilitätspunkt in einem Nichtmehrdarstellbaren zu verankern: dem Lyrischen, einem neuen Mythos, dem Abstraktionismus des Altersstils. Die „Logik ihres Produziertseins" (Adorno 1981, 159), und dies läßt sich auf Dichtung und Essay gleichermaßen anwenden, ist auf das Gleiten der Signifikanten angewiesen, auf den tropischen Charakter der Sprache, der alleine die Verflüssigung der Begriffsmassen garantiert. In der ersten Fassung von *Geist und Zeitgeist* ist vom Ekel des „philosophischen Menschen" die Rede:

> der positivistische Ekel vor der Sprache, die nichts beweisen kann, sitzt ihm in der Kehle und schnürt sie ihm zu, und ein gleicher Ekel erfaßt ihn vor dem Hantieren mit den Begriffsmassen – mögen sie nun die „Wahrheit", „das Böse",

> oder auch nur die „Kausalität" heißen – die das Material der alten deduktiven Philosophie ausmachten. Es geht nicht mehr. Und wo ist der Bereich des Mystischen, des Irrationalen, in den all die philosophischen Belange, diese drängendsten Fragen des Menschen verwiesen werden sollen? Ist es der Bereich des Dichterischen? (YUL 51/1140, 19)

Broch hat zeit seines Schreiblebens mit „Begriffsmassen" hantiert, mit Hilfe derer er die Anfechtungen einer positivistischen Philosophie, den Ansturm der Dingwelt, die Phänomenologie des Alltäglichen bekämpfen wollte. Der Schauplatz dieses Kampfes sind die Texte. Ihnen droht der rasende Stillstand. Sie laufen Gefahr, im Regreß ewigen Fragens, im Kreislauf der Begriffe ins Leere zu laufen. Je größer daher der begriffliche Aufwand, desto größer auch der rhetorische, der den – in diesem Falle poetischen – „Plausibilitätspunkt" immer weiter hinauszuschieben sucht. Im *Tod des Vergil* hat Broch versucht, diesem Dilemma zu entgehen, indem er die statische Ordnung der Begriffe durch einen Wechsel der Erzählperspektive auflöste, wodurch Vergil zum Subjekt und Objekt der Erzählung wird, zu ihrem Medium, durch das hindurch die Begriffsmassen fließen. (Die Schiffsmetapher ist eine der wirkmächtigsten Metaphern in diesem Buch.)

*

Es gehört zu den Privilegien des Textgenetikers, die Autoren bei ihrer doppelten Buchführung zu erwischen. Ein Beispiel für eine Art doppelter Buchführung, wo die Zutaten noch nicht zum fertigen Gericht verkocht sind, findet sich in Entwürfen aus dem Nachlaß zum Kapitel „Die Wertwirklichkeit der Epoche" aus dem Essay *Zur Erkenntnis dieser Zeit* von 1917–1919. Die Blätter dieser Entwürfe weisen eine vertikale Teilung auf: Links steht ein mit der Maschine getippter Text und rechts seine handschriftliche Übersetzung, Kommentierung, Weiterführung: seine Übersetzung in einen anderen Diskurstyp. Ein Blick in die Werkstatt macht deutlich, was bei Broch immer Bedingung des Schreibens ist: die Aufspaltung eines Willens zur alles umfassenden Aussage in verschiedene Diskursformationen wie Kommentar, Brief, wissenschaftliche Abhandlung, Dichtung oder in verschiedene rhetorische Strategien. Diese Diskurse bedingen einander, sie sind, wie das Beispiel zeigt, nicht voneinander abzulösen; auch wenn es zweifellos verschiedene Phasen in Brochs Werk gibt, in denen jeweils Wissenschaft, Dichtung, Philosophie oder Politik im Vordergrund standen. Im vorliegenden Beispiel geht es um die Frage der Einheit von

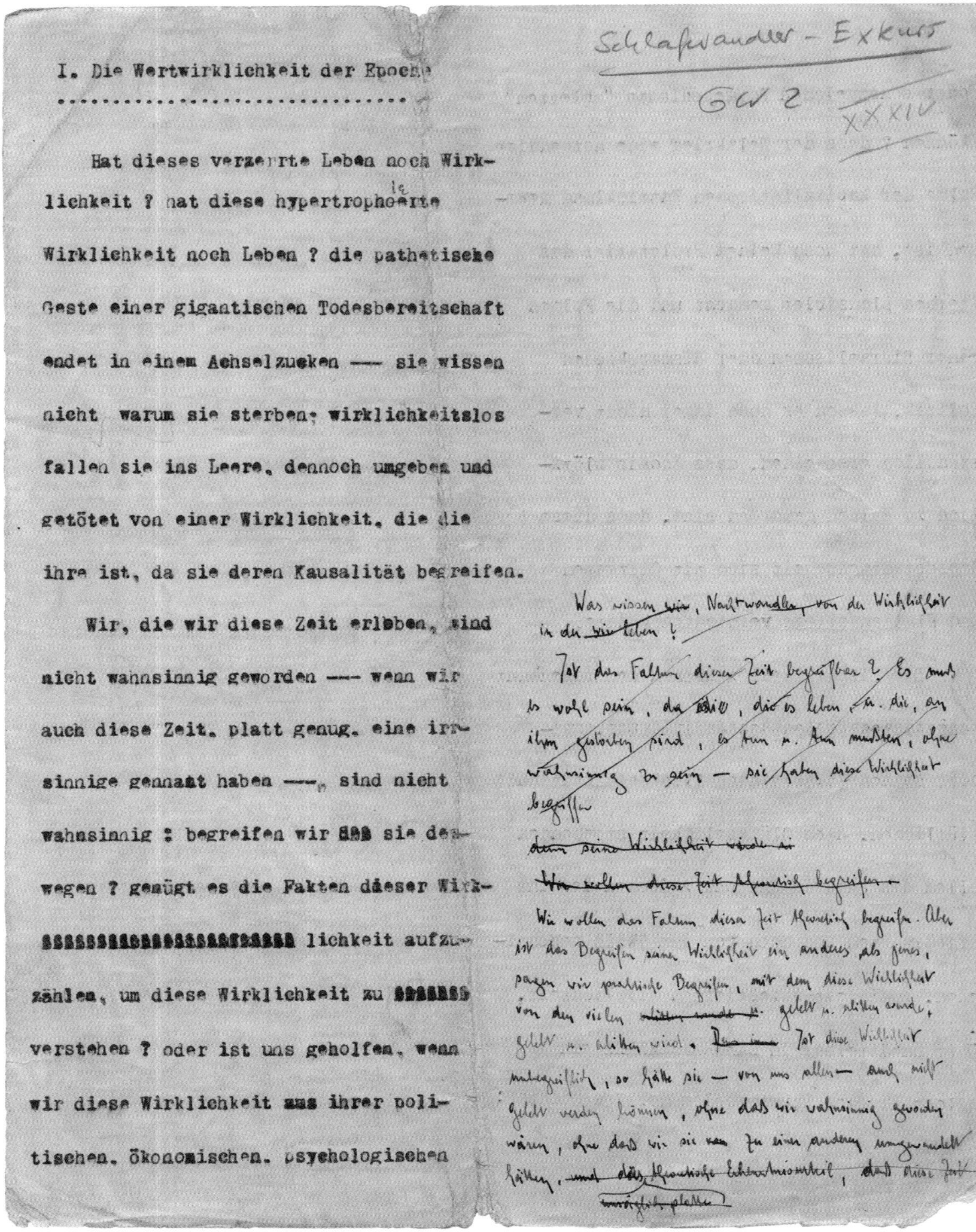
Schlafwandler – Exkurs

GW 2

XXXIV

I. Die Wertwirklichkeit der Epoche
....

Hat dieses verzerrte Leben noch Wirklichkeit ? hat diese hypertrophierte Wirklichkeit noch Leben ? die pathetische Geste einer gigantischen Todesbereitschaft endet in einem Achselzucken ––– sie wissen nicht warum sie sterben; wirklichkeitslos fallen sie ins Leere, dennoch umgeben und getötet von einer Wirklichkeit, die die ihre ist, da sie deren Kausalität begreifen.

Wir, die wir diese Zeit erleben, sind nicht wahnsinnig geworden ––– wenn wir auch diese Zeit, platt genug, eine irrsinnige genannt haben –––, sind nicht wahnsinnig : begreifen wir [illegible] sie deswegen ? genügt es die Fakten dieser Wirklichkeit aufzuzählen, um diese Wirklichkeit zu verstehen ? oder ist uns geholfen, wenn wir diese Wirklichkeit aus ihrer politischen, ökonomischen, psychologischen

Was wissen ~~wir~~, Nachtwandler, von der Wirklichkeit in der ~~wir~~ leben !

~~Ist das Faktum dieser Zeit begreifbar ? Es muß es wohl sein, da alle, die es leben u. die, an ihm gestorben sind, es tun u. tun mußten, ohne wahnsinnig zu sein – sie haben diese Wirklichkeit begriffen~~

~~denn seine Wirklichkeit würde ei~~

~~Wir wollen diese Zeit theoretisch begreifen.~~

Wir wollen das Faktum dieser Zeit theoretisch begreifen. Aber ist das Begreifen seiner Wirklichkeit ein anderes als jenes, sagen wir praktische Begreifen, mit dem diese Wirklichkeit von den vielen ~~erlitten wurde u.~~ gelebt u. erlitten wurde, gelebt u. erlitten wird. ~~Denn wenn~~ Ist diese Wirklichkeit unbegreiflich, so hätte sie – von uns allen – auch nicht gelebt werden können, ohne daß wir wahnsinnig geworden wären, ohne daß wir sie ~~uns~~ zu einer anderen umgewandelt hätten, ~~und das theoretische Erkenntnisurteil, daß diese Zeit unmöglich platte ?~~

Hermann Broch: *Zur Erkenntnis dieser Zeit.* Korrekturfassung. Broch-Archiv an der Beinecke Rare Book Library der Yale University, New Haven, Connecticut/USA

oder sonstwelchen Vorgeschichte "ableiten" können ? dass der Weltkrieg eine notwendige Folge der kapitalistischen Entwicklung gewesen ist, hat noch keinem Proletarier das Sterben plausibler gemacht und die Folgen einer Disraelischen oder Bismarckschen Politik, lassen es noch immer nicht verständlich erscheinen, dass Kommis plötzlich zu Helden geworden sind, dass diese Grossstadtmenschheit sich mit Giftgasen und Flammenwerfern vernichten konnte.

Die Disparatheit zwischen dem sogenannt [redacted] natürlichen, nach Glückseligkeit strebenden Wollen des Jndividuums und zwischen der ihm aufgedrängten und doch von ihm [redacted] geschaffenen, zumindest akzeptierten Wirklichkeit, führt unmittelbar in [redacted] ein philosophisches Hauptproblem der Geschichte :

~~eine irrsinnige sei, hebt nicht die Tatsache auf, daß sei~~

~~Die unsäglich platte theoretische Attitüde vor dem vielleicht~~

~~Es gibt zwar ein unsäglich plattes theoretisches Erkenntnisurteil mit dem die Unbegrei~~

Wenn die Unbegreiflichkeit dieser Zeit durch das unsäglich platte theoretische Erkenntnisurteil ausgedrückt werden soll: „die Zeit sei irrsinnig geworden", so ist mit der Projizierung des Irrsinns aus der Sphäre des Begreifenden in die des Begriffenen nicht die Tatsache aus Welt geschafft, daß der Begreifende nichtsdestoweniger ohne Wahnsinn weiterlebt — er könnte ja sonst gar nicht jenes Urteil fällen — daß er diese Wirklichkeit trotzdem akzeptiert u. akzeptiert. Es gibt die Einheit alles Erkennens u. Erlebens vor Augen keinen Unterschied zwischen praktisch-erlebtem u. theoretischem Begreifen: aus dem Faktum, daß diese Wirklichkeit erlebt wurde, muß auch die Notwendigkeit ihrer Begreiflichkeit abgeleitet werden. Theoretisches u. praktisches Begreifen dieser Wirklichkeit sind identisch.

~~Das Problem der Erfassung dieser Periode konzentriert sich daher in der Frage nach dem Verhältnisse zwischen Erleben u. Begreifen, ... unter welchem das und den Phänomen ihrer disparaten Wirklichkeit konzentriert sich daher in der Frage nach dem Verhältnis, das zwischen dem Erleben u. dem Begreifen :~~

~~Die Identität, zwischen dem ... theoretischen u. praktischen~~

Das Problem einer theoretischen Erfassung dieser Periode u. ihrer disparaten Wirklichkeit konzentriert sich daher vor allem in der Frage nach dem Verhältnis zwischen dem praktischen Begreifen u. dem Erleben dieser Wirklichkeit: und es ist klar, daß die Methoden des theoretischen Begreifens — wie sie landläufig geübt werden — für das praktische Begreifen keinerlei Belang haben, sondern daß vielmehr hiefür eine neue Methode gesucht werden muß. Denn ~~wie immer~~ die Disparatheit ~~dieser Wirklichkeit~~ liegt eben darin, daß die Wirklichkeit aller begreifenden Logik zuwiderläuft, daß sie

praktischem Erleben und theoretischer Erkenntnis der Zeit (des Weltkriegserlebnisses). Parallel zum rhetorischen Einsatz mit seinem Appellcharakter – „wir, die wir ...“ – läuft die Rationalisierung der Fragereihe. Broch hat die rhetorischen Appelle der für ihn so typischen Fragereihen als Korrektiv zu den Begriffsmassen meist direkt in seine Essays und Dichtungen aufgenommen. In den besten kulturkritischen Essays sind die Spuren verschliffen, die Fragereihen gehen ein in den Taumel einer begriffsgesättigten Sprache. Für diesen Prozeß ist *Geist und Zeitgeist* ein hervorragendes Beispiel. Hier jedoch sind die Bestandteile noch nicht zum Ganzen verkocht, die Rezeptur ist dem Kochvorgang abzulesen:

> Typoskript:
> Hat dieses verzerrte Leben noch Wirklichkeit? Hat diese hypertrophierte Wirklichkeit noch Leben? Die pathetische Geste einer gigantischen Todesbereitschaft endet in einem Achselzucken — sie wissen nicht warum sie sterben [...] Wir, die wir diese Zeit erleben, sind nicht wahnsinnig geworden — wenn wir auch diese Zeit, platt genug, eine irrsinnige genannt haben —, sind nicht wahnsinnig: begreifen wir sie deswegen? genügt es die Fakten dieser Wirklichkeit aufzuzählen, um diese Wirklichkeit zu verstehen?
>
> Handschrift:
> Wir wollen das Faktum dieser Zeit theoretisch begreifen. Aber ist das Begreifen seiner Wirklichkeit ein anderes als jenes, sagen wir praktische Begreifen, mit dem diese Wirklichkeit von den vielen gelebt und erlitten wird. Ist diese Wirklichkeit unbegreiflich, so hätte sie – von uns allen – auch nicht gelebt werden können, ohne daß wir wahnsinnig geworden wären, ohne daß wir sie zu einer anderen umgewandelt hätten. [... Die folgende Passage entstammt einem hier nicht mehr faksimilierten Blatt, B.F.]
> Zwischen diesem Erleben und diesem sehr – sagen wir selbst irrsinnigen – Akt des kausalisierenden Begreifen besteht ein autonomer Zusammenhang, dessen Analyse Aufgabe der Untersuchung werden soll. [...] Das eigentlich treibende Agens zur Problemstellung ist die Disparatheit des Geschehens, jene Disparatheit zwischen dem sogenannt natürlichen, nach Glückseligkeit strebenden Wollens des Individuums u. zwischen der ihm auferlegten u. doch von ihm geschaffenen [...] (YUL 57/1357, nicht paginiert)

*

Paul Michael Lützeler hat auf die Bedeutung der Architekturmetapher im speziellen für die Konstruktion der *Schlafwandler* hingewiesen (vgl. Lützeler 2000, 33ff.), sie ist wirksam bis in die letzten Verzweigungen der Brochschen Textproduktion. Im *Hofmannsthal*-Aufsatz spricht Broch ausführlich, und dabei nochmals seine eigene Poetik ausfaltend, vom Architektonischen des Kunstwerks, von seiner „zuchtvolle[n] Architektur-Symbolik", davon, daß Stil für Hofmannsthal eine „architektonisch-moralische" Bedeutung hatte, daß „Erkenntnis, Sittlichkeit und Kunst" „zu gemeinsamer Architektonik verschmelzen". (KW 9/1, 216f.)

Im Entwurf zu einem Text, der nicht von ungefähr *Methodologische Novelle* heißt, hat Broch die Architektur des erzählenden Kunstwerks mit den strengen musikalischen Strukturprinzipien verglichen:

> Jedes Kunstwerk muß exemplifizierenden Gehalt besitzen, muß in seiner Einmaligkeit die Einheit und Universalität des Gesamtgeschehens aufweisen: so gilt es in der Musik, in ihr vor allem, und so müßte, ihr gleichend, auch ein erzählendes Kunstwerk in bewußter Konstruktion und Kontrapunktik aufgebaut werden können.

Das aber ist ganz und gar nicht einfach. Die programmatischen Eingangssätze zur *Methodologischen Novelle* stehen in einem fast selbstparodistisch zu nennenden Widerspruch zur Entstehungsgeschichte des Textes: Broch hat die schlußendlich unter dem Titel *Methodisch konstruiert* in seinen „Roman in elf Erzählungen" *Die Schuldlosen* eingegangene Novelle zwischen 1917, dem Beginn seiner schriftstellerischen Laufbahn, und 1950, ein Jahr später starb Broch, sechsmal überarbeitet. Die heftigste Überarbeitungsphase findet Mitte der dreißiger Jahre statt, als Broch die Novelle für Ernst Schönwieses Zeitschrift *das silberboot* umarbeitet. Erschöpft von „blindwütig[er]" Arbeit am Text von 1917, befürchtend, daß sich „in diesen Korrekturen kein Mensch mehr auskennt" und konstatierend, „dass bei einer nochmaligen Umarbeitung eine durchaus brauchbare Erzählung herauskommen könnte", schlägt er Schönwiese schließlich vor: „drucken Sie bloss ein Fragment". (Brief an Ernst Schönwiese vom 15. September 1935) Über den Anspruch, „die Einheit und Universalität des Gesamtgeschehens" in einer beispielhaften Erzählung zu fassen, legt sich das Gitterwerk einer exzessiven Korrektur. Sie erscheint hier wie andernorts als so produktiver wie aussichtsloser Kampf um eine alles klärende Urformel des Erzählens. Aber ebensowenig wie die heutige Mikrophysik mit ihren superkleinen „Strings" der Weltformel bis jetzt näher gekommen ist, bleibt die alles in sich ver-

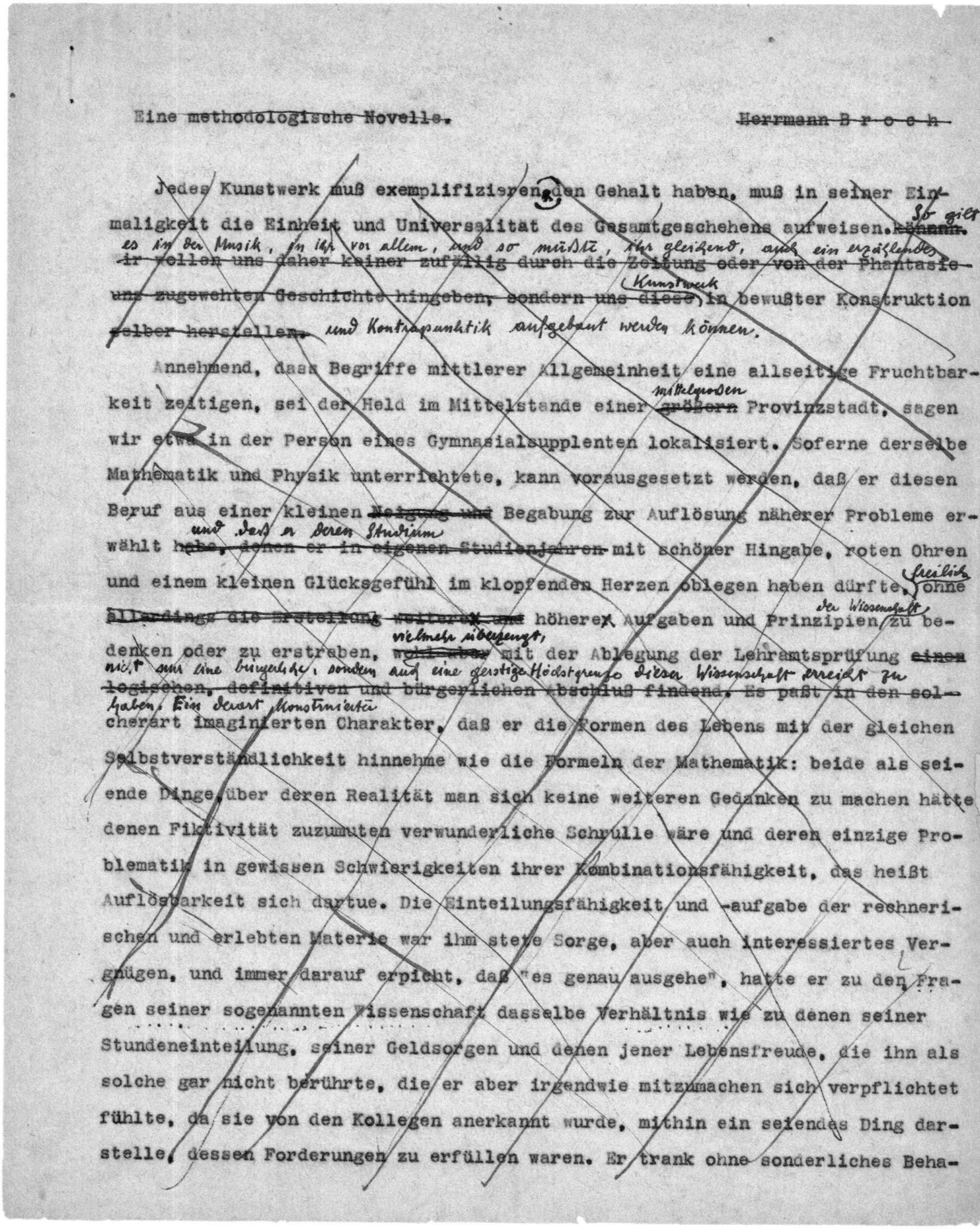

~~Eine methodologische Novelle.~~ ~~Herrmann B r o c h~~

Jedes Kunstwerk muß exemplifizieren, den Gehalt haben, muß in seiner Einmaligkeit die Einheit und Universalität des Gesamtgeschehens aufweisen. ~~Können~~ So gilt es in der Musik, in ihr vor allem, und so müßte, ihr gleichend, auch ein erzählendes ~~wir wollen uns daher keiner zufällig durch die Zeitung oder von der Phantasie uns zugewehten Geschichte hingeben, sondern uns diese~~ Kunstwerk in bewußter Konstruktion ~~selber herstellen.~~ und Kontrapunktik aufgebaut werden können.

Annehmend, daß Begriffe mittlerer Allgemeinheit eine allseitige Fruchtbarkeit zeitigen, sei der Held im Mittelstande einer ~~größern~~ mittelgroßen Provinzstadt, sagen wir etwa in der Person eines Gymnasialsupplenten lokalisiert. Soferne derselbe Mathematik und Physik unterrichtete, kann vorausgesetzt werden, daß er diesen Beruf aus einer kleinen ~~Neigung und~~ Begabung zur Auflösung näherer Probleme erwählt ~~habe, denen er in eigenen Studienjahren~~ und daß er deren Studium mit schöner Hingabe, roten Ohren und einem kleinen Glücksgefühl im klopfenden Herzen oblegen haben dürfte, freilich ohne ~~allerdings die Erstellung weiterer und~~ höherer Aufgaben und Prinzipien der Wissenschaft zu bedenken oder zu erstreben, ~~wohl aber~~ vielmehr überzeugt, mit der Ablegung der Lehramtsprüfung ~~einen~~ nicht nur eine bürgerliche, sondern auch eine geistige Höchstgrenze dieser Wissenschaft erreicht zu ~~logischen, definitiven und bürgerlichen Abschluß findend. Es paßt in den sol-~~ haben. Ein derart konstruierten ~~cherart imaginierten~~ Charakter, daß er die Formen des Lebens mit der gleichen Selbstverständlichkeit hinnehme wie die Formeln der Mathematik: beide als seiende Dinge, über deren Realität man sich keine weiteren Gedanken zu machen hätte, denen Fiktivität zuzumuten verwunderliche Schrulle wäre und deren einzige Problematik in gewissen Schwierigkeiten ihrer Kombinationsfähigkeit, das heißt Auflösbarkeit sich dartue. Die Einteilungsfähigkeit und -aufgabe der rechnerischen und erlebten Materie war ihm stete Sorge, aber auch interessiertes Vergnügen, und immer darauf erpicht, daß "es genau ausgehe", hatte er zu den Fragen seiner sogenannten Wissenschaft dasselbe Verhältnis wie zu denen seiner Stundeneinteilung, seiner Geldsorgen und denen jener Lebensfreude, die ihn als solche gar nicht berührte, die er aber irgendwie mitzumachen sich verpflichtet fühlte, da sie von den Kollegen anerkannt wurde, mithin ein seiendes Ding darstelle, dessen Forderungen zu erfüllen waren. Er trank ohne sonderliches Beha-

Hermann Broch: *Methodologische Novelle.* Korrekturfassung.
Österreichische Nationalbibliothek, Österreichisches Literaturarchiv, Nachlaß Ernst Schönwiese

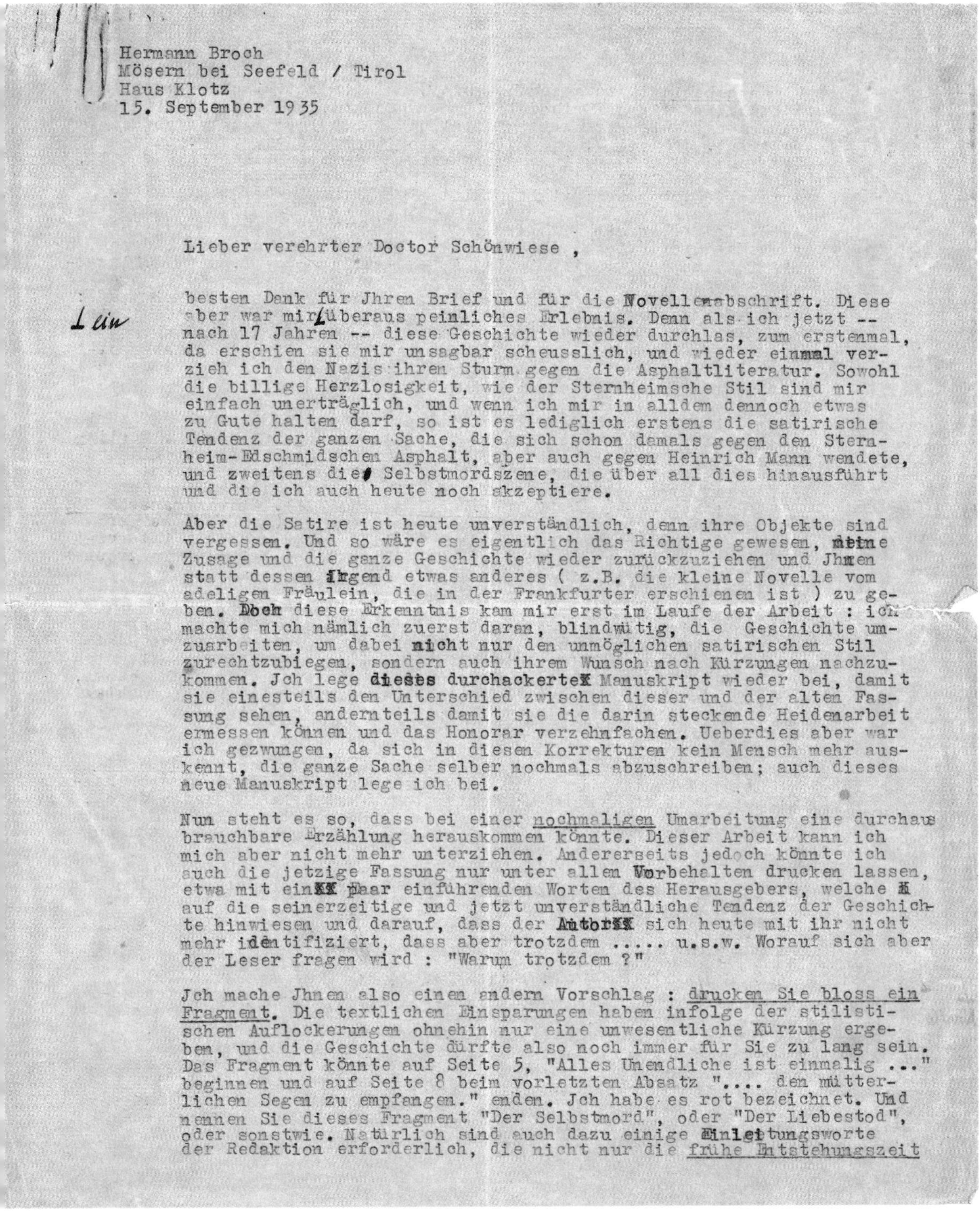

Hermann Broch
Mösern bei Seefeld / Tirol
Haus Klotz
15. September 1935

Lieber verehrter Doctor Schönwiese ,

besten Dank für Jhren Brief und für die Novellenabschrift. Diese aber war mir ein überaus peinliches Erlebnis. Denn als ich jetzt -- nach 17 Jahren -- diese Geschichte wieder durchlas, zum erstenmal, da erschien sie mir unsagbar scheusslich, und wieder einmal verzieh ich den Nazis ihren Sturm gegen die Asphaltliteratur. Sowohl die billige Herzlosigkeit, wie der Sternheimsche Stil sind mir einfach unerträglich, und wenn ich mir in alldem dennoch etwas zu Gute halten darf, so ist es lediglich erstens die satirische Tendenz der ganzen Sache, die sich schon damals gegen den Sternheim-Edschmidschen Asphalt, aber auch gegen Heinrich Mann wendete, und zweitens die Selbstmordszene, die über all dies hinausführt und die ich auch heute noch akzeptiere.

Aber die Satire ist heute unverständlich, denn ihre Objekte sind vergessen. Und so wäre es eigentlich das Richtige gewesen, meine Zusage und die ganze Geschichte wieder zurückzuziehen und Jhnen statt dessen irgend etwas anderes (z.B. die kleine Novelle vom adeligen Fräulein, die in der Frankfurter erschienen ist) zu geben. Doch diese Erkenntnis kam mir erst im Laufe der Arbeit : ich machte mich nämlich zuerst daran, blindwütig, die Geschichte umzuarbeiten, um dabei nicht nur den unmöglichen satirischen Stil zurechtzubiegen, sondern auch ihrem Wunsch nach Kürzungen nachzukommen. Jch lege dieses durchackerte Manuskript wieder bei, damit sie einesteils den Unterschied zwischen dieser und der alten Fassung sehen, andernteils damit sie die darin steckende Heidenarbeit ermessen können und das Honorar verzehnfachen. Ueberdies aber war ich gezwungen, da sich in diesen Korrekturen kein Mensch mehr auskennt, die ganze Sache selber nochmals abzuschreiben; auch dieses neue Manuskript lege ich bei.

Nun steht es so, dass bei einer nochmaligen Umarbeitung eine durchaus brauchbare Erzählung herauskommen könnte. Dieser Arbeit kann ich mich aber nicht mehr unterziehen. Andererseits jedoch könnte ich auch die jetzige Fassung nur unter allen Vorbehalten drucken lassen, etwa mit ein paar einführenden Worten des Herausgebers, welche auf die seinerzeitige und jetzt unverständliche Tendenz der Geschichte hinwiesen und darauf, dass der Autor sich heute mit ihr nicht mehr identifiziert, dass aber trotzdem ..... u.s.w. Worauf sich aber der Leser fragen wird : "Warum trotzdem ?"

Jch mache Jhnen also einen andern Vorschlag : drucken Sie bloss ein Fragment. Die textlichen Einsparungen haben infolge der stilistischen Auflockerungen ohnehin nur eine unwesentliche Kürzung ergeben, und die Geschichte dürfte also noch immer für Sie zu lang sein. Das Fragment könnte auf Seite 5, "Alles Unendliche ist einmalig ..." beginnen und auf Seite 8 beim vorletzten Absatz ".... den mütterlichen Segen zu empfangen." enden. Jch habe es rot bezeichnet. Und nennen Sie dieses Fragment "Der Selbstmord", oder "Der Liebestod", oder sonstwie. Natürlich sind auch dazu einige Einleitungsworte der Redaktion erforderlich, die nicht nur die frühe Entstehungszeit

Hermann Broch: Brief an Ernst Schönwiese vom 15. September 1935.
ÖLA, NL Ernst Schönwiese

einigende Weltformel der Erzählung verborgen. Aber ohne den Blick aufs Ganze würden die Teile eben gar nicht existieren. Und umgekehrt. Mehr oder weniger gegen seinen Willen erscheint Brochs Novelle dann mit einem redaktionellen Zusatz, der Brochs Zweifel am Text verständlich machen soll, im zweiten Heft des *silberboot* von Mitte April 1936. Schönwieses den Autor überrumpelnder Publikationsakt setzt den Umarbeitungen vorläufig ein Ende.

*

Fragment geblieben ist auch Brochs Mitte der dreißiger Jahre begonnene Roman über den ausbrechenden Massenwahn in einem kleinen Gebirgsdorf. Er ist in drei Fassungen überliefert, die zwischen 1935 und 1951 entstanden sind. Als Broch am 30. Mai 1951 stirbt, arbeitet er gerade am fünften von zwölf geplanten Kapiteln. (Vgl. Paul Michael Lützelers Entstehungschronologie in KW 3, 408ff.) Das Buch ist unter unterschiedlichen Titeln überliefert, vom Titel der Erstfassung „Die Verzauberung" über „Demeter oder die Verzauberung", dem Titel der zweiten Fassung, bis zu „Der Versucher", jenem Titel, unter dem Brochs Roman postum in der Bearbeitung Felix Stössingers 1953 im Zürcher Rhein Verlag erschien. Der gesamte Komplex wird Broch folgend als „Bergroman" bezeichnet. (Vgl. die textkritische Edition der Fassungen von Kress/Maier 1969) Wie die *Methodologische Novelle* sollte auch dieser Roman eine Modellerzählung werden, die exemplarisch die politischen, mythischen, religiösen, sozialen Dimensionen der Zeit erfaßt. Strukturbildend ist das Schema von Christ und Antichrist, in dem sich das „absolut Böse" inkarniert; es ist abzulesen an der Konfrontation der weißen Mystik einer Mutter Gisson – sie repräsentiert die aus historischen Tiefen kommende gnostische Weisheit der großen Mutter – und der bloßen Rhetorik eines Marius Ratti, der Verkörperung des falschen Heiligen, wie Hitler ein Rattenfänger der Seelen. Es sind die falschen Propheten, die oft ununterscheidbar von den wahren Religionsstiftern ihr Verführungswerk beginnen. Broch versuchte, die schwarze Mystik der Menschenfänger vom positiven Wissen der wahren Religionsstifter abzusetzen. Es ist kein Zufall, daß Broch diesen Roman nie vollendet hat, zu ununterscheidbar nahe vielleicht sind sich die beiden Welten gekommen. Seine ebenfalls Fragment gebliebene *Massenwahntheorie* kann als Fortschreibung der Romananlage gelesen werden; als Versuch, das Verhältnis von Irratio-

Hermann Broch: *Bergroman.* Ritualmordstelle. Korrigiertes Blatt aus dem 12. Kapitel der ersten Fassung. Deutsches Literaturarchiv, Marbach am Neckar

nochmals : "Das ist besser .... nimm."

"Nein", sagtX der Marius.

"Doch," beharrt Sabest und prüft sein Messer am Handballen wie einer, der sich rasieren will, "sie her, wie scharf !"

"Es ist nicht heilig", lehnt Marius ab.

"Was ? nicht heilig ?" Sabest schüttelt drohend seine Faust, die das Messer hält, "mein Messer ist so gut heilig wie deines, du Scheisskerl ... was ins heisse Blut getaucht war, ist heilig .... das wäre ja noch schöner !"

Marius macht bloss eine würdig abweisende Geste und drückt dem unbeweglich dastehenden Milend das Steinrequisit in die Hand, während Sabest, XXXXXX XXXXXXXXXXXXXXXXXXXXXX immer noch mit seinem Stahl in die Luft stossend, wie einer der traumhaft nach etwas greift und es nicht erreichen kann, von den Geistern zurückgerissen wird.

"Tu's, tu's", ruft die wieder unruhig gewordene Menge.

"Tu's, tu's", lacht die brüllende Stimme des Lax.

Irmgard mit ausgebreiteten Armen über den Stein geworfen, schaut verzückten Auges auf zu einem Himmel, der unsichtbar war vor dem weissen Licht des Azetylens.

"Tu's, tu's !"

Von weit her, von der Strasse unten tutet ein Auto, und in mir antwortet es : "Tu's !", in mir, der ich dastand in meinem auf Nähmaschinen genähten Anzug, in meinem auch mechanischen Webstühlen gewebten Stoff, auf geprägtes Metallgeld XXXXXXXXXXXX und ein Messer mit der Aufschrift 'Solingen' im Hosensack, ja, XXXXXX "Tu's !" XXXXXX schrie es in meiner Seele, während die Eisenbahnen und Autos in der Welt herumfahren und der Aether voller Radiowellen ist, mein Kopf aber ein Sammelsurium ärztlicher Wissenschaft aus vielen Jahrhunderten beherbergt, in mir schrie es "Tu's !", aber doch dämmerte es in mir, dass nun der Widder im Gebüsch auftauchen müsse, das Opfer zu ersetzen. War nicht auch dem Abraham der Widder erschienen, da von ferne eine Ziehbrunnenkette klirrte und der Schrei eines Lastkamels auf der Handelsstrasse ertönte ? Er, der Ur-Vater, der Erz-Vater, erkannte er nicht erst den Vater, entratend blutiger und blutender Mittlerschaft, des Heidnischen enthoben, da das Menschliche um ihn lebendig geworden war ?

"Tu's !" brüllte das Leben, brüllte das Heidnische.

Doch nicht der Widder, den ich nun beinahe erwartete, tauchte im Gesträuche auf, wohl aber erklang Mutter Gissons Stimme : "Hütet Euch, hüte dich Marius !"

nalität und Rationalität theoretisch zu ergründen. Was eine Klärung so schwierig machte, im Roman wie in der Theorie, ist die Scheidung der jeweils guten von den bösen, destruktiven Anteilen. Hinter Brochs Konzept steckt eine klassische Subjekt-Objekt-Relation – das Rationale verleibt sich das Irrationale ein und stellt es unter einen moralischen Imperativ –, die die Luhmannsche Systemtheorie hinter sich gelassen hat. Brochs Modell ist aus der Erfahrung des Nationalsozialismus verständlich. Krankhaft ist die Abschließung gegen Weltaneignung, wie sie die verblendeten Dorfbewohner im Roman auszeichnet. Allerdings bedeutet die Öffnung nach außen für Broch tendenziell immer Einverleibung – wir erinnern uns an Adornos Diktum vom gefräßigen System – und eben nicht Modalisierung unserer Wahrnehmung durch das fremde, auch bedrohliche Andere. Auch hier, an diesem zentralen Punkt, sind die Erkenntnismodelle wie die ästhetischen Modelle auf das Ineinander von Theorie, philosophischem Essay und literarischem Schreiben angewiesen.

Die zahlreichen Pläne und Selbstkommentare zu den eigenen Werken, vor allem auch die Flut an brieflichen Kommentaren und Erläuterungen, die Einbettung all dessen in einen theoretischen Begründungszusammenhang weisen Broch als „produktorientierten" Schreiber aus. Die potentielle Unabschließbarkeit der Texte andererseits, der Schreibzwang, die endlosen Umarbeitungsprozesse sind Merkmale eines prozeßhaften Schreibens. (Vgl. Hurlebusch 1998, 15) Die *Schlafwandler* sind beispielhaft für Dichtung als Arbeit und insofern für den modernen Roman überhaupt. Der Schluß des Huguenau bestand aus vier verschiedenen Versionen, die Broch synthetisierte. (Vgl. Ziolkowski 1972, 149) In dieser Mittelstellung zwischen Poiesis und Praxis, zwischen Produkt und Prozeß wird einmal mehr die Ambivalenz greifbar, von der zu Beginn die Rede war.

Abschließende Thesen

1.

Brochs (Erlösungs-)Hoffnung auf einen neuen Mythos steht im Spannungsverhältnis zu einem stets als prekär erfahrenen Schreiben. Seinen Vorschein besitzt das Kommende im „Rhythmus der Ideen", in dem, was zwischen Idee und Idee liegt, was sich weder am einen noch am anderen Pol fixieren läßt. Broch hat es auch mit der Formel des „Nicht mehr und noch nicht" belegt. Seinen materiellen Niederschlag kann es nur in der Annäherungsform einer fragmentarischen Denk- und Schreibpraxis finden. Hier liegt das Faszinosum der Brochschen Texte, das macht ihre Qualität aus. Die angestrebte Reinheit der Erkenntnis, die postulierte Aufhebung aller Differenzen in einem „irdisch Absoluten" hat jedoch ihren Preis.

In den Texten waltet eine Logik der Ausschließung, die Spuren hinterläßt ähnlich den Spuren, die das Freudsche Modell des psychischen Apparates in der dekonstruktivistischen Lektüre etwa Derridas hinterläßt. Bei Broch äußert sie sich als Abwertung des Sprachexperiments als l'art pour l'art (ablesbar an der Einschätzung von Dadaismus und Expressionismus), als Abwertung des empirischen Lebens (des „zweibeinigen Menschengewimmel[s]") gegenüber der ‚reinen' Idee, als Abwertung der Frau aus Fleisch und Blut zugunsten der weißen geistigen Frau (in der *Psychischen Selbstbiographie*); als Ausschließung des Anderen schließlich in der fremden Kultur, wie sie der Exilant Broch zwar durchaus als Bereicherung erfuhr, aber kaum zum Ausgangspunkt seiner Texte machte. Broch betonte immer wieder, welchen Erfahrungshorizont das Exil öffnete, der sonst verschlossen geblieben wäre. Seine Produktion war zu einem ganz wesentlichen Teil auch eine Briefproduktion, ein kommunikatives Netzwerk, das sich immer noch mehr ausweitete. Wie wenig jedoch ist da zu lesen von den Verkehrsströmen New Yorks, seiner überwältigenden Architektur, den Maschinen, Autos, Dienstleistungen und so fort. Warum so wenig von der sinnlichen Präsenz der neuen Welt in die Produktion der Exilzeit einfließt, ist nur zu begreifen, wenn man Brochs besessenes Festhalten am Begriff einer ‚totalen' Humanität und ‚totalen' Erkenntnis mitbedenkt. Das gute Totale sollte dem schlechten Totalitären die Stirn bieten. Das Auseinanderbrechen des eigenen Lebens- und Arbeitszusammenhangs in lauter Teilstücke hat Broch als drohende Niederlage empfunden, nie als Chance.

Der „Rhythmus der Ideen" soll bei Broch erahnbar werden im gesteigerten Rhythmus der Begriffe. Rhythmus, Spiegel, Welle, Echo: das sind die Leitmetaphern der Texte, die in immer wieder neuen Akzentuierungen den Begriffen Wert, System, Architektur/Architektonik, Deduktion und so fort gegenüberstehen.

2.

> Die politischen Wert-Formen stehen methodologisch zwischen denen der Wissenschaft, deren innere Logizität derart sachgebunden ist, dass der wissenschaftliche Arbeiter prinzipiell immer anonym bleibt, und denen der Kunst, deren Produkte absolut subjektgebunden sind, und erhalten sie von der einen Seite her den Charakter der „Unentrinnbarkeit" (historische Notwendigkeit), so lässt sich von der andern (der subjektiv betonten) Seite her die Möglichkeit von „Fehlleistungen" konstatieren, eine Möglichkeit, ohne die wir ja sonst für immer und ewig zum politischen Fatalismus verdammt wären. (Brief vom 3.3.1940 an Guiseppe A. Borgese, KW 13/2, 174)

Die Subjektgebundenheit der Kunst wird von Broch als Gegengift gegen die unentrinnbare Logik des Wissenschaftlichen ins Feld geführt. Ihre „Fehlleistungen" erlauben es, aus dem deterministischen Zirkel der Wissenschaft auszubrechen. Brochs Texte produzieren permanent Fehlleistungen, gerade dort, wo der wissenschaftliche Anspruch am größten ist bzw. die unabweisbare Gewißheit eines logischen Arguments betont wird. Kunst in einem weiteren Sinne gewinnt die Funktion eines notwendigen Korrektivs. Wobei der Begriff der „Fehlleistung" im zitierten Brief auch wieder doppelt besetzt ist: Er wird von Broch im Zusammenhang mit Hitlers Anspruch auf eine radikale Neuformulierung der Wertformen eingeführt, die uns so absurd erscheinen würden wie ein Kunstwerk, das wir nicht mehr verstehen. Wir kennen diese Doppelbesetzung von Begriffen bei Broch. Am deutlichsten ist sie in den Arbeiten zum Kitsch, wo sich Christ und Antichrist in ihren Erscheinungsformen ganz nahe sind, auch wenn sie sich in ihrer ethischen Dimension radikal voneinander unterscheiden.

3.

In der Kunst der Moderne nimmt die Theoriebedürftigkeit zu; ja dies ist, polemisch formuliert, vielleicht eine ihrer wichtigsten Funktionen: „eine Theoriebedürftigkeit zu erzeugen, die der Kunstphilosophie zur Bühne verhilft". (Vgl. Stierle 2000, 75) Der Dichter Broch bietet dem Philosophen und Kunstkommentator die Bühne und umgekehrt. Mit jeder Schreibhaltung, mit jedem Genre, das Broch bis an die Grenzen ausdehnt, erzeugt er einen Mangel, ein Bedürfnis auf der anderen Seite. Broch ist Kunstproduzent und Kunstphilosoph in Personalunion wie nur wenige andere Autoren der Moderne. Wohl sind die zahlreichen Selbstkommentare Brochs vor allem zur *Verzauberung* und zum *Tod des Vergil* auch den schwierigen Umständen der Publikation geschuldet, die Fülle aber an brieflichen Kommentaren, die sich immer wieder zu langen kunsttheoretischen Exkursen auswachsen, machen sie zu einem Bestandteil der Werke selbst. *Der Tod des Vergil* ist ein hermetisches Kunstwerk, das in geradezu paradigmatischer Weise einen Kommentar herauszufordern scheint, ja die Frage aufwirft, ob es ohne diesen Kommentar überhaupt bestehen kann. Tendenziell setzt sich der Kommentar anstelle des Werkes, was wiederum mit dem kunstimmanenten Elitismus der modernen Kunst zu tun hat und dem sich zwangsläufig daraus ergebenden Vermittlungsproblem. In diesem Sinne berührt Broch Fragen, die die heutige Kunst entscheidend beeinflussen. Broch sagt Einfaches kompliziert, weil eben das Einfache so komplex geworden ist, er will aber, daß dieses Komplizierte sich wieder in etwas ganz Einfaches auflöse, und damit es dies tut, bedarf es wieder komplizierter textueller Operationen und so fort.

4.
Karlheinz Stierles in einem Essay gestellte Frage „Hat der Klassizismus eine Zukunft?“ findet im Modell eines weiterentwickelten Klassizismus eine vorläufige Antwort. Dieses Modell orientiert sich an Hans Blumenbergs Begriff des „genetischen Platonismus“. Dieser rechne zwar noch mit Ideen, mit Ideen allerdings, „die zwar einen Ursprung, aber kein Ende haben“. Stierle schließt mit einem Satz, der genau Brochs Dilemma markiert: „Wenn die Kunst sich aus den Fallstricken eines hegelianisch inspirierten Modernismus und ästhetischen Nihilismus befreit, wird sie ihren Auftrag im Zeichen eines dialektischen, unendlich fortzuschreibenden Klassizismus wiedererkennen“. (Stierle 2000, 75) Brochs Eklektizismus, sein Rückgriff auf antike Muster, die Vielfalt seiner Ausdrucksweisen und Schreibweisen, seine permanenten „Fehlleistungen“ machen den Klassizismus-Kritiker Broch zu einem Modellfall eines solcherart gewendeten offenen Klassizismusbegriffs. In mindestens gleichem Maße wirksam ist allerdings Brochs Impuls, den Ideen nicht nur einen Ursprung, sondern auch ein Ende zu verpassen. Dann wird aus dem „genetischen“ ein dogmatischer Platonismus, der nicht mehr auf das Korrektiv der „Fehlleistungen“ vertraut.

In Thomas Bernhards Roman *Korrektur* steht der Verwirklichung des absoluten Bauwerks, eines Kegels mitten im Wald, die Rekonstruktion einer absoluten Studie aus zahlreichen Nachlaßfragmenten gegenüber. „Sichten und Ordnen“ ist dieser Teil des Romans überschrieben. Der Erzähler, der nach dem Selbstmord Roithamers, des Verfassers der Studie, sich zum Zwecke der Nachlaßbearbeitung in die sogenannte Höllersche Dachkammer begibt, setzt schließlich einen Gewaltakt. Anstatt zu irgendeiner Ordnungssystematik zu kommen, leert er das ganze Material einfach auf den Diwan. Eine Horrorvorstellung für jeden Archivar. Der Erzähler will nicht „diese verabscheuungswürdigste Art von Verbrecher“ sein, der Fragmente bearbeitet und dadurch einen Zusammenhang suggeriert, den es nicht gibt. (Bernhard 1988c, 176) Er erkennt, und hier ist er der modernen Texttheorie ganz nahe ebenso wie der modernen Editionswissenschaft, daß die verschiedenen Fassungen der Roithamerschen Studie ein Ganzes bilden, „in welchem alles die gleiche Bedeutung hat und aus welchem man nicht das geringste herausnehmen darf, weil sonst alles nichts mehr ist“. (Bernhard 1988c, 178f.)

Hermann Broch mag dies geahnt haben. Sein ‚Fall‘ ist paradigmatisch für eine moderne Poetik, die sich über das Verhältnis der Teile zum Ganzen bestimmt.

Verwendete Literatur

KW = Kommentierte Werkausgabe Hermann Broch. Hg. von Paul Michael Lützeler. 13 Bände. Frankfurt am Main: Suhrkamp 1974–1981.

YUL = Broch-Archiv an der Beinecke Rare Book Library der Yale University, New Haven, Connecticut/USA.

Adorno 1981 = Theodor W. Adorno: Valérys Abweichungen. In: Ders.: Noten zur Literatur. Frankfurt am Main: Suhrkamp 1981.

Adorno 1982 = Theodor W. Adorno: Negative Dialektik. Frankfurt am Main: Suhrkamp 1982 (= st 113).

Bernhard 1988a = Thomas Bernhard: Alte Meister. Frankfurt am Main: Suhrkamp 1988 (= st 1553).

Bernhard 1988b = Thomas Bernhard: Auslöschung. Frankfurt am Main: Suhrkamp 1988 (= st 1563).

Bernhard 1988c = Thomas Bernhard: Korrektur. Frankfurt am Main: Suhrkamp 1988 (= st 1533).

Bourdieu 1999 = Pierre Bourdieu: Die Regeln der Kunst. Genese und Struktur des literarischen Feldes. Frankfurt am Main: Suhrkamp 1999.

Broch 1999 = Hermann Broch: Psychische Selbstbiographie. Hg. von Paul Michael Lützeler. Frankfurt am Main: Suhrkamp 1999.

Broch 2001 = Der Tod im Exil. Hermann Broch Annemarie Meier-Graefe. Briefwechsel 1950/51. Hg. von Paul Michael Lützeler. Frankfurt am Main: Suhrkamp 2001.

Hurlebusch 1998 = Klaus Hurlebusch: Den Autor besser verstehen: aus seiner Arbeitsweise. Prolegomenon zu einer Hermeneutik textgenetischen Schreibens. In: editio 10. Textgenetische Edition. Tübingen: Niemeyer 1998.

Kress/Maier 1969 = Hermann Broch: Bergroman. Die drei Originalfassungen textkritisch herausgegeben von Frank Kress und Hans Albert Maier. Frankfurt am Main: Suhrkamp 1969.

Luhmann 1995a = Niklas Luhmann: Gesellschaftsstruktur und Semantik. Studien zur Wissenssoziologie der modernen Gesellschaft. Bd. 4. Frankfurt am Main: Suhrkamp 1995.

Luhmann 1995b = Niklas Luhmann: Die Kunst der Gesellschaft. Frankfurt am Main: Suhrkamp 1995.

Lützeler 2000 = Paul Michael Lützleler: Die Entropie des Menschen. Studien zum Werk Hermann Brochs. Würzburg: Königshausen & Neumann 2000.

Obermeier = Otto Peter Obermeier: Das Konstruktionsprinzip in der Wertphilosophie. In: Brochs theoretisches Werk. Hg. von Paul Michael Lützeler. Frankfurt am Main: Suhrkamp 1988.

Seel 1996 = Martin Seel: Ethisch-ästhetische Studien. Frankfurt am Main: Suhrkamp 1996.

Stierle 2000 = Karlheinz Stierle: Überzähliges Dasein entspringen lassen. Beantwortung der Frage: Hat der Klassizismus eine Zukunft? In NZZ vom 30./31. Dezember 2000.

Ziolkowski 1972 = Theodore Ziolkowski: Zur Entstehung und Struktur von Hermann Brochs „Schlafwandlern". In: Materialien zu Hermann Brochs „Die Schlafwandler". Hg. von Gertrude Firnau. Frankfurt am Main: Suhrkamp 1972.

Alchemie des Ganzen. Konrad Bayers *sechster sinn*

Von Klaus Kastberger

Seine Wünsche waren grenzenlos.
(Gerhard Rühm)

Ein riesiges Gebäude ist vonnöten. In ihm werden durch einen Vorhang zwei Zuschauerräume abgetrennt, die jeweils der Hälfte aller auf der Erde verfügbaren Menschenkörper Platz bieten. Durch ein raffiniertes Spiegelsystem wird die Erdkrümmung ausgeglichen, so daß alle eine gleichermaßen gute Sicht auf den Vorhang haben. Die beiden Abteile verfügen über getrennte Zugänge, die sich rund um die ganze Erde erstrecken und sich auf den Plätzen und Straßen vor Ort jeweils gegenüberliegen. Jeder der beiden Teile bildet ein eigenes Theater mit eigener Kassa. In beiden Theatern wird zur gleichen Zeit das gleiche Stück uraufgeführt. Es heißt *die sonne brennt* und stammt von Konrad Bayer: „die menschheit sitzt versammelt. der vorhang geht auf. die beiden hälften aller menschenkörper blicken einander ins auge." Es ist eine radikale Phantasie von Ganzheit, die der Wiener Dichter Konrad Bayer in diesem *zwischenspiel* (aus dem Traktat *der stein der weisen,* in SW, Bd. 2, 161) entwirft. Von massenmedialer Wirklichkeit ist die Szene nicht mehr allzuweit entfernt. Alle starren gleichzeitig auf das Eine, nur ist das Eine eben noch nicht die „Super Bowl" oder das „Neujahrskonzert", das Eine ist in diesem Fall das Alle, und in diesem Alle ist jeder er selbst.

Wie kann das Einzelne das Ganze sein, und wie kann der Einzelne sich zum Ganzen machen? Diesen Fragen geht Bayer in seinen Arbeiten nach. „die welt bin ich und das ist meine sache" (SW, Bd. 2, 259), heißt es in einem programmatischen Satz aus dem Roman *der sechste sinn;* „die luft ist aus marmor, ich lebe im fels, die welt ist mein anzug". (SW, Bd. 2, 271) In dem Text *herostrat* taucht die totalitaristische Grundierung des Konzepts in einer Unverblümtheit auf, die sanftere Gemüter verstören mußte: „ihr müsst meine sucht verzeihen, aber ich bin überzeugt, diesen satz, diese formel, zu finden, mit der ich mir alles untertan mache." (SW, Bd. 2, 119) *herostrat* selbst ist Teil einer Ganzheit, der Text gehört zur Zusammenstellung der *sechsundzwanzig namen,* die von *alfred* bis *zephyr* eine übergreifende Gesamtordnung nach dem Muster des Alphabets etabliert. Für die Welt, wie Konrad Bayer sie sich vorstellt, ist dies typisch. Diese Welt ist alles, was sprachlich der Fall ist. Außerhalb der Sprache existiert nichts, das Alphabet und das Lexikon decken die Erscheinungen ab: „es gibt aachen, es gibt aale, es gibt aas, es gibt ab, es gibt abarten […] bis zuzeln, das es natürlich auch gibt." (*kurze beschreibung der welt,* SW, Bd. 1, 99)

Die Welt ist sprachlich strukturiert und steht dem Einzelnen als eine fremde Ganzheit gegenüber: „alle meine vorfahren und auch alle anderen haben die sprache zusammengebosselt, haben ihre reaktionen damit eingerüstet und so wurde mit der sprache […] alles gleich gemacht und nun ist alles das gleiche und keiner merkt es." (*der stein der weisen,* SW, Bd. 2, 165) In der Vorstellung Bayers ist die Welt in Konvention und Kommunikation zu einem Ganzen „geronnen", eine solche Welt bekommt man entweder als Ganzes zu fassen oder gar nicht. Eben davon handelt *der sechste sinn:* „wir können in die welt nicht eindringen, wir haben nichts mit ihr zu tun, wir schaffen bilder von ihr, die uns entsprechen, wir legen methoden fest, um uns in ihr zu verhalten und nennen es die welt oder wenn es kracht, ich in der welt." (SW, Bd. 2, 292)

In dem skeptizistischen Programm, das den Text bis hinab in seine mikroskopischen Einzelteile antreibt, dekonstruiert *der sechste sinn* jeden Ansatz sinnlicher Gewißheit. Ich und Welt werden auseinandergenommen, urplötzlich krachen die getrennten Pole dann wieder in eins. In den fünf Sinnen fällt die Welt auseinander, im *sechsten Sinn* verschmilzt sie mit dem ehedem isolierten Ich zu einem kompakten Ganzen. Die Wahrnehmung und die Reflexion über die Wahrnehmung sind miteinander untrennbar verbunden. Wenn im *sechsten sinn* eine Glocke erschallt, erfolgt in der Person, die den Ton wahrnimmt, ein sofortiger Reflex auf das Übertragungsmedium Ohr. Bayer nimmt die Metaphern von Hammer, Amboß und Steigbügel wörtlich, die Hauptfigur goldenberg beschwert sich folgerichtig über den Lärm, der in den Gehörgängen herrscht: „na und bin ich in einer schmiede?" (SW, Bd. 2, 229) An einer anderen Stelle des Romans verselbständigt sich während einer ins Endlose gedehnten Begrüßungszeremonie eine Hand und wird als loses Stück so lange von Besucher zu Besucher weitergereicht, bis es den Anwesenden reicht und goldenberg, der durch die Art seines Denkens für seine Umgebung eine Dauerinfektion darstellt, „dringend" aufgefordert wird, „den empfang sofort zu verlassen". (SW, Bd. 2, 222)

Indem die Wahrnehmung im Akt der Wahrnehmung permanent beobachtet wird, hebt sich die sinnliche Unmittelbarkeit auf. Das Vertrauen in die herkömmliche Sichtweise schwindet, die subjektive Perspektive macht sich selbständig und setzt sich von den konventionellen Bedingungen ab, unter denen die Wahrnehmung von Welt im alltäglichen Gebrauch funktioniert. Die Gesetze der Perspektive sind im *sechsten sinn* aufgehoben: „nina sitzt vor ihm in der perspektive. plötzlich packt er ihre nase und er öffnet die zange seiner finger weiter und weiter und endlich passt die nase doch und da ist sie ja grösser als ich sie sehe und bestürzt stehe ich auf und komme ihr ganz nahe und alles wird grösser und da denke ich nur noch ein wenig näher und dann ist es soweit aber da verschwimmt alles wieder ich verliere meinen brennpunkt.“ (SW, Bd. 2, 289) Auch die Schwerkraft zählt nicht mehr. Goldenberg ist nicht gewillt, sich mit ihrer Wirkungsweise abzufinden und versucht eine individuelle Überwindung. Die Mittel, die er dazu zur Verfügung hat, rekurrieren auf die technischen Möglichkeiten des eigenen Körpers und antizipieren dennoch etwas von jenem kosmischen Gefühl für das Ganze, das Stanley Kubrick wenige Jahre später in seinem Film *2001: A Space Odyssey* in Bilder gefaßt hat:

> alles lüge, niemand hält mich, schrie goldenberg in gedanken und stiess sich von dem planeten erde ab. nachdem er sich in eine höhe von 35 cm erhoben und sich ebensoweit dem trabanten mond genähert hatte, vergeblich dessen geringe anziehungskraft nützen wollend, die nicht einmal den schweiss auf seiner stirn zur flut bringen konnte, trat diese raumfahrt in ihre zweite fase und das schiff goldenberg sank unaufhaltsam der asfaltierten erdkruste zu, landete sicher auf einem bein, das zweite folgte sekunden später. heimat, dachte goldenberg mit tränen der rührung. (SW, Bd. 2, 292)

Goldenberg fällt auf den heimatlichen Planeten zurück, ohne daß ihm der Anblick der ganzen Kugel vergönnt gewesen war. Spätere Raumfahrer werden begeistert von dem Eindruck berichten, den ihnen der blaue Körper im All machte. Auf Fotos kann man die Wirkung heute mühelos nachvollziehen. In der Gesamtansicht des Gestirns verwirklichte sich eine Vorstellung von Ganzheit, die man in dieser Form bis dato nicht kannte und die nicht unwesentlich zur Durchsetzung von politischen Programmen im Sinne einer Sorge um das Ganze beigetragen hat. Etwas von jenem Allgefühl des Weltalls, in dem immer auch die Sehnsucht nach dem Mutterplaneten Erde steckt, kommt in der zitierten Textstelle trotz aller Ironie und trotz der technischen Beschränktheit der Mittel zum Tragen. Goldenberg kehrt nach seinem Sekundenabenteuer zwar genau an jenen Ort zurück, von dem er sich abgestoßen hat, dieser Ort ist aber nicht mehr derselbe. Wo eben noch eine allumfassende Fremde war, vermag schon durch einen kleinen Sprung in die Luft ein klein bißchen Heimat zu werden.

*

Ohne Zweifel ist es eine spezifisch österreichische Variante der Raumfahrt, die *der sechste sinn* betreibt: Das Schiff goldenberg startet und landet mitten in Wien. Diese Bewegung spiegelt sich auch in der Entstehungsgeschichte des Romans und in seinen biographischen Grundlagen wieder, ohne die das Buch nicht recht zu verstehen ist. Am 9. Dezember 1959 heiratete Bayer auf dem Standesamt in Wien-Alsergrund Gertraude Hutter. Deren Eltern („der millionär, ein liebenswürdig wirkender älterer herr, alte schule, gepflegter schnurrbart", SW, Bd. 2, 222) besaßen ein großes Spielwarengeschäft in der Wiener Innenstadt. Die Tochter hatte bislang einen Monatswechsel bezogen, mit dem es sich bequem leben ließ. Aufgrund der Heirat mit Bayer, der sich durch seine Auftritte im Rahmen der Wiener Gruppe und aufgrund seines bohemehaften Lebensstils einen Ruf erworben hatte, der die guten Bürger verschrecken mußte, wurde die Unterstützung kurzfristig gestrichen und erst später wieder ausbezahlt. Zu einem nicht unbeträchtlichen Ersatzeinkommen trug offenkundig Bayers Talent als „Antiquitätenhändler" bei. Wie sich Traudl Bayer erinnert, wurden „viele schöne Sachen" aus der gemeinsamen Wohnung am Wiener Dannebergplatz davongetragen und verkauft. (Interview Traudl Bayer in: Lütze 1994, 56)

Ende Dezember 1959 fuhr Bayer in den italienischen Ort Monterosso al Mare, um die Arbeit an dem von Ferry Radax gedrehten Experimentalfilm *Sonne halt!* fortzusetzen. Schon Ende November war der Autor in dem Fischerdorf in der Nähe von La Spezia gewesen, am 8. Dezember hatte er das kleine Team verlassen, um in Wien zu heiraten. In dem Film, der eine Collage aus verschiedenartigen Szenen ist, bildet die optische Erscheinung Bayers einen durchlaufenden Faden. Der Autor ist in fast allen Einstellungen zu sehen, unter anderem führt er auf einer offenen Terrasse seltsam ausladende Tanzbewegungen vor, die dann auch durch einen Satz aus dem *sechsten sinn* kommentiert werden: „nachdem sie hunderte bier getrunken hatten, tanzten sie sehr einfache schritte". (SW, Bd. 2, 217) In der wohl berühmtesten Szene schießt Bayer mit einem Luftdruckgewehr die Sonne ab, anschließend hält er das eroberte Himmelsobjekt als goldene Kugel in der Hand. Ingrid Wiener hat in ihrem Tagebuch die Stimmung während der Dreharbeiten und die Befindlichkeit Bayers beschrieben:

Konrad Bayer auf einem Still aus *Sonne halt!* © Ferry Radax

gestern abend hat con aus einem magischen buch vorgelesen, und wir haben versucht, den teufel zu beschwören mit kreidekreis und so zeichen. ferry und con haben zwar gelacht, aber mir wars ganz schön unheimlich. hab bei con geschlafen und hab mich dann vor ihm auch gefürchtet. heute früh ist er plötzlich nicht mehr dagewesen. [...] ferry [...] meint, con ist nur nach genua gefahren, um traudl abzuholen. hoffentlich ist das wahr. draussen regnets, aber es ist nicht kalt. über dem meer liegt dicker nebel. wir haben kein geld mehr, und pasquale ist schon sauer, weil wir nur mehr anschreiben. es sollte geld von irgendeinem kulturinstitut kommen. aber wann. bleiben im bett, und ferry liest mir vor.
heute ist sylvester. ferry hat sich von seiner vermieterin geld geborgt und wein gekauft, und alberto ist auch da, und con ist zurückgekommen ohne traudl, schade, dass birgit nicht mehr da ist. es ist alles sehr unwirklich.

> heute ist mir leider ein bissl schlecht, aber es war wunderschön. es gab auch ein feuerwerk, und im dorf sind wir herumgesprungen und haben uns mit den italienern gebusselt. schade nur, dass con doch sehr traurig war. das muss eine sehr tolle frau sein. so seltsam hab ich den con noch nie erlebt. (Wiener 1983, 24)

Nicht zuletzt wegen der Schwierigkeiten mit Traudls Eltern (vgl. Interview Traudl Bayer in: Lütze 1994, 54) fährt das frisch verheiratete Paar im Frühjahr 1960 nach Paris und mietet sich dort in einem kleinen Hotel ein. Im Jänner veranstaltete Bayer gemeinsam mit Oswald Wiener und Gerhard Rühm noch drei Abende in der „Galerie der jungen Generation" in Wien (vgl. Rühm 1985, 31), auch ein gemeinsamer Aufenthalt von Traudl und Konrad am sogenannten Tonhof, einer Künstlerenklave in dem Kärntner Ort Maria Saal, dürfte noch in die Zeit vor der Parisreise gefallen sein. Der Hausherr Gerhard Lampersperg, der unter anderem aus Thomas Bernhards Buch *Holzfällen* bekannt ist, berichtet ein Detail, das für die Vorlieben Bayers bezeichnend ist:

> kaum am tonhof angekommen musste traudl sofort noch im letzten licht des wintertages einen bestimmten weg gehen um die ihn [Konrad Bayer, Anm.] so faszinierenden eisbildungen und spuren zu betrachten lange nächte gab es damals viele oft sassen wir müde beisammen in geblödel oder gespräch verloren da mit einem mal kamen von konrad lapidare ganz klare gedanken voll zuversicht traudl kannte das schon es hatte fast visionären charakter. (Lampersberg 1983, 7)

Nachdem ihnen in Paris das Geld ausgegangen war, kamen die Bayers im französischen Landhaus von Friedensreich Hundertwasser unter, in der sogenannten Picaudière. Die Einladung kam weniger aufgrund einer bestehenden Freundschaft mit dem Maler zustande (wie Bayer in seiner *autobiographischen skizze* – in SW, Bd. 1, 7f. – nahelegt), sondern auf Drängen von Birgit Weithofer und Ingrid Wiener. In der Picaudière schrieb Bayer am *sechsten sinn.* Hinter den beiden Hauptfiguren nina und goldenberg stehen Traudl Bayer und der Autor. Der Stellenwert Traudls zeigt sich auch daran, daß dem Buch ein als Negativ und Positiv reproduziertes Porträtfoto von ihr als Frontispiz dienen sollte. In den ersten Ausgaben

Porträtfoto von Traudl Bayer, aus dem Konvolut der Werkmaterialien zum *sechsten sinn,* zur Verfügung gestellt von Traudl Bayer und Gerhard Rühm

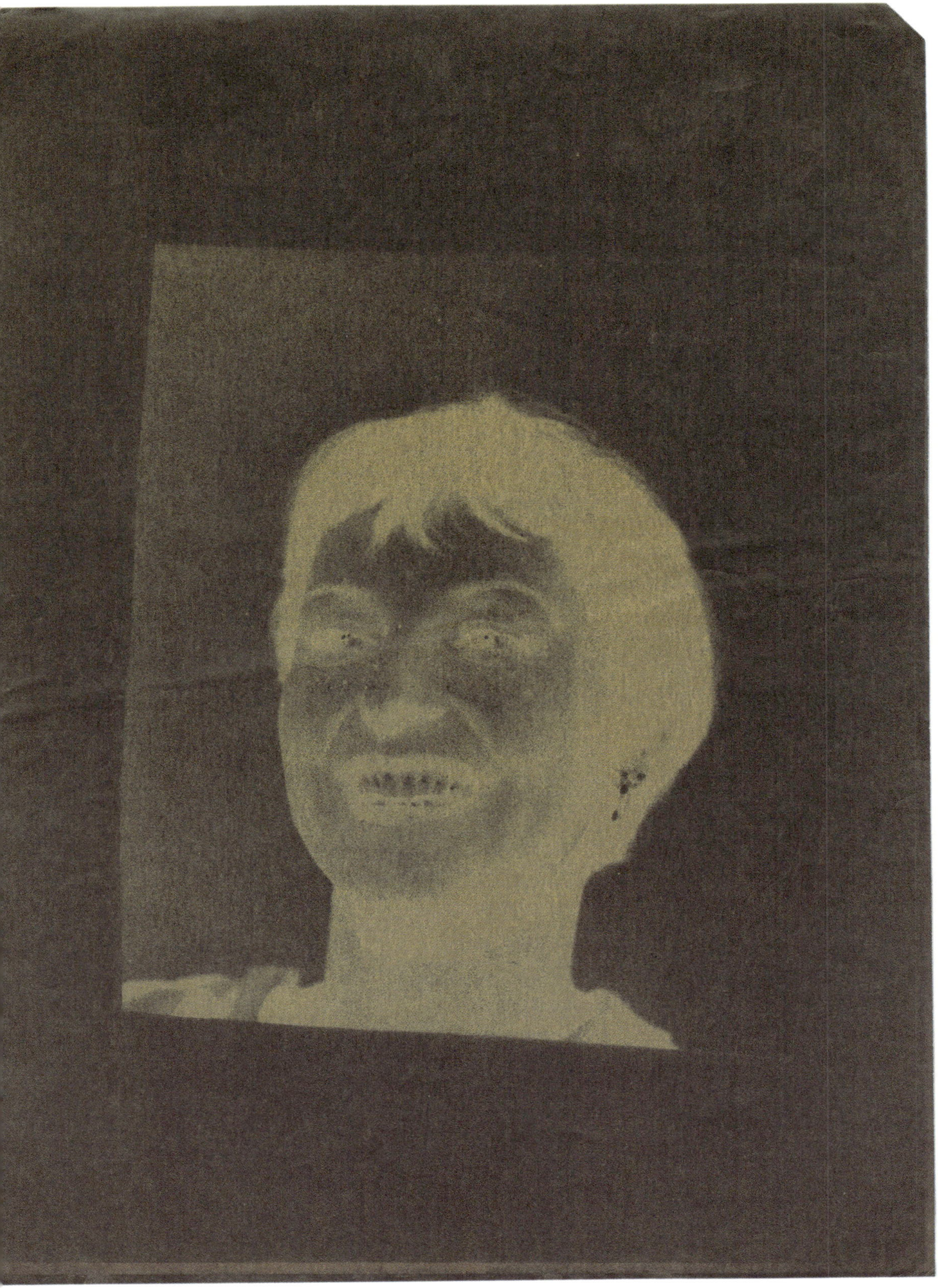

des *sechsten sinn* (1966 im Rahmen der gesammelten Texte, 1969 als eigenständiges Buch, 1977 in *Das Gesamtwerk,* alle bei Rowohlt) wurden übrigens gleich zwei Fotos reproduziert, wobei diese aber nur als mögliche Alternativen gedacht waren.

In den Figuren dobyhal, oppenheimer und braunschweiger finden die Mitglieder der Wiener Gruppe (Oswald Wiener, Gerhard Rühm und Friedrich Achleitner) eine literarische Umsetzung, wobei die Zuordnung zu den Personen nicht immer eindeutig ist. Hinter neuwerk steht H. C. Artmann, der von sich in späten Jahren behauptete, der Wiener Gruppe im eigentlichen Sinn nicht angehört zu haben. Tatsächlich fanden die beiden *literarischen cabarets* (vom 6.12.1958 und 15.4.1959), mit denen man sich einen Namen gemacht hatte, ohne ihn statt. 1960 hat Artmann Wien verlassen, und es gab zu ihm nur noch spärlichen Kontakt. In der Figur des weintraub ist Hundertwasser porträtiert, so wie Bayer ihn in Frankreich erlebt hat: „weintraub, der geizkragen, sagt: rauchen ist ungesund und weigert sich zigaretten zu kaufen. er ist der einzige, der noch geld hat." (SW, Bd. 2, 252)

Anfang August 1960 fuhr Bayer nach Bern, um gemeinsam mit Radax die Vertonung von *Sonne halt!* vorzunehmen. Wie sich der Regisseur erinnert, brachte Bayer „die ersten hundert Seiten" (Radax 2003) des neu entstandenen Romanfragments mit. Im Originaltyposkript des Romans läßt sich über alte Paginierungen Bayers eine exakt 100 Seiten lange Frühfassung rekonstruieren, die vom Textkorpus her möglicherweise bereits der von Radax angeführten Fassung entspricht. Beginn und Ende des Haupttextes waren in dieser Version schon genau so wie in der 131seitigen Letztfassung fixiert. Der erste Satz lautete: „damit begann der abend, der ganz unter blumen verschwand." Und im letzten fand sich jene Empfehlung, die die Sache radikal beschließt: „machen sie das buch zu! sagte dobyhal."

Wenn man davon ausgeht, daß Radax' Erinnerung stimmt, lag mit den Aufzeichnungen aus der Picaudière bereits im Sommer 1960 ein Großteil des Textkorpus vor. Im Vorwort zu Bayers Werkausgabe, das ursprünglich 1965 geschrieben wurde und dem aufgrund dieser zeitlichen Nähe ein hoher Authentizitätsgrad zukommt, glaubt Gerhard Rühm sich daran zu erinnern, daß er selbst erst im Jahr 1962 und zwar direkt von Bayer Kenntnis über die Schreibarbeiten am *sechsten sinn* erhielt und daß er damals davon einigermaßen überrascht war. (Vgl. Rühm in: SW, Bd. 1, 16) Von hier aus wäre die Arbeit an dem Buch später zu datieren, wobei natürlich nicht ausgeschlossen werden kann, daß Bayer den anderen Mitgliedern der Wiener Gruppe gegenüber sein Schreibprojekt zunächst verheimlichte, was auch damit zu tun haben könnte, daß es von seinem Thema und seiner Form nicht unbedingt dem entsprach, was innerhalb der Gruppe üblich war.

Außer Zweifel steht, daß Bayer Teile aus dem Gesamtzusammenhang des *sechsten sinn* nach Bern mitgebracht hat. Radax zeigte sich vom Text begeistert und spürte sofort, daß das Geschriebene mit dem Filmabenteuer in Italien in etwa „auf gleicher Wellenlänge" (Radax 2003) lag. Der ursprüngliche Plan, mit der Tonspur eine Art Denkhilfe für die komplizierte Story von *Sonne halt!* zu entwickeln, wurde rasch aufgegeben. Statt dessen strichen Radax und Bayer im Manuskript einzelne Passagen an, die ihnen als Kommentarsätze für den Film geeignet schienen. (Ein Vorgang, von dem sich in den Blättern des Originaltyposkripts allerdings keine Spur findet.) Bayer sprach die Textpassagen am letzten Tag seines Aufenthalts auf Band, Radax schnitt den Film und stellte die Tonspur unter Verwendung des Materials fertig.

In gesicherten Quellen taucht *der sechste sinn,* an dem Bayer zwischenzeitlich vielleicht wirklich nicht sonderlich intensiv gearbeitet hat, erst wieder im Juli 1962 auf. Der Zusammenhalt der Wiener Gruppe hatte sich in den letzten beiden Jahren weitgehend gelockert. Wie Gerhard Rühm schreibt, hatte man in Wien das Gefühl, auf verlorenem Posten zu stehen. (Vgl. Rühm 1985, 33) Bayer unternahm eine Fahrt nach Berlin, um nach neuen Wirkmöglichkeiten zu suchen. Kontakt nahm er dabei unter anderem mit Walter Fietkau auf, in dessen kleinem Verlag dann auch im Dezember 1963 sein Traktat *der stein der weisen* erschien, der einzige Text, dessen selbständige Publikation Bayer erlebt hat. Auch mit Hans Peter Krüger, einem Redakteur des Sender Freies Berlin, kam Bayer in Verbindung. Eine Gesamtlesung von *der kopf des vitus bering* wurde geplant und noch im Juli 1962 kam es auch zu Tonaufnahmen aus dem *sechsten sinn.* Bayer hat hierbei eine Reihe von Textstellen aus dem vorderen Teil des Romans (zur genauen Abfolge vgl. Bayer 2002) gelesen. Die Fassungen der längeren Passagen entsprechen praktisch den Endfassungen, die kürzeren, teilweise nur sekundenlangen Einschübe ließ Bayer in der Letztfassung des Romans weg.

Unter Beteiligung von Achim Dehne, von dem der erste Teilabschnitt stammt, entstand in Berlin ein tagebuchartiger Text, der sich *die klare zeit* (in: SW, Bd 1, 333–340) nennt und von dem später einige Passagen in den *sechsten sinn* eingearbeitet wurden. Ein wichtiges Datum für das Buch war die Tagung der Gruppe 47, die im Herbst 1963 in Saulgau stattfand und bei der Bayer zu einer Lesung eingeladen war. Bayer wählte vier Textabschnitte und versah diese mit eigenen Titeln. Mit Ausnahme des ersten finden sich die gelesenen Texte in weitgehend unveränderter Form in der Letztfassung des Romans wieder, die gewählten Titel sind aus handschriftlichen Eintragungen im Originaltyposkript zu ersehen. Für die

Zuordnung der gelesenen Passagen zum Roman ergibt sich folgendes Bild: *die birne* (fiel aus der Letztfassung heraus und wurde in der Werkausgabe als eigener Text publiziert, SW, Bd. 2, 58–50), *im wirtshaus* (entspricht im *sechsten sinn* dem Abschnitt SW, Bd. 2, 228f.), *der empfang* (entspricht SW, Bd. 2, 221f.), *chymische hochzeit* (entspricht SW, Bd. 2, 226f.).

Der Erfolg von Bayers Auftritt war überwältigend. Wie die Tonaufnahmen (vgl. Bayer 2002) zeigen, kamen die pointierten Texte beim Publikum sehr gut an. Der Philosoph Ernst Bloch faßte in der anschließenden Diskussion die Reaktionen zusammen und brachte Bayers poetische Technik anhand des Schlußzitates aus der Lesung („er nahm platz, sozusagen“) auf den Punkt:

> Eine Form von Heimatlosigkeit auf der Welt und Sprengung des Verabredeten ist hier, und zwar bezeichnenderweise mit Witz. Der Witz und das Grauen hängen sehr eng zusammen. Im Kabarett des Grauens, hat einer gesagt, wird's am Ende auch wieder ganz gemütlich. Das ist alles sehr gemütlich und auch alles sehr unheimlich. [...] Und die Sphären sind eingestürzt, das Verabredete hört auf. Und trotzdem ist alles in einem, noch nicht recht entdeckten Punkt wieder versammelt, und dieser Punkt wird durch diese uferlosen Assoziationen erleuchtet, und am Schluß kommt das melancholische „sozusagen“, aber in Verbindung mit etwas so Sicherem, Verabredeten, Heimathaften wie „Er nahm Platz“ ... Also eine neue Form, von der die Philosophen manches lernen könnten. (Bloch 1981, 87f.)

Noch vor seiner Lesung hatte Bayer in Saulgau den Verleger Heinrich Maria Ledig-Rowohlt kennengelernt. (Vgl. dazu auch Wiener 1968) Dieser war von der Person Bayers so angetan, daß er ihm – ohne die Texte zu kennen – für den *sechsten sinn* spontan einen Vertrag anbot, der eine fixe monatliche Geldunterstützung für den Autor und eine Abgabe des Manuskripts in einem Jahr vorsah. In den nachfolgenden Monaten war Bayer unter teilweiser Heranziehung älteren Materials mit der Aufstockung des Textes beschäftigt. Um die nötige Ruhe für eine Intensivierung der Arbeit zu finden, mietete er sich im Winter 1963/1964 in dem desolaten niederösterreichischen Schloß Hagenberg ein, in dem bereits das heutige Wiener Szeneoriginal Padhi Frieberger (im *sechsten sinn:* markus kremser) einquartiert war. In Hagenberg suchte Bayer die Stimmung der Picaudiére wiederzufinden. In dem Gebäude standen riesige Zimmer zur Verfügung, diese wurden auch dazu genutzt, um die Manuskriptseiten auf dem Boden zu verteilen und im Text eine

Konrad Bayer vor Schloß Hagenberg
© Ferry Radax

Konrad Bayer und Brita Hutter,
Archiv Steiger/Bayer Wien

topographische Ordnung herzustellen. Im Februar 1964 kam Ledig-Rowohlt zu Besuch nach Hagenberg, das Gebäude machte auf ihn einen schrecklich heruntergekommenen Eindruck. In einem Brief an Walter Fietkau vom 29.8.1964 beschreibt Bayer die Situation vor Ort:

> ich lebe jetzt schon seit einigen monaten hier auf dem lande in einer winddurchblähten ruine, ohne fenster, und arbeite am 6. sinn. [...] ich bin hier richtig eingesperrt. zu meinem glück bin ich mein eigener kerkermeister, aber sonst ist es schon ein richtiges gefängnis. ich kann laubbäume fast nicht mehr sehen. nächste woche fahre ich auf ein paar tage nach venedig, in einer bar sitzen und bloß campari trinken. grossartig. dann muß ich sowieso nach schweden zu den lustigen 47ern. (Brief Konrad Bayers, zit. in: Janetzki 1982, 128f.)

In einem Film von Ferry Radax aus dem Jahr 1969 (*Konrad Bayer oder: die welt bin ich und das ist meine sache*), der eine Rekonstruktion der Vorgänge um Bayers Selbstmord versucht und der im Freundeskreis des Autors aufgrund der angestellten Spekulationen für Unmut gesorgt hat, kam die damalige Freundin des Autors, Brita Hutter, zu Wort. Wie Traudl Bayer war auch sie in früherer Ehe mit dem Maler Wolfgang Hutter verheiratet. Brita Hutter hat gemeinsam mit Konrad Bayer in Hagenberg gewohnt, an dessen dortiger Arbeitsintensität meldet sie Zweifel an:

> Ich muß ganz ehrlich sagen, er hat überhaupt nicht sehr viel gearbeitet, überhaupt in Hagenberg. Er hat sich sehr gern ablenken lassen ... von allen möglichen Sachen. Er wollte alles mögliche andere tun und hat es auch zugegeben. Er hat immer nur ein paar Tage gehabt, wo er dann verschwunden war und er hat dann immer nur nach dem Essen geschrieben, oder soetwas. [...] Am liebsten ist er eigentlich im Bett gelegen, und zwar stundenlang. Nur urplötzlich ist er aufgesprungen und hat gesagt, jetzt sei ihm das und das eingefallen und er hat irgendetwas aufgeschrieben, so drei zeilen, irgendwo. (Brita Hutter, zit. in: Janetzki 1982, 129)

Konrad Bayer: Notizen zum *sechsten sinn,* aus dem Konvolut der Werkmaterialien, zur Verfügung gestellt von Traudl Bayer und Gerhard Rühm

von den feinden der anderen alles übele

persönlichen

(von seinen feinden nur das beste sagen)

WENN ALLE DIE HOFFNUNG AUFGEBEN, SOLLTE
MAN ANFANGEN ZU HOFFEN

WENN ALLE ÜBERZEUGT SIND, SOLLTE MAN
ANFANGEN ZU ZWEIFELN.

DER [redacted] DICHTER IST DER KATALYSATOR

DER GUTE WILLE IST NÜTZICH

NICHTS IST EIN ALLHEILMITTEL

DIE STRUKTUR DER DINGE (SITUATIONEN) IST
KOMPLEXER.

WERDEN DIE MITTEL KOMPLEXER, SO WERDEN
DIE PROBLEME KOMPLEXER

ABER MAN MUSS VERSUCHEN DIE DINGE
IM ZAUME ZU HALTEN.

DIE WAAGE.

DAS DING IST EINE SITUATION.

DIE BEGEISTERUNG IST EIN RAUSCH!
WIE SCHÖN, DA SAUF ICH LIEBER.

~~DA WOLLEN WIR~~

ICH LEHNE GOTT NICHT ~~AUS MANGEL AN~~
ALS ~~METAPHYSIK~~, TRANSZEDENZ AB,
SONDERN ALS ZUM KLEIDERSTÄNDER VER-
WACHSENE AUSSENPROJEKTION AN DER
[redacted] ALLE IHRE VERANTWORTUNG AUFHÄNGEN

DIE WELT BIN ICH UND DAS IST MEINE
SACHE

Am Haupttyposkript dürfte Bayer in Hagenberg tatsächlich nicht sehr viel gearbeitet haben. In einem Brief an Otto F. Walter vom 23.2.1964 schreibt er, daß bereits für die Lesung in Saulgau „150 druckseiten" (zit. in: Janetzki 1982, 128) des *sechsten sinn* vorgelegen seien. Auch wenn dies mit Sicherheit eine Übertreibung war, vermittelt sie doch eine Ahnung vom Umfang des bereits Vorhandenen. Notizartige Einträge, die wahrscheinlich in der von Brita Hutter genannten Art entstanden sind, hat Gerhard Rühm teilweise in den „nachtrag" zum *sechsten sinn* gestellt. Während im Haupttext die Abfolge der Textpassagen in den Paginierungen Bayers weitgehend gesichert ist und die editorische Umsetzung der Textabfolge mit Ausnahme von zwei unpaginierten Passagen (die Abschnitte „ich habe ihn wiedergefunden..." und „wir können in die welt nicht eindringen ..." – beide SW, Bd. 2, 292f.) keine Fragen aufwirft, stellt der „nachtrag" eine editorisch heikle Zone dar. Schon in seinen Anmerkungen zur Erstausgabe (wiederabgedruckt in: SW, Bd. 2, 365ff.) schreibt Rühm, daß er im „nachtrag" unnumerierte Blätter zusammengestellt hat. Später tauchte in Wien eine weitere Mappe mit Texten und Textbruchstücken auf, die Bayer wohl ebenfalls für eine Aufnahme in den *sechsten sinn* in Erwägung gezogen hatte. Für die erweiterte Neuausgabe von 1985 nahm Rühm teilweise auch diese Texte in den „nachtrag" auf. Vereinzelte Notizen, die in das heutige Gesamtkonvolut des Romans zu liegen gekommen sind, blieben ausgespart. Unter anderem betrifft dies eine Gruppe von Blättern, die durchgängig mit Großbuchstaben beschriftet sind und auf denen sich einer der berühmtesten Sätze des *sechsten sinn* wiederfindet: „die welt bin ich und das ist meine sache." (Vgl. Abb. vorige Seite)

So wie Bayer es in seinem Brief an Fietkau angekündigt hatte, fuhr er im September 1964 erneut zu einer Tagung der Gruppe 47. Sie fand in diesem Jahr im schwedischen Sigtuna statt, und abermals stand eine Lesung aus dem *sechsten sinn* auf dem Programm. Bayer präsentierte eine Auswahl von Passagen (zur Abfolge vgl. Bayer 2002), die stilistisch viel breitgefächerter war als beim letzten Mal, zudem fehlte ihr ein durchgängig humoristischer Tonfall. Mit minimalen Abweichungen stimmen auch diese Texte mit den jeweiligen Letztfassungen überein.

Die Diskussion verlief anders als vor einem Jahr. Als erster meldete sich Hans Mayer (vgl. Bayer 2002) zu Wort. Vier Gründe führte er gegen das Gehörte an: 1) Paßte ihm die jüdische Evokation der gewählten Eigennamen nicht. 2) Stellte er eine plagiatshafte Nähe zu den Keuner-Geschichten von Bert Brecht fest. 3) Verstörte ihn die Kühlheit der Bilder. 4) Fühlte er sich von der Tatsache abgestoßen, daß in diesen Texten alles nur von außen gesehen wird. Den letzten Einwand führt

Mayer weiter aus: Der „planetarische“ und „übermenschliche“ Standpunkt, den Bayer in seinen Texten einnimmt, sei schlichtweg „inhuman“. Es komme zu einer allgemeinen Sinnentleerung, innerhalb derer der Mensch als solcher nicht mehr erkennbar sei. Mayers Resümee: Es handle sich um eine „grausame“ und „scheußliche“ Prosa.

Erich Fried legte ein Schäuflein nach. In seiner Wortmeldung gab er zu verstehen, daß in diesen Texten nicht nur konsequente Unmenschlichkeit am Werk sei, sondern wahre „Anti-Menschlichkeit“. Die Gestalten, die Bayer beschreibt, seien nur vorgeschoben, um der „Sphäre des Unmenschen“ zu dienen. So wie die Dinge im *sechsten sinn* beschrieben würden, ließen sich auch sämtliche Vorgänge in Auschwitz beschreiben, und zwar in einer Weise, daß zumindest in Wien darüber gelacht würde. Im wesentlichen seien es grausame Gymnasiastenwitze, die hier als Literatur daherkämen.

Auf dem Umschlag eines Briefes, den ihm H.C. Artmann nach Sigtuna geschickte hatte, hielt Bayer in Kurznotizen seine Meinung über die versammelten Größen des bundesdeutschen Literaturbetriebes fest: „Reich-Ranitzky (Trottel)“, „Raddatz (Feind)“, „Walter Jens (beschränkt)“, „Grass Günther (eingleisig)“, „Mayer (redegewandt, aber doch beschränkt)“, „Rühmkorf (Depp)“. Nach dem Selbstmord Bayers am 10.10.1964 – nach einer halbdurchzechten Nacht drehte er in der Wiener Wohnung den Gasherd auf und legte sich zum Schlafen hin (eine Szene, die im *sechsten sinn* eine Entsprechung hat, SW, Bd. 2, 223) – wurden im Freundeskreis Stimmen laut, die die Tat mit dem negativen Lesungsurteil in Zusammenhang brachten. Ulrich Janetzki zitiert dazu einen gewissen „O. W., Freund Bayers“:

> Das ist alles albern, als würde sich Konrad das Gefasel dieser Leute in Sigtuna zu Herzen genommen haben. Die lustigen Siebenundvierziger hat er sie geheißen. Und wegen einer Frau? (abfällige Handbewegung) Legen sie an einen außergewöhnlichen Menschen doch nicht so spießige Maßstäbe! Wenn man nicht mehr weiterkann, dann hört man einfach auf, so einfach ist das, aber: das werdens halt nicht verstehen. Konrad hat durch seinen Selbstmord – um mit Artaud zu reden, den sie aber sicher auch nicht verstehen werden – seinen Umriß wieder in die Natur eingefügt. (Janetzki 1985, 40)

*

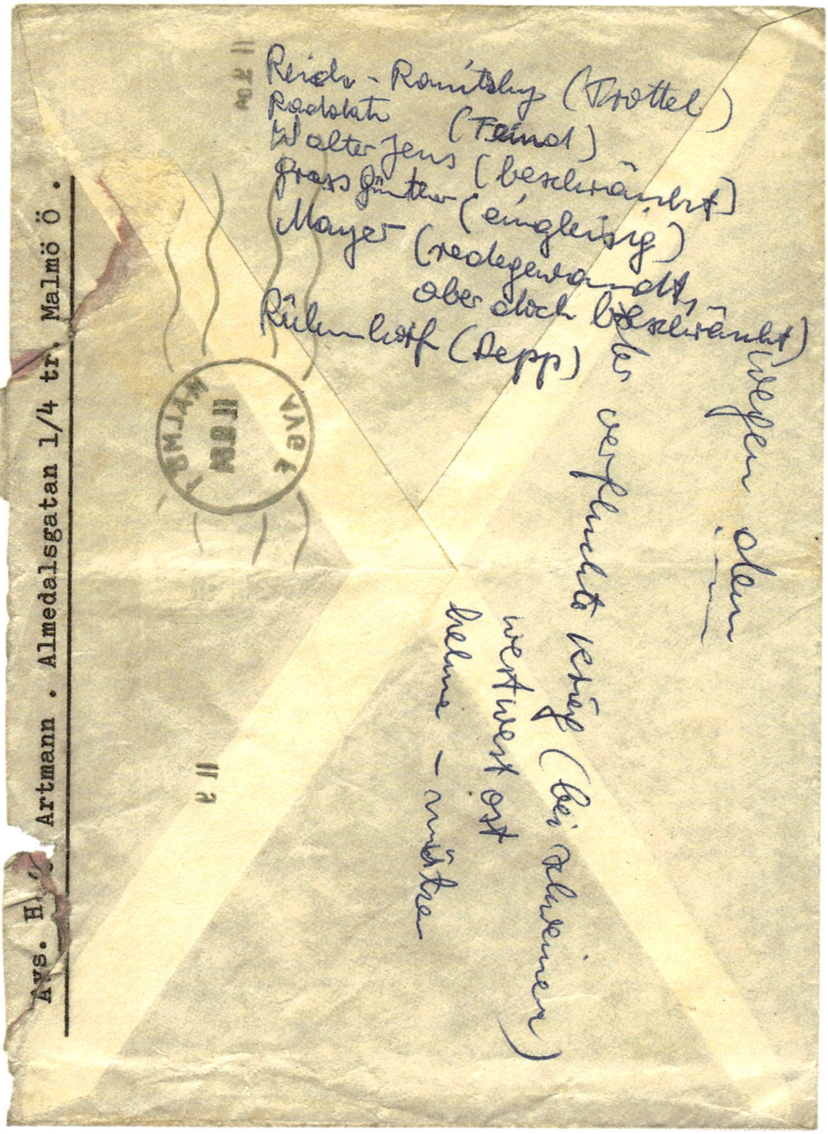

Konrad Bayer: Notizen auf dem Umschlag eines Briefes von H. C. Artmann anläßlich des Treffens der Gruppe 47 in Sigtuna 1964, Archiv Steiger/Bayer Wien

H. C. Artmann: Brief an Konrad Bayer zum Treffen der Gruppe 47 nach Sigtuna, Vorder- und Rückseite. Archiv Steiger/Bayer Wien ➜

Lieber Konrad,
vielen dank für deinen brief, welchen ich erst heut erhielt, war seit ersten in Berlin mit Patricio, der ebenfalls hier wohnt, jetzt aber nach Wien ist.
Ich war vor einem monat in Wien und wollte dich in ädler maske, vollbart und tiffanybrillen, aufsuchen, allein wer hätte mir sa= gen können, wie ich zu dir ins wilde waldschloss gelang? Es war unmöglich aus den leuten (nicht viele traf ich) herauszubekommen.
Nun hörte ich schon in Berlin, dass du dem ruf der 46er (er erging auch an mich, nur will ich mich da lieber heraushalten) schurkisch_ verschla= gen (stell ich mir vor) gefolgt seiest. Ich finde es schade, dass du gerade am letzten tag deine lesung hast. Wie können wir uns da hier treffen? Ich fahre ja auf die buchmesse (wichtig!) und zwar am spä= testen 18ten. da diese bereits am17 startet.
Ich dank dir für deine tagebuchvorschläge, die ich zum grössten teil meinungsgemäss teile. Einige sache wie zb S:t Petri hast du natürlich nicht verstehen können, denn das ist die schwedische St. abkürzung. Bei Duchamp habe ich einfach den vornamen gestrichen. Blendend muss selbstverstlch. weg. Hast recht. Grus zu grus heisst grober sand zu grobem sand. Sag kennst keinen GRUS?
Auf den Vitus freu ich mich schon wie kein zweiter, kannst mir glauben. DU weisst ja, wie mir das schon immer gefallen hat.
Gerard Rühm ist etwas sauer auf dich, ich hab ihm aber gesagt, dass das ein blödsinn wäre, dass wir zusammen schiessen und laden müssent und so on. Was hat er übrigens gegen den (doch eh schon seit eh und herrje) rüden Osner Wiwald? So ist er eben und nicht anders. Haupt= sach er thuot seinsach..
In Berlin ists zZ etwas versoffen, alles gefällt sich in billigem fusel von cognac oder schlechten wodkasortiments. Sc(heissenbüttel) schreibt nun nicht das nachwort. Also ich frag mich, wozu er denn überhaupt eines hätt schreiben solln? Ich schreib doch, wie s mir passt und nicht so, wie s grad unter welchen literati vorschrift ist. Vide Berlin.
Again und again und again: Lass dich nicht zu viel mit die 46ka ein. Tu was, was sie versäuert, du hast sie nicht nötig. Eben lass ich in tagens neuheiter, dass du ein teutscher author seiest, einer der jüngsten der 46er; wer wie was wirklich – keine red davon! Bleib frei, du kannst dir s erlauben, Kon!!! Das sind doch alles schojtelach. Wie ist es überhaupt? Sieht man dich in Francoforte? Alex kommt auch. Ich würde ja sogar einen sprung in das klägliche nordland hinaufkom= men (hier herunten gelten die leut da drom als rechte pieffkes), aber der Wochinz lässt mich schon wieder mal warten. Also wirds nichts.

Schad!

Soeben bekomme ich post von Jarl Hammarberg. Vielleicht siehst du ihn oben, dann lass ihn grüssen, sag ihm, bei mir wär aälles ok. Er ist der einzige bursch hier in Schweden, den ich wirklich als dichter schätze. Alle anderen sind bocherim (meines wissens), aber das erfährst du ja wahrscheinlich eben an eignem leibe.

Alsdann: sei herzlich gegrüsst, dak dir auch schö für deine müh=waltungen (ehrlich?) und lass dir s so gut wie möglich gehn!

HC H. C.

Wenn du früher, also schon in der nacht vom 18.-19. nach Malmö fährst, so wart ich auf dich hier.

Nr. 30 1 52

telephonier, ist billig!

0.40

PS. Solltest du in Stockholm Hansl Mitterbauer treffen, so lass ihn bitte grüssen & sag ihm, ich hätte nicht auf meine schulden bei ihm vergessen, aber mir gings saudreckig. Seine adresse hab ich auch nicht mehr, ich kenn nur das haus. Du brauchst jedoch nicht wissen, wo ich ZZ wohne, gelt?!

herzlichst

Von Vorgängen wie diesen (dem Einfügen des eigenen Umrisses in die Natur oder dem Erstarren einzelner Bewegungen in einem größeren Ganzen) war Konrad Bayer nicht nur thematisch angetan, er hat diese Abläufe in seinen größeren Texten auch als Aufbauprinzipien und Strukturgesetze genutzt. Im *vorwort* zu dem Montageroman *der kopf des vitus bering* erklärt er seine Faszination für den titelgebenden Polarforscher. Diese gründet unter anderem in einer Anekdote, der zufolge Bering gleich zweimal begraben wurde. Um sich vor der Kälte zu schützen, hat der Schiffbrüchige sich am Strand eingraben lassen und die Grube mit einer Zeltplane bedeckt. Der Körper fror fest und mußte vor einer würdevollen Bestattung erst einmal ausgegraben werden. Bayers Text vollzieht die Bewegung nach, die Geschwindigkeit von Berings Schiff wird immer geringer, gegen Ende friert nach außen hin alles im Eis fest, während die schamanistischen Ekstasen in Berings Körper immer heftiger werden.

Auch in dem frühen Text *der vogel singt, eine dichtungsmaschine in 571 bestandteilen* dominiert der Wechsel von Stillstand und Bewegung. Die Arbeit greift auf einen fixen Bestand sprachlicher Elemente zurück und ordnet diesen auf der Grundlage eines komplexen mathematischen Ablaufplanes (von Bayer als *zeittrompete* bezeichnet und auch graphisch dargestellt, vgl. die Faksimiles in *Profile 1,* 140f.) den vier Elementen Erde, Feuer, Wasser und Luft bzw. deren paarweiser Kombination zu. Nach einer handschriftlichen Notiz Bayers besteht die Bewegung des Textes darin, daß in ihm sukzessive der Raum (R) durch poetische Elemente (p) verdrängt wird. Kabbalistische Zahlenmystik und alchemistische Spekulationen spielen innerhalb des strengen Aufbaus eine entscheidende Rolle. In der Mitte des Textes ist eine Symmetrieachse angesetzt, um sie herum ergibt sich eine zirkuläre Struktur. Das handelnde (oder besser gesagt: das behandelte) Subjekt scheint am Anfang und am Ende des Textes auf, zwischenzeitlich setzt die Person (in ähnlicher Form wie Vitus Bering) Eis an und friert ein. In einem Brief an Pater Focke, einem aufgeschlossenen Geistlichen, der im Wien der 50er Jahre Lesungen avancierter Literatur organisiert hatte, führt Bayer aus:

> die katastrofe hat sich für mich zwangsläufig in der 95er-einheit feuer und wasser ergeben. die beiden folgenden abschnitte führen zu einer immer weiteren abkehr von den äusseren geschehnissen und reduzieren sich auf betrachtung und ganz einfache bewegungen der zentralfigur. in der letzten abteilung steht er im zufrierenden meer und auch die handlung droht einzufrieren. aber mit der zeitansage „es ist eins“ wird die bewegung wieder ermöglicht, er löst sich

> ganz aus dem wasser und fliegt mit dem satz, der auch der 1. satz ist: „er schlägt seine flügel über den wind“ wieder davon. (Konrad Bayer, zit. in: *Profile 1,* 142)

Der *stein der weisen* greift bereits in seinem Titel eine zentrale alchemistische Vorstellung auf. Neben dem *vorwort,* dem *postscriptum* und dem *nachwort* umfaßt der Text exakt sieben Abschnitte. In einem Briefentwurf an Wolfgang Fietkau erklärt Bayer die Bewegung, die hinter dem Text steht:

> das ganze soll ja keine aneinanderreihung möglichst gleichartiger oder mitreissender oder erfreulicher oder brillant gearbeiteter texte sein sondern eine mögliche entwicklung zu einer erkenntnis [korr. zu: auffassung] andeuten. [...] der zugang zu dieser auffassung führt durch eine summe von herausforderungen, also kann er auch stilistisch nicht popularisiert werden. die hermetische g.[eografie] ist die ahnung einer gleichzeitigkeit des raumes, die koordination dieser erkenntnisdaten zu einem neuen ganzen. die abfolge ist eine bestimmte, also kann die hermetische geografie nicht klarer ja nicht einmal ebenso klar wie das lapidare museum sein [korr.: aufscheinen], das eine sekunde vor BUMSTI liegt (nehmen sie BUMSTI für das durchschlagen des knotens, das überspringen des funkens, für das kippen des schalters!). (Sammlung Konrad Bayer, ÖLA 190/W1, Bl. 47)

Die Koordination von Erkenntnisdaten zu einem Ganzen, innerhalb dessen das erkennende Subjekt vollständig aufgehoben oder – was auf das Gleiche hinausläuft – vollständig verschwunden ist, könnte als Motto auch vor dem *sechsten sinn* stehen. Bayer wendet seine alchemistische Methode des Lösens und Bindens von Welt hier auf seine eigene Biographie und seine unmittelbare Umgebung an. Die Liebesgeschichte zwischen nina und goldenberg, von dem der Text seinen entstehungsgeschichtlichen Ausgang und wohl auch seine sentimentalistische Grundierung nimmt, ist ihrer Chronologie beraubt. Wo nina im Text auftritt, scheint sie für goldenberg gleichzeitig da und fort zu sein, die Verbindung wird nicht erst geknüpft und dann gelöst, sie scheint gleichermaßen geknüpft und gelöst zu sein: „seit er nina kannte, hatte sie ihn verlassen.“ (SW, Bd. 2, 216)

Über weite Strecken vermitteln die Figuren aus dem *sechsten sinn* den Eindruck, als handle es sich bei ihnen um Insassen einer Retorte, mit denen ein Experiment angestellt wird. Im Gegensatz zu wissenschaftlichen Experimenten, deren Vokabular Bayer streckenweise übernimmt („da trifft mich gleich der sonnenstrahl mit zirka 300.000 km pro sekunde ins auge", SW, Bd. 2, 225), ist dieses Experiment aber nicht klinisch, sondern hoch emotional. In seiner experimentierenden Art zu schreiben ist Bayer kein Ingenieur, der sich zurücklehnt und distanziert, ganz im Gegenteil zittert und fiebert er bei seinen Experimenten mit und bezieht dabei auch seine eigene Person und seinen eigenen Körper mit ein. So sind die Figuren aus dem *sechsten sinn* keine Pappkameraden, mit denen man zum Gaudium des Publikums ungestraft tun und lassen kann, was man will, es sind Figuren aus Fleisch und Blut, die zu Reaktionen gefordert werden. An einer Stelle des Buches wird rund um nina ein Gefäß gebaut, das man unterheizen und beobachten kann:

> nina lag auf dem toilettetisch und hatte risse in den augen. ihr blondes haar war zusammengeklappt und ihr ganzer körper etwas schütter geworden. der vornehm wirkende junge mann ganz in rot schüttelte ihre schultern. eine wolke von parfüm ging nervös durch das zimmer.
> er dachte und stellte fest, dass die temperatur hundertzwanzig grad betrug. noch immer krachte ninas haut und bedeckte sich mehr und mehr mit rissen. nina schrie und der vornehm wirkende junge mann lässt seine hände fallen. (SW, Bd. 2, 214)

Moralische Entrüstung vermag nur dann aufzukommen, wenn man den Text wörtlich nimmt, was gerade an dieser Stelle schwer fällt: Eine Frau wird auf 120 Grad aufgeheizt. Anders als in der Welt von Erich Fried, dessen Entrüstung wahrscheinlich auch deshalb so groß war, weil seine eigene Dichtung in ihrer realistischen Determiniertheit und in ihrer moralischen Bedingtheit als fundamentales Gegenstück anarchistischen Freiheitsdranges erscheint, läßt sich in der Welt von Konrad Bayer an keiner Stelle sagen, daß es ist, was es ist. Schon gar nicht in der Liebe. Der Grundsatz allgemeiner Relativität („alles kann dies und jenes heissen, alles mag auch etwas anderes heissen", SW Bd. 2, 166) trifft hier in besonderer Weise zu. Die Wandelbarkeit der Welt hat ihren Höhepunkt erreicht und der sechste Sinn sein vorzüglichstes Anwendungsgebiet gefunden.

Bayer hält Liebe und Leben in der Retorte und hüpft – in einem ständigen Perspektivwechsel zwischen „goldenberg" und „ich" – immer wieder selbst in die Nährlösung. Die Art seiner Alchemie läßt sich mit derjenigen vergleichen, die Ernst Bloch im *Prinzip Hoffnung* anhand der *Chymischen Hochzeit* von Valentin Andreä beschrieben hat (vgl. Bloch 1985, 740ff.), ein Buch, das Bayer im Index zum *kopf des vitus bering* namentlich anführt. Alchemie in dieser Form ist zunächst eine

Unzufriedenheit mit der bestehenden Welt, die alten Zusammenhänge werden gelöst und zu einem neuen Ganzen zusammengebaut. Das utopistische Potential solchen Tuns ist nicht hoch genug einzuschätzen. Bloch spricht davon, daß der Begriff der Aufklärung ursprünglich selbst ein alchemistischer Begriff war. Anders als die Astrologie, die den Menschen einem determinierten Schicksal unterwirft, ist der alchemistische Prozeß eine unbändige Suche nach dem, was in den Dingen und in den Menschen steckt.

Anders als in seinen früheren Texten greift Bayer in der Verfolgung dieses Programms im *sechsten sinn* nur mehr sporadisch auf das angestammte Begriffsinventar der Alchemie zurück. An einer Stelle des Buches (vgl. SW, Bd. 2, 247) schleppt dobyhal einen Ofen an, der ganz aus Holz besteht und im Endeffekt nichts anderes verbrennt als sich selbst. Die Alchemie hat zu den Bedingungen des 20. Jahrhunderts gefunden. Ohne vollen Körpereinsatz läuft nichts mehr, die Resultate sind dennoch ungewiß. Die Alchemie Bayers weiß von sich selbst, wie leicht sie zu einer Groteske werden kann, spielt dieses Wissen aber geradezu als eine Trumpfkarte aus. Auch die mythische Vereinigung mit der Welt funktioniert im *sechsten sinn* nicht mehr so reibungslos wie in den früheren Texten. Interessant ist in diesem Zusammenhang eine Umstellung der textlichen Reihenfolge, die Bayer gegen Ende seiner Arbeit am *sechsten sinn* unternommen hat.

In der hundertseitigen Frühfassung war die *chymische hochzeit* – jene Stelle, auf die Ernst Bloch in Saulgau so positiv reagiert hatte und die dort eben auch als letzte gelesen wurde – noch mit der hohen Zahl 92 paginiert, in der Letztfassung rutscht das Textstück dann auf Seite 18a vor. Die assoziative Voraussetzung des Abschnittes liegt in der Bering-Anekdote, von der oben die Rede war. Auch goldenberg gräbt ein Loch in den Sand und feiert darin seine Vereinigung mit der Erde. Anders als im *kopf des vitus bering* erscheint die Geschichte nun aber aus einer gewissen Distanz. Das Ganze soll sich ereignet haben, als goldenberg gerade erst 18 Jahre alt war, zudem läuft das Textstück in der von Ernst Bloch beschriebenen Form in einer banalen Handlung aus, die alles bisher Gesagte konterkariert: „goldenberg […] drängte die erdatmosphäre auseinander, stellte sich auf, nahm platz, sozusagen.“ (SW, Bd. 2, 227)

Indem er die *chymische hochzeit* weiter nach vorne stellte, hat sich Bayer im Text einen Freiraum geschaffen, um das Verschwinden goldenbergs, das sich am

Konrad Bayer: Seite aus dem Originaltyposkript zum *sechsten sinn*,
zur Verfügung gestellt von Traudl Bayer und Gerhard Rühm

franz goldenberg löste sich in nichts auf. der mystische akt war vollzogen. er war weg, er war nirgends, einfach nicht da. franz goldenberg war verschwunden unter hinterlassung, zurücklassung seines körpers.

oder:
franz goldenberg war verschwunden. ~~xxix~~ seinen körper liess er ~~als souvenier~~, zwar ein bisschen steif, ~~die gesichtszüge ein wenig verzerrt~~ aber sonst ganz in ordnung als andenken (als souvenir zurück) mit verrutschter nase
sonst ganz ordentlich

am sofa liegen

seinen körper liess er mit verrutschter nase am sofa liegen.

plötzlich war goldenberg verschwunden. mitten im gespräch, mitten im satz hatte er sich in nichts aufgelöst, war vor den augen dobyhals verschwunden. er war weg, er war nirgends, einfach nicht da.
verhöhnt brach dobyhal in tränen aus.
~~ihm zum spott hatte~~ goldenberg hatte seinen körper mit verrutschter nase am sofa liegen gelassen. zornig trat dobyhal ~~in~~ diesen popanz, da schien der ~~hampelmannxxxg~~ hampelmann mit seinen milchigen augen zu grinsen.
als er die puppe schüttelte, begriff ~~xxxxxxxxxxxxxxxxxxxxx~~ dobyhal langsam sehr langsam, dass man mit ihm schindluder getrieben, und im gefühl seiner ohnmacht warf er die puppe auf ~~xxsofa~~ das sofa ....
"(verdammter) betrüger, verdammter betrüger," schluchzte dobyhal.

den vorfall

? daß man ihn getäuscht hatte ?

~~ordneten sich seine gedanken zu überlegungen und sprachen eine ~~erkenntnis aus~~ feststellung ins bewusstsein des dobyhal. dobyhal kam sich gefoppt vor~~

Ende des *sechsten sinn* ereignet, anders als in einer mythischen Vereinigung mit der Erde zu motivieren. Aus den Werkmaterialien ist ersichtlich, daß sich der Autor in der Endphase seiner Schreibarbeit gerade darüber Gedanken gemacht hat. Auf dem vorletzten Blatt des Originaltyposkripts findet sich die handschriftliche Notiz: „das plötzliche des todes mit dem plötzlichen der erkenntnis vergleichen." Beim Verschwinden goldenbergs kommt es auf das Überraschungsmoment an: „goldenberg stirbt irgendwann (man hört davon). eine abfolge von ‚anekdoten' folgt, in denen auf goldenberg kein bezug genommen wird. zuletzt findet dobyhal die lösung. goldenberg wird nicht erwähnt." (Werkmaterialien zum *sechsten sinn,* unpag. Blatt)

Von Robert Musil, der den *Mann ohne Eigenschaften* deshalb zu keinem Ende brachte, weil er in einem erzählten Ende die offenen Möglichkeiten und damit die Substanz seines Romans bedroht sah, stammt der Satz, daß es ihm am liebsten wäre, am Ende einer Seite mitten in einem Satz mit einem Komma aufzuhören. Konrad Bayer gestaltet den Abgang seiner Hauptfigur exakt nach diesem Muster: „plötzlich war goldenberg verschwunden. mitten im gespräch, mitten im satz hatte er sich in nichts aufgelöst, war vor den augen dobyhals verschwunden. er war weg, er war nirgends, einfach nicht da." (SW, Bd. 2, 293) (Vgl. Abb. vorige Seite)

Zwei Seiten später beendet dobyhal den *sechsten sinn* mit dem Satz: „machen sie das buch zu!" Nicht der sechste Sinn, sondern nur das Buch vom *sechsten Sinn* ist damit an ein Ende gebracht. Die Möglichkeiten einer denkerischen Umgestaltung der Welt bestehen weiter. Eine handschriftliche Randbemerkung aus den Werkmaterialien bringt es auf den Punkt. Auf die Frage „was machen sie denn?" folgt die prompte Antwort: „die welt umdenken". (Werkmaterialien zum *sechsten sinn,* unpag. Blatt)

Um Konrad Bayer und den *sechsten sinn* zu erklären, wird oft Ludwig Wittgenstein bemüht. Vielleicht ist es aber auch irreführend, sich das Ende des Buches wie eine Leiter vorzustellen, die man nach Gebrauch wegwirft. Goldenberg, so scheint mir, wird am Ende mitsamt seiner alchemistischen Nährlösung weggeschüttet, das Gefäß steht aber für neue Versuche bereit. Von Paracelsus, den Bayer auf seiner *vaterländischen liste* (Faksimile in *Profile 4,* 20) an erster Stelle nennt und den er damit vor den modernen Sprachphilosophen reiht, stammt der Gedanke, daß, wer ein Feuer denkt, auch ein solches Feuer zu werden in der Lage ist. Vorstellungen wie diese erscheinen uns heute vielleicht etwas abgeschmackt, aus Büchern wie dem *sechsten sinn* wären sie neu zu verstehen.

In ein kulinarisches Gleichnis hat der einzigartige Andreas Okopenko die Sache gepackt, indem er den *sechsten sinn* einst als ein „Wiener-Gruppen-Ragout mit

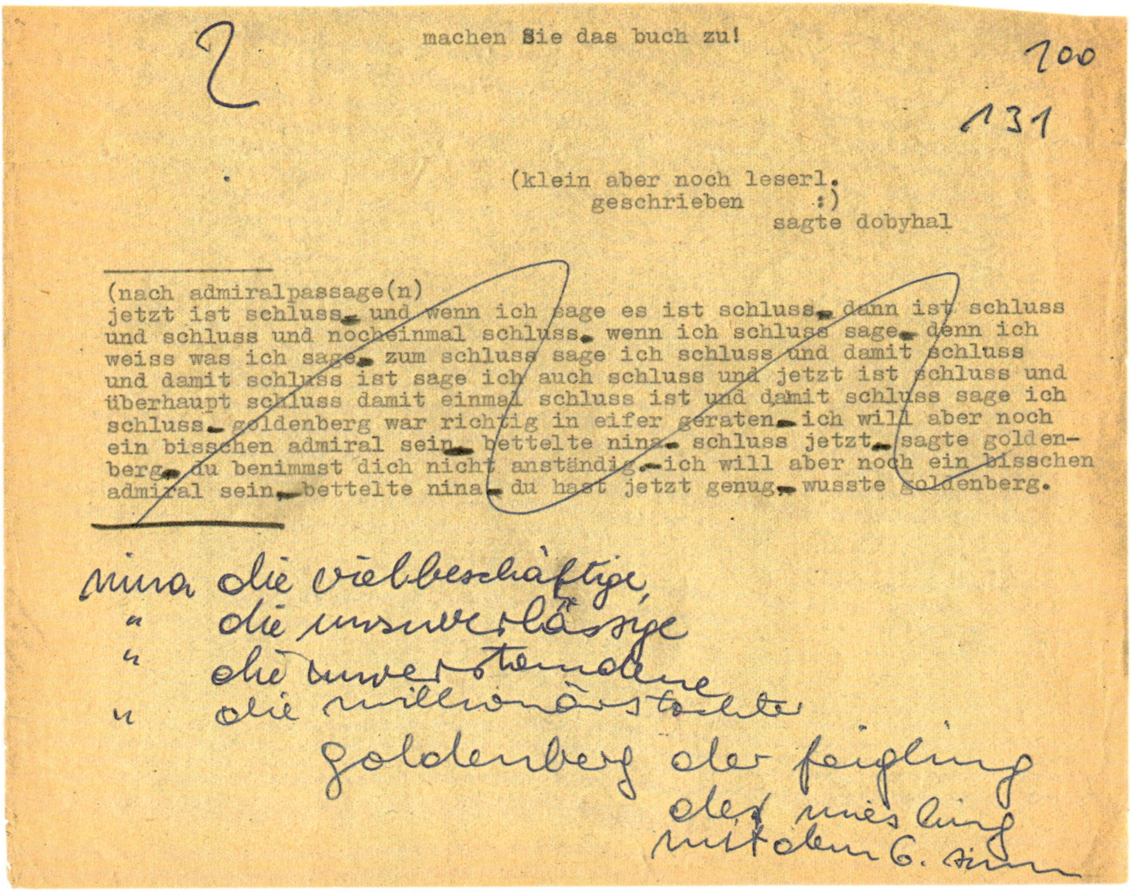
2

100

131

machen Sie das buch zu!

(klein aber noch leserl.
geschrieben :)
sagte dobyhal

(nach admiralpassage(n)
jetzt ist schluss. und wenn ich sage es ist schluss. dann ist schluss und schluss und nocheinmal schluss. wenn ich schluss sage. denn ich weiss was ich sage. zum schluss sage ich schluss und damit schluss und damit schluss ist sage ich auch schluss und jetzt ist schluss und überhaupt schluss damit einmal schluss ist und damit schluss sage ich schluss. goldenberg war richtig in eifer geraten. ich will aber noch ein bisschen admiral sein. bettelte nina. schluss jetzt. sagte goldenberg. du benimmst dich nicht anständig. ich will aber noch ein bisschen admiral sein. bettelte nina. du hast jetzt genug. wusste goldenberg.

nina die vielbeschäftigte
" die unzuverlässige
" die unverstandene
" die millionärstochter
goldenberg der feigling
der miesling
mit dem 6. sinn

Konrad Bayer: Seite aus dem Originaltyposkript zum *sechsten sinn*,
zur Verfügung gestellt von Traudl Bayer und Gerhard Rühm

Beilagen" (Okopenko 1969, 375) bezeichnete. Mittlerweile haben die Nockerl dem Gulasch den Rang abgelaufen. Nicht, weil er ein Geschnetzeltes der Wiener Avantgarde ist, fasziniert *der sechste sinn,* sondern weil er noch für die bescheidenste Eierspeis' ein ganzes Weltei verbrät:

> „la la la", sang goldenberg. „bla bla bla", antwortete braunschweiger. hierauf waren beide, braunschweiger und goldenberg, minutenlang glücklich. (SW, Bd. 2, 258)

Verwendete Literatur

SW = Konrad Bayer: Sämtliche Werke in 2 Bänden. Hg. von Gerhard Rühm. Wien: ÖBV-Klett Cotta 1988.

Bayer 2002 = Konrad Bayer: der sechste sinn, Originaltonaufnahmen 1962–1964. Es liest der Autor, 2 CDs. Köln: supposé 2002.

Bloch 1981 = Ernst Bloch: Kritik nach einer Lesung Konrad Bayers (1963). In: Hg. von Gerhard Rühm: Konrad Bayer. Symposium Wien 1979. Linz: edition neue texte 1981, S. 86–88.

Bloch 1985 = Ernst Bloch: Das Prinzip Hoffnung. Frankfurt am Main: Suhrkamp 1985.

Janetzki 1982 = Ulrich Janetzki: Alphabet und Welt. Über Konrad Bayer. Königstein: Hain 1982.

Janetzki 1985 = Ulrich Janetzki: Griechenbeisl. 15. Jänner 1965, 21.00 Uhr. In: Wespennest Nr. 61, 1985, S. 39f.

Lampersberg 1983 = gerhard lampersberg: begegnungen mit konrad bayer. In: protokolle 83/1, S. 6–9.

Lütze 1994 = Anette Lütze: Konrad Bayer. Vita. Diplomarbeit Universität Wien 1994.

Okopenko 1969 = Andreas Okopenko: Logbuch ruhmvollen Schiffbruchs. In: Wort und Wahrheit 1969/4, S. 375.

Radax 2003 = Ferry Radax: Über die Entstehung des Experimentalfilms „Sonne halt!“. Auf: www.ferryradax.at (Stand 17.1.2003).

Rühm 1985 = Gerhard Rühm: Vorwort. In: Die Wiener Gruppe. Texte, Gemeinschaftsarbeiten, Aktionen. Hg. von Gerhard Rühm. Reinbek bei Hamburg: Rowohlt, erweiterte Neuausgabe 1985.

Wiener 1968 = Oswald Wiener: ledig hat den sechsten sinn. In: Heinrich Maria Ledig-Rowohlt zuliebe. Festschrift zu seinem 60. Geburtstag am 12. März 1968. Hg. von Siegfried Unseld. Reinbek bei Hamburg: Rowohlt 1968, S. 122–125.

Wiener 1983 = Ingrid Wiener: Tagebuchauszug (mit vorangestelltem unveröffentlichtem Brief Bayers). In: protokolle 83/1, S. 22–25.

„Offene Adern". Von der Unabschließbarkeit des Schreibens in Friederike Mayröckers *Lection*

Von Gisela Steinlechner

Pantomimisches Vorspiel

Er „habe kein literarisches Interesse, sondern bestehe aus Literatur", ließ Franz Kafka im August 1913 seine zukünftige Verlobte Felice Bauer wissen, nachdem diese in vorwitziger Weise eine Schriftprobe Kafkas von einem Graphologen hatte begutachten lassen, wobei eben jenes Attest eines „künstlerischen Interesses" herauskam. Demselben Brief fügte Kafka auch eine Rezension seines Prosa-Bandes *Betrachtung* bei, die er „für nicht weiter bemerkenswert" hielt, bis auf eine Stelle, wo von „Kafkas Junggesellenkunst" die Rede ist: „Was sagst Du dazu, Felice?", fragt der Briefschreiber etwas zu arglos. (Brief vom 14. August 1913, Kafka 1976, 444)

Das Ausschließliche und Verzehrende, das Ehe- und Lebensabweisende seines Schreibens ist ein Thema, das den Briefwechsel zwischen Kafka und Felice Bauer von Anfang an begleitete und modulierte. Und Kafka sollte noch viel deutlichere Worte finden für die Unvereinbarkeit zwischen dem Schreiben (seiner „einzige[n] innere[n] Daseinsmöglichkeit", ebd. 367) und einem erfüllten Leben unter Menschen:

> Mein Verhältnis zum Schreiben und mein Verhältnis zu den Menschen ist unwandelbar und in meinem Wesen, nicht in den zeitweiligen Verhältnissen begründet. Ich brauche zu meinem Schreiben Abgeschiedenheit, nicht „wie ein Einsiedler", das wäre nicht genug, sondern wie ein Toter. Schreiben in diesem Sinne ist ein tieferer Schlaf, also Tod, und so wie man einen Toten nicht aus seinem Grabe ziehen wird und kann, so auch mich nicht von meinem Schreibtisch in der Nacht. (Brief vom 26. Juni 1913, ebd. 410)

Ja, es ging wohl darum, sich die Geliebte vom Leibe zu halten (geradezu pantomimisch führt ihr Kafka seine heilige Abgeschiedenheit beim Schreiben vor Augen), doch spielt und spiegelt das Bild vom Schreibgrab auch in Kafkas literarische Werke hinein, wenngleich dessen Helden und Ich-Figuren nirgends als Schreibende in Erscheinung treten. Noch sein letzter, elf Jahre nach dem zitierten Brief entstandener Text, *Der Bau,* kann als die großartige, unheimliche Anlage eines solchen Schreibgrabes gelesen werden. Dessen Baumeister, das Ich-Erzähler-Tier, vermag sein Lebenswerk jedoch nicht zu vollenden – den Bau vollkommen gegen innere und äußere Feinde abzudichten – so wie auch Kafka seinen Text nicht zum Abschluß bringen konnte oder wollte. Und auch keinen seiner Romane. Statt eines Endes gibt es Auflösungserscheinungen und lose Fragmente, statt letzter Worte zischende Geräusche.

Wer sein Schreiben so unbedingt und rückhaltlos seinem Lebenszweck, ja Lebensatem gleichsetzt („Schrieb ich aber nicht, dann lag ich auch schon auf dem Boden, wert hinausgekehrt zu werden", ebd. 65), der muß den nach jedem Enden des Schreibens drohenden Kehraus bereits als eine Fügung des Textes vorwegnehmen (wie in der *Verwandlung* oder im *Hungerkünstler*) oder es gibt eben kein Ende.

Keine Häkelarbeit

Auch Friederike Mayröcker hat in ihren seit den 80er Jahren entstandenen großen Prosaarbeiten immer wieder das herzzerreißende Schaubild einer unmäßigen / unmöglichen Liaison zwischen Leben und Schreiben aufgeführt. Während jedoch Kafka die Figur des Schreibenden in seinem literarischen Werk vollkommen ausspart, rückt sie bei Mayröcker ins Zentrum des Sprachgeschehens. In dem 1994 erschienenen Prosaband *Lection* faßt die Ich-Erzählerin ihr Leben „in der Mitte des Sprechens und Schreibens" ebenfalls in das Bild eines Grabes: „Einsiedlerisch in den Gesellschaftshütten indes bin ich geworden, und bin wie der Sand der zusammenläuft in sich selber, rieselt und fließt daß eine Grube wird tiefes Grab (so in der Mitte des Sprechens und Schreibens)." (L 109)

Im Zentrum des „obszönen Glücks" (ebd.) einer ganz und gar der Sprache und dem Schreiben hingegebenen Existenz tut sich die Grube auf, nicht als Endpunkt, sondern als Sog inmitten einer rauschenden, fließenden Bewegung. Ich wüßte kein Bild des Todes, das weiter entfernt ist von der Vorstellung der Erstarrung, und es ist für Mayröckers poetisches Schaffen überaus charakteristisch, daß die leitmotivische Engführung von Leben und Schreiben, von Körper und Sprache nur unter der Voraussetzung der Beweglichkeit aller Parameter vorgestellt werden kann. Das Kursorische der Sprache erweist sich als die Bedingung jener imaginierten Fülle, als deren leerer, fließender Mittelpunkt das Ich zur Erscheinung kommt.

Wie in Kafkas *Bau* rieselt es hier ununterbrochen – wir befinden uns gewissermaßen im Inneren des Schreibens und das Buch *Lection* ist so etwas wie eine Führung durch jenen langwierigen, ausschweifenden und destillierenden Prozeß, dem es sich verdankt. Was die Anzahl und Variation seiner Motive betrifft, so läßt sich dieser Schreibprozeß kaum eingrenzen, alles, was in der Sprache vorkommt, kann potentiell auch Eingang in den Text finden. Doch gibt es eine Reihe von ritualisierten, z.T. reflexhaft eingesetzten Verfahren, welche die Auswahl wesentlich modulieren und vorantreiben. Vor allem werden sprachliche Nachbarschafts- und Verwandtschaftsverhältnisse ausgekostet und ausgereizt: phonetische und semantische Assoziationen, Analogiebildungen, Synonym-Paare, Buchstabenvertauschungen etc. Mit Vorliebe werden auch Techniken des Ausgleitens und Abschweifens kultiviert: der „Lapsus", aus dem umgehend ein „Lappen" wird, so wie die „Schreibhygiene" das verzerrte Gelächter der „Schreibhyäne" nach sich zieht oder die „Zitierwut" stets zusammen mit der „Zitterwut" auftritt. „Legasthenie", so formuliert es Samuel Moser, „ist bei Friederike Mayröcker eine heilige Schwäche. Denn im Versprechen liegt ein Versprechen. Sekundenschnell zeigen die Dinge ihre Zusammengehörigkeit, beginnen zu sprechen, ‚wetterleuchtend' (St 176), bevor sie wieder im Dunkel versinken." (Moser 1996, 137)

Entfernt erinnert ein solcher Umgang mit der Sprache an die Technik des Anagramm-Schreibens, wo es um das permutative Ausloten und Auskosten eines sprachlichen und sinnhaften Potentials geht, das in einer gegebenen Buchstabenmenge (einem Satz, einem Namen, einem Gedicht) enthalten ist. „Was sich sonst häufig so schlecht ‚beweisen' läßt, daß nämlich die sprachliche Sinn- und Bedeutungskonstituierung wesentlich prozeßhaft ist, ist beim Anagramm im Verfahren selbst impliziert." (Kühn 1994, 30) Mayröckers Buchstaben-Universum ist jedoch keines der abgezählten Lettern, es rekurriert zwar immer auf das in der Sprache Mögliche und also immer schon Gegebene, doch gibt es keinen heiligen oder geheimnisvollen Text / Sinn, auf den alle diese Sprach-Bewegungen zulaufen würden. Wenn die Sprache eine Offenbarung bereithält, dann die der unablässigen Bewegung und Verwandlung: *„etwas narrte die Straße hoch"*. (L 213)

Das überschießende Sprach-Füllhorn ist freilich eine Figur, die der Text erst herstellt und die mit seinen anderen Figuren und Verfahren in einem wechselseitigen Austausch- und Kommentierungsverhältnis steht. Der Sprachüberschuß stellt sich in *Lection* auch dar als ein Effekt verschiedener im Text auseinandergelegter Lebenspraktiken, Bewußtseinsvorgänge und Identitätskonstellationen; er leitet sich von den Erinnerungen, Wahrnehmungen und Träumen der Ich-Figur

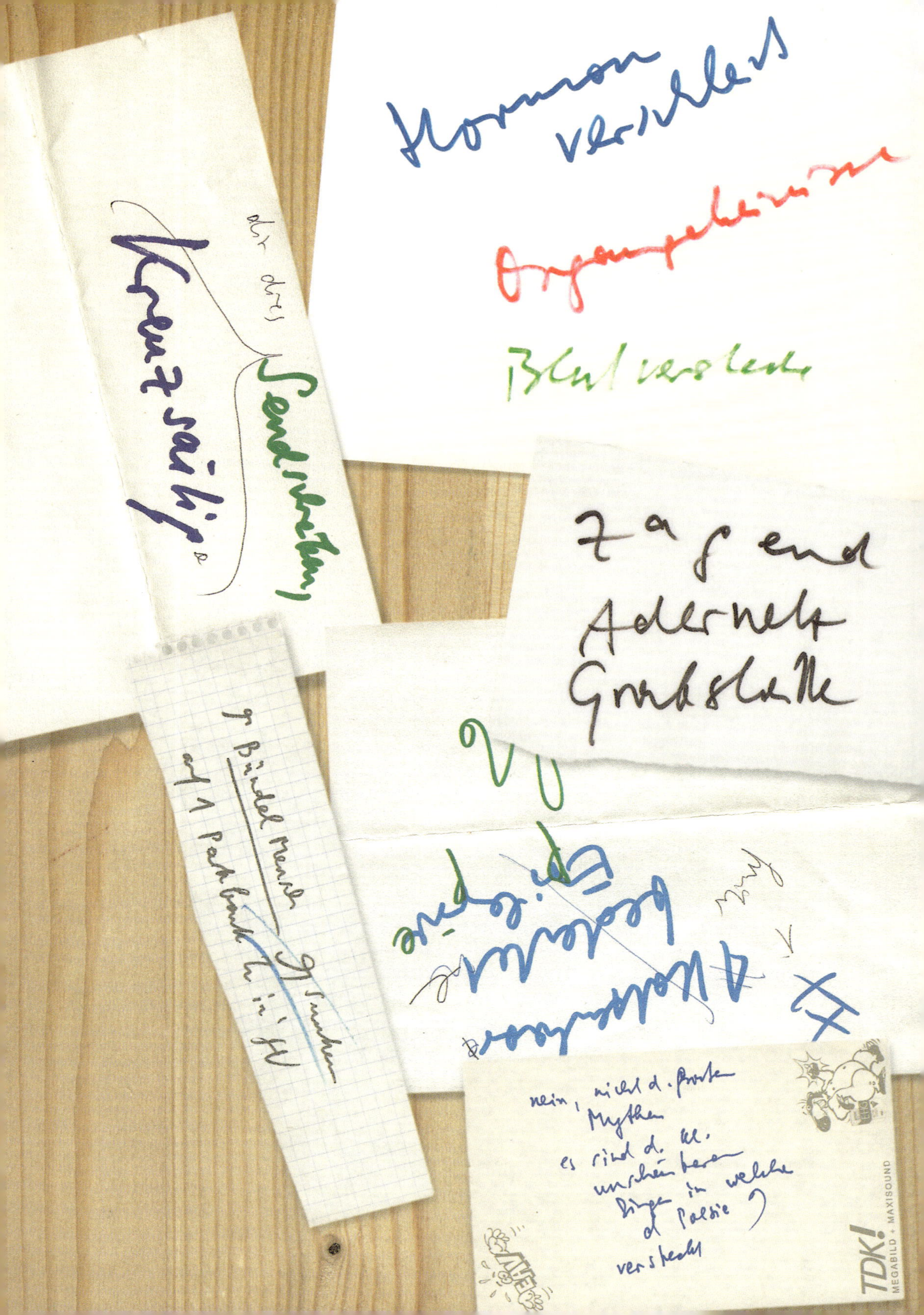

nein, nicht d. großen Mythen
es sind d. kl. unscheinbaren Dinge in welchen d. Poesie versteckt
TDK!
MEGABILD + MAXISOUND

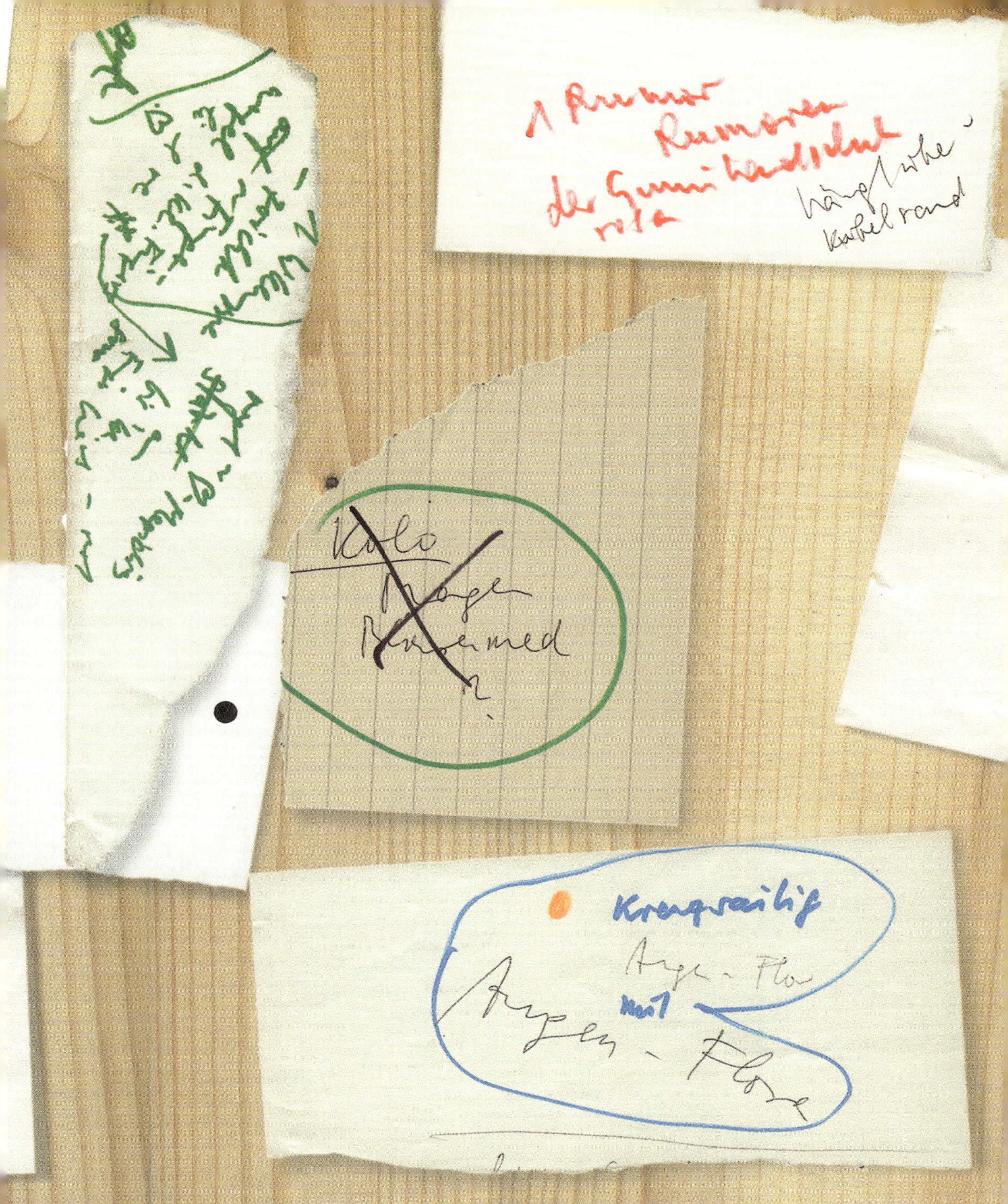

Friederike Mayröcker: Notizzettel zu *Lection,* Wiener Stadt- und Landesbibliothek, Handschriftensammlung

her, ebenso wie von den Echos miteinander verschleifender Lektüren und Gespräche.

Klaus Kastberger hat in seiner Untersuchung zu *Reise durch die Nacht* darauf hingewiesen, daß Mayröckers Schreiben sich zwar immer wieder sprachlichen Eigengesetzlichkeiten unterwirft (daß die Schreiberin der Sprache gewissermaßen den Vorrang läßt), ohne jedoch das Heft aus der Hand zu geben. Die für ihre Prosa so charakteristischen sprachlichen Selbstläufer und assoziativen Ausfransungen sind stets eingebunden in die formal-ästhetische Komposition und semantische Aussagestruktur der Texte und haben ihre sinnstiftende bzw. strategische Funktion in Bezug auf das Werkganze zu erweisen. „Die sprachimmanent aufscheinenden Möglichkeiten messen sich an der Ausdrucksebene des im Entstehen befindlichen Werkes; [...] Vorstellungen über Verständlichkeit und Sinn begleiten als notwendiges Korrelat die Beschäftigung mit der Vielzahl der sprachlichen Möglichkeiten." (Kastberger 2000, 40f.)

Der nachhaltige Eindruck der Mayröckerschen Prosa resultiert nicht zuletzt daraus, daß sich hier ein Subjekt vollkommen durchlässig macht für alle Qualitäten und Eventualitäten der Sprache, ohne jedoch in eine autistische Zungenrede zu verfallen. Die obsessiven und ausschweifenden Erkundungen im Medium der Sprache führen wohl manchmal zu hermetischen Clusterbildungen und zu einem verwirrenden Neben- und Gegeneinander von Bedeutungssträngen, doch entsteht daraus kein abgedichtetes, sondern ein vielsaitig tönendes Konstrukt. Von einer „Musik der offenen Adern" ist in *Lection* mehrfach die Rede, als Hinweis darauf, daß Sprache nur zum Klingen und Anklingen gebracht werden kann, indem sie „die wirkliche Körperwelt und die wirkliche Geisteswelt" (MH 328) durchquert. „Es ist wie bei einer Operation", sagt Mayröcker über das Schreiben, „da habe ich schon oft das Gefühl gehabt, das reißt mich auf, es zerreißt mich auch, oder so, das ist aber gut, ohne das geht's nicht. Es ist ja keine Häkelarbeit." (Sperl 1999, 16)

Das Bild von der „Musik der offenen Adern" impliziert zum anderen auch ein Bloßlegen des Körpers des Textes, seiner generativen und assoziativen Verzweigungen, seiner prozeßhaften, vielstimmigen Verfaßtheit. Die Prosa Mayröckers kommt uns mit einer Fülle kommunikativer Signale und Gesten entgegen, es wird in ihr ständig gesprochen, gerufen und geflüstert, appelliert und fabuliert. Das, was die Autorin für sich als „poetische Haltung" formuliert, nämlich eine „ungeteilte Aufmerksamkeit" allen Dingen, Menschen, Erscheinungen gegenüber (Sperl 1999, 21), mündet in ihrer literarischen Produktion in eine poetische Mit-Teilsamkeit, welche den Möglichkeiten ebenso wie den Unwägbarkeiten, den Irrläufen und Leerläufen der Sprache abgewonnen wird: „also das Stelldichein mit der Welt usw. fesselt mich ja, aber dann schüttele ich im folgenden Augenblick alles ab, werfe alles über den Haufen, nichts mehr wichtig, nur dies: *die Idiome übers Ziel schießen zu lassen,* was weiß ich, verteufelte Ausschweifung meines Hirns, Herniederdolchen des Morgenlichts, also das HERUMTEUFELN IM RAMPONIERTSEIN". (L 77)

Von den Spuren, die dieser Vorgang im schreibenden Subjekt hinterläßt, wird in *Lection* und auch schon in den vorangegangenen Büchern ausführlich berichtet. Dabei werden oft Bilder der Auflösung und Zerreißung gebraucht, aber auch der ekstatischen Überschwemmung oder der Separierung. Im Prozeß des Schreibens läßt das Ich Federn, es schält und zersplittert sich, vertilgt sich selbst und steht in grandiosen „VEITSTANZMOMENTE[N]" (L 36) wieder auf. Die Ähnlichkeit zu Berichten über schamanistische Initiations-Erfahrungen ist nicht zu übersehen. In *Stilleben* wird von „anmutige[r] Schindung, Häutung, Entleibung!" (St 198) gesprochen, in *Lection* fragt sich die Ich-Figur: „ist es eine Entfleischung [...] Selbstauflösung vielleicht, eine Geisteszerreißprobe, oder was, eine Zeit der Wirklichkeitsferne, ein treibender Schreibtisch mitten im Ozean meines Zimmers". (L 100) Aus der Welt gefallen und den Tod gekostet und wieder in Sprache verwandelt: „da ist eben viel DESTILLATION GRAUSAMKEIT SEPARIERUNG in mir eine erbärmliche Magerkeit, Herzensmagerkeit *Herzensgeiz,* oder was, der sich auf die allerletzte Bastion zurückziehen will, allem entsagen will, dumpf und spuckend, erstickend [...] dies *Mausetotsein:* dieses sich Totstellen: bin nicht da [...] habe eine Tarnkappe angelegt". (L 105)

Gnaden- und Kleiderbündel

Der Widerstreit zwischen Schreiben und Leben, das Hin- und Hergerissensein zwischen dem Ausschließlichen und dem Ausschließenden der Sprache, wird auf allen Ebenen des Textes ausgetragen. Dem poetischen Überschuß korrespondieren auf der Inhaltsebene asketische Schreibfiguren, mönchische, oft auch ‚verlotterte', aus dem Gesellschaftsleben abgetauchte Existenzen: „maulwurfartig gibt es mich noch". (L 111) Auf der kompositorischen Ebene stehen dem assoziativen Wuchern und permanenten Auseinanderdriften des „sprachlichen perpetuum mobile" (L 147) ritualisierende, verschränkende, verdichtende und überblendende Verfahren gegenüber, insbesondere die Wiederholung und Variation einzelner Wörter, Wortfelder, Motivgruppen und ganzer Textpassagen. Doch ist die Funktion der Wiederholung in Mayröckers Sprachlabor eine vielfältige: Sie dient nicht nur der Etablierung einer wiedererkennbaren semantischen und ästhetischen Echo-Struktur im Text, sondern sie treibt zugleich deren Entblößung – auch im Sinne einer poetologischen „Läuterung" – voran. Das Wiederholte erscheint in zunehmender „Nacktheit", herausgeschält aus allen vordergründigen sprachlichen Vereinbarungen, so als wollten die im Text wiederholten Wortfügungen und Szenen „ihre Ausfaltung, Häutung, [...] *den Prozeß der Läuterung schamlos vor aller Welt vollziehen,* also ein Wickelprozeß, Auswickelungsprozeß vor aller Augen". (MH 28) Darüber hinaus eignet der Wiederholung etwas Lustvolles und Obsessives, läßt sie doch sinnliche und spielerisch-assoziative Sprachqualitäten vermehrt hervortreten, was Mayröcker im Bild des Wiederkäuens faßt: Es gäbe „Material genug in den Schachteln, Köfferchen, Pappkartons, aber ich schmecke gern diese gekaute Masse von Formulierungen". (L 101)

Das „Gnadenbündel" ist so ein wiedergekäuter poetischer Terminus in *Lection*; in dessen kryptischer Wortgestalt mag sich die Vorstellung einer schock- oder stoßhaften Eingebung ausdrücken oder eines transportablen Inspirations-Vorrats, auch mit der „freie[n] Assoziation der Psychoanalyse" (L 149) wird das „Gnadenbündel" in Verbindung gebracht. Das neu gewonnene Vokabel wird ferner durch verschiedene Analogiebildungen und inhaltliche Bezüglichkeiten in ein semiotisches Beziehungsfeld eingebettet. So ist im Text wiederholt auch von „GNADENPUNKTEN" (L 139, 158 u. a.) oder von „gebündelten" Bergen bzw. den „gebündelten Ruten der kleinen silbernen Gabeln in meiner Hand" die Rede. (L 220)

Dem „Gnadenbündel" weitschichtig verwandt ist auch die häufig wiederkehrende Formulierung „halbes Büschel Abendrot". Durch die Wiederholungen und intertextuellen Referenzen werden solche poetischen Findlinge gleichsam institutionalisiert, freilich in ihrer definitiven Vieldeutigkeit, was sie wiederum zu einem magischen Requisit auf der Bühne des Textes werden läßt. Das „halbe Büschel Abendrot" kann dort je nach Kontext in verschiedener semantischer Ausleuchtung erscheinen, und es hält darüber hinaus eine spezifische Qualität des Schreibvorgangs in Evidenz – eben jenes Bündelnde und Gestaltgebende, das aus der unendlichen Drift der „sprachimmanent aufscheinenden Möglichkeiten" das Konkrete des Textes herauszubilden vermag.

Wesentlich ist, daß beides auf der poetischen Bühne zur Darstellung kommt: die sprachliche Anarchie ebenso wie die „strengste KONFABULATION" (L 224), „*das Furioso neben der Berechnung*". (L 227) Dabei handelt es sich nicht um eine abstrakte Selbst-Reflexion des Schreibvorgangs, sondern wesentlich um eine metaphorische, szenische und dialogische: Die das Schreiben betreffenden Erfahrun-

Friederike Mayröcker: Aufstellung von Einzeltexten zur Einarbeitung in *Lection*,
Wiener Stadt- und Landesbibliothek

<u>eingebracht:</u>

1) Versandbett / Mohnblume
Text

als Fußnote: Boxberger [illegible]

2) Phobie' Wände

3) Fabelerzählung („ – ")

4) Nimbus' Kappe (DDR) ~ [illegible]
~ [illegible]

5) Entfachung (Zweck)

6) Traumkomplex (?)

7) Patin d. Wahnsinns

~~8) Entfachung~~

8) Jerusalemtinte

gen, Beobachtungen, Reflexionen und Erkenntnisse finden sich durchgehend in die eigentümliche Bilderwelt und ‚Personnage' des Textes eingearbeitet, sie sind konstitutiver Teil des Plots.

Die Schreibende zeigt sich „ihren Lesern in ihrem Zimmer alleine mit ihrer Sprache", so beschreibt Klaus Kastberger ein in den Prosa-Büchern Mayröckers häufig anzutreffendes Arrangement, das durchaus auch voyeuristische Qualitäten hat. (Kastberger 1999, 45) In *Lection* wird das Schreibzimmer als ein quasi-mythischer Ort vorgestellt, in dem das „GEHIRNWUNDER DIESES SCHREIBENKÖNNEN[S]" (L 45) jeweils von neuem erprobt wird. Die Requisiten in dieser Schreibstube tragen verheißungsvolle, manchmal auch verhängnisvolle Züge, zugleich handelt es sich unverkennbar um Alltagsgegenstände einer wirklichen Behausung mit irdischer Bewohnerin:

> sitze vor meinem ALPENFENSTER, sitze an meinem HONIGTISCH, das tritt auf der Stelle, Randomeffekt, wenn sich der Kot ich meine DARGEBRACHT hat, der Kniefall vor der Maschine am Morgen, alles schon dagewesen [...] ich glaube ich habe mich aus der DACHOTTOMANE gestürzt heute nacht, das Bettuch wies Gebirgsfalten auf, es hatte mich am Morgen VERKNIFFEN angeblickt, ich habe vor lauter Schreibutensilien keinen Platz mehr gefunden auf meinem LOTTERBETT. (L 129)

Der „HONIGTISCH" verspricht göttliche Nahrung, das „ALPENFENSTER" verheißt einen panoramatischen Ausguck aus der Klause, („klingt das zu abgöttisch?", wird an anderer Stelle gefragt, L 153), im „LOTTERBETT" schließlich verbindet sich das Schaubild einer produktiven Verwahrlosung mit der Andeutung/Anmutung des Lasterhaften. Das Laster, dem hier ohne Rücksicht auf Leib und Leben gefrönt wird, ist der exzessive poetische Umgang mit der Sprache. Das Schreibzimmer ist hierfür der geheiligte, freilich auch prekäre Rückzugsort („bewohne den letzten Honigzipfel", L 147) – ein von vielerlei Bedrängnissen, Lockungen und Herausforderungen heimgesuchter Schauplatz des „geschufteten Lebens": „aber ich kann nicht anders, fühle mich gedrängt, mein Rückenbündel geschnürt, die Tintenhaube übergestülpt, *das geschuftete Leben*". (L 184)

Das „Rückenbündel" und die „Tintenhaube" gehören zu einem Repertoire von Gerätschaften und Kleidungsstücken, die im Text ebenfalls immer wieder aufgerufen werden, meistens, wenn im engeren Sinne von der Schreibarbeit bzw. -befindlichkeit die Rede ist. Zu dieser „Schreib-Montur" gehört auch das Pinseljäckchen, die Windbeutelchen, der Wüstenschal, das Florhäubchen, das buntgeschliffene Pyjamakleid, der Wäschepelz, die vier Hemden übereinander, der Morgenmantel, die orientalische Schleppe und anderes mehr. Oft wird auch ein separierter Ärmel („Stubenärmel") genannt, der tollpatschig in dampfende Frühstücksschüsseln und Kaffeeschalen taucht, oder in die offene Gasflamme, wo er zur „Brandfackel gerüscht" wird. Dem Ärmel widerfährt stellvertretend für das Subjekt der kleine „KUCKUCKSSCHOCK", ein kurzer Moment des Nicht-bei-sich-Seins, einer dissoziativen Selbsterfahrung, die im Text als komödiantische Slapstick-Einlage immer wieder von neuem zur Aufführung kommt (erinnert wird).

Neben der „Inklination zum triefenden Schreiben" herrscht in *Lection* auch eine deutliche Neigung zu einem kostümierenden Schreiben. Die Spott-, Zerr- und Sehnsuchtsbilder des Selbst kommen in veritablen Schutzanzügen (oft mehrere Schichten übereinander) daher:

> von irgendwoher das Alarmzeichen daß ich erwache, aufschrecke, aus dem Bett springe, zum Fenster stürze, zitternd, weinend, den verbrühten Ärmel oder *die Grazien des Ärmels*, ein Sehnsuchtsbild, sage ich, ich ging mit der Tennishaube, dem Sand- oder Samtkäppchen, endlich und immer öfter, ich streife mehrere Socken übereinander, ich ziehe mehrere Mäntel übereinander, je einen Rucksack auf Rücken und Brust geschnallt, ein Spott-, ein Zerrbild meiner selbst, VERLEGENHEITSBILD, Kapuzenjacke, verschlissenes Nähmaschinenleibchen („Ruderleibchen") übergezogen. (L 213)

„Eine gewagte Kleidung ist das, was ich schreibe" (St 75), heißt es auch schon in *Stilleben.* Die ausgesuchten Requisiten aus der Kleiderkammer fungieren im Text als leihweise Identitätsmodule und -monturen. Mit „Rucksack", „Tintenhäubchen" und „Pinseljäckchen" gehen arglose Märchenfiguren auf Wanderschaft, ausgesetzte Kinder, die ihr Glück in der Welt suchen, oft mit nichts anderem ausgestattet als einem „Gnadenbündel" Proviant und den Kleidern, die sie am Leib tragen. Einen solchen Zustand des arglosen Vertrauens gilt es auch im verschlingenden und dissoziierenden Prozeß des Schreibens immer wieder aufzufinden.

Das Schreib-Ich zeigt sich auch gerne in einem weiten, nachschleppenden Morgen- oder „Servitenmantel", womit wiederum andere Kennfiguren auf den Plan gerufen werden: Solche mit einer „heruntergekommenen Körperlichkeit" (L 154), verlotterte, abgedankte Existenzen, die allen Besitz und alle gesellschaftlichen Verbindlichkeiten hinter sich gelassen haben wie der alte König Lear oder die sich in ein mönchisches Leben im „Vorkloster“ der Welt zurückgezogen haben („Die Wegzehrung im Ärmel: nostalgische Vorstellung BETTELMÖNCH“, L 107).

Als alter, nachschleifender „Schlangen-Habit“ (L 73) erhält die Mantel-Metapher schließlich die magische Anmutung eines Schamanenkleides, in dem Zeitreisen unternommen und die Grenze zwischen Ober- und Unterwelt überschritten werden. Das führt zu einer anderen Figur im Text, die in den Erinnerungen der Ich-Erzählerin immer wieder Gestalt annimmt: dem verstorbenen Vater, der wie das Schreib-Ich einen Rucksack trägt, einen archaischen „Beutel aus grobem Hanf aus welchem die Fäden wie dünne Schleppen, wilde Schlingen herausragten, herniederbaumelten“. Darin befinden sich neben einem „WINDGESCHIRR“ und einer Pelzkappe „alle LICHTERLOHEN WERKZEUGE GERÄTSCHAFTEN“, sowie „eine Art WEGZEHRUNG für die Reise oder was“. (L 83) Die „lichterlohen Gerätschaften“ des Vaters verweisen schon auf die magischen Schreib-Werkzeuge der Tochter und der Proviant, den er mit sich führt, erscheint in der sprachlichen Verdichtung der Zeit- und Bildebenen des Textes als eine Totengabe für den Vater und zugleich als „WEGZEHRUNG für die Reise“ des schreibenden Ichs. So nährt der Vater die Tochter, beide führen denselben KRÜMELVORRAT an „*Keksproviant*“ (L 79, 83) mit sich, eine Nahrung, die auf sprachmagischem Wege von der Kindheit ins Alter, vom Jenseits in die Schreibgegenwart überspringt.

Die Nahrung der Inspiration, das, was einem eingegeben, eingehaucht oder aus den „feinen Nähgärten der Träume“ (L 201) eingesagt wird oder was in lockenden Formationen schon bereitliegt – dies ist ein weiteres wiederkehrendes Motiv in *Lection.* Den „galoppierenden Zettelchen“, die das Schreibzimmer überschwemmen, den Text- und Lebensablenkungen wird an einer Stelle eine himmlische Schreibanleitung im Taschenformat entgegengehalten:

> ich muß eigentlich nur etwas nachziehen, -zeichnen, eigentlich ist die Schrift schon da, eigentlich ist der Text schon vorgeschrieben, wie damals die verborgenen Sternbilder auf meinen Handarbeitsblättchen, nicht wahr, ich muß nur in einer guten Körper-, in einer guten Geistesverfassung sein, schon schreibt sich die Zeile von selbst. (L 153)

Friederike Mayröcker: Typoskriptseite aus *Lection,*
Wiener Stadt- und Landesbibliothek

"bunte Flügel, bunte Flügel meine Freude!
deine Kinder, deine Kinder schrei-en seh-re!
xxxxxxxx
und grüsz'sie, und grüsz'sie al-le Beide!" (robert schumann)

wo sollte ich, ich meine wo soll ich anfangen, ich habe heute nacht von würmern und desolaten raupen geträumt, sie womöglich zertreten so genau erinnere ich mich nicht, der 1.mai war 1 libellenflügel, es ist 1/2 5 wie du, (in käfigen haben sie (die katzen bei der katzenparade / -ausstellung) salons und himmelbetten, am schönsten fand ich die norwegische waldkatze, die perserkatze ist eine salonkatze (sofakissen), als ich 1 kind war war alles anders usw., warum ich dir, und wo so frage ich mich soll ich beginnen, ich frage mich auch, warum ixxxxx um alles in der welt, ich dir von diesem ort hier schreibe und nicht aus w., ich weisz es auch nicht, ich las die letzten 2 wochen jean paul und h.v. püchler-muskau "anmerkungen über gartenbau" und gehe tagsüber botanisieren, nämlich ich sammle in plastikdosen schwarzen sand oder roten lehm (hämatitlehm) für meine bonsais und noch einiges mehr worüber nur touristen den kopf schütteln, die landesbewohner jedoch nicht, manchmal habe ich mir ernsthaft überlegen müssen, dasz ich nicht ohne gröszte isolation zu erleiden, hierher ziehen könnte, es ist ein sehr verlockender gedanke, nun habe ich sehr lange nicht mehr von dir gehört u.kann nur hoffen, dasz dies ein gutes zeichen ist, denn überlege ich gerade, hast du nicht meist geschwiegen wenn du eine gröszere arbeitsphase hattest?
eigentlich weisz ich das nicht sicher, es ist wohl mehr der versuch, diese stimme zum schweigen zu bringen die mir immer häufiger sagt, ich hätte mich früher bei dir melden können

Doch erweist sich ein solches mediumistisches Modell innerhalb des Textes als ein Gnadenbild ohne Gewähr, schon im nächsten Absatz „wetterleuchtet" es wieder im Kopf der Schreiberin, Kühlschrankgeräusche, Sprachfundstücke, Bilder und Träume schießen wild zusammen, die Text- und Lebensablenkungen haben sie wieder.

Vor allem sind es Lektüren, Bilder, erinnerte Gespräche, Träume und aufgeschnappte Wörter, die dem „poetischen Stoffwechsel" (Fetz 1999, 238) immer wieder neue Nahrung zuführen. Beispielhaft dafür steht in *Lection* das Modell der Transsubstantiation bzw. des „Verschlingen[s] der Schrift" (vgl. Schmidt-Dengler 1996, 162): „ich habe die HOPKINS HOSTIE auf die Zunge genommen, ich habe die HOPKINS HOSTIE verschluckt, also leidenschaftliche Himmelserleuchtungen" (L 152) – gemeint ist hier das *Journal* von Gerald Manley Hopkins in der Übersetzung von Peter Waterhouse. Bücher werden weniger gelesen als einverleibt, verschlungen oder auch um den Leib geschlungen: „ich habe HOPKINS um meine Mitte geschlungen" (L 221), heißt es an einer anderen Stelle und die solcherart hautnah an den Körper herangeführte Inspirationsfigur wird in einer schönen Wendung zum Einwohner des eigenen Textes: *„er, Hopkins, ist vielleicht der Patriot dieses Textes"*.

Von Beginn ihrer literarischen Produktion an hat Friederike Mayröcker „das fieberhafte Auslesen Anhäufen Wiederprüfen! und sich eklektisch beatmen lassen" gepflegt (MB 23) und sie hat diesen hemmungs- und uferlosen intertextuellen Austausch immer wieder auch dialogisch, metaphorisch oder bauchrednerisch in ihre Schreibverfahren eingebunden und kommentiert. Wobei es nicht nur die intensiven, leidenschaftlichen Lektüren sind, die in den eigenen Text hereinsprechen, sondern ebenso die nur flüchtig wahrgenommenen oder vergessenen. „Also ist ein verborgenes Buch in mir, das mich aufheulen läßt", heißt es in *Stilleben* (113), als von einer Lektüre die Rede ist, an die sich die Schreiberin nicht mehr erinnern kann.

Vom Enden

„Das Buch muß wieder von neuem beginnen oder fortgesetzt werden, sagt Samuel, an seinem tatsächlichen Ende. Der Text in seiner namenlosen Zappelbewegung endet hier, sage ich, er hat nirgendwohin geführt, aber ist auch nie zur Ruhe gekommen." Mit diesem kleinen Disput über das Enden wird in *Stilleben* das letzte Kapitel eingeleitet. (St 197)

Auch für die anderen Prosa-Arbeiten Friederike Mayröckers gilt: Der Text ist das, was nicht zur Ruhe kommt, auch wenn er irgendwo endet. In seiner „namen-

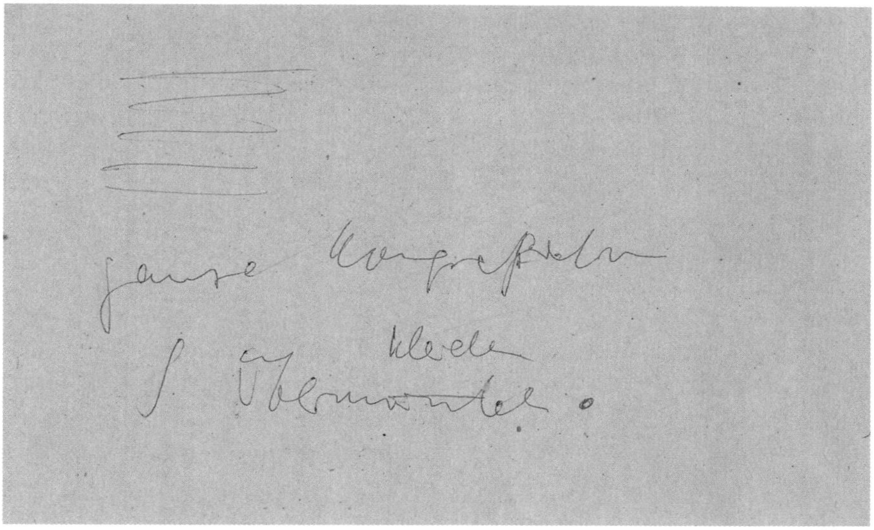

Friederike Mayröcker: Notizzettel zu *Lection* mit der letzten Wendung des Buches, vorgefunden in einer Mappe mit der Aufschrift „geträumtes Ende Roman 93".
Wiener Stadt- und Landesbibliothek

losen Zappelbewegung" bildet er einen Schreibprozeß ab, der wohl Etappen, Ruhepausen, Ekstasen und Neuanfänge kennt, aber kein Ankommen am Ziel. „Die Offenheit ist dem Buch das Allerheiligste" (Moser 1996, 132), und es ist nur folgerichtig, wenn Mayröcker das Abschließen ihrer großen Prosa-Arbeiten als ein Auslaufen, ein Verebben beschreibt: „es ist immer so, daß ein Buch dann richtiggehend ausläuft, daß die Kraft einmal zu Ende ist, daß man aber auch das Gefühl hat, da ist ja noch so viel". (Sperl 1999, 11) Entleert wird auch der Schreibtisch und das von den Gerätschaften und Zettelchen schon ganz zugewachsene Lotterbett („ich habe vor lauter Tintengegenständen keinen Platz mehr gefunden auf meinem Lotterbett, alle Tintengegenstände liegen auf meinem Lotterbet umher, ich habe überhaupt keinen Platz mehr, muß an den äußersten Rand rücken", L 225). Wäschekörbe mit Notizen, Entwürfen, Varianten verlassen die Schreibklause und wandern an einen öffentlich einsehbaren Ort (die Handschriftensammlung der Wiener Stadt- und Landesbibliothek). Eine Materialumschichtung findet statt, bevor etwas Neues begonnen werden kann, die Plätze werden getauscht, neue Zettel rücken auf, machen sich schon bereit für den Galopp.

Bevor der Text endet, gewährt er noch einmal Einblick in die Schreibstube: „ich sitze an meinem Honigtisch, eine *Anwissenheit* hat mich erfaßt, in meinem Rucksack befinden sich zwei Flor- oder Tintenhäubchen, drei Halbärmel, ein Perspektiv, ich habe mich heute morgen nicht wirklich orientiert, sage ich, eine Abschüssigkeit dieser Schreibplatz". (L 225f.) Die Kleider und Gerätschaften der Schreiberin sind noch alle da, der abschüssige Schreibtisch gibt den Blick frei, man weiß noch nicht, auf was. Immer wieder wurde diese Szenerie im Verlauf des Buches aufgerufen, wurde die „INKLINATION zum *triefenden* Schreiben" beschworen. (Vgl. L 36f. u. a.) An dessen Ausgang gestellt verspricht das Standbild vielleicht einen Moment der Ruhe, ein kleines Verweilen in einer „*Anwissenheit*" ohne Worte.

Der letzte Eintrag im Buch gilt jedoch den Kleidern. Eine „*ganze Kongregation von Überkleidern*" liegt an der Schwelle des Textes bereit. Mit diesem Bündel oder Bündnis magischer Habite und Habitate kann der Prozeß des Schreibens, die „anmutige Schindung, Häutung, Entleibung" von neuem gewagt werden.

Verwendete Literatur

MB = Friederike Mayröcker: Magische Blätter. Frankfurt am Main: Suhrkamp 1983.

MH = Friederike Mayröcker: mein Herz mein Zimmer mein Name. Prosa. Frankfurt am Main: Suhrkamp 1988.

St = Friederike Mayröcker: Stilleben. Frankfurt am Main: Suhrkamp 1991.

L = Friederike Mayröcker: Lection. Frankfurt am Main: Suhrkamp 1994.

Fetz 1999 = Bernhard Fetz: „Ich denke in langsamen Blitzen". Friederike Mayröcker: Ein Schreibleben. In: Friederike Mayröcker. Hg. von Gerhard Melzer und Stefan Schwar. DOSSIER 14. Graz, Wien: Droschl 1999, S. 237–246.

Kafka 1976 = Franz Kafka: Briefe an Felice und andere Korrespondenz aus der Verlobungszeit. Hg. von Erich Heller und Jürgen Born. Frankfurt am Main: Fischer 1976.

Kastberger 1999 = Klaus Kastberger: Punkt und Fläche. Friederike Mayröckers Prosa aus werkgeschichtlicher Sicht. In: Friederike Mayröcker. Hg. von Gerhard Melzer und Stefan Schwar. DOSSIER 14. Graz, Wien: Droschl 1999, S. 33–46.

Kastberger 2000 = Klaus Kastberger: Reinschrift des Lebens. Friederike Mayröckers *Reise durch die Nacht.* Wien, Köln, Weimar: Böhlau 2000.

Kühn 1994 = Renate Kühn: Das Rosenbaertlein-Experiment. Studien zum Anagramm. Bielefeld: Aisthesis 1994.

Moser 1996 = Samuel Moser: Was für ein beglückender Aufwand. Die Religion der Schriftstellerin. Zu Friederike Mayröckers *Stilleben.* In: Klaus Kastberger, Wendelin Schmidt-Dengler (Hg.): In Böen wechselt mein Sinn. Zu Friederike Mayröckers Literatur. Wien: Sonderzahl 1996.

Schmidt-Dengler 1996 = Wendelin Schmidt-Dengler: Lektionen. Zur großen Prosa der Friederike Mayröcker. In: Klaus Kastberger, Wendelin Schmidt-Dengler (Hg.): In Böen wechselt mein Sinn. Zu Friederike Mayröckers Literatur. Wien: Sonderzahl 1996.

Sperl 1999 = Dieter Sperl: „ich will natürlich immer schreiben." In: Friederike Mayröcker. Hg. von Gerhard Melzer und Stefan Schwar. DOSSIER 14. Graz, Wien: Droschl 1999.

Bausteine

Kafkas unterbrochener Prozeß

Von Ulrich Ott

Literatur hat in vielen Zeiten und in vielen Formen Menschen im Scheitern gezeigt. Vergeblichkeit steht über der Tragödie und über der Komödie, es gibt seit jeher ein tragisches so gut wie ein komisches ‚Frustra'. In der Literatur der Moderne wird es zur Vergeblichkeit der Existenz, zum Scheitern an der Doppelbödigkeit von Zivilisation, und diese entzieht sich weitgehend einer Scheidung in komische und tragische Gattungen. Franz Kafka (1883–1924) ist der Erzähler dieses modernen ‚Frustra' schlechthin. Und das gilt nicht nur für das, was er in seinen Texten erzählt, es gilt nicht nur für seine eigene Lebensgeschichte, sondern es gilt bei ihm auch für den Schreibprozeß selbst. Jeder seiner drei Romane ist Fragment geblieben, und dies ist wiederum so zeichenhaft für die Vergeblichkeit des Bemühens, an ein Ziel des Lebens- und Erkenntnisprozesses zu gelangen, daß Kafka geradezu zur Symbolfigur der Moderne geworden ist. Seine Romane, und zumal der *Process,* haben weltliterarische Sprichwörtlichkeit in diesem Sinne erreicht. Da könnte sich der Verdacht nahelegen, die Fragmentierung, wenn sie so viel Symbolkraft hat, sei gewollt. Weit gefehlt – glücklicherweise, denn dann wäre sie kein Scheitern, sondern sie hätte sich selbst zum Stilmittel desavouiert.

Kafka hatte am Unvermögen, seinen ersten Roman *Der Verschollene* (veröffentlicht postum 1927 bei Kurt Wolff unter dem Titel *Amerika*) zu vollenden, gemerkt, daß der Schreibprozeß bei größerer, die einfache Erzählung überschreitender Form gefährdet war und der Roman unter den Händen zerbrach. Deshalb traf er, als er im August 1914, nach der Auflösung seiner Verlobung mit Felice Bauer (später sollte sie noch einmal geschlossen werden, wieder vergeblich; Marb. Magaz. 52, S. 47) und nach dem Ausbruch des Ersten Weltkrieges, an den *Process* ging, eine Vorsichtsmaßnahme: Er schrieb in eines der schwarzen Wachstuchhefte, in denen er damals in bunter Reihe Tagebucheinträge und Aphoristisches, kürzere und längere Erzählungen und eben auch, zwischen allem, die Kapitel seines *Process* aufzeichnete, das Anfangskapitel und – gleich anschließend – das Schlußkapitel. Die Kapitel, die zwischen der Verhaftung am Anfang und der Hinrichtung am Schluß kommen sollten, folgen in unsystematischer Reihenfolge

Mit Felice Bauer bei der 2. Verlobung (1917). Foto: Enyveskép, Budapest (Sammlung Wagenbach)

Franz Kafka: *Der Process.* Anfangsseite und Deckblatt eines vollendeten Kapitels. Deutsches Literaturarchiv, Marbach am Neckar ➜

hintennach, als Kapitel teils vollendet, teils Fragment geblieben, untermischt mit anderen, nicht zum *Process* gehörenden Texten. Erst als er im Januar 1915 in eine Schreibkrise geriet, wollte sich Kafka durch eine gewisse Systematisierung des bis dahin Geschriebenen zum Weitermachen motivieren: Er löste die Hefte auf und vereinzelte die Kapitel. Wo auf einer Seite ein Kapitel auslief und ein neues begann, wiederholte er – meist – den Schluß des auslaufenden Kapitels auf einem gesonderten Blatt, teils sogar in Stenographie, denn dieser Text lag ja schon einmal geschrieben vor, so daß das ursprüngliche Blatt mit dem Schluß des zuvor und dem Anfang des dann geschriebenen Kapitels getrost zum letzteren gelegt werden konnte. Auf die fertigen Kapitel legte er ein Deckblatt, das er vom Stoß überflüssig gewordener Typoskripte nahm – es handelte sich um die Maschinenschrift des 1913

K. war telephonisch verständigt worden, daß am 5a

nächsten Sonntag eine kleine Untersuchung in seiner Angelegen-

2. Kapitel

Erste Untersuchung

wolle,

in der K. noch niemals gewesen war.

publizierten *Heizer,* des Anfangskapitels des Verschollenen, das er nach erfolgtem Druck für überflüssig hielt. Darauf schrieb er ein ‚P' für *Process* und eine Kapitelüberschrift. (Marb. Magaz. 52, S. 7) Bei unvollendeten Kapiteln faltete er ein gleiches Typoskriptblatt, mit der Maschinenschrift nach innen und legte die bisher entstandenen Seiten des Kapiteltextes in diesen Umschlag.

Die Schreibkrise kam aber nicht zum Ende, es blieb bei dem, was bis Januar 1915 geschrieben war. Uns hat Kafka durch die gefalteten und ungefalteten Blätter wissen lassen, welche Kapitel er für abgeschlossen, welche für fragmentarisch erklärte – er gab uns aber keine Hinweise auf geplante, noch gar nicht geschriebene Kapitel, und keine auf die Reihenfolge, in die er die Kapitel bringen wollte. Sein Verfahren, die Kapiteltexte zu vereinzeln, deutet sogar an, daß er in dieser Frage selbst noch nicht völlig entschlossen gewesen ist.

Es ist allerdings irreführend, wenn hier steht, Kafka habe „uns", der Nachwelt, den Lesern, den Herausgebern, Zeichen geben wollen. Nein, diese Hinweise sollten nur ihm allein dienen. Denn an eine Veröffentlichung des Fragmentes dachte er nicht. Im Gegenteil: Als er merkte, daß er mit dem *Process* nicht zu Ende kam, schenkte er das Manuskript, verärgert, dürfen wir uns vorstellen, seinem Freund Max Brod, dem er sogar den Auftrag gab und durch einen Zettel, den man nach seinem Tode fand, noch einmal bekräftigte, alles Nachgelassene zu vernichten; dem wären in erster Linie alle drei unvollendet gebliebenen Romane, *Der Verschollene* (geschrieben 1913), der *Process* (geschrieben 1914/15) und *Das Schloß* (geschrieben 1922) zum Opfer gefallen. Max Brod hielt sich daran nicht. Zurecht, man kann diesen Dienst von keinem Sterblichen verlangen; wenn man ein Manuskript vernichtet wissen will, muß man es selbst tun. Das wissen wir seit dem römischen Dichter Vergil, der den gleichen Vernichtungsauftrag von Todes wegen für seine noch nicht ganz vollendete *Aeneis* gegeben hat, die uns heute als Hauptwerk der römischen Literatur gilt.

Nach Kafkas Tod sorgte Max Brod für die Veröffentlichung der drei Romane, beginnend mit dem *Process* (1925). Wir sehen in Kafkas Manuskript, das Brod dem Setzer vorlegte, dessen eigene Spur in der Transkription der Kafkaschen Stenographie bei den ein zweites Mal geschriebenen Kapitelausläufen, aber auch auf den Deckblättern, auf denen er die Kapitelreihenfolge nach eigenem Ermessen festlegte.

Franz Kafka: *Der Process.* Von Kafka abgeschriebener, von Brod für den Druck vorbereiteter Schluß eines Kapitels. Deutsches Literaturarchiv, Marbach am Neckar

* K. wartete [illegible] nächsten ~~Tag~~ Woche [illegible] [illegible] Verständigung, er konnte [illegible] glauben [illegible] Verzicht [illegible] Verhöre wörtlich genommen hatte [illegible] erwartete [illegible] Verständigung bis Sonntag abend wirklich nicht kam, nahm er an, er sei stillschweigend in das gleiche Haus für die gleiche Zeit [illegible] vorgeladen. Er begab [illegible] Sonntags wieder hin, gieng diesmal geradewegs über Treppen und Gänge, einige Leute, die sich seiner erinnerten, grüßten ihn an ihren Türen, [illegible] mehr fragen und kam bald zu der richtigen Tür. Auf sein Klopfen [illegible] gleich [illegible] bekannten Frau [illegible], [illegible] Tür stehen blieb, wollte [illegible] ins Nebenzimmer. „Heute ist keine Sitzung" [illegible] Frau. „Warum-

Anmerkung: *

Der nichtstenographische Text dieser Seite befindet sich auf der vorhergehenden Seite 75!

Max Brod rettete Kafkas Nachlaß im Mai 1939 in letzter Minute, indem er, was ihm gehörte (Briefe, Manuskripte, die ihm Kafka geschenkt hatte) und was ihm aus dem Besitz der Familie Kafkas anvertraut wurde, nach Tel Aviv brachte. Von dort wurde der Nachlaß 1956, als Israel durch die Suez-Krise bedroht war, nach Zürich gebracht. Erst damals – Kafkas Ruhm hatte seit 1945 einen steilen Aufstieg genommen, ja recht eigentlich erst eingesetzt – wurden die Papiere geteilt, das Eigentum der Familie kam durch Kafkas Londoner Nichte Marianne Steiner an die Bodleian Library nach Oxford. Aus dem Nachlaß von Max Brod wurde das Manuskript des *Process* 1988 bei einer Auktion des Hauses Sotheby's in London für das Deutsche Literaturarchiv in Marbach erworben.

Allein dieses Manuskript erlaubte es, den Schreibprozeß, die Niederschrift dieses Romans wurde 1914 begonnen und 1915 abgebrochen, zu rekonstruieren. Sir Malcolm Pasley, der Oxforder Germanist, schloß aus den Wasserzeichen des Papiers, den Reißkanten, die beim Auflösen der Wachstuchhefte entstanden waren, der Schriftdichte, die in den beiden zuerst geschriebenen Kapiteln noch locker war und gewissermaßen Optimismus verriet, dann, infolge der inneren Anspannung in der Not des Weitermachens und Vollendens immer enger wurde, auf die Reihenfolge, in der die Kapitel und auch die andern Texte entstanden sind, die während der Niederschrift in die Wachstuchhefte geschrieben wurden (zum Beispiel die *Strafkolonie*), und er gelangte damit zu neuen Editions- und Interpretationsansätzen. Wegen der Unsicherheit über die von Kafka gewollte Reihenfolge der Kapitel verzichtet die *Process*-Ausgabe des Verlags Stroemfeld/Roter Stern überhaupt auf eine vorgegebene Reihenfolge: Die einzelnen Faszikel wurden als Faksimileedition in der Form gebunden, wie sie Kafka hinterlassen hat. Der Leser erhält somit die Möglichkeit, Kafkas unabgeschlossenen Schreibprozeß nachzuvollziehen.

An einer Stelle zeigt das Manuskript authentische Spuren des allerersten Rezeptionsvorganges, dem der *Process* begegnet ist. Im Tagebuch vermerkt Kafka, er habe Felice Bauer nach der Trennung im Juni 1914 zum ersten Mal im Januar 1915 wieder getroffen und ihr dabei aus dem *Process* vorgelesen. Nur die Türhütergeschichte im Kapitel „Im Dom" habe ihre Aufmerksamkeit gefunden. Er habe sie ihr nach Hause mitgegeben – sie schrieb sie dort mit der Maschine ab. Dieses Textstück aus dem *Process* ist das einzige zu Kafkas Lebzeiten veröffentlichte; es

Franz Kafka: *Der Process.* Seite aus der Türhütergeschichte aus dem Kapitel „Im Dom" mit Schnittkante und Falzung. Deutsches Literaturarchiv, Marbach am Neckar

jetzt den Eintritt nicht gewähren könne. Der Mann überlegt
und fragt dann, ob er also später werde eintreten dürfen. „Es
ist möglich" sagt der Türhüter „jetzt aber nicht". Da das Tor zum
Gesetz offensteht wie immer und der Türhüter beiseite tritt, bückt
sich der Mann, um durch das Tor in das Innere zu sehn.
Als der Türhüter das ~~sieht~~ merkt ~~drängt er ihn mit seinem~~
~~Stabe fort und sagt: Du darfst auch nicht hineinschauen~~ lacht
er und sagt: Wenn es Dich so lockt, versuche es doch trotz
meines Verbotes hineinzugehn. Merke aber: Ich bin mächtig. Und
ich bin nur der unterste Türhüter. Von Saal zu Saal stehn aber
Türhüter einer mächtiger als der andere. Schon den Anblick
des dritten kann nicht einmal ich mehr ertragen." Solche
Schwierigkeiten hat der Mann vom Lande nicht erwartet das Gesetz
soll doch jedem und immer zugänglich sein denkt er, aber als er jetzt den
Türhüter in seinem Pelzmantel genauer ansieht, seine ~~spitze~~ große Spitznase, den langen dünnen
schwarzen tatarischen Bart ~~und~~ entschließt er sich doch lieber
zu warten bis er die Erlaubnis zum Eintritt bekommt. Der Tür-
hüter gibt ihm einen Schemel und läßt ihn seitwärts von der
Tür sich niedersetzen. Dort sitzt er Tage und Jahre. Er macht
viele Versuche eingelassen zu werden und ermüdet den Türhüter ~~Wächter~~
durch seine Bitten. Der Türhüter stellt öfters kleine Verhöre mit ihm
an, fragt ihn über ~~nach~~ seiner Heimat aus und nach vielem andern,
es sind aber teilnahmslose Fragen wie sie große Herren stellen und
zum Schlusse sagt er ihm immer wieder, daß er ihn noch nicht
einlassen könne. Der Mann, der sich ~~auf~~ für seine Reise mit vielem
ausgerüstet hat verwendet alles und sei es noch so wertvoll
um den Türhüter zu bestechen. Dieser nimmt zwar alles an aber
~~sagt~~ ~~er sagt~~ dabei: „Ich nehme es nur an damit Du nicht glaubst
etwas versäumt zu haben." Während der vielen Jahre beobachtet
der Mann den Türhüter fast ununterbrochen. Er vergißt ~~a~~ die
andern Türhüter und dieser erste scheint ihm das einzige Hindernis

erschien in der Neujahrsfestnummer (gemeint ist das jüdische Neujahrsfest) vom 7. September 1915 der Prager Wochenschrift *Selbstwehr.*

Es ist sicher, daß Kafka den Text Felice aus dem Wachstuchheft vorgelesen hat. Denn allein diese zwei Blätter haben keine Reiß-, sondern eine Schnittkante: sie sind, wohl mit einer Rasierklinge, aus dem Heft geschnitten worden. Felice hat sie mit dem Typoskript, das sie anfertigte, ins Kuvert gefaltet und Kafka zurückgeschickt – die Falze sind auch heute noch deutlich zu erkennen, leider sogar überdeutlich, denn dort bricht das fragile und bei Max Brod wohl auch zu oft vorgezeigte Papier. Kafka ordnete die Blätter wieder zum Übrigen, ob noch in das Wachstuchheft oder schon in das umgeordnete *Process*-Manuskript – wer kann das wissen?

Verwendete Literatur

Franz Kafka. Der Proceß. Die Handschrift redet. Bearb. von Malcolm Pasley. Mit e. Beitr. von Ulrich Ott. Marbach a. N. 1990, 2., durchges. Aufl. 1991 (= Marbacher Magazin 52).

Franz Kafka: Der Proceß. Kritische Ausgabe. 2 Bände. Hg. von Malcolm Pasley. Frankfurt am Main: Fischer 1990.

Franz Kafka: Der Process. Historisch-Kritische Ausgabe. Hg. von Roland Reuß in Zusammenarbeit mit Peter Staengle. Sechzehn Faksimilebünde (mit typographischer Umschrift) und ein Beiheft im Schuber mit CD-Rom. Basel, Frankfurt am Main: Stroemfeld/Roter Stern 1997.

„Das System des Teilbaus". Die Gestalttheorie und Franz Kafka

Von Wilhelm W. Hemecker

Kurz vor seinem Tod diktierte Christian von Ehrenfels (1859–1932) seiner Frau in einfachen Worten eine kurze Zusammenfassung einer Theorie, die er fast fünfzig Jahre vorher in seiner Abhandlung *Über Gestaltqualitäten* (Ehrenfels 1890) aufgestellt hatte und die ihm einen bleibenden Platz in der Geschichte der Philosophie sichern sollte: die Gestalttheorie. Mit ihr hat Ehrenfels einen Paradigmenwechsel bewirkt, der sich für ganz verschiedene Disziplinen als grundlegend erweisen sollte (ausführlich: Weinhandl 1960), zugleich aber auch in der Literatur Niederschlag gefunden hat – vor allem bei Franz Kafka, der in Prag an der Deutschen Universität Lehrveranstaltungen des unter den Prager Intellektuellen in seiner „Dämonie des Außerordentlichen, Genialen, völlig Eigengesetzlichen" (Brod 1969, 209) bewunderten Philosophen besucht hat und ihn später noch in seinem Tagebuch mehrfach erwähnt.

In der äußerst gedrängten Zusammenfassung legt Ehrenfels die wesentlichen Züge seiner Theorie anhand des ursprünglichen Beispiels aus der Musik so dar:

> Der Ausgangspunkt von der Lehre über Gestaltqualitäten war der Versuch der Beantwortung einer Frage: Was ist Melodie? Nächstliegende Antwort: Die Summe der einzelnen Töne, welche die Melodie bilden. Dem steht aber gegenüber die Tatsache, daß dieselbe Melodie aus ganz verschiedenen Tongruppen gebildet werden kann, wie es beim Transponieren derselben Melodie in verschiedene Tonarten erfolgt. Wäre die Melodie nichts anderes als die Summe der Töne, so müßten, weil hier verschiedene Tongruppen vorliegen, auch verschiedene Melodien gegeben sein. […]
> Der entscheidende Schritt für die Begründung der Lehre von der Gestaltqualität war nun die Behauptung meinerseits: Wenn die Erinnerungsbilder der aufeinanderfolgenden Töne als ein gleichzeitiger Bewußtseinskomplex vorliegen, so kann im Bewußtsein eine Vorstellung neuer Kategorien auftauchen, und zwar eine einheitliche Vorstellung, welche auf eine eigentümliche Weise mit den Vor-

> stellungen des betreffenden Tonkomplexes verbunden ist. Die Vorstellung dieses Ganzen gehört einer neuen Kategorie an, für welche der Name „fundierte Inhalte“ üblich wurde. [...]
> Das Wesentliche des Verhältnisses zwischen dem fundierten Inhalt und seinem Fundament ist die einseitige Bedingtheit jenes durch dieses. Jeder fundierte Inhalt bedarf notwendig eines Fundaments. Ein bestimmter Komplex von Fundamentalvorstellungen vermag nur einen ganz bestimmten fundierten Inhalt zu tragen. (Ehrenfels 1988, 168)

Die von einer Tonart in eine andere transponierte Melodie also behält in dem Moment, da sie als eine bestimmte Melodie „fundierter Inhalt“ geworden ist und als ein Ganzes im Bewußtsein subsistiert, eine besondere Qualität, die ihren Bestand auch in einer anderen Tonart, trotz Änderung eines jeden einzelnen Tones also, garantiert: die Gestaltqualität. Hier differenziert Ehrenfels weiter:

> Die Gestaltqualitäten lassen sich in Auffassungen von Vorgängen und von Momentzuständen einteilen. Ich habe diese Gruppen als zeitliche und zeitlose Gestaltqualitäten unterschieden. Beispiele für Vorgänge sind Melodie und Bewegung. Für Momentzustände, Harmonie und dasjenige, was man im gewöhnlichen Leben als Raumgestalt bezeichnet. (Ehrenfels 1988, 169)

Schließlich wirft Ehrenfels einen Blick auf die Mannigfaltigkeit der Anwendungsbereiche seiner Theorie, wobei der Phonologie, dem wichtigsten Spielfeld des frühen Strukturalismus – der Strukturbegriff der avancierten Prager Linguistik im Umkreis von Roman Jakobson nimmt die beiden Hauptmerkmale des Gestaltbegriffs, Übersummativität und Transponierbarkeit, implizit auf – bereits besondere Aufmerksamkeit zuteil wird:

> Das Verbreitungsfeld der Gestalten ist aber viel größer, als aus diesen Beispielen erhellt. Zunächst gibt es Gestalt nicht nur auf dem Gebiet der Töne, sondern auch der Schallempfindungen, welche man, zum Unterschied von den Tönen und Klängen, Geräusche nennt. Die Sprache besteht aus solchen Geräuschen, wenn auch in den einzelnen Vokalen, als Elementen, sich Töne unterscheiden lassen. Jedes Wort der Sprache ist eine Gestaltqualität. (ebd.)

Christian von Ehrenfels, Porträtsammlung der Österreichischen Nationalbibliothek

Mit dem Begriff der Gestalt kommt dem abgeschlossenen „Ganzen" als „fundiertem Inhalt" eine Bedeutung zu, wie sie im vorangegangenen Jahrhundert noch nicht in Betracht gezogen werden konnte. Die Psychologie des 19. Jahrhunderts war diesbezüglich, gegen Ende des Jahrhunderts hin in zunehmendem Maß, von der Assoziationslehre in der Nachfolge Johann Friedrich Herbarts bestimmt, die, ganz besonders in den deutschsprachigen Ländern der Donaumonarchie, durch jahrzehntelange Verwendung von Gymnasiallehrbüchern ausschließlich im Geiste Herbarts auf mehrere Generationen, dabei auch und gerade auf Dichter, von kaum zu überschätzender Wirkung war. Noch ein Schriftsteller des angehenden 20. Jahrhunderts wie Franz Kafka wurde an demselben, strikt herbartianischen Psychologielehrbuch Gustav Adolph Lindners – freilich in späterer, überarbeiteter Auflage – ausgebildet, wie zuvor Sigmund Freud und Arthur Schnitzler, dem Freud wohl nicht ohne Grund wegen der „weitreichenden Übereinstimmung" in ihren „Auffassungen mancher psychologischer und erotischer Probleme" (Freud 1980, 266f.) in „einer Art von Doppelgängerscheu" (Freud 1980, 356) begegnete. Die Psychoanalyse Freuds, der mit Ehrenfels später in einem ausführlichen Briefwechsel intensiv Gedankenaustausch pflegte (vgl. Hemecker 1989; Ehrenfels-Freud 2003), blieb in ihrem psychologischen Fundament ein Kind des 19. Jahrhunderts (ausführlich: Hemecker 1991), so revolutionär sie in ihrer Wirkungsgeschichte später auch wahrgenommen wurde.

Woraus besteht die Assoziationspsychologie? Wie generiert sie, sofern das überhaupt in den Blick kommt, im Unterschied zur Gestalttheorie „Ganzheit"? Erst ein genauerer Blick auf die „Gesetze der Assoziation", wie sie in Gustav Adolph Lindners Lehrbuch bündig definiert werden, erlaubt, das Novum der auf Ganzheit fokussierten Gestalttheorie zu würdigen. Die vier Gesetze der Assoziation werden hier so formuliert:

1. Das Gesetz der Ähnlichkeit. Es lautet: „Ähnliche Vorstellungen reproduzieren einander."
2. Das Gesetz des Kontrastes. Es lautet: „Kontrastierende Vorstellungen heben einander gegenseitig." Kontrastierende Vorstellungen sind solche, welche ähnlich und entgegengesetzt sind und bei denen der Gegensatz über die Ähnlichkeit vorherrscht.
3. Das Gesetz der Gleichzeitigkeit. Es lautet: „Vorstellungen, welche gleichzeitig im Bewußtsein da waren, reproduzieren einander."
4. Das Gesetz der Reihenfolge. Es lautet: „Vorstellungen, welche folgeweise nach-

> einander ins Bewußtsein getreten sind, reproduzieren einander in der ursprünglichen Ordnung." (Lindner 1872, 68)

Beziehen sich die beiden ersten Assoziationsgesetze mit den Kategorien der Ähnlichkeit und des Kontrastes auf inhaltliche Momente, so geht es in den beiden übrigen Gesetzen um zeitliche Verhältnisse, wobei die Reproduktion grundsätzlich die Produktion von Vorstellungen spiegelt. Vor allem mit dem vierten Gesetz, dem der „Reihenfolge", kommt der für die Psychoanalyse so wesentliche Gedanke der Assoziationskette in den Blick. Der Terminus „Ähnlichkeit" im ersten Assoziationsgesetz hingegen ist dem Gestaltbegriff bereits nahe, doch bleibt er in der Folge ebenso unbestimmt vage und wird in Bezug auf die psychologische Fundierung ebensowenig weiter untersucht wie der Begriff der Vorstellung selbst.

Franz Kafkas poetologisch hochbedeutsames Fragment *Beim Bau der chinesischen Mauer* (Kafka 1993, 337–357) mutet über weite Strecken wie ein literarisches Abbild und eine Kritik der Gestaltidee seines akademischen Philosophielehrers Christian von Ehrenfels an.

China, als Metapher des Universums – „kein Märchen reicht an seine Größe, kaum der Himmel umspannt es" (Kafka 1993, 350) – soll durch den Bau einer gewaltigen Mauer begrenzt werden: Es geht um das kaum lösbare Problem der Definition. Ein solches Durchmessen des Universums kann, so die feste Überzeugung des Erzählers, gerade nicht in einem räumlich und zeitlich kontinuierlichen Fortschreiten geleistet werden. Nein, „es konnte der Bau wohl nicht anders ausgeführt werden, als es geschehen ist", nämlich nach dem „System des Teilbaus", und zwar im Großen als „auch im Kleinen", wie dann genauer beschrieben wird:

> Es geschah dies so, daß Gruppen von etwa zwanzig Arbeitern gebildet wurden, welche eine Teilmauer von etwa fünfhundert Metern Länge aufzuführen hatten, eine Nachbargruppe baute ihnen dann eine Mauer in gleicher Länge entgegen. Nachdem dann aber die Vereinigung vollzogen war, wurde nicht etwa der Bau am Ende dieser tausend Meter wieder fortgesetzt, vielmehr wurden die Arbeitergruppen wieder in ganz andere Gegenden zum Mauerbau verschickt. (Kafka 1993, 337f.)

Überschaubarkeit und Transponierbarkeit von sich immer wiederholenden Bauprinzipien gegengleicher Teilstücke sind die Maximen des Mauerbaus, Diskontinuität und das notwendig Fragmentarische des Ganzen der Preis:

> Ja es soll Lücken geben, die überhaupt nicht verbaut worden sind, nach manchen sind sie weit größer als die erbauten Teile, eine Behauptung allerdings, die möglicherweise nur zu den vielen Legenden gehört, die um den Bau entstanden sind und die für den einzelnen Menschen wenigstens mit eigenen Augen und eigenem Maßstab infolge der Ausdehnung des Baues unnachprüfbar sind. (Kafka 1993, 338)

Womit universalistische Ansprüche – in der Ära des Endes der großen Systementwürfe von Hegel bis Marx, von Darwin bis Freud und Spengler – „für den einzelnen Menschen" radikal in Frage gestellt sind. Für solche findet das Erzählfragment ein zweites, sprechendes Bild: den Turmbau zu Babel. Bei der Analyse der Gründe seines Scheiterns fällt hier wörtlich der Begriff des Konzepts, mit dem Ehrenfels Gestalthaftes sichern wollte: die Fundamentierung. Kafkas Ich-Erzähler referiert die gelehrte Vermutung, „daß der Bau an der Schwäche des Fundamentes scheiterte und scheitern mußte", und fährt fort „in dieser Hinsicht allerdings war unsere Zeit jener längst vergangenen weit überlegen, fast jeder gebildete Zeitgenosse war [...] in der Frage der Fundamentierung untrüglich." (Kafka 1993, 343)

Ins Paradoxe gesteigert wird die Überzeugung von der Bedeutung der Fundierung in der Annahme, „erst die große Mauer werde zum erstenmal in der Menschenzeit ein sicheres Fundament für einen neuen Babelturm schaffen. Also zuerst die Mauer und dann den Turm." (Kafka 1993, 343) Und der Erzähler bemerkt skeptisch: „Das konnte doch nur in geistiger Hinsicht gemeint sein." (Kafka 1993, 344) Erst die fundierte Definition, so ließe sich die Allegorie deuten, schüfe, wenn überhaupt, die Grundlage für kontinuierlich ins Universum ausgreifende Projekte.

Ist die Gestalt der Mauer letztlich „infolge der Ausdehnung des Baues unnachprüfbar" (Kafka 1993, 338), etwa so wie die Konturen des Gerichts und das Innere des Schlosses in den großen Romanen „unnachprüfbar" bleiben, so spitzt Kafka seine Kritik an der Idee der Gestalt noch einmal aufs Äußerste zu in seiner kurzen Erzählung *Die Sorge des Hausvaters* (Kafka 1994, 282–284), die von der eigenwilligen Gestalt des Odradek berichtet. Wieder geht es zunächst um die Frage der Definition, wobei alle Versuche sprachlicher, wortgeschichtlicher Deutungen im vorhinein abgewiesen werden, da man „mit keiner von ihnen einen Sinn des Wortes finden kann". (Kafka 1994, 282) Bei dem Versuch, dieses „Wesen" (ebd.) dann deskriptiv zu erfassen, das „zunächst" aussieht „wie eine flache sternartige Zwirnspule" (ebd.) – die Vorläufigkeit des Eindrucks und der Vergleich werden mit Hilfe einer paradoxen Formulierung ergänzt: „und tatsächlich scheint es auch

Max Ernst: Odradek. Illustration zur französischen Übersetzung von *Die Sorge des Hausvaters* (in: *Minotaure* 4 [1937], Nr. 10, S. 17)

mit Zwirn bezogen" (ebd.) –, stellt sich trotz Auflistung der einzelnen Bestandteile („Zwirnstücke von verschiedener Art und Farbe", „ein kleines Querstäbchen", mit dessen Hilfe „das Ganze wie auf zwei Beinen aufrecht stehen kann") kein rechtes, also „gestalthaftes" oder zumindest aus einer gewissen Funktionalität ableitbares Bild, kein „fundierter Inhalt" ein, wie dann ausdrücklich konstatiert wird:

> Man wäre versucht zu glauben, dieses Gebilde hätte früher irgendeine zweckmäßige Form gehabt und jetzt sei es nur zerbrochen. Dies scheint nicht der Fall zu sein; wenigstens findet sich kein Anzeichen dafür; nirgendwo sind Ansätze oder Bruchstellen zu sehen, die auf etwas Derartiges hinweisen würden. (ebd.)

Was bleibt, ist ein letzthin unbestimmbares, wenn auch abgeschlossenes Ganzes, über das sich Genaueres ebensowenig ausfindig machen läßt, wie schon über die Bedeutung seines Namens: „Das Ganze erscheint zwar sinnlos, aber in seiner Art abgeschlossen. Näheres läßt sich übrigens darüber nicht sagen". (Kafka 1994, 283) Eine illustrative Darstellung, wie sie etwa Max Ernst für die französische Übersetzung in der Zeitschrift *Minotaure* bereitgestellt hat, darf daher als grundsätzlich ebenso verfehlt angesehen werden wie die Verbildlichung des „ungeheueren Ungeziefers" Gregor Samsa, gegen die Kafka selbst beim Erscheinen der *Verwandlung* entschieden Protest erhoben hat.

Ins Metaphysische schließlich gehen die Zweifel, wo die Frage nach der Zukunft Odradeks gestellt wird: „Kann er denn sterben? Alles, was stirbt, hat vorher eine Art Ziel, eine Art Tätigkeit gehabt und daran hat es sich zerrieben; das trifft bei Odradek nicht zu. [...] Er schadet ja offenbar niemandem; aber die Vorstellung, daß er mich auch noch überleben sollte, ist mir eine fast schmerzliche." (Kafka 1994, 284)

Mit der Figur des Odradek hat Kafka einen der letzten Rettungsversuche der Philosophie, mit Hilfe des psychologischen Begriffs des „fundierten Inhalts" aus der Gestalttheorie seines Lehrers Christian von Ehrenfels erkenntnistheoretisch Sicherheit in postmetaphysischer Zeit zu erlangen, ad absurdum geführt. In diesem Sinn formte Kafka mit „Odradek" in all seiner „Winzigkeit" (Kafka 1994, 283) das vielleicht radikalste literarische Denkmal seiner Zeit und stellte es in das Irrlicht der Moderne.

Verwendete Literatur

Brod 1969 = Max Brod: Streitbares Leben 1884–1968. München: Herbig 1969.

Ehrenfels 1890 = Christian von Ehrenfels: Über Gestaltqualitäten. In: Vierteljahrsschrift für wissenschaftliche Philosophie 14 (1890), S. 249–292.

Ehrenfels 1988 = Christian von Ehrenfels: Philosophische Schriften in vier Bänden. Band 3: Psychologie. Ethik. Erkenntnistheorie. Hg. von Reinhard Fabian. München, Wien: Philosophia 1988.

Ehrenfels-Freud 2003 = Sigmund Freud/Christian von Ehrenfels: Briefwechsel. Wiener Neustadt: edition gutenberg 2003

Freud 1980 = Sigmund Freud: Briefe 1873–1939. Ausgewählt und hg. von Ernst und Lucie Freud. 3. Aufl. Frankfurt am Main: S. Fischer 1980.

Hemecker 1989 = Wilhelm Hemecker: „Ihr Brief war mir sehr wertvoll ...". Christian von Ehrenfels und Sigmund Freud – eine verschollene Korrespondenz. In: Wunderblock. Eine Geschichte der modernen Seele. Hg. von den Wiener Festwochen. Wien: Löcker 1989, S. 561–570.

Hemecker 1991 = Wilhelm Hemecker: Vor Freud. Philosophiegeschichtliche Voraussetzungen der Psychoanalyse. München, Hamden, Wien: Philosophia 1991.
Kafka 1993 = Franz Kafka: Schriften. Tagebücher. Briefe. Kritische Ausgabe. Hg. von Jürgen Born u. a. [Teilband:] Nachgelassene Schriften und Fragmente I. Hg. von Malcolm Pasley. Frankfurt am Main: S. Fischer 1993.
Kafka 1994 = Franz Kafka: Schriften. Tagebücher. Briefe. Kritische Ausgabe. Hg. von Jürgen Born u. a. [Teilband:] Drucke zu Lebzeiten. Hg. von Wolf Kittler, Hans-Gerd Koch und Gerhard Neumann. Frankfurt am Main: S. Fischer 1994.
Lindner 1872 = Gustav Adolf Lindner: Lehrbuch der empirischen Psychologie als inductiver Wissenschaft. Für den Gebrauch an höheren Lehranstalten und zum Selbstunterrichte. 3. Aufl., Wien: Gerold 1872.
Weinhandl 1960 = Gestalthaftes Sehen. Ergebnisse und Aufgaben der Morphologie. Zum hundertjährigen Geburtstag von Christian von Ehrenfels. Hg. von Ferdinand Weinhandl. Darmstadt: Wissenschaftliche Buchgesellschaft 1960.

„Das Halbe, Fragmentarische aber, ist eigentlich menschliches Gebiet". Der *Andreas*-Roman von Hugo von Hofmannsthal

Von Joachim Seng

Am 27. September 1912 schreibt Hugo von Hofmannsthal aus Schloß Gandegg bei Bozen an seinen Vater: „Novellistische Arbeit macht mir Spaß und ist viel weniger angreifend wie dramatisches Arbeiten, mehr wie ein Strickstrumpf". Doch bereits wenige Tage später stellt der Dichter ein wenig resigniert fest: „Ich arbeite fleißig. Wie lang man eigentlich braucht, um einen Roman zu schreiben". (KHA XXX, 364) Der Zeitpunkt dieser Äußerung verwundert ein wenig, denn Hofmannsthal schrieb gerade an dem fragmentarischen Hauptentwurf seines Romans, jenen 99 handschriftlichen Blättern mit Titel und Inhaltsübersicht, die wir heute als den *Andreas*-Roman kennen. Am 12. September hatte er in Bad Aussee mit der Niederschrift begonnen und innerhalb weniger Wochen gut 30 Seiten zu Papier gebracht. Am 8. Oktober 1912 unterbricht er die Arbeit auf Seite 35, etwa in der Mitte des Blattes, und setzt sie erst am „18 VII 1913" in Aussee wieder fort, in der Hoffnung, „diesen Faden" wieder aufnehmen zu können. (KHA XXX, 365)

Nach neun Monaten Pause nimmt Hofmannsthal im Juli 1913 den „Faden" erstaunlich mühelos wieder auf und schreibt – auch wenn er den ersten Entwurf tilgt und auf einer neuen Seite mit geringfügigen Umstellungen neu ansetzt – an jenem wichtigen Brief weiter, den der Romanheld Andreas für seine Eltern verfaßt, um ihnen mitzuteilen, „daß er nun kein Knabe war sondern ein Mann" und mit Romana das Mädchen gefunden habe, „das sein Glück verbürge". (KHA XXX, 63) Trotz dieser nahtlosen Anknüpfung sollte dem Dichter der erzählerische „Strickstrumpf" nicht gelingen. Am 29. August bricht Hofmannsthal den Hauptentwurf auf Seite 88 endgültig ab. Bis ins Jahr 1927 hinein nimmt er den Romanplan zwar immer wieder hervor, aber ein zusammenhängender Textteil wird ihm nicht mehr gelingen.

Den knapp 100 Seiten des Hauptentwurfs stehen etwa 400 Blätter mit Entwürfen, Exzerpten, Notizen und Skizzen gegenüber, die Richard Alewyn so

Hugo von Hofmannsthal 1912. Foto von Thea Sternheim. Schiller-Nationalmuseum Marbach am Neckar

beschrieb: „Sie sind in einer Art Kurzschrift abgefaßt, in der jede Chiffre, wenn auch als Begriff oder Gebärde klar umrissen, eine innere Unendlichkeit enthält, weil sie sich mit ihresgleichen zu Kreisen zusammenschließt, aus denen sich unabsehbare Netze weben lassen". (Alewyn 1955, 132) Diese Vorliebe für das Fließende, Fragmentarische ist bei Hofmannsthal bereits am Beginn seiner dichterischen Laufbahn in besonderem Maße ausgeprägt. Schon 1891, als die ersten Gedicht-

unmäßig betrübt zu Mut über das Leiden der ~~stillen~~ Creatur, wo er doch so glücklich war als werde er in diesem Anblick an den nahe bevorstehenden Tod seines Vaters gemahnt. Er trat vom Fenster weg, ~~das Gefühl von Romana umfing ihn wieder völlig~~ nun konnte er wieder an seine Romana denken, nur [jetzt] noch ernster und feierlicher da er eben in solcher Weise an seine Eltern gedacht hatte. Er war schnell ausgezogen und zu Bett und ~~schrieb~~ in seinen Gedanken [Einbildung] schrieb er an seine Eltern. Die Gedanken strömten ihm, (er war beredsam wie nie im Leben.) ~~hätte er nur ein Tintenfaß eine Feder hiergehabt –]~~ alles was ihm einfiel war unwiderleglich, einen solchen
8. X. <1912> Brief hatten sie von ihm noch <nie> bekommen, sie mußten fühlen, daß er nun kein Knabe war sondern ein Mann.

Aussee. 18. VII 19 „Wozu die kostspielige Reise in fremdes Land!" So beiläufig fing er an, ~~als~~ um Menschen [kenntnis zu erwerben] kennen zu lernen und Manieren zu lernen, die doch [beide] nur Mittel zum Zweck, [nämlich der Zweck des Lebens] nicht der Zweck selber sind. Nun hatte er ja das Mädchen gefunden, die Lebensgefährtin, die sein Glück verbürge. von jetzt an habe er nur ein Trachten an der Seite dieser die Eltern zufriedenzustellen. Wäre er selbst eine Tochter, so hätte er ihnen schon [längst] Enkel dargebracht – durch ihn hätten sie auf dieses Glück schon allzu lange warten müssen . . . Nun fand er Wendungen in denen er von dem [schönen] Besitz der Familie Finazzer sprach, und die ~~schöne~~ altadlige Abstammung einfließen ließ. Hätte er nur ein Tintenfaß und eine Feder zur Hand gehabt – es fürchtete, zu vergessen: der Schlaf entwand ihm schöne ~~beredsame~~ Argumente, schlagende [beredsame] Wendungen

publikationen in Wien seinen frühen Ruhm begründen, notiert sich der gerade 17 Jahre alt gewordene Dichter, dessen Gedichte und lyrische Dramen die Kritik gerade als Zeugnisse eines „reifen" und „vollendeten" (später boshaft als die eines „frühvollendeten") Dichters preist:

> Berufsdilettantismus: Vorliebe für das Werdende, Flutende, den anklingenden Ton, die kaum gefühlte Stimmung; Abneigung gegen Ansichten, Grundsätze, gegen eigentliche Kunst, überhaupt gegen alle Form; will göttlicher als Gott sein, der ja, indem er seinen Ideen in der Schöpfung feste Formen gab, damit eigentlich in eine Lüge verfiel, denn jedes Gewordene Feste ist eine Lüge. Das Halbe, Fragmentarische aber, ist eigentlich menschliches Gebiet. (GW RuA III, 321f.)

Obwohl Hofmannsthal an seinem Roman-Projekt über 20 Jahre hinweg festhielt, scheint der Fragment-Charakter diesem Werk von Beginn an tief eingeschrieben zu sein. Wir müßten nur, so riet einst Rudolf Kassner, „verstehen es aufzuschließen". Die „echte eingeborene Traumhaftigkeit" des Romanfragments verbürgt seine Modernität und ist Grund dafür, daß es „gar nicht vollendet werden ‚konnte'". (Kassner 1946, 312) Hofmannsthal ahnte dies wohl bereits, als er am 19. August

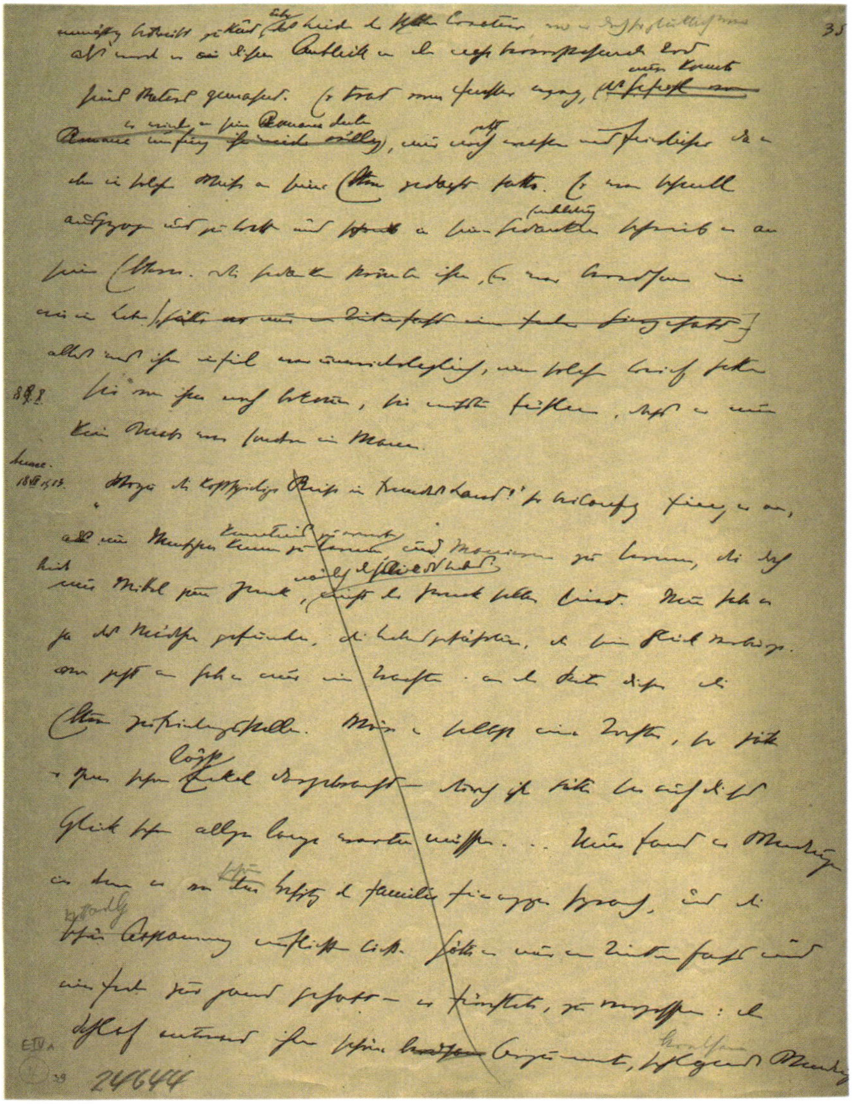

Hugo von Hofmannsthal: *Andreas.* Seite 35 des Hauptentwurfs mit den Daten: „8. X. [1912]" und „Aussee. 18. VII. 1913". Freies Deutsches Hochstift – Frankfurter Goethe-Museum, FDH 24644 (E IV A, 4, 39)

1913, also noch während der Arbeit am Hauptentwurf, an Ottonie Gräfin Degenfeld schrieb, er sei „von dem Stoff der Erzählung ganz bezaubert, es ist ein Netz worin man, wenn man es verstünde, Erde Himmel und Hölle umfangen könnte". (KHA XXX, 366) Nicht allein der Konjunktiv, sondern vor allem die hier gewählte Bildlichkeit offenbart die Zweifel des Dichters an der Realisierbarkeit seines Roman-Projektes, denn die Ganzheit, von der Hofmannsthal hier spricht – „Erde Himmel und Hölle" –, bleibt aus menschlicher Perspektive unerreichbar. Die gut 500 handschriftlichen Blätter, jene Fragmente aus Entwürfen, Skizzen und Notizen, bilden das „Netz", das zwar unzählige Möglichkeiten der Verknüpfung bietet, das Ganze aber nicht endgültig fixieren und fassen kann. Selbst die letzte datierte Notiz („Ende XI 27") des *Andreas*-Romans – der Dichter hatte sein ursprüngliches Entwicklungs- und Familienroman-Konzept schon längst zugunsten eines politisch-historischen Romans aufgegeben – dokumentiert noch die Unmöglichkeit des Unterfangens:

> Roman.
> müsste ein Compendium sein.
> Philosophie der Politik – bis in ihre feinsten Verästelungen in die Biologie –
> Verhältnis der Lebensalter zueinander die Berufe u. ihre Erfahrungen, und wie sie auf die Menschen zurückwirken –
> das Gleichgewicht im Socialen trotz der Ungleichheiten u. Spannungen, worin das Ausgleichende liegt. Auf was hin leben die Menschen? –
> Medicinische Intuitionen.
> Die Quelle der nationalen Eigenthümlichkeiten u. Stärken –
> (KHA XXX, 218)

Diese Spannung von Fragment und Ganzheit findet bereits zu Beginn der Arbeit am Roman ihre Entsprechung im „Verhältnis von Identität und Duplizität" der Hauptfiguren (Mayer 1994, 471f.). Zu Recht wurde darauf hingewiesen, daß in Hofmannsthals letzten Entwürfen zu dem Roman „an die Stelle der Dissoziation einer Person [...] die Dissoziation einer Epoche" tritt. (Pape 1977, 432)

Am Beginn des *Andreas*-Romans steht jedoch ein Buch, auf das der Dichter im Februar 1907 durch Marie von Thurn und Taxis aufmerksam wurde: *The dissociation of a personality* des amerikanischen Psychiaters Morton Prince. Es handelt sich dabei um eine psychologische Fallstudie, in der über eine mehrfache Persönlichkeitsspaltung einer jungen Frau berichtet wird. Bereits am 11. April 1907

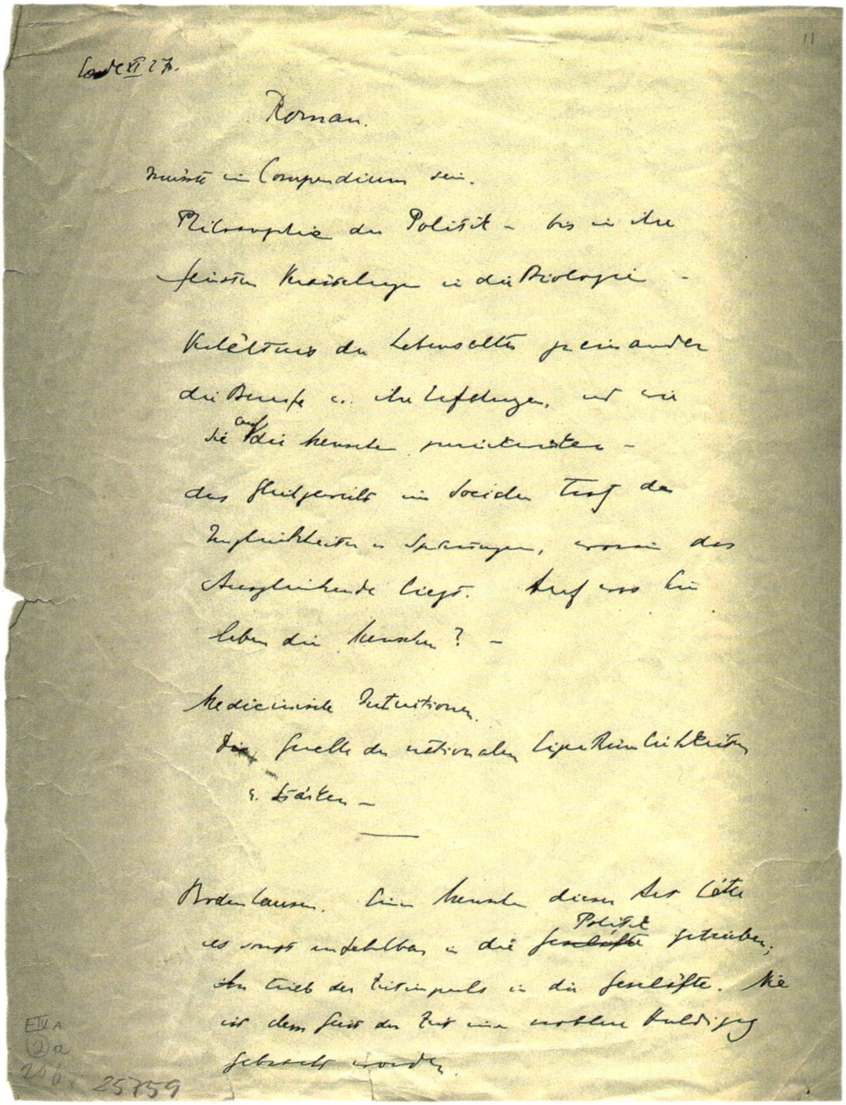

Ende XI 27.

Roman.

müsste ein Compendium sein.

Philosophie der Politik – bis in ihre feinsten Verästelungen in die Biologie –

Verhältnis der Lebensalter zueinander die Berufe u. ihre Erfahrungen, wie sie sich auf die Menschen auswirken – das Gleichgewicht im socialen Trieb der Verpflichtungen u. Spannungen, worin das Ausgleichende liegt. Wovon leben die Menschen? –

Medicinische Intuitionen.

~~Die~~ Quelle der nationalen Eigenthümlichkeiten u. Stärken –

Bodenhausen. Ein Mensch dieser Art hätte es sonst unfehlbar in die ~~Geschäfte~~ Politik getrieben; ihn trieb der Lebensimpuls in die Geschäfte. Wie ist dem Geist der Zeit eine erhabene Huldigung gebracht worden.

E IV A 2 12

25759

Hugo von Hofmannsthal: *Andreas.* Notiz von „Ende XI 27".
Freies Deutsches Hochstift – Frankfurter Goethe-Museum, FDH 25759 (E IV A, 2, 12)

7 c

Eine Szene von Margarita, in der sie
und Anders über Maria streitet, plötzlich
mit – Maria hinüberdenkt, traurig
wird und mit für einen Moment in
Maria verwandelt

—

Die mit – jener einen Nacht Anders geht,
Geschöpfe, Menschen, Leute, Heilige –
ist die Ganze, weder Maria noch
Margarita, mehr als beide –
schon Gott schauend, ohne Sünde
sündigend – schon jenseits

—

Wenn Margarita Bd III ist, Maria Bd I
so gibt's einen Abschnitt Bd II, gleichsam
die Seele Maria's, sehr klar –
Anders kennt diese als Maria – ihre
letzte Verwandlung, die Sprache von
sich selbst der Maria jene zweite
Menschwerdung:

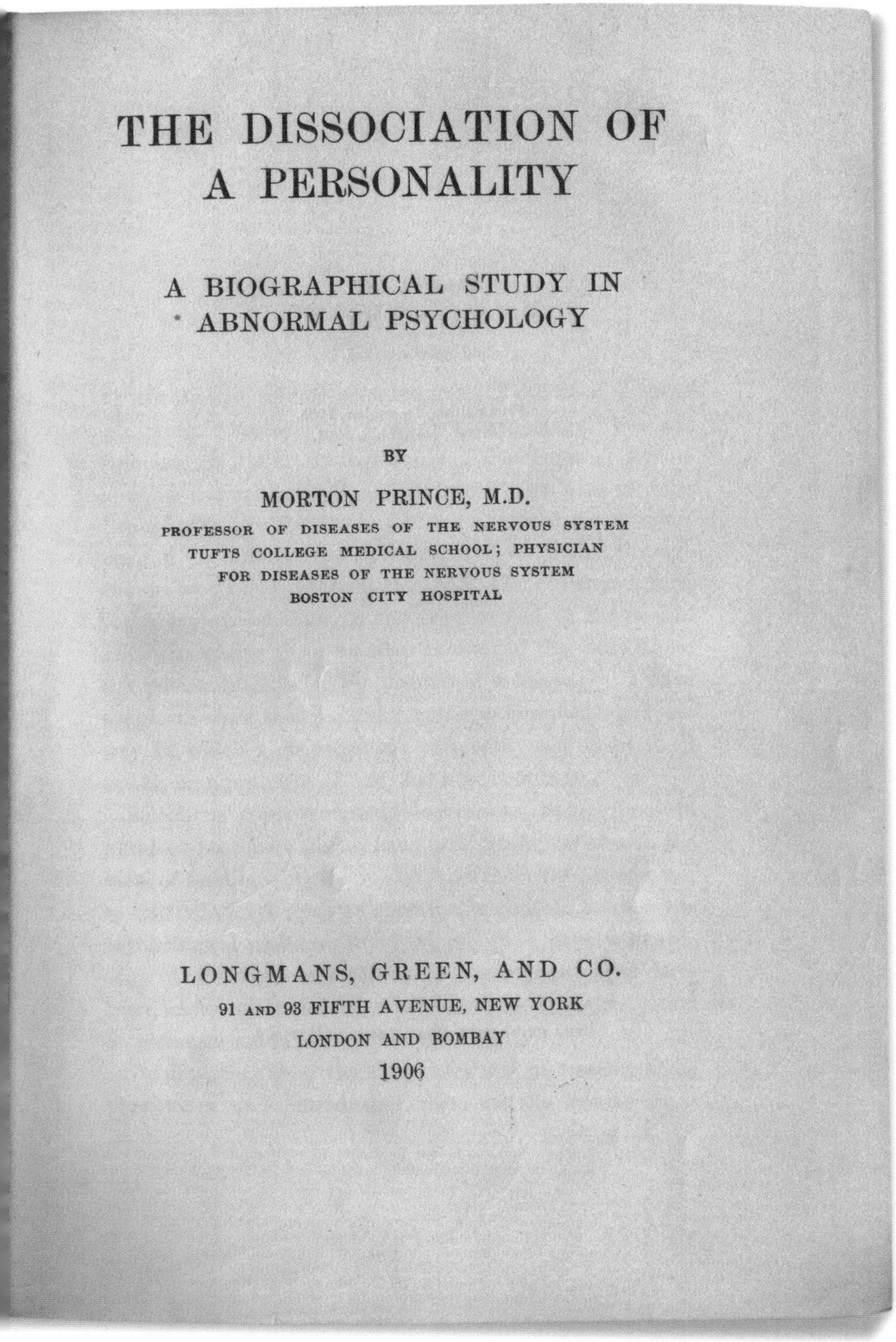

THE DISSOCIATION OF
A PERSONALITY

A BIOGRAPHICAL STUDY IN
ABNORMAL PSYCHOLOGY

BY

MORTON PRINCE, M.D.

PROFESSOR OF DISEASES OF THE NERVOUS SYSTEM
TUFTS COLLEGE MEDICAL SCHOOL; PHYSICIAN
FOR DISEASES OF THE NERVOUS SYSTEM
BOSTON CITY HOSPITAL

LONGMANS, GREEN, AND CO.
91 AND 93 FIFTH AVENUE, NEW YORK
LONDON AND BOMBAY
1906

Morton Prince: *The dissociation of a personality. A biographical study in abnormal psychology.* London 1906. Exemplar aus Hofmannsthals Bibliothek (FDH 1820). Darin: Hugo von Hofmannsthal: *Andreas.* Notiz. Freies Deutsches Hochstift – Frankfurter Goethe-Museum, FDH 25759 (E IV A, 2, 7)

teilt der Dichter Marie von Thurn und Taxis mit, daß er dem Buch „ganz unberechenbare Anregungen [...] für zukünftige Pläne und Entwürfe" verdankt. (KHA XXX, 361)

Mit Sally hatte Hofmannsthal das Urbild für die rätselhafteste Figur seines Roman-Entwurfs gefunden: das Doppelwesen Maria/Mariquita, das zugleich ein Spiegelbild für den jungen Andreas von Ferschengelder aus der Wiener Spiegelgasse ist, der sich auf der Suche nach seinem Ich befindet. In dem Buch von Prince, das sich in Hofmannsthals Bibliothek erhalten hat, finden sich nicht nur Anstreichungen und Annotationen, sondern auch Zettel mit Notizen zu dem Roman-Projekt. „Die sich in jener Nacht Andres gibt, Geliebte, Schwester, Mutter, Heilige – ist die Ganze, weder Maria noch Mariquita, mehr als beide – schon Gott gehörend, ohne Sünde sündigend – schon jenseits // Wenn Mariquita B_{III} ist Maria B_{I} so gibt es ein Wesen B_{II}, gleichsam die Seele Maria's, fest, klar –". (KHA XXX, 22) Bereits hier stößt man auf das ‚Hauptmotiv' des Romans: die Vereinigung mit sich selbst durch die Verbindung mit anderen. „Die Vereinigten – auch auf die Subiecte selbst bezogen: Andreas – Maria – der Malteser für jeden geht es um das Eins-werden mit sich selber" (KHA XXX, 119), notiert sich Hofmannsthal im Sommer 1913. In diesem Zusammenhang ist auch die Genese des (nicht autorisierten) Romantitels vielsagend. Während das Inhaltsblatt des Hauptentwurfes noch die Titel: „Die Dame mit dem Hündchen" und „Die wunderbare Freundin" nennt und damit das Hauptaugenmerk deutlich auf das Doppelwesen Maria/Mariquita lenkt, verweist der vom Dichter ab Oktober 1913 offenbar bevorzugte Titel „Andreas oder die Vereinigten" (später auch: „Andreas oder die Verwandelten") auf das zentrale Motiv des Romans.

Durch den Malteserritter Sacramozo (später auch Sagredo), der im Hauptentwurf noch eine Randfigur ist, doch in den Notizen der Jahre 1912/13 eine wichtige Funktion einnimmt, führt Hofmannsthal die alchemistische Formel „Solve et coagula" (vgl. KHA XXX, 102f.), löse und verbinde, in den *Andreas*-Roman ein. Der Formel kommt für die Konzeption des Romans eine wichtige Bedeutung zu, denn Trennung – Reinigung – Wiedervereinigung, jene drei Stufen, in denen sich die alchemistische Arbeit vollzieht, bestimmen auch die Handlungen der Hauptpersonen des Romans. „Die wahre Poesie ist das arcanum, das uns mit dem Leben vereinigt, und vom Leben absondert" (KHA XXX, 107), heißt es in einer Notiz zu Sacramozo, und in *Ad me ipsum,* jenen Aufzeichnungen, in denen Hofmannsthal seine Poetik selbst erläuterte, findet sich die Äußerung: „Der Sinn der Welt ist Lösung. Nichts läßt sich im Weltlichen befestigen. Welt ist Werkstätte ist Ort der

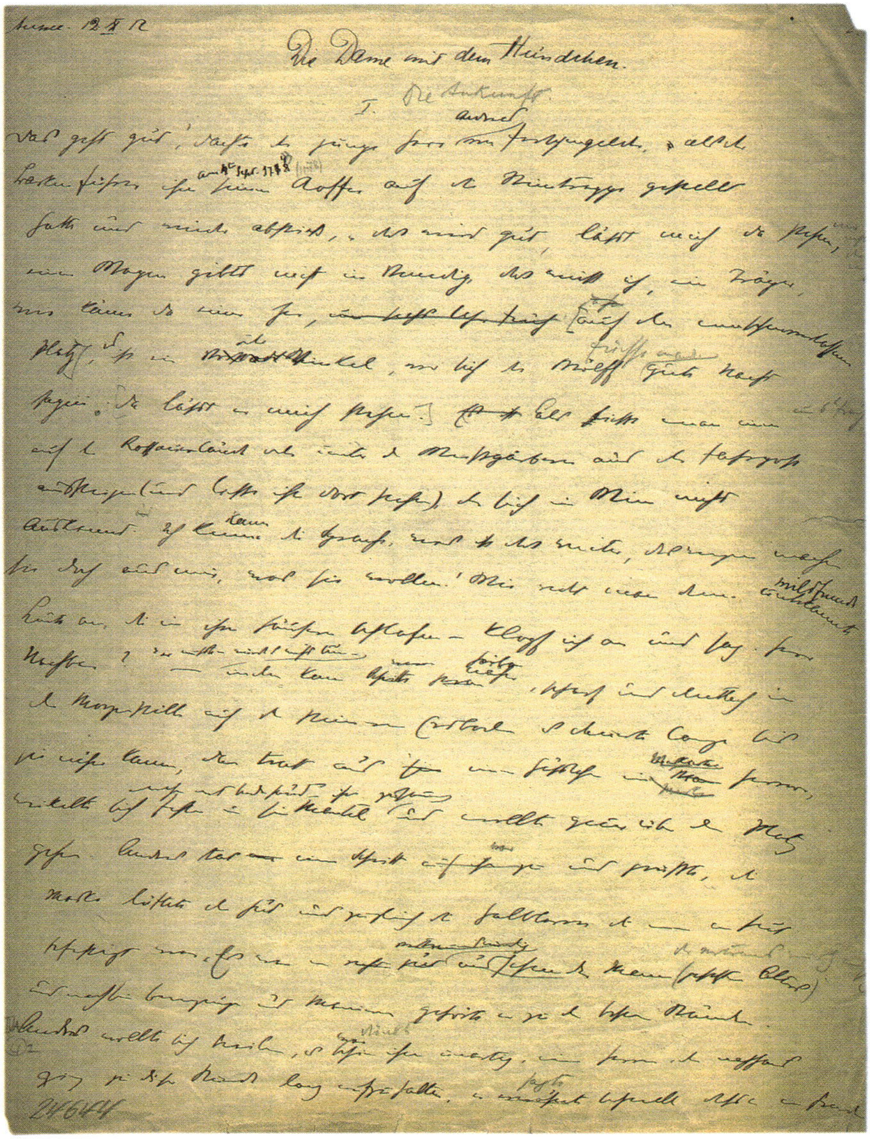
Aussee. 12 IX 12

Die Dame mit dem Hündchen

I.

24644

Hugo von Hofmannsthal: *Andreas.* Erste Seite des Hauptentwurfs: „Aussee. 12. IX. 12".
Freies Deutsches Hochstift – Frankfurter Goethe-Museum, FDH 24644 (E IV A, 4, 2)

Gestaltung, Erneuerung, Wechsel, ist um der Fülle der Schönheit der Liebe willen usf.". (GW RuA III, 614) Nichts ist sicher in dieser inneren und äußeren Welt des beständigen Wechsels, des Lösens und Verbindens, in ihr ist allein das Fragmentarische „menschliches Gebiet", alles Festgewordene wäre Lüge.

So setzt das Roman-Fragment mit der Ankunft Andreas' in Venedig ein, an jenem Tag, an dem die Ich-Spaltung manifest wird. Ein junger Mann macht sich auf, die Welt und sich selbst zu erkunden. Er soll auf seiner Reise zu sich selber finden, Eins-werden mit sich. Schon auf der ersten Seite des Hauptentwurfs bringt Hofmannsthal die innere Zerrissenheit Andreas' und die Unsicherheit der Situation auf wunderbare Weise zum Ausdruck. Andreas betritt den schwankenden Boden Venedigs, jener Stadt der Masken, in der es keinen festen Boden unter den Füßen gibt:

> „Das geht gut", dachte der junge Herr Andres von Ferschengelder, als der Barkenführer ihm am 12ten Sept. 1778 seinen Koffer auf die Steintreppe gestellt hatte und wieder abstieß, „das wird gut, läßt mich da stehen, mir nichts dir nichts, einen Wagen gibts nicht in Venedig, das weiß ich, ein Träger, wie käme da einer her, [um sechs Uhr früh] [auf den menschenverlassenen Platz], es ist ein öder Winkel, wo sich die Wölff [Füchse einander] gute Nacht sagen. [Da läßt er mich stehen]". (Freies Deutsches Hochstift, Frankfurt am Main, FDH 24644, E IV A 4, 2)

Wie die Handschrift zeigt, läßt sich schon das erste Datum des Textes nicht exakt bestimmen. Heinrich Zimmer, der 1930 das Roman-Fragment als erster in der Zeitschrift *Corona* edierte, las 17., der Herausgeber der Kritischen Ausgabe entschied sich für den 7. Sept. 1778. Am wahrscheinlichsten ist jedoch die hier angegebene Lesart, auch deshalb, weil Hofmannsthal hier den Tag der Ankunft seines Helden in Venedig mit dem Beginn der Niederschrift („Aussee. 12. IX. 12") verknüpft. Die Blätter des Hauptentwurfs, das zeigt bereits das erste Blatt, sind keine Reinschriften, sondern Zeugnisse verschiedener Arbeitsstufen. (Vgl. Aurnhammer 1994, S. 277f.) Die Blätter mit ihren Streichungen, den zahlreichen Einschüben, Klammern sowie Bleistift- und Tintenkorrekturen dokumentieren, daß selbst in dem weitgehend ausformulierten Text noch vieles im Fluß bleibt. Auf diesen fragmentarischen Charakter verweist auch das Ende des Hauptentwurfs, an dem Andreas „wie im Traum" durch die menschenleeren Gassen Venedigs irrt, auf der Suche nach Maria/Mariquita, deren unheimliches Doppelwesen er gerade erst zu ent-

Der Ausseer Dichterkreis Sommer 1912 (v.l.n.r.: Jakob Wassermann, Hugo von Hofmannsthal, Julie Wassermann-Speyer [?], Edgar Spiegl von Thurnsee, Clemens Franckenstein. Freies Deutsches Hochstift – Frankfurter Goethe-Museum, Sammlung Rudolf Hirsch, ID 59

decken beginnt: „Er entfernte sich, durchstreifte ein paar Gassen, kam nach einer Weile wieder auf den Platz zurück, trat durch die Seitentür in die Kirche, ging durch den Schwibbogen zurück und fand niemanden." (KHA XXX, 97)

Man ist versucht, zu diesem offenen und geheimnisvollen Ende mit seinen unzähligen Möglichkeiten den Dichter selbst mit den Worten zu zitieren: „Hier bricht der Torso ab. Welch ein Werk! […] Welche Fülle von Gestalten, welch wunderbarer Reichtum der Gegenüberstellung!" (GW RuA I, 408) Freilich sprach Hofmannsthal im Jahr 1911 nicht von seinem eigenen Roman-Projekt, sondern von einem Fragment, dem sein späteres Werk viel verdankt: Goethes *„Wilhelm Meister" in der Urform.* Doch anders als Goethe gelang es Hofmannsthal nicht, dem Fragment einen vollendeten Roman folgen zu lassen. Doch gerade darin liegt die Modernität von Hofmannsthals *Andreas* begründet, der kein „österreichischer Wilhelm Meister" (HJb 7/1999, 110) ist, sondern ein ins 20. Jahrhundert „übersetzter“ Roman, der sich der literarischen Tradition (Büchner, Goethe, Heinse, Moritz, Novalis, Stifter) verpflichtet weiß, aber die Probleme des modernen Menschen, „die Brüchigkeit des Individuums, die Zersetzung der Individualtität, die ihre Grenzen nicht mehr zu finden vermag“ (Mayer 1994, 487), in der diesen Umständen gemäßen Erzählform darstellt. Hatte Hofmannsthal im *Chandos-Brief* noch die Erschütterung des Vertrauensverhältnisses zwischen Ich und Sprache beschrieben, lenkt er im *Andreas* die Aufmerksamkeit auf die Dissoziation der Persönlichkeit, jene unzähligen geheimnisvollen Partikel, die das „Ich“ ausmachen. In einer Welt, in der sich die Realitäten von Raum und Zeit auflösten und nichts mehr „sich mit einem Begriff umspannen“ ließ, sondern dem Individuum alles in Teile zerfiel und „die Teile wieder in Teile“ (KHA XXXI, 49), mußte der *Andreas*-Roman Fragment bleiben. In seinem Vortrag *Der Dichter und diese Zeit* bezeichnet Hofmannsthal Bücher als „ein höchst zweideutiges, entschlüpfendes, gefährliches, magisches Element des Lebens“ und bekennt: „Sie leben erst, wenn sie mit einer lebendigen Seele zusammenkommen. Sie reden nicht, sondern sie antworten, dies macht Dämonen aus ihnen“. (GW RuA I, 77) Das *Andreas*-Fragment ist eine dichterische Antwort auf die neuen Wirklichkeiten des 20. Jahrhunderts.

Verwendete Literatur

KHA XXX = Hugo von Hofmannsthal: Sämtliche Werke. Kritische Ausgabe. Veranstaltet vom Freien Deutschen Hochstift. Hg. von Rudolf Hirsch †, Christoph Perels, Heinz Rölleke u. a., Frankfurt am Main: S. Fischer 1975ff.; Bd. XXX: Andreas, Der Herzog von Reichstadt, Philipp II. und Don Juan d'Austria, aus dem Nachlaß hg. von Manfred Pape, 1982.

KHA XXXI = Hugo von Hofmannsthal: Sämtliche Werke. Kritische Ausgabe. Bd. XXXI: Erfundene Gespräche und Briefe hg. von Ellen Ritter, 1991.

GW RuA I–III = Hugo von Hofmannsthal: Gesammelte Werke in 10 Einzelbänden. Hg. von Bernd Schoeller in Beratung mit Rudolf Hirsch. Frankfurt am Main: S. Fischer 1979/80 [RuA I–III bezeichnet d. Bde. Reden und Aufsätze I–III].

HJb = Hofmannsthal-Jahrbuch

Alewyn 1955 = Richard Alewyn: Andreas und die „wunderbare Freundin“. In: Ders.: Über Hugo von Hofmannsthal. Göttingen: Vandenhoeck & Ruprecht 1967, S. 131–167.

Aurnhammer 1994 = Achim Aurnhammer: Hofmannsthals „Andreas“: Das Fragment als Erzählform zwischen Tradition und Moderne. In: Hofmannsthal-Jahrbuch. Freiburg: Rombach 1994, S. 275–296.

Kassner 1946 = Rudolf Kassner: Hofmannsthal und Rilke. Erinnerung. In: Ders.: Sämtliche Werke. Im Auftrag der Rudolf Kassner-Gesellschaft, hg. von Ernst Zinn und Klaus E. Bohnenkamp, Bd. 10. Pfullingen: Neske 1991, S. 311–321.

Mayer 1994 = Mathias Mayer: Die Grenzen des Textes. Zur Fragmentarik und Rezeption von Hofmannsthals *Andreas*-Roman. In: Études Germaniques 1994, H. 4, S. 469–492.

Pape 1977 = Manfred Pape: Entstehung und Misslingen von Hofmannsthals Andreas. Mit unbekannten Notizen. In: Études Germaniques 1977, H. 4, S. 420–436.

Ein vollendetes Fragment: *Die letzten Tage der Menschheit* von Karl Kraus

Von Hermann Böhm

Neben der lebensumfassenden Arbeit an der Zeitschrift *Die Fackel,* die Karl Kraus von 1899 bis 1936 herausgab und ab 1911 auch alleine schrieb, gilt das Weltkriegsdrama *Die letzten Tage der Menschheit* als sein Hauptwerk. Diese „Tragödie in fünf Akten mit Vorspiel und Epilog" entstand in seiner ersten Fassung in den Sommern 1915 bis 1917, wie Kraus selbst im Vorsatz zur zweiten Fassung vermerkt. Wohl kaum hat Kraus sich damals, konfrontiert mit dem immer stärker hervortretenden Grauen des Weltkrieges, mit dramaturgischen oder gar gattungstheoretischen Überlegungen zum Schaffensprozeß des Stückes abgegeben. In der Tat hatte er zuvor keine dramatische Dichtung geschaffen. Nun aber schien ihm das literarische Medium des Dramas als die wirkungsvollste Anprangerung und Geißelung der schrecklichen Kriegsrealität. Der eigentliche, geistige Ursprung der *Letzten Tage der Menschheit* läßt sich in der ersten Hälfte des Jahres 1915 ansetzen, einer Zeit, in der Kraus sich nicht nur selbst in einer Periode persönlicher Verunsicherung wegen seiner, zunächst mißglückten Verbindung mit Sidonie von Nádherný befand, sondern auch wegen der politisch- militärischen Lage, dem Kriegseintritt Italiens, sich einer zusehends negativen Entwicklung ausgesetzt sah. Dies war wohl der entscheidende Anlaß für ihn, sich zu einer umfassenden Abrechnung mit der entfesselten menschlichen Unvernunft in satirisch-dramatischer Form zu entschließen.

Zwar hatte Karl Kraus zuvor versucht, seiner Betroffenheit angesichts der blutigen Wirklichkeit des Krieges mit Schweigen zu begegnen, wie er in einem Brief an Sidonie von Nádherný vom 21. November 1914 ausdrückt: „Sprich nicht von Arbeit. Ich bin durch die paar Seiten hinlänglich befreit. Auf lange Zeit hinaus ist weiter nichts zu thun, nichts der blutigen Dummheit zu sagen". (Kraus 1974, Bd.1, 93)

Diese „Geste demonstrativen Schweigens", wie es Kurt Krolop zutreffend nennt, vermochte der Moralist Kraus allerdings nicht lange durchzuhalten. Schon im selben Monat November 1914 brachte er in seiner 80. Vorlesung in der sogenannten „Anrede" *In dieser großen Zeit* seine strikte Antikriegshaltung zum Ausdruck. Die erste Erwähnung des geplanten Werkes findet sich dann ein halbes Jahr später, wiederum in einem Brief an Sidonie von Nádherný, datiert vom 29. Juli 1915.

> Aus dieser Erschöpfung nun ist noch ein Funke entsprungen, und es entstand der Plan zu einem Werk, das freilich, wenn es je hervorkommen könnte, gleichbedeutend wäre mit Preisgabe. Gleichwohl und eben deshalb muß es zu Ende geschrieben werden. Der erste Akt, das Vorspiel zu dem Ganzen, ist fertig und könnte für sich bestehen. Zu wem aber wird es dringen? (Kraus 1974, Bd.1, 179)

Bereits in der *Fackel* 406–412 vom Oktober desselben Jahres wurde unter dem Titel *Aus einer Tragödie Die letzten Tage der Menschheit. Ein Angsttraum* der Schluß des späteren 3. Aktes, der berühmte Monolog des Nörglers am Wiener Graben abgedruckt. Den Monolog las Kraus auch in der Vorlesung vom 30. Oktober 1915 im kleinen Musikvereinssaal, und er nahm ihn auch in den ersten Band von *Worte in Versen* auf, der Anfang 1916 erschien. Den Zweittitel, *Ein Angstraum,* hat Kraus später gestrichen, vielleicht, wie Werner Kraft meint, aus der Einsicht heraus, daß die Idee des Angsttraumes der Idee der Tragödie widerspräche.

> Der Begriff der Tragödie schwankt hier zwischen der Bezeichnung einer Kunstgattung und der einer Wesenseigentümlichkeit der dargestellten Vorgänge. Nur als Tragödie war der Dichter imstande, die ungeheuerlichen Stoffmassen durch ein Ordnungsprinzip zu bändigen, das ihm die Akteinteilung mit Vorspiel und kosmischem Strafgericht im Epilog erlaubte. (Kraft 1956, 140)

Spätestens ab diesem Zeitpunkt sind die *Letzten Tage der Menschheit* neben ihrer eigentlichen dramatischen Gestalt auch Bestandteil der „Kriegsfackel", also aller von Juli 1914 bis November 1918 erschienenen Nummern der Zeitschrift. Kraus selbst sah in dieser Schaffensperiode ausschließlich ein Manifest seiner unbedingten Kriegsgegnerschaft, wie er viele Jahre später in seinem Prozeß gegen Hugo Sonnenschein alias Sonka mehrfach betont:

> Gegen den Krieg habe ich damals ganz allein gekämpft, ihn in jeder Form und in allen seinen Erscheinungen perhorresziert und ihn ebenso verabscheut wie alles das, was sich gegen Geist und Humanität wendet und sie schändet. (POS 4, 303)

Die *Letzten Tage der Menschheit* sind keine Tragödie im aristotelischen Sinn, dazu fehlt es an eigentlicher dramatischer Entwicklung, vielmehr versuchte Kraus durch Montage und Zitat ein Gesamtbild der vier Kriegsjahre zu geben.

Er bediente sich zu einem großen Teil der Zitierung realer Zeitungsmeldungen, vor allem aus der *Arbeiter-Zeitung* und der *Neuen Freien Presse,* dazu kamen Beobachtungen, die ihm durch Freunde und Gewährsleute zugeleitet wurden oder die er selbst als Seismograph jeder noch so unbedeutend erscheinenden, im Gesamtkontext aber meinungsprägenden Erscheinung oder Äußerung des öffentlichen Lebens anstellte. In der Anwendung des Zitats sah Kraus die einzige Möglichkeit satirisch zu schreiben, in einer Zeit, die für ihn das Stigma einer sich selbst desavouierenden Lächerlichkeit trug.

Im Vorwort der *Letzten Tage der Menschheit* betont Kraus dieses Prinzip ebenfalls: „Die unwahrscheinlichsten Taten, die hier gemeldet werden, sind wirklich geschehen; ich habe gemalt, was sie nur taten. Die unwahrscheinlichsten Gespräche, die hier geführt werden, sind wörtlich gesprochen worden; die grellsten Erfindungen sind Zitate". (Kraus: Schriften, Bd.10, 9)

In den eingefügten Dialogen von Nörgler und Optimist brachte der Autor seinen eigenen satirischen Kommentar ein, indem er selbst in der Rolle des Nörglers als Räsoneur des Dramas auf die Stichworte des gutgläubigen und dadurch sich unbewußt und kollektiv schuldig machenden Optimisten im entlarvenden Sinn reagiert. In einer der eindruckvollsten Szenen begegnet der Nörgler der naiv harmlosen Aussage des Optimisten: „Jeder Krieg wird doch noch durch einen Frieden beendigt" mit einer leidenschaftlichen Prophetie:

> Dieser nicht. Er hat sich nicht an der Oberfläche des Lebens abgespielt, sondern im Leben selbst gewütet. Die Front ist ins Hinterland hineingewachsen. Sie wird dort bleiben. Und dem veränderten Leben, wenns dann noch eines gibt, gesellt sich der alte Geisteszustand. Die Welt geht unter, und man wird es nicht wissen. Alles was gestern war, wird man vergessen haben; was heute ist, nicht sehen; was morgen kommt, nicht fürchten. Man wird vergessen haben, daß man den Krieg verloren, vergessen haben, daß man ihn begonnen, vergessen, daß man ihn geführt hat. Darum wird er nicht aufhören. (Kraus: Schriften, Bd. 10, 659)

Die erste Ausgabe des Stückes wurde erst nach dem Ende des Krieges, von Herbst 1918 bis September 1919, in vier Sonderheften der *Fackel* dem Publikum über-

Garamond

Die letzten Tage der Menschheit

Tragödie – (petit)

(Schlußszene eines Aktes) – (col.)

Zimmer im Hause des Hofrats Schwarz-Gelber. Spät am Abend. Hofrath } col.
und Hofrätin Schwarz-Gelber treten ein.
Er (schwer atmend): Gott seis getrommelt und gepfiffen – da sind wir – puh –
Sie: Tut sich was, Märtyrer was du bist.
Er: das letzte Mal – das letzte Mal – darauf kannst du dich verlassen!
Sie: Ich mit dir auch! darauf kannst du Gift nehmen! (Sie beginnt sich zu entkleiden. Er läßt sich in einen Stuhl fallen, stützt die Stirn in die Hand, springt wieder auf und geht im Zimmer herum.)
Er: Warum – sag mir nur bittig warum – warum nur das eine sag ich, hat Gott mich mit dir gestraft – grad ich ? ausgerechnet ich – muß dieses Leben führen – warum – hätt nicht können ein anderer – Gerackert hab ich mich – bis in die sinkende Nacht – für dich – du bringst mich um mit deiner Kriegsfürsorg – Hilfskomitees und Zweigstellen und was weiß ich, Konzerte und Theater und Nähstuben und Sitzungen, wo man herumsteht, und Spitäler – Gott, is das ein Leben
(auf sie zugehend) was – was willst du noch von mir – hast du noch nicht genug – ich – ich – bin nicht gesund – ich bin nicht – gesund –

Anm. f. den Setzer: die Personenbezeichnung: Er und Sie garmond spat.
die Zeilenumbrüche in Klammern immer colon

geben. Sie werden in der Überlieferung als sogenannte „Aktausgabe" bezeichnet. Einzelne Szenen wurden schon während der Kriegsjahre in der regulären Fackelausgabe abgedruckt.

Natürlich erscheint es heute fast blasphemisch, diesem, vom Autor selbst nur einem „Marstheater" zugedachten, Monumentalwerk fragmentarischen Charakter zuzuschreiben. Der Ablauf der Werksentstehung bestätigt diese Annahme jedoch. Kraus hat das Drama ständig ergänzt und variiert, die offene Form wurde von ihm selbst betont. „Die letzten Tage der Menschheit haben noch etwa hunderttausend Szenen, die nur nicht geschrieben wurden, um den Umfang des den Abend eines Marstheaters bequem füllenden Stückes nicht über Gebühr auszudehnen". (Kraus: Werke, Bd. 5/2, 251f.)

Karl Kraus: *Die letzten Tage der Menschheit,* eigenhändiges Entwurfsmanuskript einer Szene.
Wiener Stadt- und Landesbibliothek, Handschriftensammlung, Sign.: Jb 159.675, S. 1

Garmond

Die letzten Tage der Menschheit

Tragödie — (petit)

(Schriftgrösse wie im Akt I) — (col.)

Zimmer im Hause des Ehepaares Schwarz-Gelber. Spät am Abend. Ehepaar } col.
Das Ehepaar Schwarz-Gelber tritt ein.

Er (bebend, erschöpft): Gott sei getrommelt und gepfiffen — da sind wir — jetzt —

Sie: Zieh dich aus, Mistviech, wie du bist.

Er: Das letzte Mal — das letzte Mal — darauf kannst du dich verlassen!

Sie: Ich mit dir auch! Darauf kannst du Gift nehmen! (Sie beginnt sich zu entkleiden. Er läßt sich in einen Stuhl fallen, stützt die Stirn in die Hand, springt wieder auf und geht im Zimmer herum.)

Er: Warum — sag mir nur billig warum — warum, ~~[illegible]~~ nur das eine frag ich, hat Gott mich mit dir gestraft — grad ich, ausgerechnet ich — müßt dieses Leben führen — warum — hätt nicht können ein anderer — gerackert hab ich mich — (bis in die sinkende Nacht —) ~~[illegible]~~ du bringst mich um mit deiner Kriegsfürsorg —¹ ~~[illegible]~~ Konzerte, Theater, Wohltätigkeits-Sitzungen, wo man herumsteht, in Spitälern ~~[illegible]~~ — Gott, is das ein Leben (auf sie zugehend) mal — und weißt du noch nicht — hast du noch nicht genug — ich — ich — bin nicht Schluß — ich bin nicht — Schluß —

¹ Hilfskomitees und Festlichkeiten usw. weiß ich.

Anm. f. d. Setzer: die Personenbegriffe: Er u. Sie garmond spat. (nicht fett?) die Zeitbemerkungen in Klammern immer colonel

Der zweite: Ich denk an das Prothesenspital.
Der erste: No deshalb mußt doch nicht weinen, Krieg is Krieg mei Liaber –
Der zweite: Das weiß ich doch, es is auch nicht wegen, es ist wegen
Der erste: No was denn? Was hast denn?
Der zweite: (weinend) ich denk an die

garm

(er schluchzt)
Der erste: No aber deshalb mußt doch nicht – Krieg is Krieg mei Liaber
Der zweite: das weiß ich, es is doch nur wegen der Zita –

Diese fragmentarische Fassung, und als solche empfand Kraus sie, umfaßt insgesamt 169 Szenen und den Epilog „Die letzte Nacht". Die erhaltenen Korrekturfahnen und Originalentwürfe zeugen vom fanatischen Gestaltungswillen Kraus' in stilistischer und inhaltlicher Hinsicht. Bis zu zehn Textstufen liegen manchen Szenen zugrunde, die einzelnen Szenen wurden in ihrer Aktzuteilung und Reihenfolge oftmals umgestellt.

Obwohl Kraus von den *Letzten Tagen der Menschheit,* als einzigem unter allen seinen Werken, eine Reinschrift anfertigte, wohl um den Druck des Gesamtwerkes zu beschleunigen, sah er in der Aktausgabe doch nur eine „vorläufige" Fassung. In den Jahren von 1919 bis 1922 unterzog er das Werk einer für ihn unumgänglich notwendigen, umfassenden Revision. Textpassagen und Szenen wurden entfernt, hinzugefügt und in ihrer dramatischen Anordnung verändert.

Die Anzahl der Szenen erhöhte sich dadurch auf 209, die dramatis personae auf mehr als ein halbes Tausend. Verschiedene Personengruppen, wie etwa die „Verehrer der Reichspost", wurden nun verstärkt ins Geschehen einbezogen, sie beweisen, daß Kraus nach 1918 neu zugängliche Quellen eingearbeitet und der veränderten politischen Situation damit Rechnung getragen hat.

Die im Kraus-Archiv der Wiener Stadt- und Landesbibliothek verwahrten Manuskripte und Korrekturfahnen zeigen aber auch, daß Kraus bereits in der Entstehungsphase der Aktausgabe geschaffene Texte nun als Reserve heranzog und sie

Karl Kraus: *Die letzten Tage der Menschheit,* eigenhändiges Entwurfsmanuskript der 24. Szene des 3. Aktes (Buchausgabe) mit aufgeklebtem Zeitungsausschnitt. Wiener Stadt- und Landesbibliothek, Handschriftensammlung, I.N. 171.563, S. 4

Erzherzogin Zita im Prothesenspital.

Einen Freudentag, der so manche Stunde des Schmerzes und Wartens aufwiegt, brachte den Verwundeten der 8. Mai. Oft klang es an mein Ohr: „Wenn nur Erzherzogin Zita einmal käme!" — „Könnte ich doch Erzherzogin Zita sehen!" **Endlich brach der ersehnte Tag an.** Freudige Erregung vibrierte durch das ganze große lichte Haus. ~~Um ¾10 Uhr vor~~mittags fuhr das kaiserliche Auto vor~~, dem die Erzherzogin, begleitet von der Obersthofmeisterin Gräfin Thun-Lobkowitz~~ entstieg. ~~Erzherzog Karl Stephan, der ein warmes Interesse für das Spital hegt und es öfter besucht, hatte sich auch eingefunden.~~ Es war soeben ein neuer Transport Verwundeter angekommen~~, unter denen mehrere reichsdeutsche Soldaten waren.~~ Mit unvergleichlicher Anmut richtete die junge Erzherzogin an jeden der Neuankömmlinge das Wort. ~~Und so tat sie es weiter in jedem Saal, auf jedem Korridor. Keiner wurde vergessen, keiner übersehen.~~ Es strahlte und leuchtete auf in diesen wettergebräunten Gesichtern, in welchen das Leid und der Schmerz so manche Furche gezogen. Deutsche und Ungarn, Polen und Tschechen, Rumänen und Ruthenen fühlten sich wieder inniger verkettet durch ein neues einigendes Band.

im Umarbeitungsprozeß verwendete. So gesehen kann man das Drama durchaus mit dem modernen Begriff eines „work in progress" kennzeichnen.

Daß sich der tatsächliche Abschluß noch zweieinhalb Jahre, bedingt durch wirtschaftliche Probleme und persönliche Überbeanspruchung Kraus', hinziehen sollte, lag sicherlich nicht in seiner Intention; die politischen und gesellschaftlichen Umwälzungen im neuen Staat Österreich erzwangen aber geradezu seinen verstärkten kultur- und zeitkritischen Kommentar, der sich in 87 Fackelnummern mit fast 1500 Seiten niederschlug. Dazu kam eine intensive Vorlesungstätigkeit mit 90 Veranstaltungen in sechs Städten. Diese, halb erzwungene, halb freiwillige Verzögerung, gab Kraus freilich Gelegenheit zu den umfassendsten Änderungen und Erweiterungen. Kraus dürfte, bei allen Bestrebungen einer raschen Vollendung, die Frist nicht ganz unwillkommen gewesen sein, denn er hielt, wie schon erwähnt, die Aktausgabe noch für einen nicht ganz ausgereiften Torso. Über die mit der Fertigstellung der Buchausgabe verbundenen geistigen Kraftanstrengungen schreibt er an Sidonie von Nádherný: „Daran sieht man erst den ganzen Untergang. Sie waren ungeheuer schwierig und interessant, von hundert Gesichtspunkten immer wieder bestimmt". (Kraus 1974, Bd. 1, 542)

Den Entstehungsprozeß des Werkes und die Arbeitsweise von Karl Kraus können die in den Abbildungen gezeigten Exponate verdeutlichen. Zu der Abbildung auf Seite 191 ist zu sagen, daß der Originalentwurf zunächst in *Fackel* 423–425 vom Mai 1916 als Einzelszene veröffentlicht wurde und insgesamt zehn einseitig beschriebene Blätter umfaßt. In der Aktausgabe bildet er dann die Schlußszene, d. h. die zwölfte des zweiten Aktes, während er in der Buchausgabe, die wesentlich mehr Szenen im zweiten Akt, nämlich deren dreiunddreißig aufweist, wiederum ans Ende gerückt wurde. Die Namensgebung für den wohltätigen und zugleich geltungsbedürftigen Hofrat und seine Gattin könnte Kraus wohl aus einer Aktion zur Ausspeisung bedürftiger Einwohner Wiens gezogen haben. Die finanzielle Bedeckung dafür wurde nämlich durch den Verkauf von kreuzförmigen, schwarz-gelben Broschen beschafft. Möglicherweise hat er auch auf den Wiener Gemeinderat Schwarz-Hiller angespielt, der oft als Organisator solcher Spenden- und Hilfsaktionen hervortrat.

Karl Kraus: *Die letzten Tage der Menschheit,* Korrekturbogen mit eigenhändigen Anmerkungen und Streichungen der 1. Szene des 3. Aktes (Aktausgabe).
Wiener Stadt- und Landesbibliothek, Handschriftensammlung, Sign.: Ja 163.809

III. Akt

1. Szene

Ringstraße. Sirk-Ecke. Larven und Lemuren. Es bilden sich Gruppen.

Ein Zeitungsjunge: Extraausgabee —! Neue Freie Presse! Schwere Niederlage der Italiäna!

Ein ~~Passant~~: Wenn Sie das Abendblatt gelesen hätten, würden Sie keinen Moment zweifeln.

~~Zweiter Passant~~: War es als authentische Nachricht?

~~Zweiter Zeitungsjunge~~: Extraausgabe — 100.000 tote Italiäna bittee —!

~~Erster Passant~~: Wenn ich Ihnen sag, wörtlich: Das Ehepaar Kramer-Glöckner gastiert ab 1. in Marienbad.

~~Zweiter~~: Gottseidank, da bleibt meine Frau länger.

~~Dritter Passant~~: Wissen Sie, wer vollständig verschwunden is?

~~Vierter~~: Ich weiß, der Fackelkraus.

~~Dritter~~: Wie Sie das erraten — oft denk ich, kein rotes Büchl, kein Vortrag — ihn selbst hat man auch schon eine Ewigkeit nicht zu Gesicht bekommen. Ich kenn doch seinen Schwager.

~~Vierter~~: Ich kenn ihn persönlich.

~~Dritter~~: Sie kennen ihn persönlich?

~~Vierter~~: Ob ich ihn kenn, Tag für Tag is er an mir vorbei.

~~Dritter~~: Der is fertig. Da zeigt sichs. Harden hat nicht aufgehört im Krieg. Der hat eben die größern Themen.

~~Vierter~~: Natürlich, jetzt, wo ja zu schreiben wär, schreibt er nicht!

~~Dritter~~: No kann er denn?

~~Vierter~~: Wegen der Zensur? Erlauben Sie mir, da könnte doch eine geschickte Feder, und die muß man ihm lassen —

~~Dritter~~: Nicht wegen der Zensur, ich glaub, er kann von selbst nicht. Er hat sich ausgeschrieben. Und dann — er fühlt jedenfalls, daß jetzt andre Sorgen sind. Das war ja ganz amüsant im Frieden, jetzt is man zu solchen Hecheleien nicht aufgelegt.

Die Abbildung auf Seite 193 ist ein typisches Beispiel für die von Kraus oft angewandte Montagetechnik durch Integrierung von Zeitungsausschnitten, Briefen, Armeebefehlen u.a. in den Text. Die vorliegende Passage „Erzherzogin Zita im Prothesenspital" ist Bestandteil einer größeren Szene, in der die „zwei Verehrer der *Reichspost*" die im Krieg und Frieden gleichermaßen bewährten Tugenden der Mitglieder des Kaiserhauses loben. Tatsächlich wurde dieser Huldigungs- und Beschönigungsartikel zunächst in der *Reichspost* vom 10. Mai 1915 abgedruckt, von der ihn dann, mit leichten Änderungen und Kürzungen eine andere, nicht mehr eruierbare Wiener Tageszeitung übernahm und dessen Text dann von Kraus in die Szene eingebaut wurde. Diese wurde erst in der Buchausgabe von 1922 verwendet und belegt somit das Vorhandensein von Reserve- und Vorratstexten, von denen viele vielleicht verloren gegangen sind.

Die Abbildung auf Seite 195 zeigt ein Blatt, das mit seinen zahlreichen Korrekturen die dritte Fassung der Szene in der Aktausgabe wiedergibt. Kraus' sorgfältige Arbeitsweise der ständigen Überarbeitung seiner Texte brachte es mit sich, daß manche Szenen in mehr als zehn Varianten vorhanden sind. Die Szene ist in der Buchausgabe wesentlich kürzer, da hier das Gespräch der Soldaten Wagenknecht und Sedlatschek sowie der Monolog des deutschtümelnden Schriftstellers Hans Müller (= Hans Müller-Einigen, 1882–1950) in den 1. Akt verlegt wurde, und zwar als 25. Szene.

Für den heutigen Leser oder Theaterbesucher vermag die Aktausgabe wohl krasser die Aktualität des Zeitgeschehens zu vermitteln, während die Buchausgabe stärker den Stempel von Kraus' dramatischem Gestaltungswillen in sich trägt. Obwohl er selbst eine Aufführung des gesamten Werkes zeitlebens für unmöglich hielt, und sie, ausgenommen einige wenige Inszenierungen des Epilogs, nicht autorisierte, versuchte er 1929 das Drama durch Komprimierung des Textes in einer Bühnenfassung einem irdischen Theater anzupassen, wohl mit einigem Unbehagen und unter ausdrücklichem Hinweis auf die pazifistische Wirkung, die einer Aufführung zugrunde zu liegen hätte. In der Programmankündigung der Lesung aus dieser Fassung heißt es:

> Der Entschluß bekundet, ungeachtet aller Hindernisse der theatralischen Ausführung, den Willen des Autors, den Krieg gegen den Krieg und gegen die Mächte, die ihn ermöglicht, herbeigeführt und erklärt haben, fortzusetzen. (Fackel 834–837, 20)

In der Kriegserklärung gegen den Krieg liegt auch heute noch, 80 Jahre nach der Vollendung der *Letzten Tage der Menschheit* und angesichts einer ungebrochenen menschlichen Sucht nach Apokalypse und Untergang, der literarischen Sphäre weitgehend entrückt, Idee und ethischer Wert des Stückes.

Obwohl es zwischen den Kriegen niemals in seiner Gesamtmonumentalität aufgeführt werden konnte, wurde es zu einer stilbildenden Kraft für die deutsche Bühnendichtung: „Die gesamte deutsche Nachkriegsdramatik von 1920 bis 1930, soweit sie politische Tendenzdramatik ist, geht direkt oder indirekt auf diese Quelle zurück". (Kraft 1956, 135)

Kraft erkennt darin eine Vorprägung der von Brecht später entwickelten Stilprinzipien des epischen Theaters, wie sie in seinem Stück *Furcht und Elend des Dritten Reiches* zum Ausdruck kommen. In diesem Sinne sind die *Letzten Tage der Menschheit* nicht nur, wie es Kurt Krolop formuliert, ein „Warnstück", sondern auch ein „Lehrstück" im theatralischen Sinn.

Verwendete Literatur

Fackel = Die Fackel. Fotomechanischer Nachdruck in 39 Bänden. München: Kösel 1968–1976.

Kraft 1956 = Werner Kraft: Karl Kraus. Beiträge zum Verständnis seines Werkes. Salzburg: Otto Müller 1956.

Kraus: Schriften = Karl Kraus: Schriften. Hg. Christian Wagenknecht. Band 1–20. Frankfurt am Main: Suhrkamp 1987–1994.

Kraus 1974 = Karl Kraus: Briefe an Sidonie Nádherný von Borutin 1913–1936. Hg. von Heinrich Fischer und Michael Lazarus. Band 1 u. 2. München: Kösel 1974.

Kraus: Werke = Karl Kraus: Ausgewählte Werke. Hg. Kurt Krolop. Band 1–5. Berlin: Volk und Welt 1978.

POS = Karl Kraus contra … Die Prozeßakten der Kanzlei Oskar Samek. Hg. von Hermann Böhm. Band 1–4. Wien: Wiener Stadt- und Landesbibliothek 1995–1997.

Zu Elias Canettis Aufzeichnungen

Von Christoph Eggenberger

> Alles beginnt bei mir mit Ordnung. Bevor ich das leiseste unternehmen kann, muß ich reinen Tisch haben. Der Tisch ist mir wichtiger als das Papier, und das Papier ist mir wichtiger als die Worte. Ich begreife es nicht, aber ich weiss, daß es nicht anders geht. (Notiz vom 3. Mai 1956)

Den bekannten, auf Photographien dokumentierten Ordnungssinn faßt Elias Canetti hier in Worte; der Nachlaß umschließt auch den Tisch seines Zürcher Arbeitszimmers wie die letzte Serie von gespitzten Blei- und roten und blauen Farbstiften. Es resultiert aus dieser strengen Ordnung, aus dem Festgefügten heraus, daß sich Canetti zu den scharfsinnigen Beobachtungen von Einzelheiten emporheben kann, von Einzelheiten, die Teile eines großen Ganzen sind.

Die Aufzeichnungen stellen das hauptsächliche Medium des Schriftstellers Elias Canetti dar. Die ersten datieren ins Jahr 1933, nach Canettis Auffassung haben sie also literarische Gültigkeit. Denn vor seinem Tod verfügte er: „Was immer vor der Entstehung meines Romans ‚Die Blendung' (1930–31) geschrieben wurde, hat für mich keine literarische Gültigkeit und darf nicht publiziert werden." (NL Elias Canetti 0) In die Aufzeichnungen konnte sich Canetti flüchten, um die Weite seiner Interessen, die Schärfe seiner Beobachtungen gedanklich zu ordnen und zu Papier zu bringen. Es scheint kein Tag vergangen zu sein, ohne daß er ein paar Aufzeichnungen notiert hätte. Bei dieser Fülle liegt es auf der Hand, daß nicht jede Zeile auf die Goldwaage zu legen ist; das war auch gar nicht die Absicht. Die Aufzeichnungen sind ihm ein Tummelfeld, um nicht zu sagen ein geistiges Schlachtfeld. Da probierte er alles, experimentierte er mit jedem, auch mit abwegigen Gedanken, Banales steht neben sublimen Höhenflügen.

Die Aufzeichnungen sind auf Notizblättern in Abständen aneinandergereiht, scheinbar ohne Ordnung oder Sinnzusammenhang. Aber es wird immer deutlich, wie die Gedanken Canettis um einen Gegenstand kreisen, ihn näher oder weiter

Elias Canetti: Notiz vom 3. Mai 1956. Zentralbibliothek Zürich, NL Elias Canetti 13.1. IV

3. Mai

[illegible] Ordnung. [illegible] rein

[illegible] reinen Tisch [illegible] Papier,

[illegible] Papier [illegible] Worte. [illegible]

[illegible]

[illegible] Ordnung [illegible] Haar,

[illegible] Haar, [illegible] Ordnung

[illegible] Unordnung [illegible] hingehört, [illegible] feindlich. [illegible]

[illegible] Bereit[illegible]

[illegible] Mikroskop [illegible] Bereitschaft

[illegible] Unruhe [illegible]

[illegible]

[illegible] selbstgeschaffene Wüste.

[illegible] begrenzt [illegible] Inhalte [illegible]

[illegible] achthaben [illegible] Wüsten-

[illegible] blindwütige [illegible]

+++

umkreisen. Die Blätter werden zu Ensembles. Das Fragment, der einzelne Gedanke rundet sich zu einem Ganzen, ohne je ganzheitlich zu werden. Das Bruchstückhafte, der Charakter des Torso, das Unvollendete zeugt für die höchste künstlerische Vollendung.

Aus dieser ersten Zeit der dreißiger Jahre findet sich in NL Elias Canetti 5a.1. ein Notizbuch im Format A 4, vorne von Canetti später betitelt: „Alte Entwürfe, von 1933 an / Pariser Tagebuch 1933 / Strassburg 1934":

> Über das Drama
> Das Drama symbolisiert den ewigen Kampf zwischen Masse und Individuum. Die Tragödie endet mit dem Sieg der Masse. Das Individuum wird gefressen. In der Komödie gelingt es dem Individuum zu entwischen.
> [...]
> Einziger wahrer Held ist der Tod, und selbst der ist nicht wirklich. Er siegt unbedingt. Aber auch die Masse kann siegen. Im Drama spielt sich ein Machtkampf zwischen Masse und Tod ab.

Unter dem Titel „Pariser Tagebuch 1933" finden sich keine Tagebucheintragungen, sondern die ersten Aufzeichnungen. Sie belegen bereits anschaulich, wie sehr Canetti nicht nur ein Mann der Schrift war, sondern ebensosehr ein Augenmensch: „Versuch über den Finger des Johannes bei Grünewald (es ist der wichtigste Finger der Kunst und wo immer einen ein ausgestreckter Finger überfällt, ist es dieser)." Auf der gegenüberliegenden Seite liest man: „Am Leben geblieben ist nur der Esel, auf dem Christus in Jerusalem einzog."

Aus dem Jahre 1936 stammen die ersten Aufzeichnungen aus Wien, und am 20. Januar 1937 notiert Canetti grundsätzliche Gedanken: „Es ist mir in diesen Aufzeichnungen um grössere Wahrhaftigkeit und grössere Vollständigkeit zu tun. Mein Leben beginnt zu stocken, in pathetischer Zerrissenheit und schützender Trägheit. Es geschieht nichts. Es wird nichts gedacht." Auf das gleiche Jahr gehen die ersten datierten Materialien im Nachlaß zu *Masse und Macht* zurück; sie beinhalten die von Canetti sorgfältig aufbewahrten Exzerpte, vermischt mit Aufzeichnungen bis hin zu stenographierten Textfassungen, meist weit entfernt von der definitiven, gedruckten Version. (NL Elias Canetti 39 bis 53, 91 und 1001) Der eigentliche

Elias Canetti: Aus dem Notizbuch: „Über das Drama". „Alte Entwürfe, von 1933 an / Pariser Tagebuch 1933 / Strassburg 1934". Zentralbibliothek Zürich, NL Elias Canetti 5a.1

Über das Drama:)

Das Drama symbolisiert den ewigen Kampf zwischen Masse und Individuum.

Die Tragödie endet mit dem Sieg der Masse. Das Individuum wird zerrissen.

In der Komödie gelingt es dem Individuum zu entwischen. Aber seine Flucht wäre lächerlich. Aber dass es einer besonderen Kraft und ihrer Steigerung zu dieser Flucht bedarf: der Kraft der Geschlechter nämlich, das verdoppelt die Komik.

[?] Es ist ein Irrtum, den Kampf überhaupt für etwas Dramatisches zu halten. Alle alten Epen – Romane, das Mahabharata, u. s. w. wimmeln von Kämpfen – und doch sind sie undramatisch. [?]

Der einzige wahre Held ist der Tod, und selbst der ist nicht wirklich. Er siegt unbedingt. Aber auch die Masse kann siegen. Im Drama spielt sich ein Machtkampf zwischen Masse und Tod ab.

Sinn und Zweck der Aufzeichnungen kommt hier deutlich zum Ausdruck, sie belegen das Ringen des Autors mit seinem Hauptthema Masse und Macht.

1939 schreibt Canetti einen „Bericht", den er mit verschiedenen Definitionen abschließt, ganz zum Schluß: „Ich habe nichts gründlich gelernt. Es sind hundert wache Interessen da, die sich aber alle davor hüten, um die Alleinherrschaft zu kämpfen." Kaum ein anderer Satz könnte treffender zum Ausdruck bringen, was und wie sehr es Canetti herumtreibt und weshalb er zur literarischen Kurzform der Aufzeichnungen greift, zu greifen sich gezwungen sieht.

Die Auseinandersetzungen mit Gott und mit dem Tod ziehen sich durch die Aufzeichnungen wie ein roter Faden. Es ist ein Ringen um Einsichten, um die Wahrheit, die sich nie als Ganzes darstellen läßt, sondern nur in einzelnen Facetten; so schreibt er in einem Konvolut, das er mit rotem Farbstift überschrieben hat: „Elias Canetti / Aufzeichnungen / vom 4. Dezember 1939 angefangen"; „angefangen" setzte er etwas später dazu. Bereits damals spielte Canetti mit den Blei- und Farbstiften; der Text lautet: „Ein Mann, den ich gut kannte, sah dem lieben Gott ähnlich [rot unterstrichen]. Er war auf eigentümliche Weise zu diesem äußeren Schicksal gekommen […]". Zwei Seiten weiter steht im gleichen Block: „Gott ist bestimmt merkwürdig: er vereinigt den konstanten Anspruch auf Einzigartigkeit mit einer sehr langen Geschichte. Er ist in manchem Sinne das Fassbarste [mit Bleistift unterstrichen] an der menschlichen Entwicklung, ja vielleicht ist er das Einzige, das sich wirklich entwickelt hat."

Canetti selbst meinte, sehr wohl zwischen den Gattungen unterschieden zu haben, wenn er 1965 in der Vorbemerkung zur Ausgabe der *Aufzeichnungen 1942–1948* im Hanser Verlag, München, schreibt: „Vielleicht sollte man noch betonen, daß diese Aufzeichnungen keine Tagebücher sind […]. Es wird berichtet, und der Ton des Berichts soll etwas Gleichmäßiges haben. Die Aufzeichnungen dagegen leben aus ihrer Gegensätzlichkeit und Spontaneität, es ist nichts vorgesehen, nichts erwartet, und es soll nichts vervollständigt oder abgerundet werden. Die Sprünge zwischen ihnen sind das Wichtigste", und weiter, ganz entscheidend für das Verständnis von Canettis Aufzeichnungen: „Sie entstammen ganz disparaten Teilen des Menschen, ziehen in viele Richtungen zugleich und akzentuieren deren Unvereinbarkeit." (Canetti 1965, 8f.) Zwischen den Buchdeckeln wird die

Elias Canetti: Aufzeichnung vom 20. Januar 1937. Zentralbibliothek Zürich, NL Elias Canetti 5a.2

Folgende Doppelseite:
Elias Canetti: Aufzeichnungen zu Gott. Zentralbibliothek Zürich, NL Elias Canetti 5a.2

Aufzeichnungen 1937

20. Januar

Es ist mir in diesen Aufzeichnungen um grössere Wahrhaftigkeit und grössere Vollständigkeit zu tun. Mein Leben beginnt zu stocken, in pathetischer Zerrissenheit und schütternder Trägheit. Es geschieht nichts. Es wird nichts gedacht. Es wird wahrhaftig empfunden, aber immer intensiv auf einen und denselben Menschen. Die Notwendigkeit, mich gegen jemand zu behaupten, der mich bei lebendem Leib und unter mütterlichsten Beteuerungen frisst, zehrt alle gestaltenden Kräfte meiner ohnehin nicht sehr reichen Natur auf. Seit über einem Jahr ist meine Grundhaltung die einer verzweifelt Verteidigenden. Immer schon

kein Mann, den ich gut kannte, sah dem lieben Gott ähnlicher. Er war auf eigentümliche Weise zu diesem äusseren Anblicke gekommen; und die Geschichte wäre des Erzählens wert, wenn sie ~~so~~ nicht so weit abführen würde ~~zu~~, von dem was hier festgehalten werden soll. Denn ~~mit~~ viel merkwürdiger als seine Geschichte war die Wirkung, die er hatte, sobald er entfernt Gott ähnlich sah. Er war den Menschen ~~gewesen~~ peinlich, vielleicht bemerkten sie ihn öfter, als sie wollten; sie mussten ihn immer ansehen, und es kostete sie mehr als menschliche Anstrengung, wegzublicken, wahrscheinlich glaubten sie ihm nicht recht. Er war von einer Anspruchslosigkeit, die in erstaunlichem Gegensatz zu jener auffallenden Ähnlichkeit stand. Er zog sich den Hass der Gläubigen zu, die keine Lust haben, mit Gott auf einer Promenade zusammenzutreffen, wenn er nicht bald und auf eine ganz besondere Weise wieder verschwindet.

Ich bin das gequälte Opfer all meiner Erinnerungen, aller.

Gott ist bestimmt merkwürdig: er vereinigt den konstanten Anspruch auf Einzigartigkeit mit einer sehr langen Geschichte. Er ist in manchem Sinne das Fassbarste an der menschlichen Entwicklung, ja vielleicht ist er das Einzige, das sich wirklich entwickelt hat. Für sich hat er die volle, ungebrochene und anbetungswürdige Macht der Illusion. Er leidet nicht wesentlich an den vielen und weitgehenden Zersplitterungen, denen er unterworfen ist, bis [illegible] hat ihm noch immer Verehrer gestellt. Vielleicht hätte er noch mehr Glück, wenn ihm das ~~[illegible]~~ männliche Geschlecht nicht so sehr anhaften würde. Er mag in der nächsten Zukunft ganz niedergehen; es wäre anregend zu wissen, in welcher Gestalt er dann ~~[illegible]~~ wieder aufgehen wird.

Unvereinbarkeit aufgehoben. Dies ist vielleicht das Hauptargument, Canettis Aufzeichnungen dereinst einmal lückenlos und chronologisch zu edieren, um eben gerade die Unvereinbarkeit wieder anschaulich zu machen, oder aus ihr neue Erkenntnisse des Ganzen zu gewinnen. Die bisherigen Ausgaben basieren auf Auswahlen, die Canetti selbst noch vorgenommen hatte; vieles ist unveröffentlicht. Es ist interessant und aufschlußreich, sein Vorgehen zu beobachten. Mit spitzem Bleistift notiert er die Aufzeichnungen Tag für Tag in die Notizbücher, meist mit vielen stenographierten Passagen. In einer späteren Phase erstellte er die Reinschrift mit Feder und Tinte, dann ausschließlich in Langschrift. Die Stenographie übrigens, der sich Canetti oft bediente, ist keineswegs eine Geheimschrift, wie er selbst glauben machte, es ist bloß eine eigenwillig individualisierte Stenographie, die geübte Stenographen durchaus zu lesen imstande sind. (Florindo Tarreghetta hat eine Lesehilfe bereitgestellt, aufgrund derer die Tagebücher auch in zwanzig Jahren noch ihre Geheimnisse preisgeben können.)

Der Blick auf die Aufzeichnungen muß also stets berücksichtigen, daß ein endgültiges Urteil noch nicht gefällt werden kann, daß alles, was jetzt gesagt und geschrieben wird, in zwanzig Jahren anhand der Tagebücher zu relativieren ist. Es wird dereinst an eine historisch-kritische Edition der Tagebücher zu denken sein.

Die Edition der Aufzeichnungen müßte ebenfalls nach historisch-kritischer Methode vorgenommen werden; denn die von Canetti selbst besorgten Auswahl-Publikationen unterliegen seiner subjektiven Wahrnehmung. Davon, daß er nicht immer die gleiche gelassene Einstellung zu seinen Aufzeichnungen bewahrte, zeugt die Notiz vom 9. Januar 1956: „Das spät begonnene Jahr: wenn es nur beginnt, wenn es nur beginnt!" Und dann: „Vielleicht, wenn du deine Aufzeichnungen geheim führst, machen sie dir noch einmal Freude. Jetzt, da du sie aller Welt angepriesen hast, sind sie dir schal geworden", und weiter: „Du mußt täglich genau verzeichnen, was du getan hast. Wenn du das nicht tust, wirst du überhaupt nichts tun. Das Hin- und Herlesen ist wie Rauchen oder Trinken, es ist nichts. Dem faulen Menschen bleibt nichts übrig, als sich zu vertiefen." (NL Elias Canetti 13.1.I)

Verwendete Literatur

Canetti 1965 = Elias Canetti: Aufzeichnungen 1943–1948. München: Hanser 1965.

Lappe 1988 = Thomas Lappe: Elias Canettis Aufzeichnungen 1942–1985. Modell und Dialog als Konstituenten einer programmatischen Utopie. Aachen: Alano 1988.

Söring 1986 = Jürgen Söring: Die Literatur als „Provinz des Menschen". Zu Elias Canettis Aufzeichnungen. In: Deutsche Vierteljahrsschrift für Literaturwissenschaft und Geistesgeschichte, 60, 1986, S. 645–666.

Der Feinmechaniker. Robert Musils Arbeit am *Mann ohne Eigenschaften*

Von Walter Fanta

Robert Musil (geboren 1880 in Klagenfurt; gestorben 1942 in Genf) schloß ein Hochschulstudium im Fach Maschinenbau ab. Er hatte eine kaiserlich-königliche Militäroberrealschule besucht und holte die Reifeprüfung am Gymnasium erst nach, als er schon Ingenieur und k.u.k. Leutnant der Reserve war, um an der Friedrich-Wilhelms-Universität in Berlin Philosophie und Psychologie zu studieren und sich dabei mit mathematischer Logik und experimenteller Psychologie zu beschäftigen. Im Krieg fühlte sich Robert Musil (er musterte 1918 als Hauptmann aus) nicht fehl am Platz; er blieb dem Militär der österreichischen Republik 1920/21 vorübergehend als psychologischer Fachbeirat im Heeresministerium erhalten, dort hielt er vor Offizieren Vorträge über Psychotechnik. Aufgrund seiner Sozialisation durfte man von ihm als Schriftsteller erwarten, eine auf Wissenschaftlichkeit, Logik und modernem praktischen Verstand gegründete Prosa zu verfassen. Tatsächlich erwarb sich Musil in der Literaturgeschichtsschreibung den Ruf des Dichter-Ingenieurs. Dazu tritt in spannungsgeladenen Widerspruch, daß Musils literarische Werke, die ihn berühmt machten, sich mit inneren Vorgängen und seelischen Grenzzuständen befassen, der Internatsroman *Die Verwirrungen des Zöglings Törleß* ebenso wie das Drama *Die Schwärmer.* In nicht weniger als fünf bemerkenswerten Prosaerzählungen wählte der männlich geprägte Soldat, Ingenieur und Psychotechniker Musil außerdem just Frauen als Zentralfiguren, um an ihnen und von ihnen aus gesehen subtile Gefühls- und Begehrensregungen in minutiös hergestellte präzise Bilder und Gleichnisse zu fassen.

Durch den ersten Band des Romans *Der Mann ohne Eigenschaften* (1930), der eine Art Diskursenzyklopädie der versunkenen Vorkriegswelt liefert, zieht sich als thematischer roter Faden ein Gegensatz zwischen der männlich-modernen Techniker- und Macher-Welt der Wirklichkeitsmenschen und einer Gegenwelt aus reinem Möglichkeitssinn, aus Utopie, Leidenschaft und Wahn, die sich der Realität verweigert. Der Hauptheld Ulrich, der schon drei Versuche unternommen hat, ein bedeutender Mann zu werden, nämlich als Offizier, als Ingenieur und schließlich als Mathematiker (also Musil selbst nicht unähnlich), fordert an einer Schlüsselstelle des Romans „den Anfang einer geistigen Generalinventur“; man müsse „ein Erdensekretariat der Genauigkeit und Seele“ einrichten; „alle anderen Aufgaben sind vorher unlösbar oder nur Scheinaufgaben!“ (MoE, 957) Die anscheinend absurde Forderung bezieht ihren Sinn nicht allein aus ihrem Kontext im Roman, sie spiegelt auch das literarische Programm Musils wider. Auf eine besondere Art der Genauigkeit legte Musil beim Schreiben sein Hauptaugenmerk; in einem Interview, das er 1926 gab, definierte er sein Stilideal als „exakte Herausarbeitung eines Gedankens“, und zwar „in der schönsten Form, die mir erreichbar ist“. (GW 7, 942) Dieses Ideal der Exaktheit verband er mit der Ablehnung eines assoziativen intuitionsgeleiteten Schreibens, wie es seiner Meinung nach James Joyce und Marcel Proust praktizierten; bei ihnen glaubte er eine Tendenz zur Auflösung erkennen zu können, die er nicht guthieß.

Musil behielt seinen Glauben an die Grammatik; mit den Mitteln einer geordneten Sprache, mit seiner Exaktheit wollte er dem Undeutlichen, dem ‚Nicht-Ratioiden‘ zu Leibe rücken. Die Geschichten, die er gesammelt und sich ausgedacht hatte, um sie im Roman zu erzählen, unterliegen einem Zug zur Abstraktion. Musil stellt sich dabei „drei Stufen“ vor: „Man erzählt um des Erzählens willen, um der Bedeutung der Geschichte willen, um der Bedeutung willen“. (Nachlaß, II/1/65) Aus purer Fabulierlust zu erzählen, ohne Sinn, wäre Musil nicht in den Sinn gekommen. Die „Geschichte dieses Romans“, notierte er sich zum *Mann ohne Eigenschaften* sogar einmal, liefe darauf hinaus, daß „die Geschichte, die in ihm erzählt werden sollte, nicht erzählt“ werde. (Nachlaß, II/1/58)

Ulrich im *Mann ohne Eigenschaften* erklärt auf die Frage, ob er selbst denn nie geschrieben habe: „Ich habe mir vorgenommen, wenn ich nicht bald das Bedürfnis danach empfinden sollte, mich wegen ganz und gar abnormer Veranlagung zu töten!“ (MoE, 418) Die paradoxe Alternative, entweder ein Buch zu schreiben oder

Das Studienblatt aus dem Nachlaß Robert Musils zu dem Kapitel 33 „Die Irren begrüßen Clarisse“ im zweiten Band des Romans *Der Mann ohne Eigenschaften* ist im Frühjahr oder Sommer 1932 entstanden. Das Blatt verwaltet die bereits vorhandenen Vorstufen zu diesem Kapitel, die bis auf das Jahr 1913 zurückgehen und enthält unter anderem mehr als 30 Querverweise auf andere Manuskriptstellen. Daraus läßt sich die Praxis von Musils vernetzendem Schreiben erkennen. Nachlaß Robert Musil, Handschriften-, Autographen- und Nachlaßsammlung, Österreichische Nationalbibliothek Wien, Ser.nov. 15.065 – Mappe I/5, S. 232

Ser. n. 15.065

II R Fr 23, 16)

Sonderblatt zu Irrenhausbesuchen

31 [illegible].

Nachtrag: Für den ganzen Abschnitt von 31 – 36 entscheidet Off. Fr 13. (II R Fr 1, Blg 11)
|
II R Fr 5, Blg. 2.
|
[illegible] Konv 31

Grundlage: | 31 Konv., II R Fr 23, 13) 1 ... 9) a.
| II IV Cl. IV → $S_5 + b + 1$ — Vgl. zum Beginn: II IV Cl. V.
enthält [illegible].

$S_5 + a + \beta$ enthält [illegible] d. Fr. [illegible]? [illegible] 50? Vgl. II V Cl VI → $S_5 + c + 2$ [illegible] ([illegible] beginnen) Grundlage für 50.
|
Diese H Z verwendet. [illegible] Cl. Auffassung.

31 beginnt [illegible] mit $S_5 + b$ [illegible] $S_5 + b + 1$ [illegible] auf Blatt 6 z. [illegible]. ([illegible] 11–12 Maschinenseiten)
L [illegible] M.

Wenn man aber die Morde [illegible] 36 nimmt, so endet

31 auf Blatt 5, Z 3 unten u. [illegible] Blatt 6 [illegible] hat, so [illegible] die 2 Morde in den [illegible] nach 36 kommen. (Dann hat 31 ca. 10–11 Maschinenseiten)

[illegible] — II R Fr 5, Blg 2.

Dieses Material ist nicht gerade überwältigend. [illegible] Behandlung bekommen. [illegible] Cl – S – d. Fr für jedes [illegible]? [illegible] Stelle etwas ändert. [illegible] Cl. Notiz aus Konv.
S_5 .. als Grundlage ist der [illegible] Aufbau [illegible]:

1. Cl. Erregung. S. [illegible]. W., [illegible], [illegible] 26. — Cl. [illegible]!

2. Cl. [illegible]. [illegible], [illegible] für [illegible] in 37 u. [illegible] in 38. — Off. Fr. 9.
[illegible] abzuändern.

2'. Das Verlangen nach dem [illegible] ist [illegible] vielleicht nicht notwendig [illegible] der [illegible] u. das [illegible] [illegible] zu der [illegible] in 38 u. 46 [illegible].
Zusatz: [illegible] ist aber: [illegible]. Cl. [illegible] 8.

3. Zur [illegible] der [illegible] ist [illegible] H Z [illegible] da.
[illegible] / [illegible] Konv. 31.

4. [illegible]. [illegible] Konv 38 [illegible] ([illegible])

I/5
232

5. [illegible]. Cl. entdeckt, daß [illegible]. [illegible] nach Konv. 11
[illegible] Cl. [illegible]. [illegible]. [illegible]? ([illegible] [illegible].)
Entwürfung = Ent-würfung

6. Die [illegible] u. [illegible]. [illegible] der Folge von Eindrücken, die [illegible], [illegible] ([illegible] 2 [illegible] aus S. [illegible]) entsprechen. [illegible] Mannigfaltigkeit [illegible] [illegible]. (.. [illegible] S. [illegible] ..)

sich töten zu müssen, markiert eine weitere Roman-Schlüsselstelle mit metafiktionaler Bedeutung. Sie mag unter anderen zu dem Bild passen, das Musil der Nachwelt von seinem Schreiben am *Mann ohne Eigenschaften* vermittelt hat: Dieses Schreiben war ihm eine von wissenschaftlicher Exaktheit geprägte und zugleich existenz-bestimmende Handlung – eine Lebensform, der er von 1925 bis zu seinem Tod 1942 mit einer alles andere fast völlig ausschließenden Kompromißlosigkeit huldigte. Elias Canetti berichtet in seiner Autobiographie seinen persönlichen Eindruck von Musils „Inspiration": Sie sei ihm kostbar gewesen, er habe sie nicht zur Schau gestellt. „In unerwarteten, in erstaunlichen Bildern gab er ihr plötzlich Raum, grenzte sie aber gleich wieder ein durch den klaren Gang seiner Sätze." (Canetti 1985, 181)

Robert Musils Nachlaß, 1992 auf CD-ROM publiziert und Gegenstand derzeit laufender Bemühungen am Robert-Musil-Institut in Klagenfurt, im Rahmen einer kommentierten Ausgabe alle Schriften Musils elektronisch herauszugeben, bietet Einblick in eine Werkstatt schriftstellerischen Schaffens von imponierenden, manchmal erschreckenden Dimensionen. Allein zum *Mann ohne Eigenschaften* sind mehr als 6000 Manuskriptseiten in etwa 50 Mappen überliefert. Das Nachlaß-Studium erlaubt nicht nur die Rekonstruktion der Entstehungsgeschichte der beiden 1930 bzw. 1932 veröffentlichten Teile des Romans, sondern er repräsentiert auch dessen Fortsetzung, an der Musil bis zu seinem Tod – man müßte sagen: ermüdlich und entwegt – weiterarbeitete, ohne zu einem Abschluß zu finden. Die elektronische Editionsform lädt zur vertikalen Lektüre ein, zum Navigieren, nicht nur längs der sich in Varianten verästelnden Kapitelsukzessionen, sondern auch aufsteigend oder absteigend längs der meist zahlreichen Fassungen jedes Kapitelprojekts.

Das Studium von Musils besonderer Schreibweise, seiner techné des Romanschreibens, die er jahrzehntelang gepflegt hat, liefert auch eine Antwort auf die Frage nach den Gründen für das fragmentarische Romanende. Bislang wurde die Fragmentarizität des *Mann ohne Eigenschaften* gerne unter dem Eindruck der Struktur des fertigen Romanteils und der Bedeutungen gesehen, die in ihm verhandelt werden. Der Anspruch auf Totalität, der hier erhoben werde, und die dargebotene

Ein „Schmierblatt" aus dem Nachlaß Robert Musils zu Kapitel 14 im zweiten Band des *Mann ohne Eigenschaften,* entstanden im April 1931. Das Blatt demonstriert die Vorgangsweise Musils bei der Ausarbeitung seiner Entwürfe. Was er in den Entwurfstext übernommen hat, streicht der Autor am Schmierblatt durch.
NL Robert Musil, HAN, Ser.nov. 15.065 – Mappe I/5, S. 134

[illegible]

I 89

[illegible]

Wiedersehen mit B.

[illegible]

So kann …

Anfang III/Ng 2

[illegible]

I/5
134

gedankliche Komplexität des Essayromans erlaube gar nichts anderes als eine offene Struktur; und welches Ende ist offener als eines mitten in einem Satz, nach einem Komma, das Musil sich angeblich gewünscht habe? Ulrichs Essayismus, sein Leben auf Versuch, das Spielen mit den Möglichkeiten erzwinge doch die Unfertigkeit der Fiktion! Das Geschwisterliebespaar Ulrich und Agathe müsse wohl in endlos kreisenden Gesprächen die (Un-)Möglichkeit der Liebe ergründen, statt miteinander ins Bett zu gehen, wie vom Autor in einer Frühstufe noch vorgesehen. In den Augen der literaturwissenschaftlichen Rezeption unterstreicht die Fragmentarizität des *Mann ohne Eigenschaften* seine Modernität. Zum Gesetz von der Unabschließbarkeit, das die Literaturhistorie aufgestellt hat, gehört auch, daß Musil selbst konkrete Vorstellungen vom Finale des Romans hatte und daß er sich nicht willentlich in die Rolle begab, durch das Nichterreichen seines Ziels eines Tags für modern gelten zu können. Die Erforschung der materiellen Struktur der überlieferten 6000 Manuskriptseiten macht deutlich: Musil wollte, er kam aber nicht weiter, unter anderem deswegen nicht, weil nicht nur im Romantext Reflexion die Handlung überwuchert, sondern der Schreibprozeß selbst sich durch Reflexion torpedierte. Auf die persönliche finanzielle Krise (ab 1931) und die politischen Zeitereignisse (1933 in Deutschland und 1934 in Österreich) reagierte Musil mit einer speziellen Art von Geschichtsverweigerung, indem er nämlich, statt den Romantext weiter zu schreiben, immer mehr Zeit darauf verwendete, ihn umzuschreiben und Texte zu schreiben, die das Umschreiben reflektieren, kommentieren und verwalten.

Etwa ein Drittel des Manuskriptbestands zum *Mann ohne Eigenschaften* ist einer Materialiengruppe zuzurechnen, die durch ihre Funktion definiert ist, die Konstruktion des Textes zu planen und exakt festzulegen sowie das bisher Erreichte zu reflektieren und zu kommentieren. In den bisherigen Buchausgaben nur zum Teil publiziert, erst durch die CD-ROM-Edition lückenlos zugänglich gemacht, überziehen diese Manuskripte als „Aufbaupläne“ und „Aufbaustudien“, „Indices“, „Ideen-Einzelblätter“, „Studien“ zu Erzählkomplexen und Figuren, „Kapitelstudien“ und „Überlegungen“, „Fragen zur Reinschrift“, „Notizen zur Korrektur“ und

Manuskriptseite aus dem Nachlaß Robert Musils mit dem Beginn des Kapitelentwurfs zu dem Nachlaßkapitel „Laubumkränzter Waffenstillstand zwischen Walter und Clarisse“, entstanden gegen Ende 1933. Wie die zahlreichen Korrekturen zeigen, scheint der Entwurf von einer endgültigen Reinschrift noch relativ weit entfernt zu sein. Doch hat Musil dieses Kapitel später nie mehr überarbeitet, und es zeigt einen möglichen Ausgang der Clarisse-Handlung.
NL Robert Musil, HAN, Ser.nov. 15.065 – Mappe I/5, S. 1

Launenbreitester Waffenstillstand zwischen Walter und Clarisse.

Während sie sich ihrem Ursprung näherte, [illegible] Sie hatte ihren Tanz aufgegeben, aber auf irgend einen Grund [illegible] in ihrem Kopf [illegible]: „Mein Vater Parzival trug doch die Krone, sein Ritter [illegible] gefangen genannt.“ [illegible]

[illegible]

unter ähnlichen Bezeichnungen alles, was an Textentwürfen zum Roman vorhanden ist. Als Abstrakta und Metatexte drängen diese Blätter die entworfenen Kapiteltexte nicht nur an Umfang zurück; in der Fülle und Dichte der Prodispositionen, Konterkonstruktionen und gedanklichen Abstraktionen scheint der Metatext den Haupttext förmlich aufzulösen, jedenfalls übt er ein diktatorisches Regime über ihn aus, indem er jeden Entwurfsschritt, selbst die minimalste Veränderung kalkuliert. Durch Siglen und Querverweise verknüpft Musil seine Materialien zu einem immer dichteren Netz. Ein Gedankenarchiv entsteht, die Produktion retardiert, die Gedankenverwaltung nimmt statische Züge an. Ob man in ihr ein „Wahrheitsermittlungssystem" (Schaunig 1987, 22) erkennt oder eher die „Entfernung des Schreibens von dem, was man als gewöhnliche oder gebräuchliche Art, dichterische Fähigkeiten einzusetzen, ansprechen könnte" (ebd.), darüber schwankt das Urteil. Während eine Hypothese dahin gehend lautet, Musils Arbeitstechnik mit ihrem hohen Maß an gedanklicher Organisiertheit biete einen methodischen Ansatz zur Perfektionierung literarischer Produktivität, besteht auch die Gegenhypothese, daß Musil sich durch die Entfernung von freier Imagination und spontaner Intuition zunehmend selbst lähmte.

Außerdem befinden sich mehr als tausend „Schmierblätter" zum *Mann ohne Eigenschaften* im Nachlaß. Dem äußeren Erscheinungsbild zufolge handelt es sich meist um Manuskripte mit unklarem Seitenaufbau und hoher Beschriftungsdichte. Satz-, Satzteilkonstruktionen, Wörter, Wortfelder oder selbst Wortteile sind in Kolumnen oder in ungeordneter Folge und kleiner Schrift unter Zusammendrängung, Abkürzung von Worten, graphischer Verschleifung von Endsilben, Aussparung und Unterführung über das Papier verteilt. Manchmal läuft die Schrift auch in diagonaler Richtung über das Blatt. Pfeile, Verweisstriche und Numerierungen, für Aufbauteile und um nachträglich eine gewisse Ordnung zu schaffen, werden verwendet. Auf manchen dieser Blätter sind sämtliche Textblöcke einzeln durchgestrichen, eine Methode des Autors, mit der er anzeigt, daß die betreffenden Notate weiterverarbeitet sind. Funktional betrachtet begleiten die „Schmierblätter" die Ausarbeitung von Textentwürfen. Offenbar hatte Musil beim Schreiben der Kapitelentwürfe Entwurfs- und Schmierblatt nebeneinander vor sich auf seinem Schreibtisch liegen. Am Notizblatt experimentierte er mit Formulierungsmöglichkeiten, bevor er sie ins Entwurfsmanuskript übernahm. Für die sogleich oder erst später ansetzende Überarbeitung des Entwurfs griff er wieder auf die Schmierblattechnik zurück, indem er Varianten am Nebenblatt ausprobierte, sich für eine entschied und sie als Korrekturvermerk in das Hauptmanuskript eintrug. Die „Schmierblätter" sind unmittelbare Zeugen des Vorgangs der Kristallisation von Gedanken und Vorstellungen in Schrift, für das Verständnis von Musils Schreibprozeß sind sie höchst aufschlußreich. Die traditionelle historisch-kritische Editionsmethode stellt keine diesem Manuskripttyp entsprechende Apparatur zur Verfügung, darin liegt auch eine der Hauptrechtfertigungen für die Editionsform am Computer.

Musil setzte beim Schreiben auf beide Hemisphären seiner Neuronenmaschinerie, auf Planung und Experiment. Der Prozeß gewann in der Zeit der Isolation von Verlag und Publikum (ab 1933) mehr Gewicht als das Ziel, den Roman abzuschließen. Musil verglich seine selbstzweckhaften Schreibtischexerzitien einmal mit einem „Brennofen", den „kann man nicht jeden Augenblick öffnen", um zum Beispiel einen Brief zu schreiben oder einen Besuch zu empfangen. (Nachlaß, Heft 33/83) Es mag sein, daß Musil der Tragik seines Anspruchs erlegen und sich kraft seiner techné gewissermaßen selbst im Weg gestanden ist. Aus dem Studium seiner Schreibweise ergibt sich ein Befund zu seiner Stellung in einer Geschichte des Schreibens, ein modernes, reflektiertes und reflektierendes Schreiben auf der Höhe der Wissenschaftlichkeit; voravantgardistisch, weil er sich weigerte, der weiblichen Seite seiner Begabung (vgl. Nachlaß, Heft 35/33) zu weit nachzugeben und sein Experiment bis über die Grenzen der Syntax der Sprache und der Erzähllogik auszudehnen. Viel hätte übrigens nicht gefehlt, und Musil wäre nicht Dichter, sondern Physiker geworden. Was er in der Physik geleistet hätte, darüber darf man spekulieren. Als Dichter, so läßt sich sein Platz in der literarischen Moderne mit dem Physiker-Bild ausdrücken, war Musil kein Kernphysiker, kein Quanten-, sondern ein gewaltiger Feinmechaniker.

Verwendete Literatur

MoE = Robert Musil: Der Mann ohne Eigenschaften. Hg. von Adolf Frisé. Reinbek bei Hamburg: Rowohlt 1978.

GW = Robert Musil: Gesammelte Werke in neun Bänden. Hg. von Adolf Frisé. Reinbek bei Hamburg: Rowohlt 1978.

Nachlaß = Robert Musil. Der literarische Nachlaß. CD-ROM-Edition. Hg. von Friedbert Aspetsberger, Karl Eibl und Adolf Frisé. Reinbek bei Hamburg: Rowohlt 1992.

Canetti 1985 = Das Augenspiel. Lebensgeschichte 1931–1937. München: Hanser 1985.

Schaunig 1987 = Musils Rezept ‚Organisation'. Zur Klagenfurter Nachlaßforschung unter Karl Dinklage. In: Robert Musils ‚Kakanien' – Subjekt und Geschichte. Hg. von Josef Strutz. München: Fink 1987. (= Musil-Studien 15), S. 16–26.

Fanta 2000 = Die Entstehungsgeschichte des ‚Mann ohne Eigenschaften' von Robert Musil. Wien: Böhlau 2000.

Das ganze Fräulein – ein Stück. Von den Geschichten vom Mädchenhandel zu den *Geschichten aus dem Wiener Wald*

Von Erwin Gartner und Klaus Kastberger

Ödön von Horváths berühmtes Volksstück *Geschichten aus dem Wiener Wald* (1931) ist das Produkt eines komplizierten Schreibprozesses und hat eine lange werkgenetische Vorgeschichte. Als letzte Textstufe vor der Verlagerung der Handlung nach Wien und in die Wachau gilt das Fragment *Die Schönheit aus der Schellingstraße*. Horváth nahm die Arbeit an diesem Text, von dem sich Strukturpläne, handschriftliche Dialogentwürfe und ein mehrseitiges Fragment erhalten haben (vgl. Kastberger 2001), nach der erfolgreichen Uraufführung seines Volksstückes *Italienische Nacht* im März 1930 auf. Dabei griff er auf ein Sujet seines im Winter 1929/30 entstandenen Romans *Der ewige Spießer* zurück, dessen zweites und drittes Kapitel eben in jener Münchener Schellingstraße spielen. Für die Realisierung des Stückes sieht Horváth den Komponisten Kurt Weill und den Regisseur Erich Engels vor. Gemeinsam mit Bert Brecht hatten die beiden im Jahr 1928 mit der *Dreigroschenoper* einen der größten Bühnenerfolge der Weimarer Republik gelandet. Die sieben Bilder von Horváths Konzeptblatt zeigen die Stationen der jungen Irene. Sie nutzt ihre „Schönheit" zuerst als Tänzerin, wird „Mannequin", verliert, weil sie ein Kind bekommt, eine entscheidende Schönheitskonkurrenz und arbeitet nach dem Tod ihres Kindes in einer Animierkneipe. Dort trifft sie den „Spießer" Friedrich wieder, den sie in der ersten Szene verlassen hat, „und kehrt" – wie es abschließend heißt – „zu ihm zurück". (ÖLA 3/W 13 – BS 37 l [5], Bl. 1)

Auf nachfolgenden Konzeptblättern heißt die weibliche Hauptfigur „Agnes" – ein Name, der von ihrem nunmehrigen Bräutigam „Oskar" als „Lamm Gottes" übersetzt wird und der als solcher den Opfergang der Frau präfiguriert. (ÖLA I.N. 221.000/1 – BS 37 a [1], Bl. 6) Horváth modifiziert die Handlung in den Details: Agnes verdient ihr Geld in einem Varieté und soll die Hauptrolle in einem Film übernehmen, der von Prostitution handelt. Das Filmprojekt platzt, da der Drehbuchautor und der Produzent sich nicht über den Ausgang einigen können. Nach-

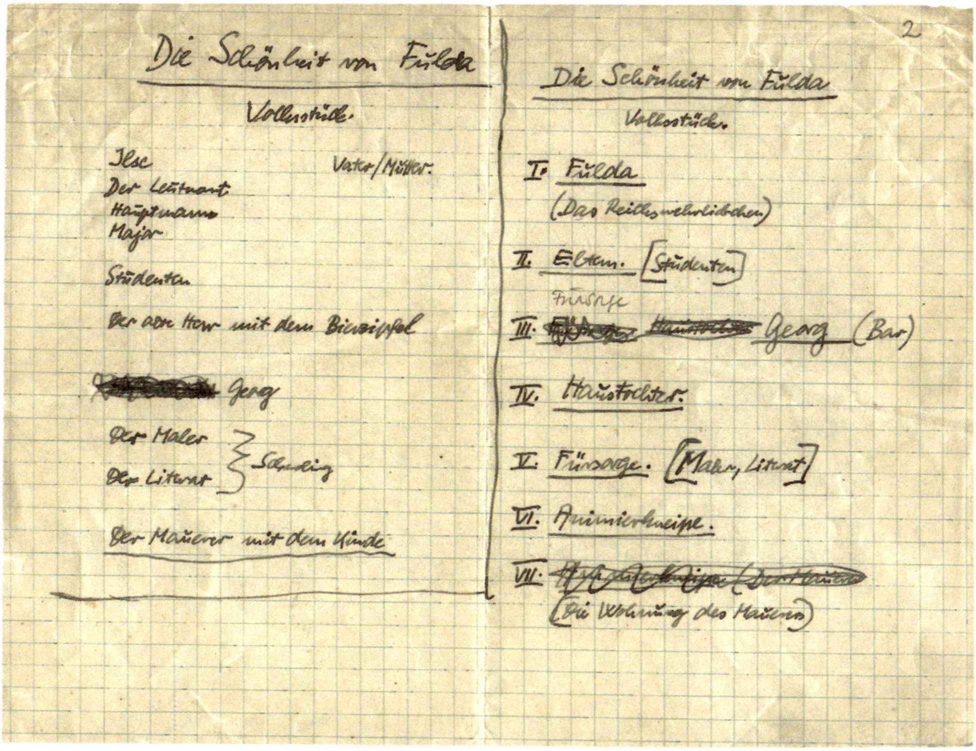

Ödön von Horváth: Die Schönheit von Fulda (Konzeptblatt, ÖLA 3/W 315–BS 12 b, Bl. 2)

dem ihr Kind gestorben ist, versucht Agnes sich in den Tod zu stürzen. Sie überlebt, ihr Gesicht ist jedoch vollkommen entstellt. Oskar sagt, daß es letztlich nur auf die „innere Schönheit" ankommt und heiratet Agnes noch im Krankenhaus. Die äußere Schönheit ist konsequent ausradiert, das vermeintliche Happy-End wird für die Frau zum finalen Desaster.

Mit dem Schicksal solcher und ähnlicher „Schönheiten" hatte sich Horváth seit längerem beschäftigt. Was den Ort ihrer Herkunft betrifft, zeigte sich der Autor flexibel. Einmal sollte das gefallene Fräulein aus Fulda kommen, dann wieder kam es aus Thüringen. Das zugehörige Exposé (*Elisabeth, die Schönheit von Thüringen*) zeigt einen Handlungsablauf, der bereits sehr stark auf die späteren Textstufen verweist. Die Geburt des Kindes steht hier am Anfang, Elisabeth sieht sich

Filmstill aus *Mädchenhandel – Eine internationale Gefahr* (1927)

Wiener Filmplakat zu *Mädchenhandel – Eine internationale Gefahr*, Wiener Stadt- und Landesbibliothek ➔

gezwungen, arbeiten zu gehen. Zuerst verdingt sie sich als Haustochter, dann als Sekretärin, Fabriksarbeiterin und schließlich als Kellnerin in einer Animierkneipe. Am Ende wird die „Schönheit" von einem Betriebsrat politisch „bekehrt". Die Art dieser Bekehrung läßt sich durchaus mit derjenigen aus Horváths Erzählung *Das Fräulein wird bekehrt* (1929) vergleichen. Bekehrung ist bei Horváth ein Euphemismus vollständiger Unterdrückung: Elisabeth wird von dem vermeintlichen Revolutionär verführt. Letztlich gelingt es ihr aber auch damit nicht, sich aus dem „dumpfen Kleinbürgertum" zu befreien, von dem Horváth in den *Schellingstraßen*-Fragmenten wörtlich spricht.

Neben einer Vielzahl an Stückentwürfen, in denen jeweils das individuelle Schicksal einer einzelnen „Schönheit" geschildert wird, basieren die *Geschichten aus dem Wiener Wald* auf einem Textcluster, in dem sich erst recht Horváths Faszination für populäre Themen zeigt. Im Juli 1929 lieferte der Autor beim Ullstein-Verlag

DER GROSSE ABENTEURERFILM
Mädchenhandel
Biró
ERSCHEINT AB 1. APRIL IN DEN Wr KINOS!
WALDHEIM-EBERLE A.G. WIEN VII.

Ödön von Horváth: Bühnenbildentwürfe zu dem Fragment *Die Mädchenhändler* (Ausschnitte aus Konzeptblättern, ÖLA 3/W 316 – BS 65 a, Bl. 10 und 12)

eine Posse mit dem Titel *Rund um den Kongreß* ab. In diesem Stück karikiert er die Bekämpfung des internationalen Mädchenhandels durch den Völkerbund, die sich in der zweiten Hälfte der 20er Jahre vor allem in der Abhaltung einer ganzen Reihe von Großkongressen manifestierte. Neue Forschungen (vgl. Jazbinsek 2002) zeigen, daß es sich bei der Vorstellung, daß Frauen in europäischen Großstädten gewaltsam entführt und von internationalen Schlepperbanden in weit entfernte Länder gebracht und dort zur Prostitution gezwungen würden, nicht um ein historisches Phänomen gehandelt hat, sondern um ein Phantom von Wohlfahrtsvereinigungen, die im Kampf gegen den mutmaßlichen Mißstand ihre eigene Position stärken konnten. Tatsächlich hat es den internationalen Mädchenhandel in der beschriebenen Form nicht gegeben, als eine Mythe des Alltags hatte die Geschichte jedoch bis Ende der zwanziger Jahre Konjunktur. Am 7. Januar 1927 lief in Deutschland der Film *Mädchenhandel – Eine internationale Gefahr* an, wenig später war der Streifen unter Verwendung eines eigenen Plakats auch in Wien zu sehen. Wie seine Vorläufer aus der populären dänischen Reihe über die sogenannte „white slavery" spekulierte auch dieser Film äußerst erfolgreich auf den Stoff. Das Handlungsmuster war immer das gleiche: Eine Frau (in dem Film *Mädchenhandel* heißt sie wie bei Horváth Irene) kommt allein in die Großstadt, sie ist meist schon verlobt und stammt aus einer intakten Familie. Nicht das proletarische Elend, sondern die Langeweile des bürgerlichen Alltages macht sie für die Verlockungen der Unter-

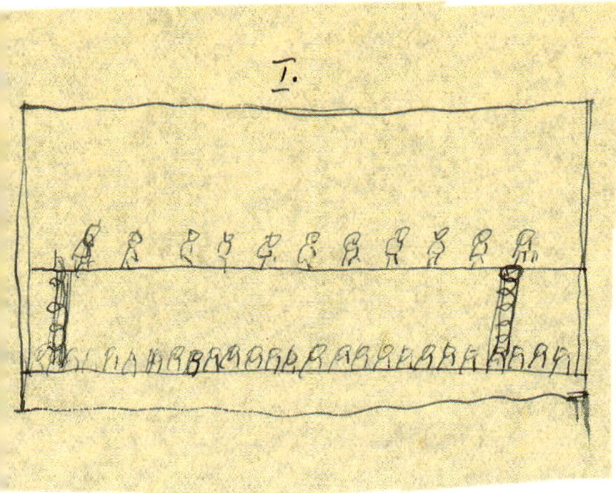

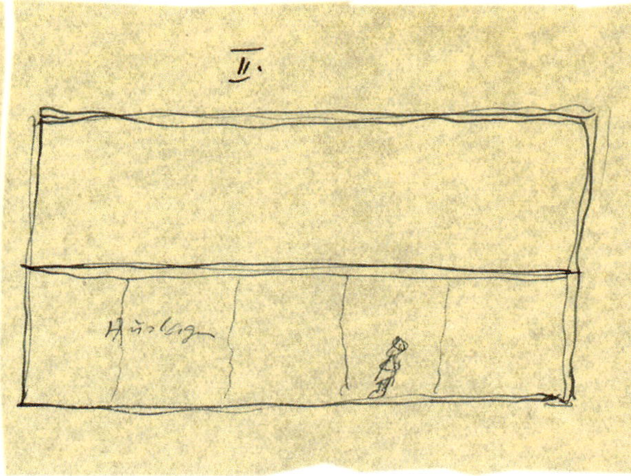

welt anfällig. Während ihrer Gefangenschaft entwickelt sich der „Backfisch“ zum begehrenswerten „Weib“. Das Bordell erscheint dem Publikum, das – wie von Siegfried Kracauer beschrieben – im allgemeinen aus einfachen Verhältnissen kommt, als ein Ort des Luxus und der Pracht. Der Film bietet Einblicke in eine Welt von Anzüglichkeiten, die man so noch nicht gesehen hat und der am Ende doch noch ein Happy-End beschieden ist: Bevor die Frau ihre Unschuld verliert, wird sie von ihrem Verlobten gerettet und in die Familie zurückgebracht.

Mit seiner Posse *Rund um den Kongreß* rekurriert Horváth auf das Thema, hat mit ihm aber zunächst gar keinen Erfolg. Nachdem sich für den Autor absehen ließ, daß keine Aufführung zustande kommen würde, entnahm er dem Text einzelne Elemente, um sie in andere Werkvorhaben zu integrieren. Solcherart entstanden das Dramenfragment *Ein Fräulein wird verkauft* sowie Konzepte zu einem Stück mit den alternativen Titeln *Die Mädchenhändler* bzw. *Von Kongreß zu Kongreß*. In der Forschung wurden diese Texte bislang fälschlicherweise als Vorstufen zu dem Stück *Rund um den Kongreß* angesehen. In ihnen wird der Fokus von der parodistischen Schilderung des Kongreßgeschehens genommen und immer stärker auf die Entwicklung des Fräulein-Schicksals gelenkt. Das Fräulein wird jetzt tatsächlich „von“ Kongreß „zu“ Kongreß weitergereicht: Vom „Mutterschutzkongreß“ über den „Kongreß zum Schutz des Kindes“ bis hin zum „Mädchenhandelskongreß“ verfehlt eine jede dieser Versammlungen ihr Ziel. Die Kongresse schützen Mütter,

Kinder und Mädchen nicht, sie lassen diese vielmehr mit sich selbst allein. Die Bühnenbilder, die Horváth bereits in dieser frühen Phase der Werkentwicklung entwirft, reflektieren diesen Umstand: Das einzelne Fräulein steht schutzlos vor jenem Kollektiv, das sich zu seinem Schutz zusammengefunden hat. (Vgl. Abb. vorige Seite)

Von den Geschichten vom Mädchenhandel führt bei Horváth ein direkter Weg zu den *Geschichten aus dem Wiener Wald.* Den weiblichen Hauptfiguren wird im Verlauf dieser Entwicklung jede Hoffnung auf einen glücklichen Ausgang ihrer Geschichten geraubt. In dem Stück *Rund um den Kongreß* faßt gegen Ende ein gewisser Ferdinand den Entschluß, das Fräulein zu retten, bevor es nach Südamerika verschifft wird, um dort in einem Bordell zu enden. Der Journalist Schminke kommentiert die Aktion mit dem Satz: „Das Fräulein wird nicht verkauft, sondern geehelicht." (Horváth 1985, 277)

Die *Geschichten aus dem Wiener Wald* beweisen eindrücklich, daß mit einem solchen Ende im Schoß der Familie für das betroffene Fräulein nichts gewonnen, sondern für ihre Wünsche, Träume und Hoffnungen alles verloren ist.

Verwendete Literatur

Der Nachlaß Ödön von Horváths am Österreichischen Literaturarchiv wird nach der neuen Wiener Signatur mitsamt dem Verweis auf die Berliner Signatur (BS) zitiert. Die angesprochenen, teilweise unpublizierten Dramenfragmente erscheinen im Herbst 2003 in dem Band: Ödön von Horváth: „Ein Fräulein wird verkauft" und andere Stücke aus dem Nachlaß (Suhrkamp Taschenbuch).

Horváth 1985 = Ödön von Horváth: Rund um den Kongreß. In: Ders.: Zur schönen Aussicht und andere Stücke. Hg. von Traugott Krischke (Ödön von Horváth: Kommentierte Werkausgabe in Einzelbänden, Bd. 1). Frankfurt am Main: Suhrkamp 1985, S. 209–280.

Jazbinsek 2002 = Dietmar Jazbinsek: Der internationale Mädchenhandel. Biographie eines sozialen Problems. Wissenschaftszentrum Berlin für Sozialforschung (Schriftenreihe der Forschungsgruppe „Metropolenforschung", FS II 02–501), www.medea.wz-berlin.de (Stand: 12.12.2002).

Kastberger 2001 = Klaus Kastberger: Revisionen im Wiener Wald. Horváths Stück aus werkgenetischer Sicht. In: Ödön von Horváth: Unendliche Dummheit – dumme Unendlichkeit. Hg. von Klaus Kastberger (= Profile. Magazin des Österreichischen Literaturarchivs, Bd. 8). Wien: Zsolnay 2001, S. 108–130.

Bruchstück und Metamorphose – Fritz von Herzmanovsky-Orlandos *Österreichische Trilogie*

Von Wendelin Schmidt-Dengler

Ein literarisches Werk, das erst aus dem Nachlaß entstanden ist: Fritz von Herzmanovsky-Orlando (1877–1954) hatte zu Lebzeiten nur einen Roman, *Der Gaulschreck im Rosennetz* (1928), veröffentlichen können; eine Erzählung – *Der Kommandant von Kalymnos* (1926) – war als wenig beachteter Privatdruck erschienen, und dabei bemühte sich Herzmanovsky bis an sein Lebensende, seine Romane bei Verlagen und seine Theaterstücke bei Bühnen unterzubringen oder gar als Verfasser von Filmtextbüchern zu reüssieren. Er galt als hochbegabter Dilettant, dem die Disziplin beim Schreiben fehlte, der in der Komposition versagte und sich nicht auf szenische Effekte verstand. Seinen Nachruhm verdankt Herzmanovsky Friedrich Torberg, der das Werk in vier Bänden edierte (1957–1963), dabei aber vor Eingriffen nicht zurückschreckte; er kürzte, veränderte im Roman *Das Maskenspiel der Genien* die Handlung an entscheidenden Stellen und stattete die szenischen Texte mit Zusatzpointen aus – das alles, um dem Publikum der fünfziger und sechziger Jahre das Werk mundgerecht zu servieren. Dazu paßt auch, daß er die befremdlichen und ideologisch nicht unbedenklichen „ariosophischen" Spekulationen eliminierte. Er suggerierte in seinen Bemerkungen, daß es darum ginge, „die Hervorbringungen eines genialisch verkauzten Amateurs druckreif zu machen" (Torberg, in: Herzmanovsky 1963, 7). Das gelang auch, und der Name Herzmanovsky wurde landesweit zum Inbegriff, um einen absurden und gerade deshalb für Österreich kennzeichnenden Sachverhalt zu beschreiben.

Eine Revision des von Torberg erfolgreich und zum Teil auch mit Gründen in Umlauf gesetzten Bildes schien angebracht. Die genauere Befassung mit dem bereits zugänglichen Nachlaß in der Österreichischen Nationalbibliothek, vor allem aber die Übergabe einiger weiterer umfänglicher Nachlaßteile an das Innsbrucker Brenner-Archiv in der Mitte der siebziger Jahre gaben der Forschung Impulse, die schließlich zu einer Neuausgabe der Gesammelten Werke in zehn Bänden im Residenz-Verlag führten. Dadurch erfuhr das Herzmanovsky-Bild Korrekturen bezüglich des weltanschaulichen Umfeldes, in dem sich die meisten seiner mystischen Spekulationen bewegten und für die er aus einigermaßen trüben Quellen wie Guido List und Jörg Lanz-Liebenfels schöpfte. Auch wenn damit das Werk sich nicht als reaktionärer Galimathias abqualifizieren ließ, so hatte das Bild des chevaleresken Altösterreichers doch einige Risse bekommen. Vor allem aber schien aufgrund der Erkenntnisse aus der Ausgabe, nicht zuletzt im Zusammenhang mit der österreichischen (Neo-)Avantgarde der fünfziger und sechziger Jahre wie etwa der Wiener Gruppe, eine neue Bewertung des künstlerischen Verfahrens angebracht.

Daß die Komposition größerer Einheiten nicht zu seinen Stärken zählte, dürfte Herzmanovsky selbst bewußt gewesen sein; und doch ging es darum, mit drei Romanen einen größeren Zusammenhang herzustellen, dem er ein Programm zugrunde legte: „Ich versuche, das Marionettenhafte der Lebensepochen, die ich überschauen kann, zum Niederschlag zu bringen", notiert er etwa 1921 im Zusammenhang mit seiner ersten Erzählung *Cavaliere Huscher oder Die sonderbare Meerfahrt des Achatius von Yb* (Handschriften-, Autographen- und Nachlaßsammlung der Österreichischen Nationalbibliothek, Ser.n. 13.590). Dieses Programm scheint auch die stärkste Triebkraft für die geplante *Österreichische Trilogie* gewesen zu sein, ein Konzept, das Torberg für nebensächlich hielt (Torberg, in: Herzmanovsky 1963, 9), da es sich nicht um einen erkennbaren größeren Erzählzusammenhang handelte und keine Kohärenzen im Inhaltlichen festzustellen waren. Dem Geschichten-Erzähler Torberg ging die Einsicht ab, daß die Moderne für die Konstitution größerer Komplexe das erzählerische Kontinuum suspendiert und die Zusammenhänge jenseits der Grenzen lagern, die durch das Stoffliche definiert werden: In diesem Falle ist es das „Marionettenhafte", das eine realistische Konzeption im vorhinein ausschließt und die Vorgänge der Traumlogik unterwirft.

Der *Gaulschreck im Rosennetz* sollte der erste Teil dieser Trilogie sein: Eine Geschichte aus dem Biedermeier, deren Held der Hofsekretär Jaromir von Eynhuf ist. Er verliebt sich in die Sängerin Höllteufel, die ihn, den pedantischen Beamten, so gar nicht wahrnimmt. Auch wenn der Roman reich an Arabesken ist und die Handlung infolge zahlreicher kaum miteinander zusammenhängender Episoden zu mäandern scheint, so ist doch die Erzählung auf das tragische Ende hin kon-

Lore verwandelt Orpheus in eine Katze. Zeichnung Fritz von Herzmanovsky-Orlandos aus dem Umkreis des Romans *Maskenspiel der Genien.* Österreichische Nationalbibliothek, Handschriften-, Autographen- und Nachlaßsammlung, Nachlaß Herzmanovsky-Orlando (Ser.n. 13.678/Fasz.6/fol. 8)

Orpheusmysterium
Ser.n. 13.678

Möpse. Zeichnung Fritz von Herzmanovsky-Orlandos.
ÖNB, HAN, NL Herzmanovsky-Orlando (Ser.n. 16.616/Fasz.2/fol. 6)

zipiert. Eynhuf hält sich in einem zweifelhaften Hause auf, sieht sich von einer Razzia bedroht und erschießt sich mit seiner Pistole, die er mit den Milchzähnen lädt, die er dem Kaiser zum Geschenk machen wollte. Der zweite Roman *Der Rout am Fliegenden Holländer* hat den Untergang der Monarchie zum Thema: Auf einer Insel – Scoglio Pomo – im Mittelmeer, die einer Adelsfamilie gehört, aber bis zum Ende des 19. Jahrhunderts nicht entdeckt wurde, entsteht das letzte Ferienparadies des Habsburgerreichs. Ein britisches Kriegsschiff hält die Insel für den Fliegenden Holländer und bombardiert sie – die Ursache für den Ersten Weltkrieg. Eine apokalyptische Vision beschließt diesen Text, in dem sonst humoristischer Tenor aufgrund der liebevollen und satirischen Schilderung der dekadenten Gesellschaft vorherrscht.

Das Maskenspiel der Genien schließlich ist das wichtigste Werk dieser Trilogie, die nach dem Prinzip einer Klimax gebaut ist: Dieser Roman ist aus der Sicht des Autors ein Zukunftsroman und sollte 1966 spielen, und zwar zu einem guten Teil im Traumreich der Tarockei und dann in der Levante, auf Kreta und in Kleinasien. Auch der Held dieses Romans, Cyriak von Pizzicolli, ist zu einem tragischen Ende verurteilt: Als er endlich der bewunderten Diana ansichtig wird, wird er – wie einst Aktäon – in einen Hirsch verwandelt und von seinen Hunden zerrissen. Die Tarockei ist das „Traumreich", das Herzmanovsky in Analogie zu Kubins Roman *Die andere Seite* (1908) konzipierte. Hier herrschen die Gesetze des Traumes und der commedia dell'arte. Die Figuren sind Marionetten, sie sind, um Kleists berühmte Formulierung aus seinem Text über das Marionettentheater zu bemühen, „antigrav" (Kleist 1964, 342). Es gibt ein geheimes Österreich, das offenkundig den Auftrag hat, das Erbe der Antike in Südosteuropa und in der Levante zu verwalten.

Die einzelnen Teile der *Österreichischen Trilogie* sind nicht nur durch ihren thematischen Bezugspunkt und durch die grotesken Elemente miteinander verbunden. Herzmanovsky stattet seine Figuren mit einer mythischen Identität aus, sie sind Metamorphosen unterworfen und lassen sich vom Leser kaum eindeutig fassen: Ein respektabler Bürger des Traumreiches wird im *Maskenspiel* von einem Zauberer in einen Hund verwandelt, mit der geschlechtlichen Identität der Figuren wird ein Verwirrspiel getrieben, und die Phantasie des Autors und Zeichners Herzmanovsky schwelgt in unterschiedlichen Gestaltungen des von ihm immer wieder beschworenen androgynen Mysteriums. In die überkommenen mythologischen Muster greift Herzmanovsky immer wieder ein, variiert sie souverän und weiß diese, auf solider Kenntnis der literarischen Überlieferungen beruhende „Arbeit am Mythos" (Hans Blumenberg) meist auch mit komischen Akzenten zu versehen.

Im Umfeld des *Maskenspiels* findet sich ein Blatt, dessen Überschrift besagt, daß Lore Orpheus in eine Katze verwandelt, zeichnerischer Ausdruck für das durchgehende metamorphotische Prinzip auch in den Texten: Das Antlitz der mittleren Figur ist denn auch ein Umspringbild, das als das eines Jünglings oder als ein Katzenkopf angesehen werden kann. Markanter könnte der Augenblick der Verwandlung nicht gefaßt werden. (Vgl. Abb. S. 225) „Deine Worte gleichen müden Möpsen, die nach Schmetterlingen haschen", dieser absurde Vers dient als Bildunterschrift unter einer Serie von Möpsen, andererseits bindet der kühne Vergleich Unvereinbares ebenso glaubwürdig wie witzig aneinander.

Die Identität der einzelnen Figuren ist instabil, und diese Instabilität entzieht den Werken auch ihre festen Konturen. Die *Österreichische Trilogie* Herzmanovskys ist ein gewaltiger Torso; immer wieder verweist der Autor in seinen Kommentaren auf

Folgende Doppelseite: Inhaltsangabe zum Roman *Rout am Fliegenden Holländer.* ÖNB, HAN, NL Herzmanovsky-Orlando (Ser.n. 13.683/Fasz.2/fol. 1 und fol. 2)

Pomo

1

ROUT AM FLIEGENDEN HOLLÄNDER.

Was ich hier schildere, soll - symbolisch „ etwa als der letzte , unwirkliche Goldhauch über dem Aspekt eines versunkenen Österreich genommen werden, dessen gigantische dynamische Potenz angetan war, die Welt zu erobern und von dem eigentlich blos noch als Hymne erschütternster und beklemmender Schönheit Schuberts " Unvollendete " übrig geblieben ist.

Darum nehme man das Buch, bitte, nicht allzu leicht, obschon es sich darin um recht viel, ein bisserl defekte " Bobbys ", bürgerl. Trottel, einen chrowotischen Skalpakademiker, mährische Grossindustrielle und ähnliche spassige Figuren handelt.

Ebenso ersuche ich das Buch nicht an die Erde zu hauen, wenn dann vor Ihnen , vom fahlen Schwefellicht der Hölle umflackert, die in einem seignierten Seebadeort gewiss recht unerwünschte Erscheinung des flieg. Holländers auftauchen wird. Denn, man vergesse nicht, dass gerade die allerrezenste Physik beweist, dass grausliche Phantasmagorien, die das Mittelalter zur Hölle machten, ganz ernst basiert sind.

Wer das noch nicht erfasst hat, der möge wissen, dass Erscheinungen, die ganz ruhig in die vierte Dimension gehören, sogar patentamtlich geschützt sind. (z.B. engl. Patent Nr. 544501 : Die Molekularresonanz als Katalysator, oder ein anderes : Magische Quadrate als Schwingungsplatten.)

Da man zur Zeit der Romanfabel - beiläufig 1912 - von diesen Dingen noch nichts wusste, befanden sich alle Herren unseres Buches, die über die angedeutete Gespenstererscheinung ihr Urteil abgaben, im Irrtum.

Streng wissenschaftlich muss diese fatale Angelegenheit analysiert werden als : Isomere Allotropie der Chimäre „, oder :" als " Pseudovirtuelle Atrappe der Chimäre " womit wir das Gebiet der modernsten Kurzwellenphysik betreten.

Genaue Auskunft zu geben, bin ich nicht ermächtigt, da dies eine Sache berührt, , über die Patente in Vorbereitung sind.

Dies alles auf dem Gebiete dieser Art von Physik, die dadurch gekennzeichnet ist : „Physik ist die Darstellung der Naturgesetzte in differentialen Gleichungen ", während es allerdings auch etwas gibt, das man als " Biophysik " bezeichnen kann.

Auf diese Ebene gehört das Bild der durch gewisse Tanzzeremonien angeheizten " Nabel "(was aber als magnetische Wirbelfelder verstanden werden möge .) Hier im Roman wurde beim Namen der Koryfaia der aufscheinenden, nicht alltäglichen Donzellen, der Adenaide Malfilatre, der Hexenbar des langverschollenen westgotischen Königreiches Arelate erwähnt, von wo aus in den Zeiten der Gotik, durch eine sehr junge und sehr hohe Dame von ausserordentlicher Schönheit die Welt so umgekrempelt wurde, dass nur durch die sofort einsetzende Inquisition Europa in den gegenwärtigen Zustand unserer heutigen Zivilisation und unseres Glückes hinübergerettet wurde.

In diesem Zusammenhange

XXXXXXXXXXXXXXXXXX Eleonore von Possin.

Die Fabel des Romanes ist die :

Eine alte veneto - dalmatinische Familie, Dandolo -Tree, ist ganz verarmt. Nur ein Besitz ist ihr geblieben : der Scoglio P o m o ,ein Lehen aus dem vierten Kreuzzug. Aber, kein Mensch weiss, wo das Ding liegt, eine unangenehme Tatsache, über die übrigens verschiedene vornehme italienische Familien . (So könnte sich jeder ein schönes Stück Geld verdienen, der nachweisen kann, wo die Ulaninischen Inseln liegen .)Ein sonst wenig beachteter Vetter, Baron Baliol, bekommt durch eine Vision die nötigen geographischen Daten, der Scoglio wird gefunden, und durch einen sehr realen Vetter, den Michelangelo Frh. v. Zois von der Kärthner Landesregierung, zum fashionablen Kurort eingerichtet. Die Creme der Gesellschaft findet sich ein.

auch heutigen Tages zu klagen haben. das bezieht sich auf die „Ulaninischen Inseln", virtueller Besitz einer edlen Familie; maritimen Positionsdaten aus der Brianza, wovon ich von einem Kurarzt in Arco andeutungsweise erfuhr.

Das Bruchstück der Erzählung setzte mit folgendem ein : Baron Baliol hatte vor Jahresfrist eine überirdische Erscheinung, in der ihm durch einen Engel von überirdischer Schönheit Kunde von der Position Pomos gegeben wurde. Er beschliesst, die Jahresnacht dieses in sein Leben tief einschneidenden Ereignisses in Kontemplation versunken zuzubringen. Verschiedene junge Damen, denen der elegante junge Mann in die Augen stach, kommen - unabhängig von einander - auf die Idee, sich genienhaft kostümiert dem Jenseitsschwärmer zu präsentieren. Darunter ist auch Hortense van Scheelfhoet, eine Schotterpartie, mit der der Hochstapler Rabenseifner einen jungen geistig nicht sehr ausgezeichneten Diplomaten, Charles B. Howniak, zu verkuppeln gedachte.

Folgende Figuren kommen in dem Fragment vor :

Michelangelo Frh. V. Zeis.
Max Prinz zu Eschenlohe.
Lord Earthquake.
sein Sohn Vulcanus.
Rabenseifner.
K. Rat Dodola.
Blasius Grosswachter.
Dr. Lyons. Advokat.
Dr. Natanael Schimpelzüchter.
Fehlwurst, Hühnervoigt, Giekhase } Professoren.
Miroslav Cwecko. Gelehrter.
Geh. R. Harnapf "
Grollebier. Hotelleiter.
Escamillo Schindelarsch.
Graf Oilenhoy, Hofmarschall eines Duodezfürsten.
Baron Eichfloh.
Bärbel, seine Tochter
Major Quapil
Ein Herr mit Goldzylinder
2 oberung. Bitterwasserkönige.
Ein Sonderling der als Franziscus stets einem Goldfisch predigt.
Ein asketisches Ehepaar.
Das Töchterchen des Dr. Lyons die als Paniske ihre Ferien verbringt.

Gräfin Ségur, née Rostopschin.
Adonaide Malfilatre, Soubrette.
Contesse Vivien Montretoux
Contesse Montgomery die mit Freunden als " Fragonardgruppe " ihren Sejour verlebt.
Bebé Kliepera, ein übernährter Backfisch
Mama Cleopatra Kliepera.
Klärchen Tümpelfinke, Bebés Gespielin.
Lazzaro Dandolo - Treo, Baliols Oheim. (trotz seines Alters ein Vaurien)
Vier mährische Grossindustrielle, die als Johannesse auf Patmos ihren Sommer exquisit zubringen.
Max Pallenberg.
Skrabal, Hühneraugenoperateur.
Stankowitsch, Lakai.
Smrdal, Grossindustrieller und Ehrenritter bei den Maltesern.
Frau Cwecko.
Franz Horsky und Frau.
Baron Qualbrunn
Gräfin Oilenhoy.
Hedwig, Modeste und Frieda, junge Mädchen, die " Boticelli " leben.
3 struppige Herren die als gotische Einsiedler leben.
Ein distinguirter alter Hirte.
Papa van den Scheelfhout, ein Millionär
Graf Palaverich, Graf Mandrilewski } Elegants
Theofilaktos Simokatta, ein Grieche.
Charles Borr.-Howniak, Diplomat
Hortense van den Scheelfhout
Schionatulander Tatterer v. Tattertal, KK. Hofstotterlehrer

das Fragmentarische des Unternehmens, so in der Inhaltsangabe zum *Rout am Fliegenden Holländer* (vgl. Herzmanovsky 1984, 268–270), worin das bereits abgeschlossene Werk als Bruchstück bezeichnet wird. Herzmanovsky schreibt selbst am bereits veröffentlichten *Gaulschreck* weiter: Aus den vierziger Jahren findet sich eine Skizze, in der Jaromir von Eynhuf eine Eingabe beim Staatskanzler Metternich für die Errichtung einer „Teufelsdreckmühle" beabsichtigt (vgl. Herzmanovsky 1983, 156f.), wobei einerseits auf die bekannte Wiener Lokalsage „Die Teufelsmühle am Wienerberg" angespielt, mit „Teufelsdreck" aber auch auf die „asa foetida" (Stinkasant, ein schon im alten Indien bekanntes, vielseitig verwertbares und bis Mitte des 20. Jahrhunderts in europäischen Apotheken vertriebenes Mittel; vgl. Herzmanovsky 1992, 116) verwiesen wird. Das Gesamtwerk Herzmanovskys scheint aus einer Unzahl von Skizzen zu bestehen, kleinen fragilen Textgebilden, die jedoch alle miteinander durch eine Fülle von Motiven und Themen wie kommunizierende Gefäße verbunden sind und von Irritationen künden, die einem gestörten Realitätsbezug zu gehorchen scheinen. Es sind vor allem diese Fragmente, in denen Herzmanovsky sich am ehesten vom Ballast seiner oft dubiosen weltanschaulichen Prämissen zu befreien vermochte. Er gehört mit seinen kurzen Texten einer Literatur an, die besonders in Österreich auf eine Traditionsbildung verweisen kann: Kleine Prosastücke, Prosagedichte mitunter, eine Reihe, die von Peter Altenberg und Hugo von Hofmannsthal über Ödön von Horváths *Sportmärchen* bis zu den Texten der Wiener Gruppe, und da vor allem zu H.C. Artmann und Gerhard Rühm, führt, kleine Texteinheiten, die sich ihres Bagatellcharakters nicht schämen und den Anspruch jeglicher Monumentalität ironisch unterlaufen.

Verwendete Literatur

Herzmanovsky 1963 = Fritz von Herzmanovsky-Orlando: Cavaliere Huscher und andere Erzählungen. München, Wien: Langen-Müller 1963.

Herzmanovsky 1983 = Fritz von Herzmanovsky-Orlando: Österreichische Trilogie 1: Der Gaulschreck im Rosennetz. Hg. und kommentiert von Susanna Kirschl-Goldberg. Salzburg, Wien: Residenz 1983 (= Sämtliche Werke Band 1).

Herzmanovsky 1984 = Fritz von Herzmanovsky-Orlando: Österreichische Trilogie 2: Rout am Fliegenden Holländer. Hg. und kommentiert von Susanna Kirschl-Goldberg. Salzburg, Wien: Residenz 1984 (= Sämtliche Werke Band 2).

Herzmanovsky 1992 = Fritz von Herzmanovsky-Orlando: Skizzen und Fragmente. Hg. und kommentiert von Klaralinda Ma-Kircher und Wendelin Schmidt-Dengler. Salzburg, Wien: Residenz 1984 (= Sämtliche Werke Band 2).

Kleist 1964 = Heinrich von Kleist: Über das Marionettentheater. In: Ders.: Sämtliche Werke. Auf Grund der Erstdrucke hg. von Helmut Sembdner. 3., vermehrte und revidierte Aufl. München: Hanser 1964, 338–345.

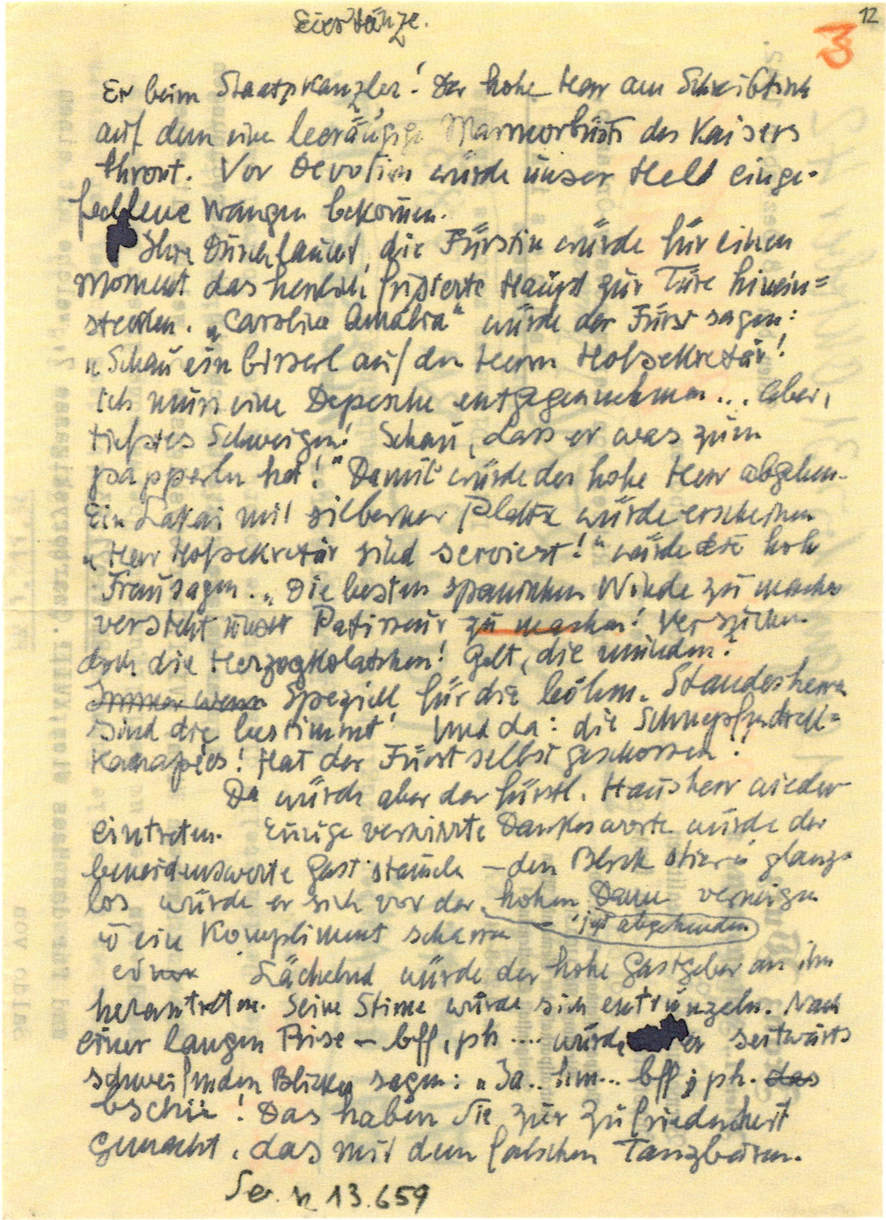
Ehrentänze.

Er beim Staatskanzler! Der hohe Herr am Schreibtisch auf dem eine leeräugige Marmorbüste des Kaisers thront. Vor Devotion würde unser Held eingefallene Wangen bekommen.

Ihre Durchlaucht, die Fürstin würde für einen Moment das hoheitsvoll frisierte Haupt zur Türe hineinstecken. „Carolina Amalia" würde der Fürst sagen: „Schau ein bissel auf den Herrn Hofsekretär! Ich muss eine Depesche entgegennehmen... aber, tiefstes Schweigen! Schau, dass er was zum papperln hat!" Damit würde der hohe Herr abgehen. Ein Lakai mit silberner Platte würde erscheinen. „Herr Hofsekretär sind serviert!" würde die hohe Frau sagen. „Die besten spanischen Winde zu machen versteht unser Patissier ~~zu machen~~! Versuchen doch die Herzogkolatschen! Gelt, die mundern! ~~Immer wenn~~ Speziell für die böhm. Standesherrn sind die bestimmt! Und da: die Schnepfendreck-Kanapees! Hat der Fürst selbst geschossen!

Da würde aber der fürstl. Hausherr wieder eintreten. Einige verwirrte Dankesworte würde der beneidenswerte Gast stammeln – den Blick starr und glanzlos würde er sich vor der hohen Dame verneigen und ein Kompliment scharren – (ist abgeschunden)

es war Lächelnd würde der hohe Gastgeber an ihn herantreten. Seine Stimme würde sich entrunzeln. Nach einer langen Prise – bff, ph.... würde er seitwärts schweifenden Blickes sagen: „Ja.. hm... bff, ph. ~~das~~ bschiss! Das haben Sie zur Zufriedenheit gemacht. das mit den falschen Tanzbären.

Ser. n. 13.659

Teufelsdreckmühle. Entwurf einer Szene aus den vierziger Jahren zum Roman *Der Gaulschreck im Rosennetz.* ÖNB, HAN, NL Herzmanovsky-Orlando (Ser.n. 13.659, Fasz.1, fol. 12)

Der erlösende Finalsatz – Die Überwindung des Fragmentarischen in Heimito von Doderers *Die Dämonen*

Von Wendelin Schmidt-Dengler

Die Entwicklung schien darauf hinauszulaufen, daß Heimito von Doderers Roman *Die Dämonen. Nach der Chronik des Sektionsrates Geyrenhoff* zu einem Dasein als gewaltiger Torso verurteilt sein würde: Die erste Fassung dieses Werks entstand unter ungünstigen Voraussetzungen, die der Autor – wie auch er später einsehen mußte – zu einem guten Teil selbst zu verantworten hatte. Seit 1930 arbeitete er an diesem Roman, wobei dessen zeitgeschichtliche Folie die jüngere Geschichte Österreichs abgeben und der Handlungsrahmen sich etwa bis 1932 erstrecken sollte. (Hesson 1982, 109; Weber 1986, 59) Es ging vor allem um eine Testamentsunterschlagung durch einen jüdischen Bankier und deren Aufdeckung; doch ist dies nur ein Handlungsstrang neben vielen anderen. Für die Handlungsführung konstitutiv sind einzelne Gruppierungen, unter denen vor allem die „Unsrigen" – so nach den „Nashi" in Dostojevskijs *Dämonen* geheißen – die zentrale Rolle spielen sollten. Zu ihnen gehört der Schriftsteller Schlaggenberg, der sein seltsames Unwesen treibt, durch Annoncen die Bekanntschaft mit beleibten Damen jüdischer Herkunft macht, und so zum Autor einer „Chronique scandaleuse" wird, die auch unter der Chiffre DD firmiert, womit doppeldeutig „Dicke Damen" oder „Die Dämonen" gemeint sein können. Doderer, der am 1. April 1933 der in Österreich illegalen NSDAP beigetreten war, suchte sein Werk unter anderem im Deutschen Reich dadurch bei einem Verlag unterzubringen, daß er ihm den Titel „Die Dämonen der Ostmark" gab. Schon in dieser Arbeitsphase hätten die Ereignisse des 15. Juli 1927 mit der Haupthandlung in Verbindung gebracht werden sollen, doch die Arbeit kam ins Stocken; schließlich war auch der Verlag C. H. Beck, mit dem Doderer 1937 erfolgreich den Kontakt aufgenommen hatte, offenkundig nicht bereit, das Werk in dieser Form herauszubringen. So blieb ein Fragment übrig, das im Typoskript etwa 600 Seiten Umfang hatte.

Bei der Abfassung des Kapitels „Auf offener Strecke" gerät Doderer zusehends in Schwierigkeiten. Der Verlag C.H. Beck beauftragt ihn, einen anderen Roman zu verfassen, und Doderer stellt bis 1938 den, am Umfang der *Dämonen* gemessen, vergleichsweise kurzen Roman *Ein Mord den jeder begeht* fertig, dessen virtuoser Aufbau sich des Schemas eines Kriminalromans bedient: Der Held ermittelt gegen einen Täter, ohne zu ahnen, daß er es selbst ist.

Die Distanz zu dem gewaltigen Konzept der *Dämonen* wird immer größer; die ästhetischen Prämissen werden dem Autor zusehends suspekter und auch der weltanschauliche Rahmen, in den das Ganze gestellt werden sollte, erwies sich als fragwürdig. Zwar finden sich zahlreiche Erwähnungen des *Dämonen*-Projektes auch in der Zeit nach 1936, doch Doderer widmete sich in der Folge der Fertigstellung zweier anderer Romane. 1939 konnte er den Kurzroman *Die erleuchteten Fenster oder Die Menschwerdung des Amtsrates Julius Zihal* abschließen, und noch während des Krieges begann er den Roman zu schreiben, der bis auf den heutigen Tag mit seinem Namen verbunden ist: *Die Strudlhofstiege oder Melzer und die Tiefe der Jahre* wurde 1941 begonnen und 1948 fertiggestellt. Sowohl *Die Menschwerdung des Amtsrates Julius Zihal* als auch *Die Strudlhofstiege* erschienen 1951 und machten den Autor in kurzer Zeit bekannt. In der *Strudlhofstiege* griff er zum Teil auf das Personal der *Dämonen* zurück, stattete das Werk aber mit einer ganz anderen Atmosphäre aus. Sollten *Die Dämonen* nach dem Plan des Autors die Zerrissenheit der österreichischen Gesellschaft darstellen (vgl. Stieg 1990, 225f.), so geht es in der *Strudlhofstiege* um ein Österreich, das – ganz im Gegensatz zum Tenor der Geschichtsschreibung – den Untergang der Monarchie gut überstanden hat und in dem die großen politischen und sozialen Konflikte so gut wie ausgeblendet sind.

Auch wenn in der *Strudlhofstiege* durch die unzähligen, allerdings geschickt miteinander verknüpften Episoden eine Haupthandlung so gut wie ganz fehlt und eine Inhaltsangabe kaum herstellbar ist, so ist es doch eine Figur, die – nach Doderers Worten – die ganze Handlung wie ein „Spagat" zusammenhält. Dies ist der pensionierte Offizier Melzer, der durch die kühne Tat gleichsam eine „Menschwerdung" erfährt: Er rettet der heimlichen Heroine des Buches, der schönen Witwe Mary K., bei einem Straßenbahnunfall am 21. September 1925 das Leben, indem er geistesgegenwärtig ihr Bein abbindet.

Mary K. gehört nun auch zum neuen Personal der *Dämonen,* und so sollte die *Strudlhofstiege* nach dem Wort Doderers die „Rampe" für die Fortsetzung der Arbeit an diesem Roman werden. Der Autor war sich bewußt, daß das Konzept aus den dreißiger Jahren nicht mehr tragfähig war und er die vorhandene Textmasse gründlich überarbeiten mußte. Behutsam, fast ängstlich nähert er sich ab Mitte 1951

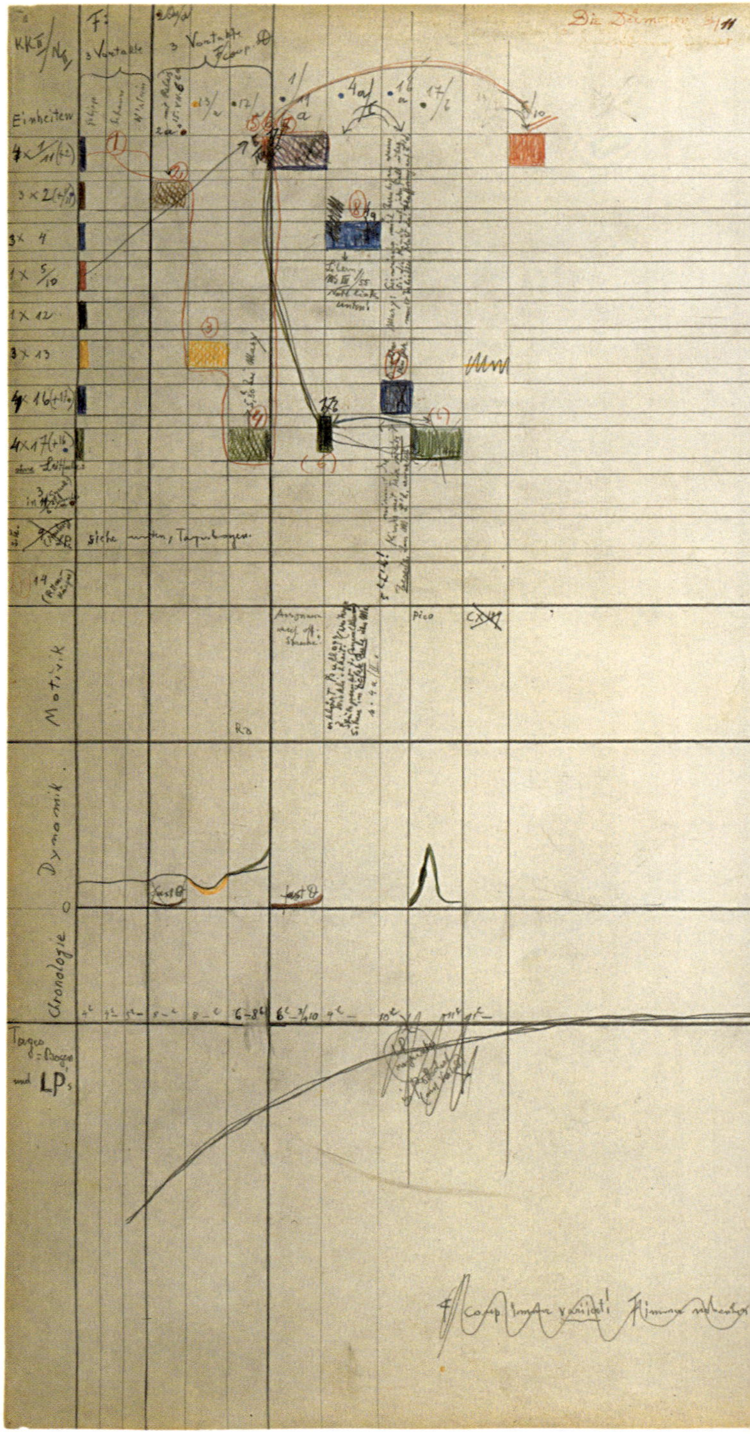

Skizze Heimito von Doderers zu den *Dämonen*. Österreichische Nationalbibliothek, Österreichisches Literaturarchiv (ÖLA 130/W4)

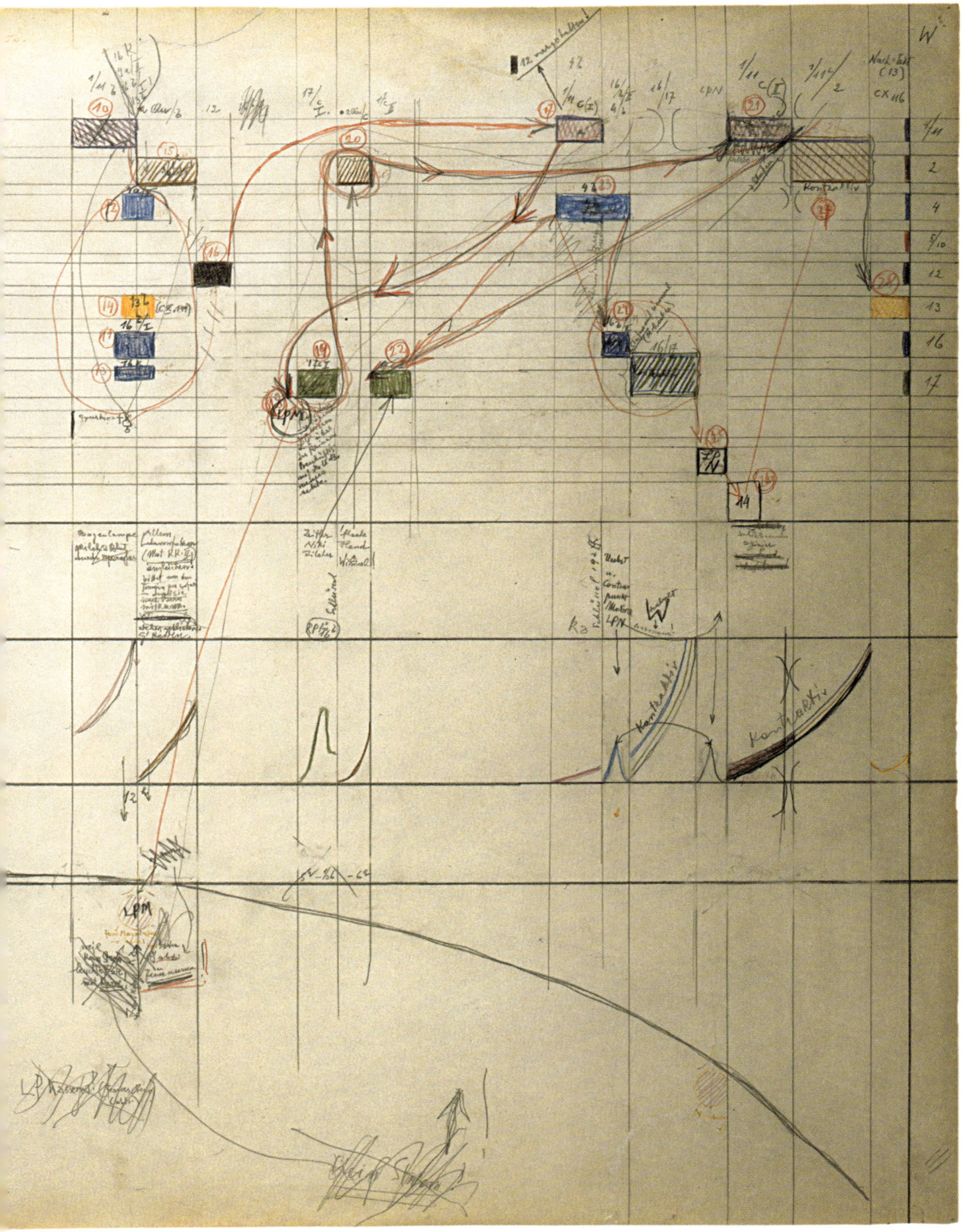
W
12 nachzuholen!
Kontraktiv
LPM
LPN
14
Kontraktiv
Kontraktiv

diesem Text. Die Auseinandersetzung mit der eigenen Vergangenheit findet nicht direkt statt; man muß zwischen den Zeilen lesen. Doderer verurteilt die eigene „Dummheit" oder „Apperceptions-Verweigerung" und damit seine antisemitischen Ausfälle von einst und seine Mitgliedschaft bei der NSDAP: Dies alles erscheint nun unter der Signatur der „Zweiten Wirklichkeit". Hier geht jemand sehr vorsichtig mit sich selbst und den eigenen Fehlern um, erkennt aber zugleich, daß die eigene Fehlhaltung sich geradezu vorzüglich als Material der Darstellung eignet: „Die antisemitischen Komplexe einer Reihe von Individuen sind Objekt der Darstellung (Relativierung durch den Lebenslauf selbst)", heißt es am 24. August 1951. (Doderer 1976, 67)

Vor allem die Figur des Leonhard Kakabsa, eines Arbeiters, der unbeirrbar seinen Weg zur höheren Bildung geht, seine „Sprachwerdung" durch das Überschreiten der „Dialektgrenze" erlebt (Doderer 1956, 530) und als Autodidakt Latein lernt, wird zur Lichtfigur, bei dem der Klassenkampf durch den Sprachkampf ersetzt zu sein scheint.

Nachdem Doderer diese Figur 1952 entwickelt hat, schreitet die Arbeit zügig voran. Zu Leonhard Kakabsa, der zum Geliebten der Mary K. wird, treten eine Fülle anderer positiver Gestalten. Hingegen erscheinen die „Unsrigen", die im ersten Teil ein Versprechen für eine bessere Zukunft sein sollten (Hesson 1982, 115), in einem ganz anderen Licht. Schlaggenbergs sexuelle Obsessionen sind zum Analogon totalitärer Gesinnung geworden. In jedem Fall sind Geyrenhoff, der sich als getreuer Chronist der Ereignisse in Wien gebärden wollte, wie sein Autor Doderer, der die epische Materie nicht beherrscht und als Berichterstatter von den Ereignissen eingeholt wurde, vorerst gescheitert. Doch gelingt Doderer bei der Bewältigung der Stoffmassen ein beinahe nahtloser Anschluß an die vor fünfzehn Jahren unterbrochene Arbeit.

Aber die Defizite, die Doderer an der eigenen Arbeit ausmacht, werden zur treibenden Kraft. Vor allem geht es ihm um die Komposition des Ganzen, und nur dem Leser der als *Commentarii* gesammelten Aufzeichnungen Doderers in der Zeit von 1953 bis 1956 fällt auf, wie oft der Autor den Gesamtplan radikal verändert hat. Die Handlung endet mit dem Brand des Justizpalastes am 15. Juli 1927. Die Ereignisse des Romans kulminieren in dem mehr als hundert Druckseiten

Skizze Heimito von Doderers zur Neubearbeitung der *Dämonen.*
Österreichische Nationalbibliothek, Handschriften-, Autographen- und Nachlaß-Sammlung,
Heimito von Doderer (Ser. nov. 14.184 / Blatt I)

I

Der alte Fürstner muss sagen, dass er nur dann u. wann, nicht regelmäßig, bei Stangelers gespielt habe.

~~erledigt~~

Neubearbeitung jetzt in Ms DD II 1–60

abgeschlossen 19.I.53

Roman-Studien IV („Dämonen")

1940

„Auf offener Strecke"

(„Dämonen")

XVIII.

(1940)

~~→ jetzt XIX, durch Einschub des William-Kapitels nach I/I (Ouvertüre)~~

↓

Nunmehr 1. Kapitel des II. Bandes (II/1.)

Mary K.'s Tochter in DD II!

↑ schon aufgenommen (DD I/II, Williams etc.)

Durchgesehen Pfingsten 1951

" Dezember 1951

ein Entwurf zum Abschluss dieses Kapitels II/XVIII in C VII 13 f (1952)

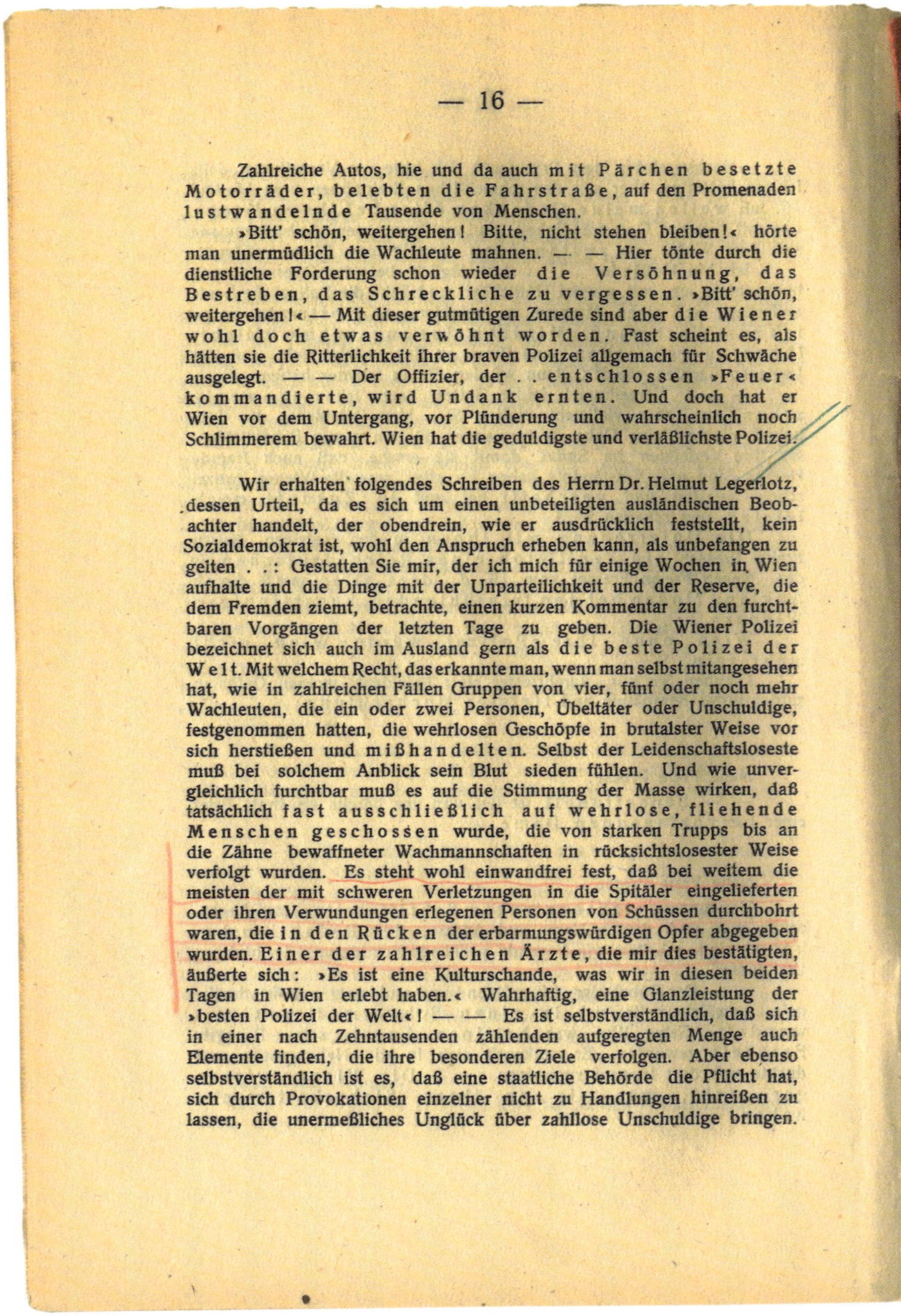

— 16 —

Zahlreiche Autos, hie und da auch mit Pärchen besetzte Motorräder, belebten die Fahrstraße, auf den Promenaden lustwandelnde Tausende von Menschen.

»Bitt' schön, weitergehen! Bitte, nicht stehen bleiben!« hörte man unermüdlich die Wachleute mahnen. — — Hier tönte durch die dienstliche Forderung schon wieder die Versöhnung, das Bestreben, das Schreckliche zu vergessen. »Bitt' schön, weitergehen!« — Mit dieser gutmütigen Zurede sind aber die Wiener wohl doch etwas verwöhnt worden. Fast scheint es, als hätten sie die Ritterlichkeit ihrer braven Polizei allgemach für Schwäche ausgelegt. — — Der Offizier, der . . entschlossen »Feuer« kommandierte, wird Undank ernten. Und doch hat er Wien vor dem Untergang, vor Plünderung und wahrscheinlich noch Schlimmerem bewahrt. Wien hat die geduldigste und verläßlichste Polizei.

Wir erhalten folgendes Schreiben des Herrn Dr. Helmut Legerlotz, dessen Urteil, da es sich um einen unbeteiligten ausländischen Beobachter handelt, der obendrein, wie er ausdrücklich feststellt, kein Sozialdemokrat ist, wohl den Anspruch erheben kann, als unbefangen zu gelten . . : Gestatten Sie mir, der ich mich für einige Wochen in Wien aufhalte und die Dinge mit der Unparteilichkeit und der Reserve, die dem Fremden ziemt, betrachte, einen kurzen Kommentar zu den furchtbaren Vorgängen der letzten Tage zu geben. Die Wiener Polizei bezeichnet sich auch im Ausland gern als die beste Polizei der Welt. Mit welchem Recht, das erkannte man, wenn man selbst mitangesehen hat, wie in zahlreichen Fällen Gruppen von vier, fünf oder noch mehr Wachleuten, die ein oder zwei Personen, Übeltäter oder Unschuldige, festgenommen hatten, die wehrlosen Geschöpfe in brutalster Weise vor sich herstießen und mißhandelten. Selbst der Leidenschaftsloseste muß bei solchem Anblick sein Blut sieden fühlen. Und wie unvergleichlich furchtbar muß es auf die Stimmung der Masse wirken, daß tatsächlich fast ausschließlich auf wehrlose, fliehende Menschen geschossen wurde, die von starken Trupps bis an die Zähne bewaffneter Wachmannschaften in rücksichtslosester Weise verfolgt wurden. Es steht wohl einwandfrei fest, daß bei weitem die meisten der mit schweren Verletzungen in die Spitäler eingelieferten oder ihren Verwundungen erlegenen Personen von Schüssen durchbohrt waren, die in den Rücken der erbarmungswürdigen Opfer abgegeben wurden. Einer der zahlreichen Ärzte, die mir dies bestätigten, äußerte sich: »Es ist eine Kulturschande, was wir in diesen beiden Tagen in Wien erlebt haben.« Wahrhaftig, eine Glanzleistung der »besten Polizei der Welt«! — — Es ist selbstverständlich, daß sich in einer nach Zehntausenden zählenden aufgeregten Menge auch Elemente finden, die ihre besonderen Ziele verfolgen. Aber ebenso selbstverständlich ist es, daß eine staatliche Behörde die Pflicht hat, sich durch Provokationen einzelner nicht zu Handlungen hinreißen zu lassen, die unermeßliches Unglück über zahllose Unschuldige bringen.

Fackel-Heft vom Oktober 1927 mit Annotaten Heimito von Doderers.
ÖNB, HAN, NL Heimito von Doderer (Ser. nov. 14.188/Mappe 5)

Tagebucheintragung Heimito von Doderers aus dem Jahre 1955. Beginn des „Feuer"-Kapitels mit eingeklebtem „Ariadne-Faden". ÖNB, HAN, NL Heimito von Doderer (Ser. nov. 14.053/fol. 164) ➜

164 erste 3 Vortakte F 11.

~~10.~~ Das Feuer.

Als der Vollmond untergegangen, ~~oder~~ genauer gesagt, hinter den hohen Bergen ganz verschwunden war, verfinsterte sich die Nacht gegen den Morgen zu immer mehr, trotz der Sternklarheit …

Ariadnefaden für die Copia des ~~10.~~ 11. Kap. („Das Feuer")

Die 28 Unterabschnitte (Einheiten) sind nicht in jener Reihenfolge niedergeschrieben in welcher sie in der Reinschrift zu stehen haben. Maßgebend für die Reihenfolge in der Copia sind die am Beginn jeder Unterabschnittes in rotem Ring stehenden roten Ziffern. Die Reihenfolge ist diese:

①	Seite 164	⑧	Seite 286	⑮	Seite 169	㉒	Seite 226
②	" 166	⑨	" 266	⑯	" 275	㉓	" 234
③	" 270	⑩	" 184	⑰	" 192	㉔	" 243
④	" 211	⑪	" 242	⑱	" 254	㉕	" 245
⑤	" 282	⑫	" 291	⑲	" 221	㉖	" 251
⑥	" 217	⑬	" 261a	⑳	" 175	㉗	" 204
⑦	" 179	⑭	" 273	㉑	" 201	㉘	" 206

Alle sonstigen Vermerke in Buntstift (soweit nicht Verbesserungen) sind auf die Komposition am Reissbrett verweisende Buchstaben und Ziffern und für die Copia gegenstandslos.

In der Copia selbstverständlich keine Nummern!

er ohne Antwort aus anderen Wipfeln. Aber wenn man jetzt scharf zwischen den Bäumen im Park des Erholungsheimes nach Osten gelugt hätte, dann wäre dort über dem Kimm der Berge die ~~deutl~~ grüne Verfärbung des Himmels ~~zu~~ zweifellos bemerken gewesen.

DB 22.IX

MV.

umfassenden Kapitel „Das Feuer", für das Doderer die größte kompositorische Sorgfalt aufgewendet und auch eingehende Quellenstudien betrieben hat, so etwa benutzte er das Heft der *Fackel* vom Oktober 1927. (Vgl. Doderer 1976, 187 und Abb. S. 238) Dem komplizierten Aufbau dieses Kapitels nachzuspüren, ist eine ebenso schwierige wie reizvolle Aufgabe. Darin hat Doderer nahezu alle Figuren auftreten lassen und die einzelnen Handlungsstränge miteinander verknüpft. Seine Fertigstellung signalisierte für den Autor auch das Gelingen des gesamten Werkes: Jede Spur der Unsicherheit oder des Zweifels am eigenen Konzept sollte getilgt sein. Dazu bedurfte es der genauen Planung, und die einzelnen Partien mußten in eine Folge gebracht werden. Das Tagebuch war für Doderer das „Quellgebiet" der Romane. Durch Farben unterschied er die verschiedenen Textsorten, wobei die „Probetexte" für den Roman grün geschrieben wurden, für Traumsequenzen kam violett zur Anwendung, blau galt den reflexiven Partien, rot sind „markierte Punkte" und schwarz normale fortlaufende Texte. (Vgl. Doderer 1976, 570 und Abb. S. 242/43) Die Schwierigkeiten, die Doderer selbst damit hatte, die einzelnen für sich stehenden und inkohärenten „Probetexte" in eine Folge zu bringen, geht aus beiliegender Tagebucheintragung aus dem Jahre 1955 hervor, wo die Anordnung für das „Feuer"-Kapitel entwickelt wird. (Vgl. Abb. S. 239) Für den Abschreiber hatte Doderer zusätzlich einen „Ariadne-Faden" bereitgestellt, der ihn durch das Labyrinth führen sollte. Für die Komposition größerer Zusammenhänge fertigte Doderer große Skizzen an, in denen er graphisch nach Motivik, Dynamik und Chronologie für sich selbst eine Art Fahrplan herstellen wollte, und dies nicht nur um Fehler zu vermeiden, sondern auch um sich selbst von der formalen Qualität des Ganzen zu überzeugen. In seinen romantheoretischen Schriften hatte er immer wieder die Priorität der Form vor den Inhalten betont, und die Skizzen sind somit Gebilde, die diese Priorität optisch bestätigen sollen. Die abgebildete Skizze bringt den Formwillen für dieses alles entscheidende Kapitel zum Ausdruck, das von der Fähigkeit des Verfassers zeugen soll, einen Roman effektvoll zu finalisieren und dem Chaos der Welt die Ordnung der Erzählung entgegenzusetzen: Nur etwas Ganzes kann den Anspruch des Romans auf Totalität auch glaubhaft zum Ausdruck bringen. (Vgl. Abb. S. 234/35) Die Emphase, mit der Doderer alles Fragmentarische ablehnte und der Kraft des Erzählens zur Gestaltung der sinnlich faßbaren Wirklichkeit vertraute, setzt ihn in Gegensatz zu vielen Romanciers des 20. Jahrhunderts. Doch ist die Anstrengung, mit der er seine Position zu behaupten suchte, respektabel. Mögen bei ihm die oft komödienhaft wirkenden guten Schlüsse künstlich und allzu versöhnlich erscheinen, so sind sie doch eindrucksvoll als Versuch, dem errichteten Gewölbe einen Schlußstein einzupassen, der den Zusammenhalt des Ganzen garantieren sollte.

Nach der Fertigstellung der *Dämonen* geriet Doderer in eine schwere Krise. Nicht zuletzt der Erfolg des Romans erwies sich als Belastung für die weitere Produktion. Doch konnte der Autor Ende der fünfziger Jahre mit dem Konzept für die Romantetralogie *Roman No 7* auch diese Krise erfolgreich überwinden. Allerdings wurde nur der erste Teil, *Die Wasserfälle von Slunj* (1963), fertiggestellt. Doderer starb am 23. Dezember 1966, und doch bleibt der zweite Teil – mit Doderers Worten: der zweite „Satz" – *Der Grenzwald* (postum 1967) auch noch als Fragment Zeugnis des Willens zur großen Komposition, die ihr Formgesetz aus der Musik ableiten möchte.

Verwendete Literatur

Doderer 1956 = Heimito von Doderer: Die Dämonen. Nach der Chronik des Sektionsrates von Geyrenhoff. München: Biederstein 1956.

Doderer 1976 = Heimito von Doderer: Commentarii 1951–1965. Tagebücher aus dem Nachlaß. Hg. von Wendelin Schmidt-Dengler. München: Biederstein 1976.

Hesson 1982 = Elizabeth C. Hesson: Twentieth Century Odyssey. A study of Heimito von Doderer „Die Dämonen". Columbia: Camden House 1982.

Stieg 1990 = Gerald Stieg: Frucht des Feuers. Canetti, Doderer, Kraus und der Justizpalastbrand. Wien: Österreichischer Bundesverlag/Falter Verlag 1990.

Weber 1986 = Dietrich Weber. Heimito von Doderer. München: C.H. Beck 1986.

extr.

Diesen Entschluss, der die Freibeweglichkeit der Sprache zur Frucht hat, wiegt so schwer nicht, und überhaupt nicht als Last: er ist ein leichtes Joch. Der Preis, den wir gewinnen, wenn wir jenes untergehen (undergoing) ist so unverhältnismäßig groß, — die Freiheit — dass die Entscheidung hier unzweifelhaft wird, und unbesonnen getroffen werden darf. — Jetzt und hier und zur Sommerszeit will mir eine Freiheit zuwachsen wie noch garnie. Hier wird alles in milder Form gegenwärtig. Auch R III/a. Hier, wie immer, von jetzt ab, muss eine synchronisierende Senkrechte durch alle Schichten des symphonischen Satzes gefällt werden. Denn dies — hier ist nun schon das Leben selbst, es begegnet mir auf dieser gewölbten Brücke unter dem hoch fliegenden Monde. [So. 15. VII.

rep: (zu pag. 111/12)

Nichts kann uns so tiefgründig über die Mechanik des Geistes belehren als jene des Ungeistes.

extr. Hier werden wir heute eine Synchronisierung von R III/a durchführen. Es ist dies der hohe Bogen von Textmasse C, der sich nach seinem Aufsetzen am anderen Ufer in die Compierungen von F verwandelt. — Man muss unter die zertrümmerte Decke einer deperceptiven Ordnung sinken: da strömt der duftige Liquor nieder. Auf einen Popanz aus den oder jenen Qualitäten oder Trophäen legt der Schriftsteller keinen Wert. Er wird vieles zerbrochen sehen, was sich als ganz praesentieren will oder wollte. [Mo. 16. VII.

R III/a 18. Mai 27, 8h abds, Hofkeller:

1. Kajetan bei Mutter (in R III/2 nachgebrachter Final-Teil von CS, — in Kajetan's Erzählg.) Assonanzen: Rutmayr/Chwaragial, Neudegg.
2. Stangeler mit Herzka in Neudegg, Mi. 18. abends Vorlesg. d. Dokumentes!

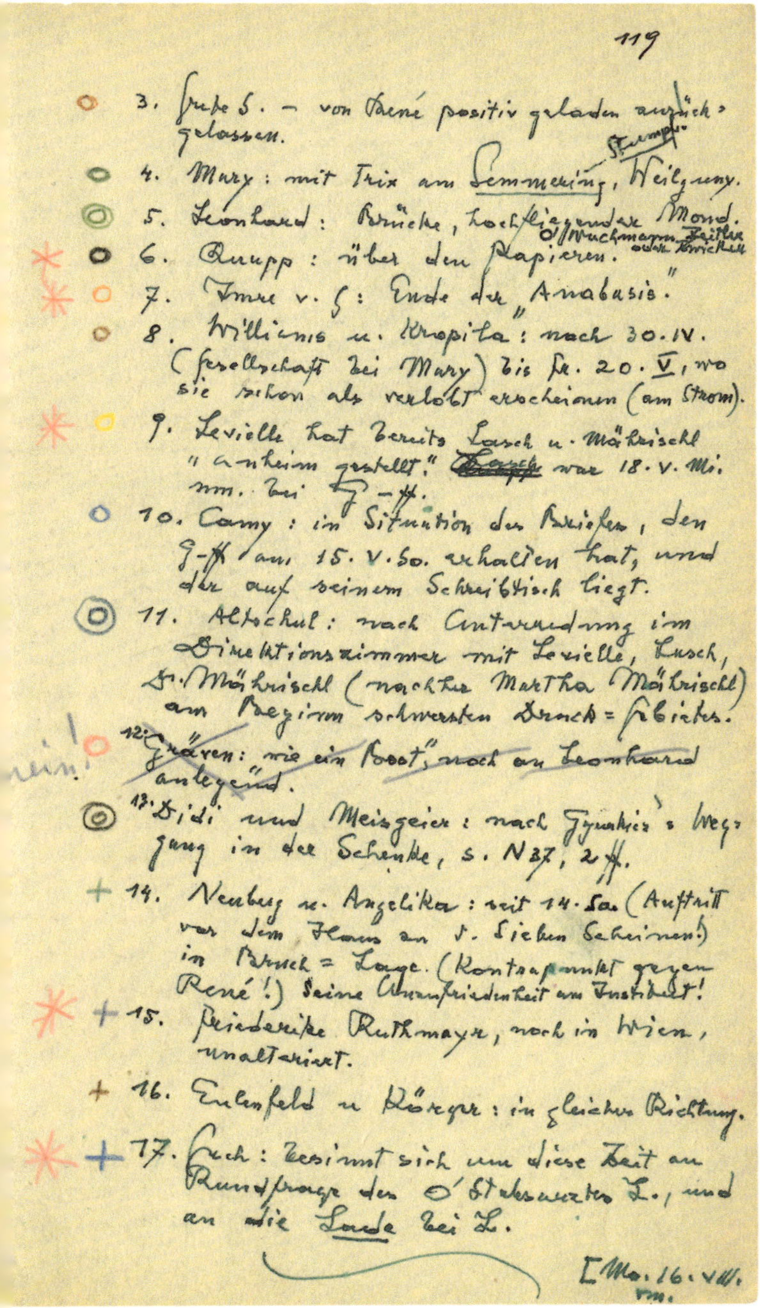

Tagebucheintrag Heimito von Doderers zum „Feuer"-Kapitel der *Dämonen.* ÖNB, HAN, NL Heimito von Doderer (Ser. nov. 14.083/ fol. 118 und fol. 119)

„Alles zusammen ist das Ganze". Thomas Bernhards frühes Romanprojekt *Schwarzach St. Veit*

Von Martin Huber

Was der Erzähler in *Korrektur* über Roithamers zu Tode korrigierte Hauptschrift sagt, daß in ihr alles, was er jemals gedacht habe, „in der konzentriertesten und in der ihm entsprechendsten Weise niedergelegt" sei, läßt sich zumindest als Arbeitshypothese fruchtbar machen für das als Ganzes unveröffentlicht gebliebene frühe Romanprojekt *Schwarzach St. Veit*: Gerade für dessen Beziehung zur Gesamtheit des Bernhardschen Werkes, im speziellen zum Durchbruchsroman *Frost* bzw. zur letzten Veröffentlichung *In der Höhe*. Betont wird in *Korrektur* vor allem die Zusammengehörigkeit aller Fassungen der nachgelassenen Schriften Roithamers: „Die erste, also die achthundert Seiten lange Niederschrift, und die zweite dreihundert Seiten lange Fassung dieser Niederschrift und die dritte nurmehr noch achtzig Seiten lange Fassung der zweiten Niederschrift, *alle diese drei Fassungen der Niederschrift* Roithamers [...] gehören zusammen, die eine jeweils aus der andern und sind ein Ganzes, [...] *alles zusammen ist das Ganze* [...]". (Bernhard 1975, 178ff.) Daß in den verschiedenen Fassungen von *Schwarzach St. Veit* wenn schon nicht „alles [...] niedergelegt", so doch vieles angelegt ist und erst die verschiedenen Fassungen zusammen, vor allem im vergleichenden Blick auf die veröffentlichten Werke, ‚das Ganze' des Bernhardschen Schreibprozesses zeigen, soll in der Folge an einigen wenigen Beispielen angedeutet werden.

Vorausgeschickt seien dem lediglich einige Kurzinformationen zu den Überlieferungsträgern bzw. zur Textgenese: Das Romanprojekt liegt unter anderem in einer abgeschlossenen Reinschrift von 296 Seiten vor, wobei es sich um das umfangreichste Einzeltyposkript des unveröffentlichten Nachlasses handelt. Trotzdem stellt es nur scheinbar den gesicherten Endpunkt eines komplexen Schreibprozesses dar, ebenso wie alle sonstigen damit in Verbindung stehenden Typoskripte und Typoskriptfragmente nur auf einen ersten Blick bloße Vorstufen sind: Denn auch die umfangreiche Romanreinschrift ist nur eine Zwischenstufe in diesem gerade aus textgenetischer Sicht komplexen Werk Bernhards.

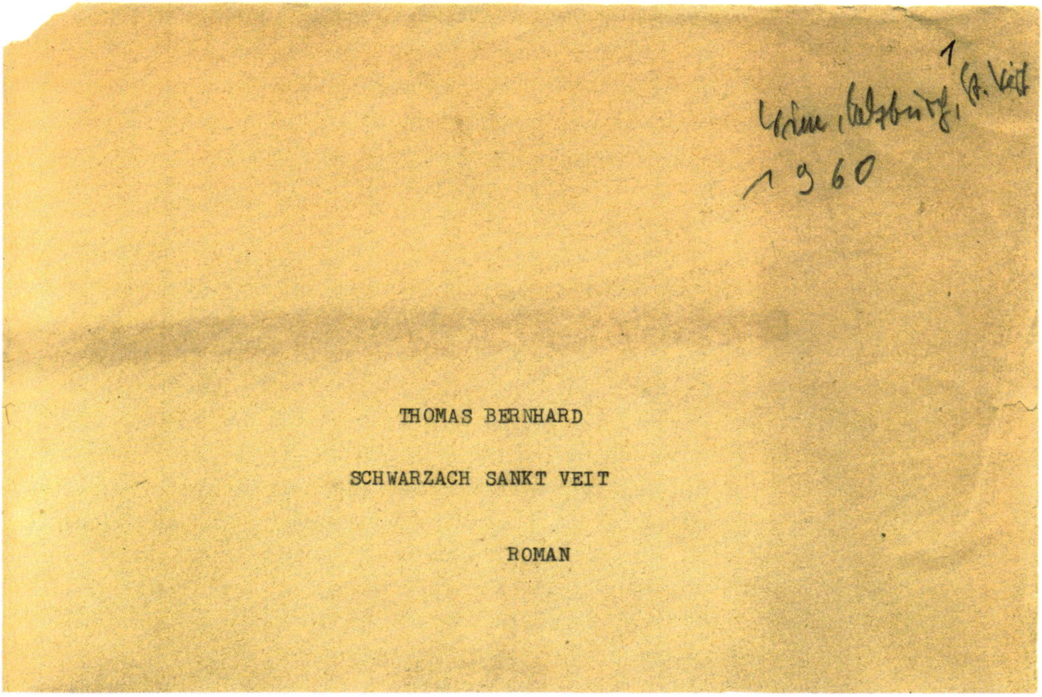

Thomas Bernhard: *Schwarzach St. Veit.* Titelblatt der Reinschrift des unveröffentlichten Romans. Nachlaß Thomas Bernhard, Thomas-Bernhard-Archiv, Gmunden, SL 13.22, Bl. 1

Auf dem Titelblatt der Reinschrift findet sich der handschriftliche Hinweis auf Entstehungsort und -zeit: „Wien, Salzburg, St. Veit / 1960". Die Eckdaten der Textentwicklung bzw. -veröffentlichung umfassen freilich einen viel längeren Zeitraum, zumindest von 1957 bis 1989. Die Jahreszahl 1957 findet sich auf dem ersten Blatt eines frühen, stark korrigierten Typoskriptfragments von *Schwarzach St. Veit,* bei dem der Übergang von der Lyrik zur Prosa im Werk Bernhards schon dadurch besonders augenfällig wird, daß er dafür teilweise die Rückseiten von Blättern mit älteren Gedichttyposkripten verwendet hat. In Bernhards Todesjahr 1989 erscheint als seine letzte Veröffentlichung *In der Höhe. Rettungsversuch, Unsinn* – wie sich nun durch den Nachlaß zeigt, handelt es sich dabei um das einzige veröffentlichte Bruchstück des Textkomplexes *Schwarzach St. Veit,* gleichsam um die sprichwörtliche ‚Spitze des Eisberges'.

Wie aus Briefen bzw. Briefentwürfen Bernhards an Rudolf Hirsch bzw. einem Brief des Verlagslektors Hellmut Freund an Bernhard hervorgeht, hat er den Roman *Schwarzach St. Veit* Ende 1960 beim Verlag S. Fischer eingereicht, wo er aber nicht angenommen wurde. (Es ist also keineswegs so, daß Bernhard diesen Text nie für veröffentlichungswürdig gehalten hätte; vielmehr geht aus dem Briefentwurf – und zwar eindeutig nicht nur aus verhandlungstaktischen Gründen – hervor, daß ihm das Manuskript damals buchstäblich „alles" bedeutet hat.)

Bernhard hat daraufhin einen neuen Veröffentlichungsanlauf unternommen und einen deutlich veränderten Text (massive Streichungen; Namensänderung einer Hauptfigur) unter dem Titel *Der Wald auf der Straße* im September 1961 bei Suhrkamp eingereicht. Im Jänner 1962 erhält er aber auch in diesem Fall ein Ablehnungsschreiben, und zwar durch Karl Markus Michel. Die Veröffentlichungsversuche des Textkomplexes *Schwarzach St. Veit* reichen also bis ins Entstehungsjahr von *Frost.* Bernhards Suhrkamp-Karriere hätte beinahe geendet, bevor sie noch beginnen konnte. Auf zwei Typoskriptseiten von *Der Wald auf der Straße* findet sich übrigens – offenbar nachträglich handschriftlich eingefügt – der Name Strauch; so markieren diese Typoskripte in gewisser Weise dann doch den Übergang zum bekannten veröffentlichten Romanwerk Bernhards. Später schreibt Bernhard auf das Titelblatt des Typoskripts von *Der Wald auf der Straße:* „Dreckroman! Mist! Wie kann sowas passieren? Aufgeblasenes Nix! Ja, du Idiot!" (Vgl. Abb. S. 251)

Zum Abschluß dieser Übersicht seien noch die Titel einiger Typoskripte aus dem Gesamtkomplex *Schwarzach St. Veit* genannt: Ein sehr stark korrigiertes (und gerade in seinen Streichungen aussagekräftiges) trägt den Titel *Herr Labil, oder die Vorgänge in einem mißbrauchten Gehirn;* ein mit der Reinschrift eng verwandter Text trägt den Titel *Hufnagl;* eine unmittelbare Vorstufe der Reinschrift schließlich den Titel *Schwarzach St. Veit – Bruchstücke junger Köpfe.*

Was Hans Höller in seiner Bernhard-Monographie zu *In der Höhe* geschrieben hat – der Text sei „ein einziger Steinbruch später aufgegriffener oder für immer liegengelassener literarischer Themen und Motive", und es würde darin eine Radikalität herrschen, die dann im späteren Werk nie mehr erreicht wurde (Höller 1993, 69) –, trifft umso mehr auf den Gesamtkomplex *Schwarzach St. Veit* zu.

Zunächst eine knappe Orientierung über Hauptfiguren und Inhalt – obwohl gerade das bei diesem frühen Roman ein schwieriges Unterfangen darstellt (vgl.

Thomas Bernhard; *Schwarzach St. Veit.* Typoskript einer frühen Fassung des Romans. NTB, TBA, SL 12.19, Bl. 3 (Vorder- und Rückseite)

[1957]

[illegible] denkt

oben im Dorf das Begräbnis, die Leute, die einen Kreis um die Kirche herum wahen und ihre Gedanken dahertragen wie Prangerstangen, die lautlose Einbalsamierung des Nachmittags, die stupide Ruhe, mit der das Tal angefüllt ist, der Regen, der hinter dem Kitzsteinhorn niedergegangen ist... die schwarzen Schuhen, die Gebetbücher, Gras, der Pfarrer straft sich fortwährend Lügen, aber was er sagt, ist gut, weil es einfach ist... die Wirtsfrau mit ihrem Verachtung gegen jeden Hungrigen, Durstigen, der Tischler mit seinem Übelwollen gegen die Schulkinder, der Lehrer mit seinem kleinen Verstand, mit seiner Trägheit, mit seiner Homosexualität, der Doktor mit seinem Holzbein, ein Opfer des Zweiten Weltkriegs, seine Tochter Geschirrspülerin in einem Gasteiner Hotel, die Mutter von sieben blödsinnigen Kindern, die als Letzte daherkommt, weiss nicht, wie sie dazukommt, Witwe zu sein und eben diese sieben blödsinnigen Kinder zu haben... das Dorf sauft vier Prozent des Schnapses jährlich, den man für das ganze Land berechnet hat... darum die Kleinheit, die Blödheit, aber der wunderbare Instinkt für das Absterben, für den Kot... das Ziborium, das Sanktus, das Angus Dei, die Trompetenstösse, die Orgel, die wie ein Herbststurm, alle Lügen, alle Wetter zerstört, klaren Himmel... das reine Gedächtnis der Organistin, die Blösse, die sie sich gibt, aber der wunderbare Ausdruck ihres Gesichts, ihre Erbarmungslosigkeit gegenüber dem Nächsten, blinde Anhängerschaft... der Bäcker mit Glatzkopf, immer der Erste, mit ein paar Brocken Latein sichert er sich die Position neben dem Pfarrer, hat den Doktor mit dem Holzbein verdrängt, schaut nurmehr noch herunter... die Fabriksarbeiterin (Fünftagewoche in der Schokoladenfabrik Schwatzmann in Schwarzach!) versucht nicht einmal, die Augen im geeigneten Moment zu schliessen, ihre Einfältigkeit hat sie vor den ewigen Richter berufen... und dieses ewige EWIG, EWIG, EWIG, das so stupid ist und alle vom richtigen Weg abbringt, selbst der Pfarrer hereingefallen ist, aber er ist nicht der einzige, die ganze Kirche ist diesem ewigen EWIG, EWIG, EWIG ... (der Opfertod des ... Weltanschauung) ...

wenn der Regen da ist, rühren sie sich nicht vom Fleck, aber er wird nicht kommen, bevor sie den Friedhof verlassen haben... strenge Gesichter, nicht so ..., kalt, unnachgebig wie die im Flachgau... Scheinheiligkeit vermischt mit Föhnangst... oft nichts als eine reine Gebährmutterspielerei ... die Rosenkärnze im Schlaf, alles im Schlaf... das Wort Gottes wie das Wort Brot als reine Widerwärtigkeit... dazu der tägliche Umgang mit minderwertigen Kühen, mit trichninverseuchten Schweinen, die vor meinem ebenerdigen Fenster einen entsetzlichen kaum hörbaren Lärm machen...

WEISST DU

Weisst Du,
der Sommer stirbt in Deinem Schlaf,
kümmert sich nicht um Deine Vorbereitungen,
ist nicht auf Deiner Hochzeit,

kommt nicht zu den Toten hinunter,

redet nicht von Schweigen und Früchteschwängern.

Weisst Du,
die Nacht stirbt in Deinem Schlaf,
wendet sich ab von Dir, Unsinnige,
fährt über Deinen Rücken,
zerquetscht Äpfel und Birnen, tötet
in ihrem Schleim Deine Tempel,

Weisst Du
mit Deinem Sterben beschicke ich
ihre Märkte, rede den Bauern ein,
Du wärst in dieser Kuh gefangen und rührstest Dich nicht
für alle ihre unausgeschlafenen Seelen,

flögst heimlich auf mit den Vögeln über ihre Dächer.

die Reinschrift, Nachlaß Thomas Bernhard, Thomas-Bernhard-Archiv, Gmunden, SL 13.22): Die Schwierigkeiten beginnen schon bei den Protagonisten, nämlich der Frage, ob wir es mit drei oder vier Hauptfiguren zu tun haben. Neben Fräulein Bucklich und Professor Labil (vom Fräulein „Schuschu" gerufen) stehen David und Karl im Zentrum des Textes, wobei unklar bleibt, ob es sich dabei um zwei Personen (Brüder?) handelt oder um zwei Ausfaltungen, zwei Bewußtseinszustände einer Person. Die David-Figur ist jedenfalls stark autobiographisch aufgeladen. David arbeitet als Gerichtsreporter in Salzburg; es ist von einer Kaufmannslehre ebenso die Rede wie vom Versuch, Sänger zu werden; es kommen die Radetzkystraße, Hipping, Ettendorf und – wie der Titel nahelegt – St. Veit und Umgebung vor, z. B. das Heukareck, Schermberg und natürlich auch die Lungenheilanstalt Grafenhof. Karl ist Maler oder will Maler werden (vgl. den Maler Strauch in *Frost*), jedenfalls träumt er von einer Künstlerexistenz.

Bei Fräulein Bucklich und Professor Labil fallen zunächst einmal die sprechenden Namen auf. Auf solche Namen stößt man gerade im Frühwerk Bernhards immer wieder, und auch in der ersten Version von *Frost* trägt z. B. eine Figur noch den Namen Leichtlebig. Professor Labil arbeitet an einem Buch, von dem seit langem der Titel (aber offenbar nur der Titel) feststeht: „Der Hang zum Tode". Immer wieder fängt er das Buch von vorne an und eröffnet damit eine ganze Reihe von Bernhardschen Protagonisten, die ihr Leben lang an der absoluten Studie arbeiten, um dann an ihren Projekten zu scheitern. Fräulein Bucklich trifft er zum wiederholten Mal im Schloß des Grafen in Goldegg, wo sie eine Art Sommerfrische verbringen.

Charakteristisch für den Roman und vom späteren Prosawerk Bernhards doch deutlich abweichend ist vor allem die Struktur des Textes: Der David-Karl-Strang und der Bucklich-Labil-Strang laufen unverbunden nebeneinander her; der Text springt innerhalb eines Satzes wiederholt vom einen zum andern. Nur so können beide Stränge in jedem Kapitel auch vorkommen, bestehen doch die insgesamt vier Kapitel des Romans jeweils aus einem einzigen Endlossatz – der erste Satz reicht z. B. von Seite 4 bis Seite 86. Der Text springt ununterbrochen von „denkt David" zu „sagt das Fräulein" etc., wobei diese Sprünge auch zeitliche und örtliche sind. Mehr als auf das spätere Werk trifft hier zu, was Bernhard im *Drei Tage*-Monolog von sich behauptet hat, daß er nämlich ein „Geschichtenzerstörer" sei, der, „wenn er eine Geschichte auftauchen sehe", diese abschieße. Mitunter finden sich in diesem über weite Strecken geradezu ‚experimentell' anmutenden Roman Wortreihen und Fragekaskaden, die über mehrere Seiten laufen. (Vgl. Abb. S. 253)

Thomas Bernhard, St. Veit im Pongau 1956

Trotzdem lassen sich aus Bruchstücken einzelne (Teil-)Geschichten zusammensetzen: Einen Fokussierungspunkt im Bucklich-Labil-Strang stellt etwa ein Essen auf dem Schloß des Grafen dar, ein Element, das wir aus vielen weiteren Bernhard-Texten kennen, bis hin zum Totenmahl für Professor Schuster in *Heldenplatz*. Und auch die Schlösser-Reihe des Werks – von Hochgobernitz bis Wolfsegg – ist hier auf charakteristische Weise eröffnet. Bernhard zeigt eine Adelskulisse im Augenblick des Untergangs, oder in gewisser Weise eigentlich schon danach, obwohl die Fassade noch aufrecht erhalten wird: Denn das Schloß gehört dem Grafen gar nicht mehr, ein Immobilienspekulant namens Dr. Vogl hat es bereits gekauft, im Dezember soll alles weggerissen und statt dessen eine chemische Fabrik errichtet werden. (In *Frost* wird dann der Bau eines Kraftwerks – in einer frühen Fassung findet sich noch der Name Kaprun – eine bedeutende Rolle spielen.) Zentrales Element im David-Karl-Strang ist die Reportertätigkeit in Salzburg; Orte des Geschehens sind unter anderem das Gericht, die Redaktion etc.

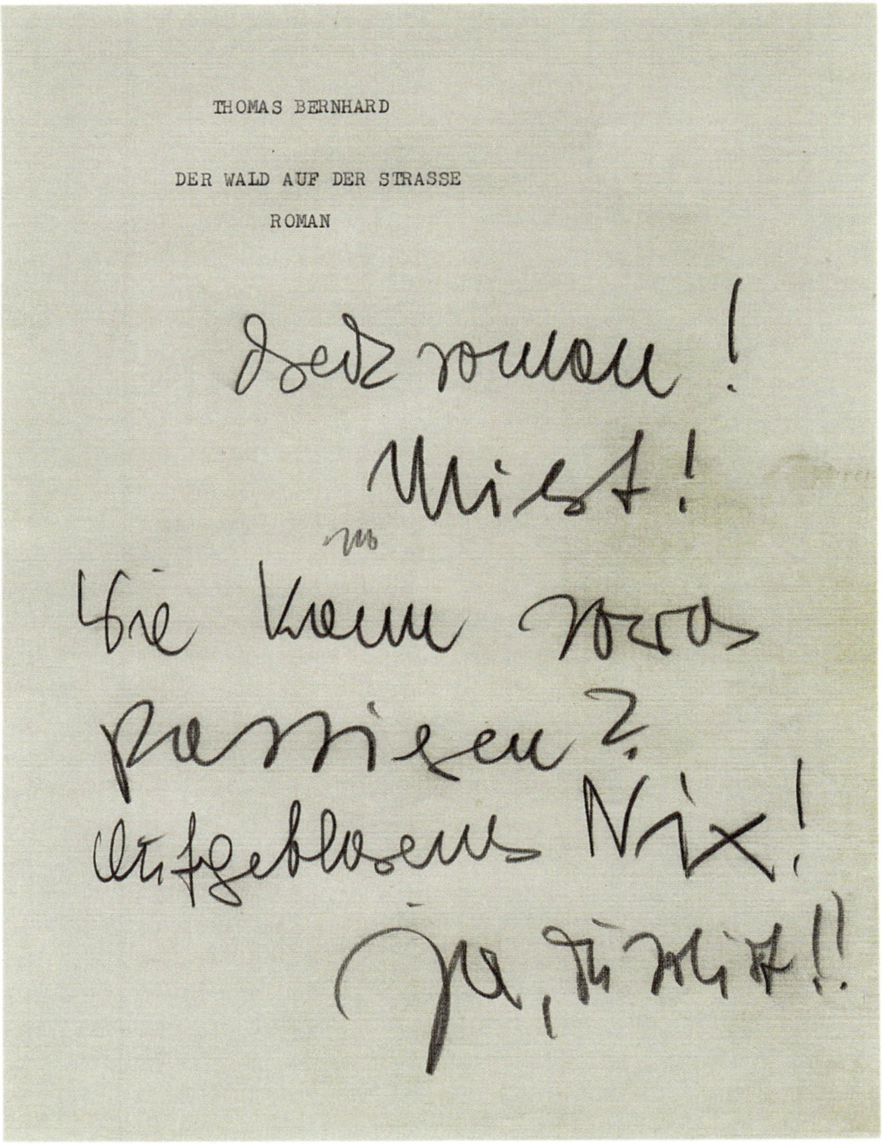
THOMAS BERNHARD

DER WALD AUF DER STRASSE

ROMAN

Thomas Bernhard: *Der Wald auf der Straße.* Titelblatt des unveröffentlichten Romans.
NTB, TBA, SL 13.15/2, Bl. 1

Daneben findet sich in *Schwarzach St. Veit* der schon angesprochene Steinbruch an Namen und Themen des späteren Werks: Das reicht von Zamponi bis Eisenberg, vom Kobernaußerwald bis Rom, von Peguy bis Schopenhauer, von den Schrecken des Kriegs bis zu den erfrorenen Rehen, die sich in *Frost* wiederfinden. Und es werden die „widersprüchlichen Komponenten" eines „Ich" zwar nicht ganz „unverstellt und ungeschützt hergezeigt" (Höller 1993, 68f.), aber jedenfalls mit weniger „distanzierender erzählerischer Konstruktion" als dann in der Prosa ab *Frost;* etwa wenn gleich zu Beginn David über die Notwendigkeit reflektiert, sich „alle paar Tage" anderen – „rätselhaften fremden" – Menschen zu nähern, weil man es sonst „überhaupt nicht mehr aushalten" könne (NTB, TBA, SL 13.22, Bl. 3); oder wenn sich Karl schmerzlich bewußt ist, „noch kein Maler, [...] kein Künstler" zu sein, sich aber trotzdem fragt, was ihm die „Sicherheit" gibt, „eines Morgens auf[zu]wachen und einer der ihren [zu] sein". (NTB, TBA, SL 13.22, Bl. 22)

Aber auch wenn noch so viele autobiographische Bruchstücke in den Text eingearbeitet sind, von der Beziehung zur Mutter über Glücksmomente durch Musik, besonders durch die *Zauberflöte,* so ist im Bewußtsein des Schreibenden die Schwierigkeit jeglicher Selbstmitteilung präsent. In einer bezeichnenden Wendung heißt es, er habe sein Leben erfunden. (Vgl. NTB, TBA, SL 13.22, Bl. 254) Durch die „prozessuale Rückbezüglichkeit des Schreibens auf sich selbst" (Hurlebusch 1998, 46) wird es zum „Hebzeug" auch des Halb- und Unterbewußten: Bernhard faßt das in einer Stelle ins Bild eines Verdauungs- d. h. eigentlich Ausscheidungsprozesses und bringt zugleich eine tiefe Skepsis zum Ausdruck, mit seinem Schreiben auf Verständnis zu stoßen: „[...] Schreiben erzeugt Vorgänge, die sonst nicht vorhanden sind, zahllose Gedanken, die einen einzigen Ursprung haben, aber ihn fortwährend verleugnen, alles kommt fortwährend durch die Hintertür herein, [...] schreiben ist ein Vorgang wie Abführen, eine beinahe nur physische Erleichterung, [...] aber dass jemand auch nur ein paar Sätze verstünde, das will ich nicht glauben [...]". (NTB, TBA, SL 13.22, Bl. 119) An anderer Stelle schließlich findet Bernhard ein einprägsames Bild für sich als Schreibenden auf der Suche nach dem unter der Oberfläche zunächst Unsichtbaren und formuliert damit einen Anspruch, den er in den entscheidenden Passagen seines erst kommenden Werks einlösen wird: Er sei ja kein Dichter, heißt es da, sondern er wolle „nur ein Rutengängergehilfe sein, sonst nichts" (NTB, TBA, SL 13.22, Bl. 270).

Thomas Bernhard: *Schwarzach St. Veit.* Passage mit Fragenreihe. NTB, TBA, SL 13.22, Bl. 5

der Regen macht alle trübsinnig, der unaufhörliche Regen, es ist kalt, der Eisenofen ist nicht geheizt, es ist kalt, aber es ist besser, im Wartezimmer zu sitzen, als draussen auf dem Bahnsteig herumzustehen, ich gehe ins Gefangenenhaus hinunter, werde aber sofort abgewiesen, warum werde ich denn abgewiesen ?, warum werde ich denn abgewiesen ?, ja, warum werde ich denn abgewiesen ?, aber es ist kein Wind da, der uns töten könnte, nicht eine Spur des tödlichen Windes, Fragen, Fragen, Fragen, ich flicke mir meine Hose, ich nähe mir meine Umhangtasche zusammen, ich gehe den Bach entlang, lese nichts, ich bin denkbar ungeeignet für die Leute, für die Männer, für die Frauen, für die Finsternisse, für die Städte, für die Dörfer, für die Wälder, für Oktober, für November, ich bin denkbar ungeeignet, ich bin nichts wert, du bist nichts wert, wir alle sind nichts wert, ein Oktobernachmittag, ein Novembernachmittag, es trägt mich durch die Gassen hinauf und wieder zurück in mein Zimmer und in mein Bett und lässt mich liegen, Vater, Mutter, Schwester, Bruder, alle sind nichts wert, alle, alle, was denn ?, wohin denn ?, du ?, und ich ?, und ihr alle ?, Baum, Fluss, Buch, Fensterbalken, Tennboden, Stationsvorsteher, Müller, Schuster, Pfarrer, Metzger, Heimweg, Schulweg, Kasten, Tür, Fleisch, Kuh, Kalb, Stall, Milch, Gras, Wort, Wörter, Kirche, Dreck, Frühling, Füsse, Hände, Kinder, heute, morgen, gestern, tot, tot, tot, tot, du, ich, Gras, Himmel, Namen, Namen, vier Kilometer, fünf Kilometer, fünf Kilometer, vier Kilometer, Baumstumpf, Blut, klares Wasser, trübes Wasser, und du mit deinem Holzbein ?, und du mit deinem Verstand ?, und du mit deinem Stumpfsinn ?, und du mit deinem Gebetsbuch ?, und du mit deinem Orgelmacher ?, mit deinem Überdruss ?, mit deinem Geschwür ?, mit deiner Tochter ?, mit deinem Knecht ?, mit deinem Gendarmen ?, mit deinem Feiertag ?, mit deinem Hasenlauf ?, mit deinem Brombeerkopf ?, mit deinem Kirchenkopf ?, mit deinem Teufelskopf ?, mit deinem Schiessbudenkopf ?, mit deinem Zaunlattenkopf ?, mit deinem Spiessbürgerkopf ?, mit deinem Gemischtwarenhändlerskopf ?, mit deinem Stiftsprobstkopf ?, mit deinem Molkereizuhälterkopf ?, mit deinem Erfinderkopf ?, mit deinem Kutscherkopf ?, mit deinem Dreimaldreitausendistneunkopf ?, mit deinem Schwanz ?, mit deinem Unglück?, mit deinem Freitag ?, mit deinem Samstag ?, mit deinem Heimgehen ?, mit deinem Fortgehen ?, Viehtreiber, armer Wurm, missgestalteter Offizier, ich versündige mich im Gespräch mit meinen Leiden, mit deinem übergeordneten Gehirn, ach, sagt das Fräulein, gehen wir doch einen Sprung in den Friedhof hinein, sind wir nicht jedes Jahr zum Abschied auf dem Friedhof gewesen ?, und sie gehen durchs Gartentor zu den Gräbern, Schuschu, sagt sie, ich bin froh, ich weiss nicht, warum, ich bin froh, Labil kann mitten in der

Verwendete Literatur

NTB = Nachlaß Thomas Bernhard, Thomas-Bernhard-Archiv, Gmunden.

Bernhard 1975 = Thomas Bernhard: Korrektur. Frankfurt am Main: Suhrkamp 1975.

Höller 1993 = Hans Höller: Thomas Bernhard. Reinbek bei Hamburg: Rowohlt 1993.

Hurlebusch 1998 = Klaus Hurlebusch: Den Autor besser verstehen: aus seiner Arbeitsweise. Prolegomenon zu einer Hermeneutik textgenetischen Schreibens. In: Textgenetische Edition. Hg. von Hans Zeller und Gunter Martens, Tübingen: Niemeyer 1998 (= Beihefte zu Editio, Bd. 10), S. 7–51.

Der Bruch und die Bruchstücke.
Zu Erich Frieds *Ein Soldat und ein Mädchen*

Von Volker Kaukoreit

Wenn es ein Roman wäre [...]
Alles war ganz anders, alles und alle.
Denn wer erzählt, was noch zählt?
(Erich Fried 1993, IV, 10, 21 u. 42)

„So ist das Ganze ein Fragment, unverläßlich und unangenehm". (Fried 1993, IV, 17) Dieser Satz stammt aus Erich Frieds mehrfach aufgelegtem Text *Ein Soldat und ein Mädchen*, an dem Fried ab 1945/46 gearbeitet und den er in einer ersten Version unter dem Titel „Das Letzte" bereits 1952 dem Verleger Eugen Claassen vorgelegt hat. Bei der Erstveröffentlichung im Hamburger Claassen Verlag 1960 wollte der Verfasser seinen ersten und einzigen (veröffentlichten) Roman als ein Produkt der literarischen Moderne verstanden wissen. Von der „Ungeduld mit der Fabel" (Fried 1960b) und Zerstörung der Handlung ist da die Rede. Beim Lesen dieser Selbstaussagen wird man fast unweigerlich – zumal sich Fried dabei, ohne Namen zu nennen, auf den französischen „nouveau roman" bezog (Fried 1960a) – an Nathalie Sarrautes bekannten, im Februar 1950 in *Les Temps modernes* erschienenen Essai „L'ère du soupçon" erinnert, der auf einen literarisch ‚emanzipierten' Leser rekurriert, der bereits etwa bei „Joyce, Proust und Freud [...] gesehen" hat, „wie die Zeit aufhörte, der schnelle Strom zu sein, der die Handlung vorantreibt, und wie sie zu einem stehenden Gewässer wurde, auf dessen Grund langdauernde subtile Zerfallsprozesse vor sich gehen; er hat gesehen, wie unsere Handlungen ihre üblichen Motive und ihre allgemein beglaubigten Bedeutungen verloren, wie bisher unbekannte Empfindungen auftauchten oder langvertraute ihr Aussehen und ihren Namen änderten". (Sarraute 1975, 46f.) Wie steht es vor diesem Hintergrund um die vermeintliche ‚Handlung', den Aufbau und die Entstehung des Friedschen Romans? – Eines auf das ‚Fragmentarische' hin angelegten Textes, in dem es um „Alles", sogar „Das Letzte" geht (Fried 1993, IV, 18, 21 u. 25), der sich gegen „die

Todesstrafe" wendet, „gegen billigen leichtfertigen Haß, gegen die unpsychologische Einordnung von Menschen in Scheinkategorien, gegen alle anerkannte Schranken zwischen verschiedenen Gruppen. Natürlich für eine Auffassung der Menschlichkeit, die auch im letzten SS-Mann und stalinistischen NKWD-Offizier immer noch den Menschen sieht oder sucht, auch wenn dieser selbst sich bemüht hat, die Spuren seines Menschentums zu verwischen". („Nachwort"; Fried 1993, IV, 206)

Literarisiert hat Fried dieses Anliegen in der Druckfassung mit einer ungleichgewichtig proportionierten Rahmenerzählung (Fried 1993, IV, 7–56 u.199–204), die äußerst heterogene, mit kommentierenden Zwischentexten versehene „Erzählungen im Umfang von 2–20 Seiten, Gedichte, Sprüche, Fabeln, Parabeln, Fragmente" umschließt. (Schäfer 1998, 25) Die Rahmenerzählung ‚berichtet' von einer im Nachkriegs-London situierten Begegnung des „Erzählers" mit einem amerikanischen Besatzungssoldaten, einem deutschen, nach der „Reichskristallnacht" in die USA geflüchteten Juden. Diesen hat es in den Reihen der Alliierten nach Norddeutschland geführt, wo er nach Kriegsende dem Prozeß gegen eine junge Nationalsozialistin beiwohnt. („Belsenprozeß", Fried 1993, IV, 13; zum historischen Hintergrund des Falls Irma Grese vgl. ebd. 208–210 u. Schäfer 1998, 134–140) Nach dem Todesurteil äußert die ehemalige KZ-Aufseherin – aus Trotz – den Wunsch, ihre letzte Nacht mit dem Soldaten zu verbringen, was denn auch geschieht. Am Folgetag scheitert der Versuch, die Verurteilte zu retten. Ob der ‚verliebte' Soldat deren Hinrichtung noch miterlebt, bleibt offen. Halbwegs klares Bewußtsein erlangt er erst wieder in einem Armeehospital, in dem er zwei Monate verbringt, bevor er in die ‚Heimatlosigkeit' seines Zufluchtlandes, „nach Amerika zurückgeschickt" wird. (Fried 1993, IV, 201) Von ihm stammen die oben erwähnten (freilich nur fiktiven) Binnentexte, die „Schriften des Soldaten".

Erzählperspektivisch wird der Roman, wenn er einer wäre (s. o.), von einer doppelten Brechung bestimmt, die gleich zu Beginn mit den einfachen Worten zum Ausdruck gebracht wird: „Der Soldat war der Erzähler des Erzählers und nun ist der Erzähler der Erzähler des Soldaten". Dabei werden aber auch Vermischungen des Ich-Erzählers, der gleichzeitig als Berichterstatter, Herausgeber, Kommentator und – da kein ‚Tathergangszeuge' – als partiell Nichtwissender fungiert, mit dem „Ich des Soldaten" angedeutet. Erschwerend kommt hinzu, daß Fried im Nachwort von 1960 die autobiographische Authentizität einzelner Selbstaussagen des Ich-Erzählers verbürgt. (Fried 1993, IV, 9, 29 u. 205)

Mehr als vierzig Jahre nach der Erstveröffentlichung liegt neben den beiden großen feuilletonistischen Rezeptions-Schüben zur Erstausgabe (vgl. Kaukoreit/

V.l.n.r.: Erstausgabe von 1960 (Hamburg: Claassen), Neuauflage von 1982 mit einem zusätzlichen Nachwort (Düsseldorf: Claassen), Taschenbuchausgabe von 1984 (Frankfurt am Main: Fischer Taschenbuch Verlag; 21.–22. Tsd. 1990)

Kehrein 1982) und zur Neuauflage von 1982 auch eine Reihe beachtenswerter, im Befund freilich divergierender literaturwissenschaftlicher Stimmen zu Frieds Roman vor. Unter den Vorschlägen zur historischen Positionierung des literaturästhetischen und -theoretischen Kontextes verweist etwa Gisela Lindemann auf „eine Art zeitgenössischer Familienähnlichkeit" mit Döblins *Hamlet oder die lange Nacht nimmt kein Ende,* auf die „angelsächsische Romantradition" – mit ihrer „Mischung aus handfester, streckenweise colportagehafter Handlung" und den „dort auch damals schon ungeschmähten psychoanalytischen Erkenntnissen" – bis zurück zu den narrativen Brüchen in Laurence Sternes *Tristram Shandy.* (Lindemann 1981, 7) Dies ist, einmal davon abgesehen, daß Döblins Roman erst 1956 erschienen ist, ebenso berechtigt, wie der mehrfach zu findende Hinweis auf Kafka, auf den im Text explizit Bezug genommen wird (Fried 1993, IV, 151 u. 154), oder auf eine „verdeckte Affinität" zu Elias Canetti wie auf die „Ähnlichkeiten mit Elisabeth Langgässers 1950 erschienener *Märkischer Argonautenfahrt*" (Wagner 1986, 65–67). Ebenso treffen auf *Ein Soldat und ein Mädchen* fast alle Schlagwörter zu, die der landläufigen Etikettierung des modernen Romans dienen (Wirklichkeits- und Objektivitätszerfall, Krise des Erzählens: Diskrepanz von Realität und ihrer Erzählbarkeit, Krise des Individuums, „stream of consciousness" etc.), jedoch ohne daß es damit zu einer spezifischeren Bestimmung kommt: Nämlich, daß der Roman im Kontext des Exils (so schon Lawrie 1996, insbes. 232–242) und einer ‚modernen' (auch noch nach 1945 in England entstandenen) Exilliteratur zu verorten ist. Hat der 1938 als siebzehnjähriger Wiener Gymnasiast auf die britische Insel geflüchtete Fried später selbst darauf verwiesen, als junger Schriftsteller ungemein davon profitiert zu haben, daß im englischen Exil „alles zugänglich war, was in Deutschland den Bücherverbrennern von 1933 zum Opfer gefallen und oft kaum aufzutreiben war" – „Kafka und die Expressionisten [...], Surrealismus, Dadaismus, Brecht, Toller, Tucholsky, Mühsam, Feuchtwanger, Oskar Maria Graf, Gorki, Lorca oder Sigmund Freud, Wilhelm Reich oder Marx, Engels Lenin, Trotzki, Rosa Luxemburg, kurz alles, was man wollte" (zit. n. Kaukoreit 1998, 271) –, so drängte sich ihm nach seinem engeren kommunistisch-antifaschistischen Engagement, also nach 1943/44 und insbesondere nach Kriegsende, die Frage der literarischen, auch der eigenen Weiterentwicklung auf. Wie ein Resümee der diesbezüglichen Überlegungen liest sich folgende briefliche Äußerung von 1958:

> Ich glaube, dass moderne und experimentelle Kunst desto besser ist, je mehr lebendige Liebe zur Tradition (als moderne Kunst frueherer Zeiten) der Kuenstler empfinden kann. Avantgardismus aus Unkenntnis der Tradition oder aus mangelndem Verstaendnis für sie heisst nicht nur aus der Not eine Tugend zu machen, sondern heisst auch sehr oft, dass der betreffende Schriftsteller oder Kuenstler [...] anfaengt „es billiger zu geben". (An Hilde Claassen, 13.2.1958, CA/DLA)

Von hier aus erklären sich (zumindest an der Oberfläche) die im Roman unverschlüsselten Bezugnahmen auf Goethe, Clemens Brentano, Heine (kritisch!), Kubin, Ibsen und andere. Ebenso offen legt der Text seine Rückgriffe auf das Volks- und Kinderlied, die griechische und germanische Mythologie (einschließlich der „antiken Schicksalstragödie"; Fried 1993, IV, 59), die christliche und jüdisch-kabbalistische Tradition, die Sage und das Märchen. Damit sind aber noch keineswegs die eigentlichen Hintergründe erfaßt, vor denen sich der 1944 und 1945 noch mit konventionellen antifaschistischen Gedichtbänden auftretende Jungschriftsteller insbesondere in der unmittelbaren Nachkriegszeit einer modernen und experimentellen Kunst annähert und auf seine Weise überantwortet. Um vorschnellen, weil allzu naheliegenden ‚Schubladisierungen' entgegenzuwirken, müssen diese Hintergründe zunächst einmal in der von Fried er- und gelebten ‚Wirklichkeit' des Exils begriffen werden (vgl. dazu z. B. Kaukoreit 1998), wobei das Ende des Exils für die Großzahl der Vertriebenen – wie etwa Theodor Kramer – nicht mit dem Jahr 1945 zusammenfällt (österreichischer ‚Heimat' begegnete Fried, der seinen Lebensmittelpunkt bis zu seinem Tod 1988 in London behielt, erst 1962 wieder, während er sich dem ‚Kontinent' langsam, seit 1952 durch Reisen nach Berlin und Westdeutschland anzunähern begann). Erst in der Emigration, 1940, liest Fried André Gide, höchstwahrscheinlich dessen *faux-monnayeurs,* auf die ihn später auch Eugen Claassen anspricht, der ihm in seiner Publikationsabsage bedeutet, daß sich „Das Letzte" viel zu weit über die „reflexive[n] Elemente" der *Falschmünzer* hinauswage (von E. Claassen, 14.5.1952, CA/DLA), und im Juni 1944 den quasi ersten konsequent modernen Roman deutscher Sprache: Rilkes *Malte Laurids Brigge.* Zudem ist auf die Nähe zu Hermann Brochs *Die Schuldlosen* hingewiesen worden (Schäfer 1998, 330f.), welche allerdings 1950 gerade erst publiziert wurden. Des weiteren attestierte man Parallelen zu dem 1939 englisch-, 1945 deutschsprachig erschienenen Roman *An den Wassern von Babylon* von Robert Neumann (Schäfer 1998, 329–331), mit dem Fried tatsächlich schon vor 1945 in Verbindung stand und auf den er sich auch 1952 bezieht, als er rechtfertigend von seinem Roman behauptet, daß dieser „doch wohl zusammengeschlossener als etwa Neumanns Schiff Esperanca" von 1931 sei. (An E. Claassen, 15.4.1952, CA/DLA) Wie dem auch sei, in einem übergeordneten Rahmen mitverantwortlich für Frieds Annäherung an die Moderne (auch in seiner Lyrik, die zwischen Traditionsverbundenheit und radikalem Experiment oszilliert; Kaukoreit 1991, insbes. 214–217 u. 384–391) sind entscheidend die Anregungen älterer Exilanten, die er ausdrücklich als Vorbilder, in Einzelfällen sogar als seine „literarischen Gewissen" bezeichnete, darunter Joseph Kalmer, der Ethnologe und Schriftsteller Franz Baermann Steiner, der Publizist und Kunsthistoriker Bruno Adler (den Fried in der Tat des öfteren als Gewährsmann für seinen Roman gegenüber Eugen Claassen heranzog) und in unserem Zusammenhang vor allem der Literaturwissenschaftler Werner Milch. Letzterer hat – u. a. durch den Hinweis auf Hermann Kasack und Elisabeth Langgässer – auf Frieds Arbeit am „Das Letzte"-Projekt nachweislichen Einfluß genommen, und es deutet vieles darauf hin, daß sich Fried auch maßgeblich an Milchs Programm einer nicht „antifaschistischen", sondern einer „nachfaschistischen Dichtung" orientiert hat, von der der Literaturwissenschaftler in engerem Bezug auf den ‚neuen' deutschsprachigen Roman und mit Verweis auf die Romantheorie des Engländers E. M. Forster (1879–1970) verlangte, „nach einem verlorenen Dezennium" wieder die Möglichkeiten zu nutzen, „die durch das Prinzip der Unterordnung von Fabel und Handlung unter andere Motive gegeben sind". (Vgl. Kaukoreit 1991,

186–188) Wenn Milch in diesem Zusammenhang auch auf Franz Kafka zu sprechen kommt, so ist freilich an den damaligen ‚Kafka-Boom' in England zu erinnern. Und daß selbstverständlich die generelle Beeinflussung durch die spezifische Kultur Englands, insbesondere dessen (zeitgenössischer) Literatur, eine wesentliche Rolle für den Exilanten spielte, die im Roman hinsichtlich der dort angewandten „Assoziationstechnik" als „unverkennbar" ausgewiesen ist (Fried 1993, IV, 136): insgesamt ein höchst komplexes Thema, zu dem nur angemerkt sei, daß sich Fried unmittelbar nach Kriegsende auch verstärkt mit dem Übersetzen moderner englischer Lyrik – darunter T. S. Eliot – beschäftigt hat.

Auch Ilse Aichingers Roman *Die größere Hoffnung* (1948) ist viel konkreter mit Fried in Verbindung zu bringen, als man vielfach im Rahmen einer literarhistorischen ‚Verortung' angenommen hat (zuletzt Schäfer 1998, 329; Götze 2001, 202). Denn de facto hat Fried diesen Roman 1949 nicht nur lobend rezensiert und ihn dabei charakterisiert als „eine Reihe lose aneinander gefügter Episoden, in denen die innere Handlung und die symbolische Bedeutung des Geschehens jedes Mal die äußeren Ereignisse überwiegt", sondern im Laufe des Frühjahrs 1948 bereits die Typoskriptfassung geradezu ‚durchstudiert' und dazu eine Reihe von Korrekturvorschlägen gemacht, nachdem er die Verfasserin über deren 1939 nach Großbritannien geflüchtete Zwillingsschwester Helga in London persönlich kennengelernt hatte. Im unmittelbaren Anschluß an seine Lektüre versichert er Ilse Aichinger brieflich, daß sie „die größte Dichterin" unter „allen schreibenden Frauen, die es bisher gegeben hat (oder doch die ich kenne!)" sei, und bekennt: „Ich bin glücklich, dass ich meinen Roman ‚Die Falle' [aus dem Komplex *Ein Soldat und ein Mädchen,* Anm. d. Verf.] nicht geschrieben habe, bevor ich dich und dein Buch getroffen habe". (An I. Aichinger, 12.3.[1948], ohne Sign., ÖLA, Nachlaß Erich Fried)

Bereits im Vorfeld versuchte Fried die Bedenken Eugen Claassens gegen „das Fragmentarische eines solchermaßen aufgelösten Romans" zu zerstreuen. (An E. Claassen, 20.4. u. 17.3.1952, CA/DLA). Im Roman selbst, für den 1960 auch der Titel „Der Bruch und die Bruchstücke" zur Diskussion stand, ist das Bruchstückhafte unterschiedlich konnotiert, einmal als Ausdruck menschlicher Existenz (konkret im Exil: „Menschen, die sich nicht kennen, Bruchstücke von Substanzen, die aneinander haften wollen, aber nicht können"), ein anderes Mal als Ver-

Rückseite eines Briefes von Erich Fried an den Claassen-Verlag vom 7.1.1960 mit verschiedenen Titelvorschlägen (Claassen-Archiv, Deutsches Literaturarchiv, Marbach)

Untertitel könnten dann lauten : 1.Teil DAS LETZTE
2.Teil DIE~~S~~ SCHRIFTEN DES SOLDATEN .

Ein zweiter Titelvorschlag wäre

<u>DAS REICH UNSRER LIEBE</u> (oder UNS<u>E</u>RER)

Das würde an einen Vierzeiler des Soldaten ~~XXXXXXXXXXXXXX~~ anklingen, der im Text zu zitieren wäre :

Vor der Erkenntnis steht eine Tafel aus Stein :
"Bis hieher schließt das Reich unsrer Liebe dich ein.
Einen Schritt weiter - so hast du dich selber verbannt,
Nur unser Haß blickt dir nach in dein einsames Land .

Andere Titeleinfälle,die mir kamen, aber weniger gut scheinen :

<u>Und dann bist du tot</u> (Anklingend an das Lied, <u>Fuchs,du hast die Gans</u> gestohlen,das der Soldat singt, als der Erzähler ihn trifft)

<u>Der Bruch und die Bruchstücke</u>
1.Teil Der Bruch
2.Teil Die Bruchstücke

<u>Im toten Winkel</u> (Anklingend an die Worte des Soldaten vom toten Winkel als militärischer Begriff, doch klingt mir peinlich an "Im stillen Winkel" an)

<u>Hochzeitlied zu Todzeiten</u> (Variation auf vorigen Titelvorschlag Hochzeitlied zu Unzeiten)

So. Nochmals viele schöne Grüße, Ihnen und allen, vor allem natürlich auch Frau Dr. Claassen !

Ihr

Erich Fried

weis auf die (prinzipielle) Lückenhaftigkeit eines Erzählten und dessen wiederum nur „bruchstücksweise[n]" Weitererzählens. (Fried 1993, IV, 10 u. 40) Da sich das Individuum, insbesondere in einer Lage der „Zerfallenheit mit Zeit und Umwelt", deren äußere Anlässe hinsichtlich des Friedschen „Soldaten" außer Frage stehen (Erleben des nationalsozialistischen Terrors, Vertreibung und Flucht, Krieg, das Verhalten der ‚Sieger' in der unmittelbaren Nachkriegszeit etc.), nur in einem als Ganzes unsagbaren Bruchstückhaften erleben kann, ist es aufgefordert, sich und seinen „Seelenzustand" (Fried 1993, IV, 37) in den wahrnehmbaren Bruchstücken zu reflektieren und zu analysieren. Dementsprechend ist – laut Fried – der Schriftsteller angehalten, unverläßliche und unangenehme Fragmente zu erarbeiten, die auch beim Leser einen „Riß im Hirn" erzeugen. (Vgl. Schäfer 1998, insbes. 207–211, hier 211)

Mit dem Thema der (Selbst-)Analyse berühren sich direkt (tiefen)psychologische Aspekte, wie sie in *Ein Soldat und ein Mädchen* bereits auf der Textoberfläche mitgeführt werden, wenn etwa von „Schuldgefühle[n]" und einer „psychoanalytische[n] Behandlung" des Soldaten die Rede ist. (Fried 1993, IV, 40 u. 201) Mittlerweile ist bekannt, daß Fried sein starkes Interesse an der (Freudschen) Tiefenpsychologie bereits aus Wien mit nach London gebracht hatte, es dort sukzessive vertiefte und um die Beschäftigung mit C. G. Jung erweiterte – bis hin zur Entscheidung, sich in der unmittelbaren Entstehungszeit von „Das Letzte" zweier analytischer Sitzungsperioden zu unterziehen. Der Zugriff auf den Roman über dessen tiefenpsychologische Implikationen stellt ein weiteres, komplexes Kapitel für sich dar, zu dem neuerdings Betrachtungsansätze vorgelegt worden sind, die die gebrochene Erzählperspektive und die Kommentierung der an sich nur fragmentarisch vorliegenden „Schriften des Soldaten" – vom Ordnen einzelner Bruchstücke spricht Fried in bezug auf eine frühe „Novellen"-Fassung des Stoffs (Schäfer 1998, 28) – mit den Strukturen eines „psychoanalytischen Setting[s]" in Verbindung bringen. (Götze 2001, insbes. 194f. u. 201) Abschließend sei in diesem Zusammenhang nur noch auf eine kurz vor Kriegsende entstandene Tagebucheintragung Frieds aufmerksam gemacht, die sich u. a. mit dem Traum und dem Über-Ich beschäftigt und in der es heißt: „Man erinnert sich, wenn man erinnern ‚will', aus Selbsterhaltungstrieb, der schiefliegt wo die Einsicht in die Situation begrenzt ist. Erneuert aber wird sehr Altes, indem jeder einen Splitter Generationengedächtnis zum Mosaik fügt; im ganzen wird gehandelt, als sei jeder noch sein Vorfahre aus der Barbarei". (Fried 1942–43, Bl. 50) In ihrem Kern schlägt diese etwas kryptische Bemerkung einen direkten Bogen zu zentralen Motiven des Fried-Romans, nämlich dem „Nachziehen der Konturen klassischer Mythen“ und dem im Hier-und-Jetzt-‚Aufleuchten‘ „alte[r] Mysterien und heruntergekommene[r] Riten“ (Fried 1993, IV, 191 u. 19), so wie sich eine weitere Tagebuch-Formel („Freiheitssehnsucht und Knechtschaftswunsch sind gepaart in uns“; (Fried 1942–43, Bl. 50 [verso]) auf das – bei Fried insgesamt gewichtige – Thema vom „Übergang von der einen Seite auf die andere“ und vom „plötzliche[n] Umschlagen von Gefühlen“ („Rollentausch“ und „Doppelter Rollentausch“) beziehen läßt. (Fried 1993, IV, 44, 89, 96 u. 146) Das Erstaunliche daran ist, daß diese Lektürenotizen des dreiundzwanzigjährigen Tagebuchschreibers keine tiefenpsychologische ‚Fachstudie‘ betreffen, sondern Ernst Blochs große antifaschistische Schrift *Erbschaft dieser Zeit.* Diese plädiert bekanntlich – so schon im Vorwort der Erstausgabe von 1935 umrissen – für eine ‚unverfälschte‘ Wahrnehmung irrationaler Mechanismen, einer „irratio“, deren Verführungskraft sich der (kapitalistische) Nationalsozialismus bedient hat, die aber bei einer von oberflächlichem „Aufkläricht“ befreiten Betrachtung utopieträchtige Perspektiven für die ‚Zeit danach‘, „den siegreichen Marxismus“, bereithielte. (Bloch 1992, 16–18 u. 22) Wenn der Tagebuchschreiber, der Blochs Ausführungen „im Ganzen“ als eine weitere, nicht zu vernachlässigende „Bestätigung für den Anteil des Unbewußten an der Motivierung politischen Tuns“ wahrnimmt und weiters notiert: „Überhaupt hat man das vermeintliche Ziel der Menschheit gern dem eigenen Überich nachgebildet; vergessend, wie gern man Träume weiterträumt, wenn sie erst salonfähig gemacht werden! (NSDAP-Salons!)“ (Fried 1942–43, Bl. 50 u. Rückseite), so hat er damit bereits folgende Worte des Soldaten ‚vorformuliert‘:

> Aber bitte halte mich nicht für einen Feind der Aufklärung! Im Gegenteil: wer gegen die ratio kämpft, wird immer ein Obskurantist. Nur bin ich für „aufgeklärte Aufklärung“, wie ich das nenne, die darüber Bescheid weiß, wie klein der Anteil der Vernunft an unseren Trieben, Gedanken und Entscheidungen ist. – Die „unaufgeklärte Aufklärung“ öffnet nämlich durch ihre dogmatische Selbstüberschätzung zuletzt den Feinden der Vernunft Tür und Tor, siehe Deutschland 1933! (Fried 1993, IV, 154f.)

Somit ist zwingend auch Blochs Schrift *Erbschaft dieser Zeit,* die gleichsam interessante Passagen zur kindlichen Weltwahrnehmung, zu den emanzipierenden Qualitäten von „Märchen, Kolportage und Sage“ bereithält – wobei in bezug auf Karl May immerhin explizit vom „unheimlichen Umschlag, der aus Freunden Feinde macht", gesprochen wird (Bloch 1992, 166–186, hier 171) – als Hintergrundsfolie zu Frieds Roman anzusehen. Eines Romans, der kein „nouveau roman" ist, sondern ein Stück eigenwillig moderner und gewagter Literatur des englischen (Nach-)Exils. Diese formal wie ‚menschlich' provozierende, Fried-typische ‚littérature engagée' (vgl. Schäfer 1998, 343), deren Liebes-Motiv („Leben ohne Liebe ist nichts als Berechnung") übrigens auch in Frieds wohl berühmtesten, späteren Gedicht *Was es ist* weiterlebt (Fried 1993, IV, 198 u. III, 35), bewertete die Wiener *Presse* anläßlich der Neuauflage in den achtziger Jahren neben Ilse Aichingers *Die größere Hoffnung* als das wohl „wichtigste Dokument literarischer Geschichtsbewältigung der damals jungen, um ihre Jugend gebrachten österreichischen Generation". (Haider 1982) Woran dieses „Dokument" um den Zeitpunkt der Erstfassung in der westdeutschen Literaturlandschaft gescheitert wäre, argumentiert Götze in einer „Operation post festum" – und in diesem Punkt ist es in Österreich en général nicht anders gewesen – so: „Die Literaturverhältnisse [...] hatten Platz für Texte der Schuldverdrängung und sie hatten Platz für die Texte der Anklage und des Mißtrauens. Sie hatten aber keinen Platz für grenzverwischende, autoreflexive Texte, in denen das Opfer auch Täter und der Täter auch Opfer sein konnte". Genau Letzteres aber hätten die Exilanten Fried und Peter Weiss in ihren frühen Texten geleistet, womit sie eine „Sonderstellung in der Prosaliteratur der fünfziger Jahre" einnähmen, deren Verdienst es ist, sich Sichtweisen geöffnet zu haben, die erst in den sechziger und siebziger Jahren ‚diskutabel' werden. (Götze 2001, 201, 204 u. 206) Wenn man sich diesen Urteilen anschließt, so scheint weniger Frieds Roman (dessen Verfasser unter anderem auch als Apologet „tiefster moralischer Verkommenheit" – vgl. Kaukoreit 1991, 167), ja als „schlecht getarnte[r] Nazi" verdächtigt wurde (Fried 1993, IV, 208) ein Skandal zu sein, als vielmehr die Tatsache, daß *Ein Soldat und ein Mädchen* weder in *Kindlers neues Literatur-Lexikon* (1988ff.) noch in *Reclams Roman Lexikon* (2000) Eingang gefunden hat.

Verwendete Literatur

Bloch 1992 = Ernst Bloch: Erbschaft dieser Zeit. Erweiterte Ausgabe. Frankfurt am Main: Suhrkamp 1992 (= Werkausgabe Bd. 4., 2. Aufl., stw 553).

CA/DLA = Claassen-Archiv [Briefwechsel mit Erich Fried] im Deutschen Literaturarchiv Marbach.

Fried 1942–43 = Erich Fried: Tagebuch aus den Jahren 1942 und 1943 [realiter bis 1945], ohne Sign., ÖLA, Nachlaß Erich Fried.

Fried 1960a = Erich Fried: Den Leser einbeziehen. In: Deutsche Zeitung, Köln, Nr. 223, 24./25.9.1960.

Fried 1960b = Erich Fried: Zur Form des modernen Romans. In: Proben und Berichte. Claassen Verlag Hamburg, 14. Folge, 1960.

Fried 1993 = Erich Fried: Gesammelte Werke. Bd. 1–4. Hg. von Volker Kaukoreit und Klaus Wagenbach. Berlin: Wagenbach 1993. [Auf die einzelnen Bände wird im Kurznachweis mit römischen Ziffern verwiesen.]

Götze 2001 = Karl-Heinz Götze: Erich Frieds Roman „Ein Soldat und ein Mädchen" im Kontext der deutschen Prosa der fünfziger Jahre. In: Austriaca. Cahiers universitaires d'information sur l'Autriche 26 (2001), Nr. 52, S. 191–206.

Haider 1982 = Hans Haider: Mensch im Unmenschen. In: Die Presse, 17./18.7.1982 [Spectrum, S. VI].

Kaukoreit 1991 = Volker Kaukoreit: Vom Exil bis zum Protest gegen den Krieg in Vietnam. Frühe Stationen des Lyrikers Erich Fried. Werk und Biographie 1938–1966. Darmstadt: Verlag Jürgen Häusser 1991.

Kaukoreit 1998 = Volker Kaukoreit: „Vater tot, Mutter im Kerker, und ich im nebligen England" oder „Das ist des Emigranten Lied". Resümierende Betrachungen und ausgewählte Nachträge zu den literarischen Anfängen Erich Frieds bis 1945. In: Deutschsprachige Exillyrik von 1933 bis zur Nachkriegszeit. Hg. von Jörg Thunecke. Amsterdam u. a.: Rodopi 1998 (= Amsterdamer Beiträge zur neueren Germanistik 38), S. 251–287.

Kaukoreit/Kehrein 1982 = Volker Kaukoreit / Bruno Kehrein: Werbe- und Pressemappe des Claassen Verlags Düsseldorf. Mit einer kommentierten Auswahlbibliographie. Anläßlich der Wiederauflage von Erich Frieds Roman „Ein Soldat und ein Mädchen" [Xerokopiertes Typoskript]. Düsseldorf: [Claassen] 1982.

Lawrie 1996 = Steven W. Lawrie: Erich Fried. A Writer Without a Country. New York u. a.: Peter Lang 1996 (= Austrian Culture Vol. 24).

Lindemann 1981 = Gisela Lindemann: Ohne Verzweiflung müßten wir alle verzweifeln. In: Freibeuter (Berlin), 7/1981, S. 5–13.

Sarraute 1975 = Nathalie Sarraute: Das Zeitalter des Mißtrauens. In: Dies.: Zeitalter des Mißtrauens. Essays über den Roman. Frankfurt am Main: Suhrkamp 1975 (= st 223), S. 41–54.

Schäfer 1998 = Katrin Schäfer: „Die andere Seite": Erich Frieds Prosawerk. Motive und Motivationen seines Schreibens. Wien: Edition Praesens 1998.

Wagner 1986 = Karl Wagner: Ins Innere des Schreckens. Erich Frieds Roman „Ein Soldat und ein Mädchen". In: Text + Kritik, Heft 91/1986, S. 65–69.

„Das Buch Franza" – ein Wendepunkt im *Todesarten*-Projekt von Ingeborg Bachmann

Von Robert Pichl

Wenige Monate vor ihrem Tod (17.10.1973) spricht Ingeborg Bachmann in einem Interview mit Andrea Schiffner von ihrem Plan, den damals als Bestseller geltenden *Malina*-Roman fortzusetzen:

> Für die nächsten zwei Bände weiß ich schon, wie es „weitergehen wird", weil ich sie schon geschrieben habe, und zwar vor dem ersten Band. Ich habe lange Zeit nur den Anfang nicht gewußt, weil ich die Person noch nicht hatte, eben diesen Malina, der durchgeht durch alle Bände. Aber im ganzen wird es eine Geschichte der Gesellschaft sein, vom Kärntner Bauern, von der Provinz bis zu den Intellektuellen. Die Bände werden nicht zusammenhängend sein, sondern jeder ganz und gar ein Buch für sich, das jeweils ein ganz eigenes Thema hat. Die Milieus sind ganz verschieden, aber überschneiden sich, so daß die Personen einander doch alle berühren – jeder läuft dem anderen über den Weg. (GuI, 127)

Hier verweist die Autorin auf eine werkgeschichtlich, poetologisch und motivisch begründete Kohärenz, die sich nach dem textphilologischen Befund der kritischen Ausgabe von 1995 im gesamten Textkorpus des späten Prosawerks verfolgen läßt und den darin reich variierten thematischen Grundakkord der *Todesarten* zum Ausgangspunkt hat. (TKA I, 619ff.) Damit bezeichnet Bachmann die existentiellen Auswirkungen jener, anderenorts auch „faschistisch" genannten, inhumanen zwischenmenschlichen Verhaltensmuster (GuI, 144), die die Lebenswirklichkeit der äußerlich intakten bürgerlichen Konsumgesellschaft prägen und die sie in einer im Frühjahr 1966 entworfenen „Vorrede" zum „Buch Franza" beschreibt:

> Die Verbrechen, die Geist verlangen, an unseren Geist rühren und weniger an unsere Sinne, also die uns am tiefsten berühren – dort fließt kein Blut, und das Gemetzel findet innerhalb des Erlaubten und der Sitten statt, innerhalb

einer Gesellschaft, deren schwache Nerven vor der Bestialität erzittern. Aber die Verbrechen sind darum nicht geringer geworden, sie verlangen nur ein größeres Raffinement, einen andern Grad von Intelligenz, und sie sind schrecklich. (TKA II, 74)

Paradigmatisch veranschaulicht wird diese Thematik im Wechselspiel zwischen der privaten Geschichte einzelner Personen und dem großen, kollektiven Geschichtsverlauf.

Das Textkorpus der späten Prosa ist in mehreren Teilen überliefert, die äußerlich zunächst tatsächlich den Eindruck selbständig konzipierter Einzelwerke erwecken: teils in Form abgeschlossener und noch zu Lebzeiten der Autorin erschienener Texte (*Ein Ort für Zufälle* – 1965, *Malina* – 1971, *Simultan* – 1972), teils in nach Umfang und inhaltlichem Zusammenhang sehr unterschiedlichen Fragmenten. Dazu zählen, um die bekannteren zu nennen, zunächst ein Roman „Todesarten" (1962/63), nach der Hauptfigur auch „Eugen-Roman II" genannt, das nach Bachmanns Ägyptenreise entstandene „Wüstenbuch" (1964/65), das „Buch Franza" (1965/66) und die Erzählung „Requiem für Fanny Goldmann" (1966), die beide in der Werkausgabe des Jahres 1978 als „Lesetexte" publiziert wurden (WA 3, 339–524); ferner der aus dem Nachlaß restituierte „Goldmann-Rottwitz-Roman" (1966/67) und das als letztes erhaltenes Werk dokumentierbare „Gier"-Fragment (1970ff.). Doch läßt sich hinter dieser scheinbaren Vielfalt eben jenes ganzheitliche Konzept erkennen, dessen konkrete Ausführung textphilologisch trotz mehrfacher Wendepunkte im Schreibprozeß, Neuansätzen und den daraus folgenden Verschiebungen im Motiv- und Figurenbereich einzelner Textpartien als zielgerichtet projektierte Genese nachvollziehbar ist. Die vierbändige kritische Ausgabe der späten Prosa sowie früherer Texte, die ihre konzeptuelle „Vorgeschichte" markieren, hat diese differenzierte Genese, deren Abschluß durch Ingeborg Bachmanns Tod verhindert wurde, daher unter dem Namen *Todesarten*-Projekt dokumentiert. (TKA I, 622)

Schaffenspsychologisch und poetologisch ist das *Todesarten*-Projekt in Ingeborg Bachmanns bis in die späten vierziger Jahre zurückreichender Bemühung um die Großform des Romans begründet. (Das Manuskript ihres zwischen 1947 und 1951 entstandenen ersten Romans „Stadt ohne Namen", für den sie damals keinen Verleger fand, ist bis auf zwei Fragmente verschollen; vgl. Hapkemeyer 1990, 34) Nun kündigte sie in einem Interview vom 5.11.1964 als ihr nächstes Buch einen Roman an (GuI 46) und erklärte in einem anderen mit Harald Grass (1.5.1965): „Ich denke schon seit vielen Jahren an diesem Roman herum, immer an demselben, mache mir Notizen und überlege seine Struktur. Finden dazu, zur großen Form, muß man schon selber, durch innere Notwendigkeit“. (GuI 56) Zugleich verwies sie auf ein parallel entstehendes Prosawerk: „Es wird aber weder eine Erzählung noch ein Roman. Ich nenne es vorläufig das ‚Wüstenbuch‘, da eine reale Wüstendurchquerung den Inhalt des Buches ausmacht.“ (GuI 57f.) Mit diesem Roman meinte die Autorin zwar noch den unter dem Titel „Todesarten“ in Entwurfsfragmenten erhaltenen „Eugen-Roman II“, der am Beginn der *Todesarten*-Genese steht, doch stellte sie in Lesungen im Jänner und März 1966 ganze Kapitel eines inzwischen völlig neu gestalteten Romans „Todesarten“ vor, der später als „Der Fall (bzw. Das Buch) Franza“ bekannt wurde und den ersten Wendepunkt im projektierten Konzept darstellt. „Das Buch Franza“ ist in zwei früher konzipierten und zur Zeit der Lesungen bereits weitgehend ausgearbeiteten Kapiteln (1. Heimkehr nach Galicien, 3. Die ägyptische Finsternis) und dem etwas später konzipierten, noch stärker fragmentarischen Mittelteil „Jordanische Zeit“ überliefert, so daß die Handlung schlüssig nachvollziehbar ist: In ihrer Ehe mit dem berühmten Wiener Psychiater Leo Jordan wird die Kärntnerin Franza von diesem allmählich zum medizinischen Versuchsobjekt herabgewürdigt und als Persönlichkeit systematisch zerstört. Nach ihrer Flucht aus dem Krankenhaus drängt sie sich ihrem Bruder, dem Geologen Martin Ranner, als Begleiterin auf seiner Ägyptenreise auf. Dabei scheint sie zunächst aus der räumlichen Distanz und im fremden Kultur- und Lebensbereich das an ihr begangene Verbrechen zunehmend aufarbeiten und sich als Persönlichkeit restituieren zu können. Doch wirken sich das Naturerlebnis der Wüste, die kulturgeschichtlichen Eindrücke und verschiedene zwischenmenschliche Begegnungen letztlich ambivalent aus, da sie auch hier analoge Anzeichen der ihr bekannten Gewaltmechanismen entdeckt und erkennen muß, daß die „Jordans“ überall am Werk sind. So fügt sie sich nach einem körperlichen Angriff durch einen Fremden an der großen Pyramide im Bewußtsein ihrer endgültigen Befreiung selbst die zum Tode führenden Verletzungen zu.

Textphilologisch läßt sich zunächst schon im ersten Teil exemplarisch der für Bachmanns Arbeitsweise typische Zug nachweisen, auch für Detailepisoden subtile Quellenstudien zu betreiben. So finden sich als Paralipomenon zum ersten Kapitel (TKA II, 351f.) Exzerpte aus der Dissertation ihres Bruders Heinz W. Bach-

Ingeborg Bachmann: Geologische Exzerpte; Österreichische Nationalbibliothek, Handschriften- und Autographensammlung, Nachlaß Ingeborg Bachmann, ser. nov. 25.122 / Bl. N2467

S. 57: 2467

An Sommer gebunden. Regen. Nächte schwinden.
Sommer 60 Tage ins „Feld", Feldarbeit.
Kartierungstage. Zu keinem Schluß gekommen,
da die Gesteine alle Übergänge aufzuweisen
hatten, vom extremen ~~bas~~ basischen Gestein
bis zu den reinen Quarziten der Kammachserie.

Das Bild einer klaren Trennung der Gesteine
wurde durch scheinbare Übergänge gestört, die
durch eine Metamorphose } hervorgerufen
worden. vermutlich

in der Geologie
Es ist nicht sicher, kann so sein, kann auch
anders sein.

Auch sind diese Übergänge und Unverfolgbarkeit
der Trennung nicht möglich. Im folgenden
Jahr Situation gleich. Verzagt, da Ergebnisse
zu zeigen waren, irrte einer dieser Situationen
sucht er weiter im Gebiet südlich der
Rotleiten-Koppe, und überlegte, wo die
Kammachserie eindeutig zu erkennen wäre.
Konnte es nicht durchverbinden, es gelang
ihm nicht, ~~ob~~ die Fundstellen zu ver-
binden, das Gebiet war aufschlußarm,
~~Auf~~ das anstehende Gestein weit von Schutt überrollt,
(man müßte sprengen, um dazu zu kommen)
~~Er~~ Hatten, in dem verwirrenden
Vorkommen der Kammachserie, kam
die Entwicklung, des Rätsels Lösung.

mann *Die Geologie des Raumes Oppenberg bei Rottenmann/Stmk.* (Graz 1964), die teilweise, ergänzt durch ein Wortspiel, auch in Martin Ranners Räsonnieren über das Schicksal seiner Schwester eingegangen sind:

> Es muß jedoch bedacht werden, daß beide Gesteinsgruppen eine letzte Metamorphose erlitten (erlitten !) haben und ebenso eine mechanische Durchbewegung während der Überschiebungstektonik. Ob sich das auch auf Menschen anwenden ließ? Eine morphologisch auffallende Quarzitgruppe erwies sich als eingeschuppte Rannachserie. RANNERSERIE. Rannerserien würde es nun keine mehr geben. Denn die letzten aus der Serie saßen da in Galicien und konnten sich nicht einmal die Stichworte geben. (TKA II, 191f.)

Für den Status des „Buches Franza“ als Wendepunkt des *Todesarten*-Projekts bedeutsam sind nun Vergleiche mit den anderen, im gleichen Zeitraum entstandenen Texten bzw. mit deren Vorstufen. So paraphrasiert die Autorin für die „Ägyptische Finsternis“ nicht nur die Anfangspartie der Textstufe C des „Wüstenbuchs“ („Sie sind in die Wüste gegangen. Das Licht erbrach sich über ihnen, der Auswurf des Himmels [...]) (TKA II, 248 und TKA I, 264), sondern auch Ortsbeschreibungen (z. B. das Rote Meer), Motive (z. B. die illusionäre Gottesvorstellung, die von einer am Strand liegenden Seewalze hervorgerufen wird) und kleinere Handlungsabschnitte. Besonders deutlich läßt sich dieser Integrationsvorgang an der Episode mit der wahnsinnigen Frau am Bahnhof in Kairo nachvollziehen. Sie findet sich in den Textstufen A und C des „Wüstenbuchs“ bereits dreimal (TAK I, 240 f., 246, 274) und geht, etwas verkürzt ins „Buch Franza“ ein. (TKA II, 306f.)

Zugleich aber baut Ingeborg Bachmann in den Vorarbeiten zum „Goldmann-Rottwitz-Roman“ (TKA I, 339ff.) die Figur eines Schriftstellers Malina auf, der in einer späteren Arbeitsphase als Protagonist einer Rahmenhandlung die korrespondierenden Geschichten der Schauspielerin Fanny Goldmann und der Journalistin Eka Kottwitz (später Aga Rottwitz genannt) erzählen sollte. In einem frühen Entwurf zur Figur Malina (TKA I, 337f.) wird sogar gezeigt, wie dieser die Geschichte der Geschwister Ranner konzipiert, wobei die Stationen der Ägyptenreise festgelegt werden. (Vgl. Abb. auf S. 275)

Ingeborg Bachmann: Entwurfsreinschrift der Episode mit der wahnsinnigen Frau in Kairo;
ÖNB, HAN, NL Ingeborg Bachmann, ser. nov. 25.112 / Bl. N1423a+b, Vorder- und Rückseite

Als ich sie sah, hatte sie den Kopf erhoben,
~~eine~~ die Tochter [illegible] mit den langen
schwarzen [illegible], am Hinterkopf von [illegible]
~~[illegible]~~ Knoten eingehakt, der Knoten eine
[illegible], Kopfform, eine andere Fixierung
als unsere [illegible] physischen Fixierung!
Die Frau hatte den Kopf gereckt, aber
sie lag einmal auf ihren Knien, und ich sah
daß ihr Kopf so kompliziert war, weil der
Araber sie am schwarzen [illegible] festhielt,
mit der Neutralität der Reisende,) und
sie lag auf den Knien, da sah ich,
daß sie gefesselt war, sie hatte
die Arme am Rücken gefesselt
und die Füße [illegible], gefesselt an
[illegible], darum hielt der Araber sie
am Strick, als könnte sie, als ob sie [illegible]
[illegible], wie ein Pferd an der [illegible]
mit Stolz, daß er es [illegible].
Sie lag da, ganz [illegible], und
der Kleider [illegible] und der
[illegible]. [illegible], eine [illegible]
[illegible]. [illegible], [illegible]
[illegible] [illegible] [illegible]
der [illegible] und [illegible]
den Kopf [illegible] und [illegible], [illegible]
[illegible]: [illegible]!
Es war eine Frau vom Lande. Sie [illegible]
auf einen Zug [illegible]. [illegible] sie, [illegible]
[illegible] stand [illegible] und
[illegible] und abgewandt der
Sie [illegible] ein [illegible] um, aber eine

14236

Sicher weiß ich, daß die Frau verloren
ist, die die Lüge gesprochen
und ich dann schweigen, und
der Fremde weiß nichts

Sicher ist die Frau verloren

Mensch verlierend: Der Mann ist nicht verloren,
die Frau ist verloren. Vor Armen, die ... sind, ...
... ½ ...
[illegible]

Obwohl dieser Entwurf nicht weiter ausgearbeitet wurde, weist er bereits deutlich auf den Plan einer zyklischen Komposition von mehreren Texten mit dem Thema „Todesarten“ hin. Damit aber setzt nun eine entscheidende konzeptuelle Wendung im *Todesarten*-Projekt ein: Das Erscheinen des „Buches Franza“ als einzelner Roman war vom Piper Verlag für 1967 vorgesehen. Vor Vertragsunterzeichnung im Jahr 1966 glaubte Ingeborg Bachmann jedoch nach selbstkritischer Lektüre zu erkennen, daß der Roman in dieser Form ihren Darstellungsintentionen des *Todesarten*-Themas nicht entspräche. Der anfängliche Plan einer totalen Umarbeitung wurde jedoch fallengelassen und das „Franza“-Projekt zurückgestellt. Auf der Suche nach einer neuen ästhetischen Struktur für ihr dichterisches Unternehmen begann sie mit der gezielten Konzeption neuer Textprojekte um die Figuren Malina und Fanny Goldmann. (Handbuch 2002, 144) Aus der späteren Wiederaufnahme eines Teilaspektes des „Franza“-Stoffes ist schließlich die Erzählung *Das Gebell* im *Simultan*-Zyklus hervorgegangen. (TKA IV, 284–310)

Das „Buch Franza“ stellt innerhalb des *Todesarten*-Projekts eine konzeptuelle Weiterentwicklung dar, indem mit dem Ersatz eines einzelnen Protagonisten (Eugen im ersten *Todesarten*-Roman) durch die Geschwister Ranner und mit der Ausweitung des Handlungsraumes durch die verschiedenen Stationen der Ägyptenreise, besonders durch den symbolträchtigen Schauplatz der Wüste, in die Erinnerungen an die Ereignisse in Wien retrospektiv eingeblendet sind, eine differenziertere Darstellungsmöglichkeit des „raffinierten Verbrechens“ an Franziska Jordan erreicht wird. Das nach Aufgabe des „Franza“-Projekts neue Konzept der Autorin greift in der Figur des Schriftstellers Malina z.T. auf das Modell eines einzelnen Protagonisten zurück und plant ihn als Helden eines eigenen Romans, der als „Ouvertüre“ für weitere, selbständige Texte mit der *Todesarten*-Thematik fungieren soll. (GuI, 95) Im 1971 erschienenen *Malina*-Roman ist allerdings doch wieder die Verarbeitung von Figuren und Motiven des „Buches Franza“ zu erkennen: etwa die der Geschwister Ranner in der Doppelfigur „Malina-ICH“ oder des sogenannten „Gaskammertraums“ aus der „Jordanischen Zeit“ (TKA II, 228f.), der in das zweite Kapitel des *Malina*-Romans eingegangen ist.

Verwendete Literatur

TKA = Ingeborg Bachmann: „Todesarten"-Projekt. Kritische Ausgabe. Unter Leitung von Robert Pichl hg. von Monika Albrecht und Dirk Göttsche. 4 (in 5) Bde. München, Zürich: Piper 1995.

WA = Ingeborg Bachmann: Werke. Hg. von Christine Koschel, Inge von Weidenbaum und Clemens Münster. 4 Bde. München, Zürich: Piper 1978.

GuI = Ingeborg Bachmann: Wir müssen wahre Sätze finden. Gespräche und Interviews. Hg. von Christine Koschel und Inge von Weidenbaum. München, Zürich: Piper 1983.

Bartsch 1997 = Bartsch: Ingeborg Bachmann. 2. Aufl. Stuttgart, Weimar: Metzler 1997 (= SM 242).

Handbuch 2002 = Bachmann-Handbuch. Hg. von Monika Albrecht und Dirk Göttsche. Stuttgart, Weimar: Metzler 2002.

Hapkemeyer 1990 = Hapkemeyer: Ingeborg Bachmann. Entwicklungslinien in Werk und Leben. Wien: Verlag der Österreichischen Akademie der Wissenschaften 1990.

Höller 1999 = Höller: Ingeborg Bachmann. Reinbeck bei Hamburg: Rowohlt 1999 (= Rowohlt Monographien 1290).

Ingeborg Bachmann: Entwurf: Der Schriftsteller Malina konzipiert den *Franza*-Roman; ÖNB, HAN, NL Ingeborg Bachmann, ser.nov. 25.117 / Bl. N1969

1969

Warum Malina schreibt? weiss er nicht mehr, hat schon früh angefangen,
viel mehr wird nicht zu sagen se n, wenn jemand fragt. Und? Wie arbeitet Malina
und wann. Di Zritschrift Saturn und Prospekt und Anttene wollen es wissen,
und da Malina einen Termin versäumt hat, teilt er seine Lügen sich selber mit,
sagt, er müsse nicht in Stimmung sein usf.m alles Umbug, Disziplin sei das das
Nötigste, Marekschen Diskziplin, aber Malina erinnert sich nicht an disziplinie
te Zeiten, genau genommen erinnert er sich, an gar nichts, was die Arbeit betriff
nur solcge Nebensachen, er geht manchmal an die Schreibmaschine, behauptet
aber, er schreibe zuerst mit der Hand, warum eigentlich, und hackt dann eine
halbe Seite herunter,und Malina h t also keine Ansichten, nur für den täglichen
Gebrauch , für die anderen, vor der Maschin sit er ansichtenlos, er urteilt nich
er ist leidnesc aftlich gleichgültig. Diese Eigenschaft muss er Martin vermachen
seinem Ableger, obwohl er sich noch nie jemand fremderen Wsen abgeben sieht,
un die Geologie ihm schwerfällt. Leichter fällt ihm, jetzt fällt ein Schatten
über seine Schulter, und wer stösst ihn 1so da hinein und lässt ihn diesen
Martin Ranner us dem Kopf spring n, nein, vor dem Schreibtisch auf und abspazie
xich mit ihm unterhal en, ihn an und ausziehen, ihm Kravatten aussuch3n,
Malaina beugt sich über den Word Atlas, um für Martin eine Route nach crra zu s
suchen, dann nach Port Gentil, weil er jemand kennt, der dort ist, jemand anderen
der dahin will. Malina packt Martins Koffer, lässt den Koffer liegen, er sucht ih
zuerst eine Wohnung, damit er den Koffer au richtig packen kann. Das sind so
Malinas Sorgen.
Martin ist sch n in Accra und da fällt ihm ein, nachsehen wegen eines KZ Arztes,
den er aber woanders braucht, und ausserdem ist es zu früh für Martin oder
es könnte auch zu spät sein, jedenfalls braucht er ihn neunzwanzigjährig in Wien
und nicht in Ghana, er versetzt ihn also wieder nach Wien und wirft den World Atla
auf den Schrank (werl Malina , ach ja,)
und Malina lässt das Ganze zwar nicht bleiben, aber während er sich ein Brit
abschneidet von dewr unden aus Weizenbrot und Teewasser aufsetzt, weiss er, dass
er sich für seine Schwester rächen muss, und d s ist nun einmal ein neues Motiv
Rache, und Malina isst das Brot nicht und denkt an den Hai, an die Blulache, an
seine gefressene Schwester, und er weiss, dass Martin ohne eine Schwester nicht
auskommen wird, wie Kanülen, d s sind die Infsuionen, die ihm dauernd gemacht werden
er ist bessen davon, er denkt anima, er kann also Martin nicht ohne seine anima
und den Verlust der Schweste ertragen, es wird ihm leichter sein, wenn das getan is
wenn die Rache vollgebracht ist. Zittert, Ihr Verleger. Diese geheimen Duelle
mit der Wirklichkeit, der Vergangenheit, nicht nur des Maiens Blütenregen undsowei
ter, und möchte so sehr gern, hat heute Wike tgelsen, er sich ein glücklich ausge

Sagt ein Bild mehr als tausend Worte? Heimrad Bäckers Photographien im Kontext der *nachschrift*

Von Thomas Eder

Heimrad Bäcker geht in seiner literarisch-künstlerischen Arbeit an die Quellen seiner Texte und Photographien – die Dokumente und Relikte des Holocaust – nach Art der Dokumentarliteratur und -photographie heran: Auf Seiten des Sprachwerks *nachschrift* (Bäcker 1986, 1997) legt er als „Spracharchäologe" (Ferdinand Schmatz) mit seiner Auswahl aus den Aufschreibesystemen des nationalsozialistischen Terrors die in Sprachverwendung und -struktur angelegten Keimzellen des Grausamen frei. Er fügt die ausgewählten Dokumente in sein Bezugssystem *nachschrift* ein. Dieses Bezugssystem ist keine fiktionalisierende Umschrift als Roman, Drama oder Novelle, sondern Dokumentarliteratur mit den ästhetischen Mitteln der konkreten Poesie. „‚Es genügt', sagt Heimrad Bäcker, ‚die Sprache der Täter und der Opfer zu zitieren. Es genügt, bei der Sprache zu bleiben, die in den Dokumenten aufbewahrt ist. Zusammenfall von Dokument und Entsetzen, Statistik und Grauen.'" (Bäcker 1986, 131) Das in den Quellen Vorgefundene wird in Bäckers Arbeit nicht in eine Literarizität außerhalb des Zitats transponiert, es wird ‚konkretisiert'. Diese Konkretion erfolgt manchmal „1:1 (mit deckungsgleichen Elementen, Dokument=Text), manchmal durch Reduktion, Wiederholung, Montage, serielle Mittel". (Bäcker 1994) Dokumentarliteratur und konkrete Poesie gehen in Bäckers *nachschrift* eine Verbindung ein, die erstere vor ästhetischer Belanglosigkeit und die zweite vor politischer Irrelevanz und Ignoranz bewahrt. Am Beispiel der nationalsozialistischen Verbrechen eröffnet Bäcker die universelle Dimension einer verschleiernden, vertauschenden Sprachverwendung, wie sie an totalitären Systemen zu beobachten ist, und mehr: wie eine solche Sprache wesentlich zur Konstituierung des Totalitären beiträgt.

Dieses sprachliche Verfahren setzt Bäcker im Bereich der bildlichen Darstellungsmittel als dokumentarische Photographie um. Seit den späten 1960er Jahren photographiert er Relikte und topographische Spuren des Dritten Reiches, vor allem

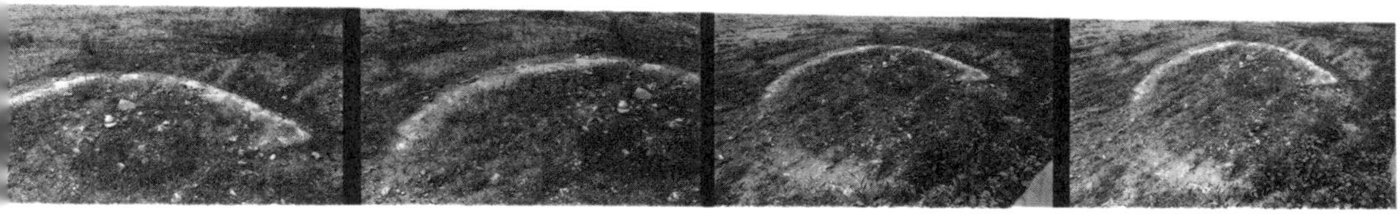

Fundament eines Sprengbunkers im Steinbruch Wienergraben des Konzentrationslagers Mauthausen, s/w-Photographien (Serie) © Heimrad Bäcker, Linz

Reste von Objekten wie Zugwinden und Derrickkrane im Steinbruch Wienergraben des Konzentrationslagers Mauthausen, s/w-Photographien (Serie) © Heimrad Bäcker, Linz

in den ehemaligen Konzentrationslagern Mauthausen und Gusen. Häufig sind diese Photographien schon bei ihrer Aufnahme als Serien angelegt. Serien mit einem vertikalen schwarzen Balken (wie man sie als Kontaktabzüge von Negativen kennt) geben die Abfolge der photographierten Bilder auf dem Film, also im Hinblick auf ihre reale Entstehungschronologie, wieder. Sujets dieser Photographien sind gerade nicht die kanonisierten Symbole für den Holocaust, wie sie sich aus einer allgemein akzeptierten Ikonographie des Genozids seit dem Kriegsende herausgebildet haben: also nicht die bekannten Aufnahmen der Rampen in den Lagern, der Eingangstore, der Gaskammertüren oder der ins Unendliche führenden Schienenstränge, die den Vorgang der Deportation und Vernichtung anhand eines photographischen Topos symbolisieren sollen. Sujets dieser Photographien sind Relikte und topographische Spuren, denen das Moment ihres Verschwindens und Überwuchertwerdens durch die Vegetation konstitutiv eingeschrieben ist.

An der Fragestellung „Die Teile und das Ganze" sind vor allem die Unterschiede interessant, die zwischen dem Sprachwerk der *nachschrift* und den dokumentarischen Photographien bestehen. Für das Sprachwerk habe ich an anderer Stelle (Eder 2003) zu zeigen versucht, daß Bäcker den Unterschied zwischen der Bedeutung der einzelnen sprachlichen Phrasen und dem damit in der Realität Bezeichneten deutlich macht. Dadurch wird die ausgestellte Sprachverwendung der totalitären Bürokratie zu einer negativen Ikone des arbeitsteiligen Prozesses eben dieses bürokratisch-arbeitsteiligen Systems westlicher Industriegesellschaften, dem in der Soziologie die Rolle eines Mitverursachers des nationalsozialistischen Genozids zugeschrieben wird. Die von dem Soziologen Zygmunt Bauman (Bauman 1994) konstatierte Entkoppelung und Verdunkelung, die der arbeitsteilige Prozeß der Bürokratie hinsichtlich des Ganzen des Holocaust bewirkt hat, schlägt in Bäckers *nachschrift* durch isolierte Präsentation der einzelnen Sprachwendung um in Verknüpfung und Evidenz. Dazu eine beispielhafte Erläuterung anhand des isoliert am oberen Ende einer sonst weißen Seite stehenden Satzes: „wenn der blockschreiber irrtümlicherweise eine nummer mit dem vermerk *verstorben* versieht, kann solch ein fehler später einfach durch die exekution des nummernträgers korrigiert werden". (Bäcker 1997, 124) Wendet man die vorgeschlagene Trennung nach Bedeutung und Referenten auf diesen Satz an, so läßt sich präzisieren: Der „blockschreiber" ist mit der bürokratischen ‚Spezialaufgabe' betraut, Todesfälle (auch und vor allem solche durch Ermordung) zu verzeichnen. Seine Distanz zum realen Tod und Mord (vermutlich ist er selbst nicht an der Tötung beteiligt) spiegelt sich in der Art und Weise seiner Verzeichnung: Der Mensch wird durch eine Nummer bezeichnet, der ‚im gegebenen Fall' der „vermerk verstorben" angefügt wird. Wenn nun innerhalb dieser Bedeutungs-Sphäre dem Blockschreiber ein Irrtum unterläuft, so kann dieser „einfach durch exekution des nummernträgers korrigiert werden", also durch einen realen Vorgang in der Sphäre der lebensweltlichen Referenz, der durch sprachliche Zwänge kausal verursacht wird. Dies zeigt zum einen die Bevorzugung des Aufschreibesystems vor dem realen Bezugspunkt (dem Tod eines Menschen), zum anderen aber auch die radikale Umwertung des Begriffs „einfach". In einem nicht euphemistisch pervertierten Sprach- und Weltverständnis ist die semantische Korrektur, den „vermerk verstorben" zu tilgen, als das ‚einfachere' zu bezeichnen; ‚einfacher' als eine ‚Korrektur' (die reale Tötung meint) in der realen Welt. Das einzelne ausgestellte Zitat birgt durch die bewußt gemachte Differenz von Bedeutung und Referent den Bezug auf das Ganze der nationalsozialistischen Totalität. Gerade alltagssprachliche Phrasen und Ausdrücke, denen gewöhnlich ein nur zufälliges und durch

Bearbeitungsspuren im Steinbruch Wienergraben des Konzentrationslagers Mauthausen,
s/w-Photographie 40,3 × 30,4 © Heimrad Bäcker, Linz

Konvention bestimmtes Verhältnis zu dem mit ihnen Bezeichneten zugestanden wird, erweisen sich in Bäckers *nachschrift* als Mimesis der Teile ans Ganze.

Wie verhält es sich in dieser Hinsicht mit den Photographien Heimrad Bäckers, die ebenso wie das Sprachwerk der *nachschrift* auf die Verfahren der Isolation, Kombination, Serie setzen? Unter dem Blickwinkel der Wiedergabe wird ja gerade eine Photographie häufig als direkte Abbildung des abgelichteten Gegenstandes betrachtet. Die Frage, ob auch die photographische Abbildung kontingent ist und ob die in ihr präsentierten bildlichen Darstellungsmittel durch eine Ähnlichkeitsrelation mit dem Gegenstand ihrer Abbildung verbunden sind, soll hier außer Betracht bleiben. Denn von Verfechtern einer negativen Antwort auf diese Frage wird ja behauptet, daß auch die schärfste Photographie nur eine Interpretation dessen sei, was die Kamera sieht, und daß eine Abbildtheorie der Repräsentation von allem Anfang an durch ihr Unvermögen behindert sei, zu spezifizieren, auf welcher Ebene und was eigentlich von einem Raum-Zeit-Kontinuum in der Welt kopiert werden soll. (Vgl. Goodman 1998, 23ff.) Positionen, die die Frage nach der Ähnlichkeit von Bild und Abgebildetem hingegen positiv beantworten, gehen von der universalen anthropologischen Intuition aus, daß (photographische) Bilder als Bilder von Raum-Zeit-Regionen bereits dann verstehbar sind, wenn man über visuelle Wahrnehmung verfügt, während natürlichsprachliche Beschreibungen von Gegenständen nur dann verstanden werden, wenn man das natürlichsprachliche Zeichensystem, aus dem diese stammen, versteht. Daraus folge, daß die bildlichen Darstellungsmittel eine Ähnlichkeit mit dem Abgebildeten in sich tragen, die über Kontingenz und Konvention hinausreicht.

Was jedoch im Hinblick auf die Relation Teil – Ganzes in Bäckers Photographien stärker interessiert, ist die Frage, ob und wie bildliche Darstellungsmittel auf Sachverhalte in der Welt Bezug nehmen können. Die unterschiedlichen Repräsentationsverhältnisse von Bild und Text in der *nachschrift* und in Bäckers Photographien können womöglich daraus erklärt werden, daß sich nur im Prinzip sichtbare Raum-Zeit-Regionen bildlich darstellen lassen und dadurch bildliche Zeichensysteme im Vergleich mit natürlichen Sprachen von geringerer Reichweite sind. (Vgl. Fricke 2001, 145) Wie ist also das auf den Photographien dokumentarisch abgebildete Detail, das Relikt aus den Konzentrationslagern, wie es z. B. die Abbildung auf Seite 279 als Bearbeitungsspuren im Mauthausener Steinbruch zeigt, mit dem Ganzen des Holocaust verbunden? Als Photographie bezieht sich dieses Kunstwerk nur auf eine Granitfelswand mit Löchern, Spezialisten könnten wohl den Vorgang des Steingewinnens aus dieser Photographie erahnen, jedoch

Eisenreste vom Abbruch der Stollenanlage in St. Georgen (Konzentrationslager Mauthausen/Gusen II), s/w-Photographie 10,4 × 11 cm © Heimrad Bäcker, Linz

nicht den Sachverhalt der nationalsozialistischen Zwangsarbeit und Menschenvernichtung, der mit dieser Photographie zum Ausdruck gebracht werden soll. Auf welche Weise also enthalten Bäckers Photographien „versammelte Geschichtlichkeit“ und „Konkretion“? (Bäcker 1996, 122) Ein möglicher Ansatz zur Beantwortung dieser Frage ist mit der von Siegfried Kracauer eingeführten Unterscheidung zwischen Photographie und Gedächtnisbild gegeben. Kracauer weist der Photographie die Rolle der Registratur eines unbearbeiteten factum brutum zu, während das Gedächtnisbild die Wahrnehmung durch den Filter der Bedeutung aufbewahre: „Die Photographie erfaßt das Gegebene als ein zeitliches oder räumliches Kontinuum, die Gedächtnisbilder wahren es, insofern es etwas meint.“ (Kracauer 1977, 25) Mit dieser Kracauerschen Unterscheidung ist der Umstand benannt, daß – entgegen einer ersten Intuition – Bilder eben nicht auf Sachverhalte Bezug nehmen können, solange wir bei ihrer Betrachtung und Interpretation ausschließlich die von ihnen eingesetzten bildlichen Darstellungsmittel berücksichtigen. Wenn man zu einer positiven Antwort auf die oben aufgeworfene Frage nach der Ähnlichkeit zwischen Photographie und Abgebildetem neigt, weisen diese bildlichen Darstellungsmittel so etwas wie ein ikonisches Verhältnis zu den mit ihnen dargestellten Raum-Zeit-Regionen auf, weil sie bestimmte der darzustellenden Eigenschaften selbst enthalten. Sie können jedoch im Falle der Photographien Bäckers (aber auch im Falle jeglicher – künstlerischer – Bilddarstellung) auf Sachverhalte nur dann bezogen werden, wenn eine Bestimmung auf eine bestimmte Raum-Zeit-Region erfolgt ist. Da aber nicht einmal eine Photographie allein durch ihre bildlichen Darstellungsmittel ihren Bezugsgegenstand eindeutig bestimmen kann (vgl. Fricke 2001, 149), muß diese Bestimmung durch die Einordnung in einen Kontext erfolgen, die bei Bäckers Photographien durch die Bildunterschriften und die Einordnung ins Bezugssystem *nachschrift* vollzogen wird. So verbindet etwa die abphotographierten Eisenreste aus dem Abriß einer Stollenanlage des Konzentrationslagers Gusen ein ikonisches Ähnlichkeitsverhältnis mit den realen Resten aus dem Stahlbeton des Stollens. Diese Eisenreste wiederum sind indexikalisch mit der historischen Spur verbunden, die diesen einzelnen Sachverhalt ans Ganze des Holocaust knüpft.

Und so könnte sich als Ergebnis einer ausführlicheren Untersuchung zeigen, daß die Intuitionen hinsichtlich dessen täuschen, wie nah oder fern die einzelnen Photographien bzw. Texte Bäckers dem Ganzen stehen, um das es ihnen letztlich geht. Die Texte, als natürlichsprachliche Zeichen einem allgemeinen Verständnis zufolge den von ihnen repräsentierten Objekten als bildhafte Zeichen ferner, scheinen in dieser Hinsicht auch als Einzelteile näher an der mit ihnen ausgedrückten Ganzheit des Holocaust zu stehen als die bildphotographischen Darstellungen; diesen wird üblicherweise ein näheres Verhältnis zu dem mit ihnen Dargestellten nachgesagt. Im Falle dieser Photographien jedoch, und vielleicht im Falle jeder bildlichen Darstellung, bedürfen diese der sprachlichen Anbindung an die mit ihnen bezeichneten Sachverhalte, die bei Bäckers Photographien durch das Bezugssystem *nachschrift* erfolgt. Innerhalb dieses Bezugssystems ist womöglich der bekannte Aphorismus „Ein Bild sagt mehr als tausend Worte" dann, wenn man die Relation Teil – Ganzes betrachtet, falsch und gerade in sein Gegenteil zu verkehren.

Verwendete Literatur

Bäcker 1986 = Heimrad Bäcker: nachschrift. Hg. und mit einem Nachwort von Friedrich Achleitner. Linz, Wien: edition neue texte 1986 (2., korr. Auflage. Graz, Wien: edition neue texte/Droschl 1993).

Bäcker 1994 = Heimrad Bäcker: Widerspiegelung. In: Die Rampe. Zeitschrift für Literatur. Linz 3/1994, S. 59–63.

Bäcker 1996 = Heimrad Bäcker: Mauthausen. Beiträge zur Topographie. In: Detlef Hoffmann (Hg.): Der Angriff der Gegenwart auf die Vergangenheit. Denkmale auf dem Gelände ehemaliger Konzentrationslager. Loccum: Evangelische Akademie Loccum 1996 (= Loccumer Protokolle 5/96), S. 113–131.

Bäcker 1997 = Heimrad Bäcker: nachschrift 2. Hg. von Friedrich Achleitner. Graz, Wien: edition neue texte/Droschl 1997.

Bauman 1994 = Zygmunt Bauman: Dialektik der Ordnung. Die Moderne und der Holocaust. Hamburg: Europäische Verlagsanstalt ^{2}1994.

Eder 2003 = Thomas Eder: Eine arbeitsteilige Sprache? Zur Repräsentation des Holocaust in Heimrad Bäckers *nachschrift*. In: Thomas Eder, Martin Hochleitner (Hg.): Heimrad Bäcker. Linz, Graz: Droschl 2003, S. 262–268.

Fricke 2001 = Christel Fricke: Zeichenprozeß und ästhetische Erfahrung. München: Wilhelm Fink 2001.

Goodman 1998 = Nelson Goodman: Sprachen der Kunst. Frankfurt am Main: Suhrkamp ^{2}1998.

Kracauer 1977 = Siegfried Kracauer: Die Photographie. In: Ders.: Das Ornament der Masse. Essays. Frankfurt am Main: Suhrkamp 1977, S. 21–39.

„stückwerk ganz“: Ernst Jandl

Von Bernhard Fetz

wer garantiert mir zeit
– ich wünsche keinen glanz –
verstöße gutzumachen
stückwerk ganz
(Ernst Jandl: *25. februar 1989,*
aus dem Gedichtband *idyllen*)

Was könnte sich besser eignen als Metapher für Symmetrie, Ganzheit, Ordnung als das Bild zweier nebeneinander stehender Schuhe, die ein Paar bilden? Fehlt einer, ist unser Gleichgewichtssinn empfindlich gestört. Mit einem Schuh können wir auch wenig anfangen, außer es fehlt aufgrund einer körperlichen Behinderung ein Bein, außer der Körper ist Fragment, beschädigt, nicht ganz. Aber normalerweise fehlt ein Schuh, wenn nur ein Schuh da ist. Was aber, wenn der Schuh, sei es nun einer oder seien es zwei, als Charakteristikum, als pars pro toto für Werk und Figur eines Dichterfürsten herhalten muß? Können die Schuhe Rilkes für den ganzen Rilke einstehen? Ist Ganzheit wieder da, wenn ein Schuh neben dem anderen steht, und der Dichter mit beiden Waden aus beiden Schuhen herausschaut? Ernst Jandls Gedicht *rilkes schuh* aus dem Zyklus *der gewöhnliche rilke 1–17* (vgl. PW 7, 72) stellt auf ungewöhnliche Weise die Gretchenfrage nach dem Verhältnis von Teil und Ganzem. Obwohl Jandl kein ‚Fragmentdichter‘ war, es im veröffentlichten Werk kaum Unabgeschlossenes gibt (mit Ausnahme einiger Gedichte aus den *Letzten Gedichten* vielleicht), und gerade weil die formale Geschlossenheit der Jandlschen Arbeiten so ins Auge springend und so einleuchtend ist, fällt die formale und inhaltliche Reflexion auf das Verhältnis der Teile zum Ganzen so sehr auf. Man kann vielleicht sogar so weit gehen, diese Reflexion als das bewegende Moment in der Jandlschen Produktion von Dichtung anzusehen. Also, *rilkes schuh:* „rilkes schuh / war einer / von zweien // jeder schuh rilkes / war einer / von zweien // rilke in schuhen / trug immer / zwei // wade an wade / stand rilke / aus den beiden schuhen heraus“.

Zwei gestrichene Strophen zu diesem Gedicht lauten: „alle schuhe rilkes / waren teilbar / durch zwei // alle schuhe rilkes / ergaben / eine gerade zahl //". Die Betonung der ganzen Zweiheit, die auch in der Teilung wieder Ganzheit, nämlich eine „gerade Zahl" ergibt, steht in Spannung zur Einzahl des Titels, die in der Teilung eben keine gerade Zahl ergibt. Jetzt könnten wir interpretierend folgern, daß wir die klassische – im Sinne hoher – ganze Dichtung, repräsentiert durch Rilke, nicht mehr als Ganzheit haben können, daß es vielmehr darauf ankommt, das ‚Klassische' in seiner notwendigen Fragmentiertheit, in seinen Teilen zu sehen, und nicht in seiner postumen Zurechtmachung als schönes Ganzes. Das steckt ganz sicher als Kritik in diesem Gedicht drin, wie es in vielen Gedichten Jandls drinsteckt. Mit Blick auf seinen Lieblingsmaler Francis Bacon spricht Jandl davon, daß „unser aller schönes Gesicht" einen „bedrohlichen Schatten" trägt, seit wir die zerfetzten Gesichter in den Bildern Bacons gesehen haben. (PW 11, 216) Das klassisch Kunstschöne als das metaphysisch Schöne – daran arbeitet sich die Dichtkunst Ernst Jandls immer schon ab. Nicht das schöne Bild der Schöpfung oder der klassischen Kunst wird in den Gedichten heruntergemacht, sondern das angesprochen, was aus ihm geworden ist, bzw. das, was immer schon deutlich war und nicht erst in der Kunst der Moderne, wenn auch hier in radikaler Weise, zum Thema wurde: Der Schöpfung ist der Untergang eingeschrieben, was anfängt, hört auch auf; hinter dem schönen Schein der Kunst verbirgt sich der Schrecken der Welt. Die angegriffenen Sprach- und Körperoberflächen in den späten Gedichten Jandls sind den zerfetzten Gesichtern in den Bildern Francis Bacons verwandt. Aber wir brauchen das ganzheitliche Bild des Lächelns, um das Röcheln der Mona Lisa zu verstehen.

Dabei steht das Ganze des ausgeführten Werkes in Spannung zu seiner Beschreibung als aus Teilen bestehend, die Teile als integratives Moment des fertigen Ganzen stehen in Spannung zu ihrer Isoliertheit als Fetzen und Fragmente. Das Einzelne schließlich, als nur sich selbst gehorchend, steht in Spannung zur Möglichkeit, sich mit vielem anderen zu verbinden. Im *Pressetext* zum Hörspiel *Das Röcheln der Mona Lisa* schrieb Ernst Jandl: „„Als Dichtung der Sprachfetzen, [...] der rasenden wie der zerbrechenden Stimme, ist ihr Gegenstück das Chaos des Sichtbaren im Blick ohne Fokus, die Kritzelei ihre bevorzugte Partitur. Diese Art Dichtung erfaßt Sprache als Körpergeräusch, verwirft die Idee des Konstruktiven und beseitigt das Possierliche aus der Dichtung." Die Aufteilung des „akustischen Geschehens" auf „vervielfachte" „Chöre" und „zentral" gesprochene „Einzeltexte" organisiert die Spannung zwischen dem Ganzen und seinen Teilen. (Zit. in: PW 11, 224)

Und in *Vorbemerkungen* zum gemeinsam mit Friederike Mayröcker verfaßten Hörspiel *Spaltungen* schreibt Ernst Jandl über dieses „nicht-religiöse Mysterienspiel, ausgeführt mit den Mitteln der konkreten Poesie“: „Thema des Stückes ist die Stellung des einzelnen Menschen zwischen Extremen – Licht und Dunkel; Wärme und Kälte; Mut und Angst; Glück und Trauer; Leben und Tod [...] Unser Ausgangspunkt für dieses Hörspiel war der Begriff ‚Spaltung‘ als psychologische und technische Vorstellung.“ (Jandl 1985a, 164)

Das Faszinierendste an sogenannten konkreten oder experimentellen Texten ist deren Fähigkeit, sich mit anderen zu größeren Einheiten zusammenzuschließen, „denn es rückt den Text in die Nähe alles Lebendigen, das in immer neuen Kombinationen versucht, sich an anderes Lebendiges zu klammern; ohne daß es deshalb die geringste Chance hätte“ (Jandl 1985b, 175). „Ohne daß es deshalb die geringste Chance hätte“: Unter oder über dem existentiell pessimistischen Grundton weist dieser Nebensatz darauf hin, daß wir nie die Chance auf Ganzheit haben, auf welche auch immer: auf die Erlösung oder auf das große, abgeschlossene, für immer fertige Werk. Denn es bleibt Menschenwerk und damit notwendig unvollständig.

Was Ernst Jandl nicht will, nicht auf der Bühne und nicht im Hörspiel und nicht beim Vortrag mit Musik, ist das, was Friedrich Nietzsche zunächst an Richard Wagner faszinierte und was er dann später an den Gesamtkunstwerkern geißelte: das Pathos und die Suggestion der Erlösergestalten, die Verführung durch „das Große, das Erhabene, das Gigantische, das, was die *Massen* bewegt“ (Nietzsche 1978, 300). Jandl ersetzt die Gleichzeitigkeit des Gesamtkunstwerks durch einen rhythmisierten Ablauf, die Synästhesie von Tönen, Bildern, Wörtern durch inszenierte Kollisionen. Daher rührt auch die Faszination durch die Jazzmusik mit ihren komplexen rhythmischen Strukturen, mit ihrem Wechselspiel von exakter Notation und Improvisation, von Schema und individueller Phrasierung.

Ernst Jandl: Tabellarische Aufstellung der in das Hörspiel *Das Röcheln der Mona Lisa* eingearbeiteten „Chöre“ und „Einzeltexte“. Österreichische Nationalbibliothek, Österreichisches Literaturarchiv, Nachlaß Ernst Jandl

Folgende Doppelseite:
Ernst Jandl: Manuskriptblatt aus dem Hörspiel *Spaltungen.* ÖNB, ÖLA, NL Ernst Jandl
Ernst Jandl: Manuskriptblatt aus dem Hörspiel *Das Röcheln der Mona Lisa.* ÖNB, ÖLA, NL Ernst Jandl

chöre

• 1 geräuschbasis (1 mf; 2 f, ff; 4 f; 5 ff > p; 6 p; 15 p > f; 25 f; 25 - zunehmende Tonhöhe, 7 Stufen)
2 strick/stein etc. (5)
3 halsüberraschung etc. (6) ff (s. 17)
4 wir sind jung (7)
5 „läuse" (8)
6 jawoll (8)
6a ~~ich/nicht~~
7 ho-tschi-minh; ich bin dein (12)
8 „gewesen" (13)
9 die sonne geht auf & zu (14) (Schluss anders!)
10 zurück [aufbau • Einzeltxt.] (15
11 schöner sterben (17)
12 glaube, öffn. u. liebe (17) = (24)
13 farbüberraschung (17) ff (s. 6)
14 blau (17)
15 nimm immer wieder etw (18)
16 happy birthday (20)
17 FREUNDE! (21)
18 wir haben uns leider (21)
19 Ende „improv.-text" (000) > Chor (23).
~~(20 - s. 6a)~~

Einzeltexte (T = Techn. Veranst.)

1 selbstmorddrohung (2) (1/3)
T 2 voyeur (erweiterung) (3)
3 ausgerecht; schöner sterben (4) → (6)
4 „knallbonbon"
5 und das war schön
6 „läuse" (8)
7 nein (8)
T 8 ich nicht (8) [4 bahnen]
9 so blau ist der himmel (10) (13)
T 10 porträt (vervielfachung: sirene) (11)
11 ich bin dein (12)
12 DER MUND (14); ich dir machen (1?)
13 „wanderung" (15)
14 wohin (16)
15 „sterbetöne" (17)
16 „tell me nelly" (17)
17 einen spalt (17) = (24)
18 jede welle (17)
19 grün grün (17)
20 patsch handi zamm (18)
21 die schöpfung (18)
22 re-zept (18)
T 23 happy birthday (erweiterung) (20)
T 24 wie viele kinder (erweiterung) (20)
25 sie haben eine tüte (21)
26 „frau" (22)
T 27 „leise funkelt das glück" (23)
28 „improvisationstext" (23)
29 gott (24)
30 „selbstmorddrohung" (25)
31 schrei etc.; kaaalt (25)

SONNE SON-NE . 1

SONNE SON-NE .

SONNE SON-NE .

M & CHOR

SONNE (~~Abr~~ mindestens 4 mal), dann allmählich verdrängt durch CHOR 2 und 3, s.o.)

CHOR 2 c ———— h (s.o.)

CHOR 3 n – a – ch – t (s.o.)

(nach a auch ~~Chor~~ CHOR 2)

~~[illegible]~~

Na | | | |

Nb | | |

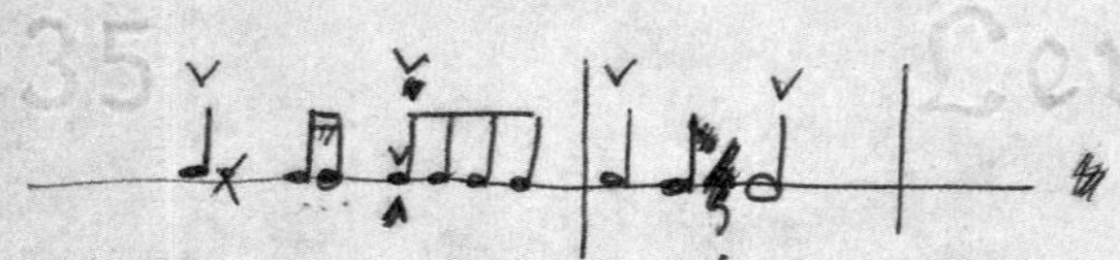

(sterbetöne, darunter 1 name, kurzform)

anni

(aus)

wie oben

tell me really if it's true
etc.

(sterbetöne, darunter 1 unverständl. name, kurzform)

-unzti -unzti

(aus)

(chor, ~~aus~~ von sehr leise anschwellend)

~~glaube~~ glaube - öffnung - und liebe
~~öffnung~~ glaube - öffnung - und liebe
~~und~~ glaube - öffnung - und liebe
glaube - öffnung - und liebe

(einzelstimme, ~~ganz~~ sehr laut, ausdruck verzweifelt)

~~Ei~~ einen

SPALT!

Das Röcheln der Mona Lisa löst einiges von dem ein, was Bazon Brock 1970 als spielerische Utopie entworfen hat. Dieses Hörspiel ist so etwas wie eine – natürlich fragmentarische – „Grammatik unserer akustischen Umweltwahrnehmung“ (Brock 1970, 214 ff.). Der Assoziationszwang wird aufgebrochen. Die Bestandteile werden neu codiert und dienen nun zur Kennzeichnung ganz anderer Situationen, ganz anderer emotionaler Zustände. Ernst Jandl ist der idealtypische Hörer als Produzent, den Brock im Visier hat. Das zur Formel geronnene nichtssagende Alte wird umgebaut, und plötzlich ist es wieder ein akustisches Mittel, das etwas Eigenes auszudrücken imstande ist. Zum Beispiel wenn in *Das Röcheln der Mona Lisa* Minnesangverse skandiert werden wie politische Parolen. Die paradigmatischen Verse zur Verherrlichung der Liebe haben sich wie so viele andere abgenützt. Außerdem täuscht die in ihnen enthaltene Süße über das Scheitern und die Verzweiflung und die Aggressivität hinweg, die im Begriff Liebe immer anwesend sind. Und ebenso leer geworden ist die allgegenwärtige politische Parole. Die Stimme eignet sich das Verbrauchte an und haucht ihm in der akustischen Konfrontation neues Leben ein. Die verfremdete Stimme Ernst Jandls skandiert die Liebeslyrik im Rhythmus des „Ho, Ho, Ho Tschi – Minh“; und auch die Begriffe „glaube“, „öffnung“ und „liebe“ geraten in die sprachlich/akustische Spaltungsmaschine.

Wessen Stimme nicht in Ordnung ist, dessen Innerlichkeit muß in Unordnung geraten sein. Der Bandbreite unserer Existenz entspricht die akustische Bandbreite unseres Sprechwerkzeuges. Am Anfang steht der Schrei und am Ende das Ächzen und Röcheln, Ruinen des schönen Gesangs. Von Atemzug zu Atemzug entäußert sich die Stimme, verstärkt und verzerrt von Apparaturen. Eine Formel wie „happy birthday to you“ wird in *Das Röcheln der Mona Lisa* regelrecht zu Tode gehetzt durch die technischen Manipulationen der Hörspielmacher; „happy birthday to you“ wird zur Drohung. Hier wird deutlich, daß die Arbeit an der Sprache politisch ist in einem Sinn, der nicht Sinn macht, sondern den Sinngebungsprozeß selbst thematisiert. Das Ganze ist das Falsche.

Im 1976 uraufgeführten Stück *Aus der Fremde* ist es die Ambiguität des Konjunktivs, die das Stück gleichermaßen zusammenhält und öffnet. Die Form könnte geschlossener nicht sein. Durchgängig werden der Konjunktiv und die dritte Person verwendet. Doch ist die „Instanz, von der die Rede der Figuren abhängig sein

Ernst Jandl: Handschriftlich korrigiertes Blatt aus dem Typoskript zum Stück *Aus der Fremde.* ÖNB, ÖLA, NL Ernst Jandl

186
[redacted] aber habe er sich
~~denn~~ [nicht] gewünscht
in diese welt

107 leben und hirn solle man nicht kombinieren

188
~~ein blatt~~
ein leeres blatt [werde nun]
~~sei~~ in die maschine gespannt (ausführung)

188 [109]
weit und breit
sei nicht ein wort
aber laden voll dreck

(reißt eine lade des schreibmaschintischchens auf, die zum bersten mit papier gefüllt ist, wühlt darin, wirft blatt um blatt zu boden, während er spricht)

189 110
[redacted] er [redacted] es weg werfe
[redacted] er [redacted] es von sich reiße
[redacted] er verwerfe es

190 111
er beklage
die fruchtlosigkeit
seiner papierenen tage

191 112
ein dramatisches fragment
dessen stupidität
nicht zu übertreffen sei

192 113
~~und~~ hier die zerlegung
in "moos" und "kau"
[redacted] sei das ~~ergebnis~~ seiner ~~zehntägigen~~ moskaureise
[das resultat]

~~93~~
~~sei das ergebnis~~
~~einer zehntägigen~~
~~moskaureise~~

~~94~~ ~~93~~ ~~113~~ 114
[redacted] dies jage ihn (springt auf; rasch zum schreibtisch)
zum [redacted] schreibtisch
er fege ihn frei (bücher, papiere etc. mit einer einzigen großen armbewegung zu boden)

~~95~~ ~~114~~
~~diese schreibende hand~~
~~diese einzelne schreibende hand~~
~~sei kein kretin~~

94 ~~114~~ 115
handschrift sei
etwas körperliches
[redacted] beweglicheres

könnte, ausgespart, wodurch die einzelnen Aussagen eben nicht zu einer übergeordneten Instanz, sondern nur zueinander in Beziehung treten." (Schmidt-Dengler 2001, 21) Was paradoxerweise die dargestellte Wirklichkeit auf der Bühne wie das Stück zusammenhält, ist eine durch den Konjunktiv hervorgerufene Relativierung: „der konjunktiv / bewirke stets / eine verbindung zu anderem // das nicht im konjunktiv sei / aber hier / da alles im konjunktiv sei // bewirke es eine verbindung / zu immer dem gleichen / und das nenne er relativierung." (PW 10, 222) Die Bruchstücke des Alltags ergeben in ihrer Wiederholung kein Bild des Alltags als Ganzem, als All-Tag eben, sondern gerade dessen Relativierung. Und so berichtet das Stück nicht vom Vertrauten, sondern: *Aus der Fremde.* Erst die Einteilung des Alltäglichen in Abschnitte zu je drei Zeilen und die Verwendung des Konjunktivs machen aus dem bruchstückhaften Leben ein ganzes Stück.

Verwendete Literatur

PW = Ernst Jandl: Poetische Werke in 11 Bänden. Hg. von Klaus Siblewski. München: Luchterhand 1997–1999.

Brock 1970 = Bazon Brock: Auf dem Wege zu einer Grammatik akustischer Umweltwahrnehmung. In: Neues Hörspiel. Essays, Analysen, Gespräche. Hg. von Klaus Schöning. Frankfurt am Main: Suhrkamp 1970.

Jandl 1985a = Ernst Jandl: Vorbemerkungen zu Spaltungen. In: Gesammelte Werke in drei Bänden. Band 3. Darmstadt und Neuwied: Luchterhand 1985.

Jandl 1985b = Ernst Jandl: Darüber etwas zu sagen. Bemerkungen zum Hörspiel *Das Röcheln der Mona Lisa.* In: Gesammelte Werke in drei Bänden. Band 3. Darmstadt und Neuwied: Luchterhand 1985.

Nietzsche 1978 = Friedrich Nietzsche: Der Fall Wagner. In: Ivo Frenzel (Hg.): Werke in zwei Bänden. Bd. 2. München, Wien: Hanser [4]1978.

Schmidt-Dengler 2001 = Wendelin Schmidt Dengler: Von der Verbindlichkeit des Unverbindlichen. Zum Konjunktiv in Ernst Jandls ‚Sprechoper' „Aus der Fremde". In: Ders.: Der wahre Vogel. Sechs Studien zum Gedenken an Ernst Jandl. Wien: Edition Praesens 2001.

Autorenverzeichnis

Moritz Baßler, geb. 1962. Studium der Germanistik und Philosophie in Kiel, Tübingen und Berkeley. Assistent am Lehrstuhl für Neueste deutsche Literatur der Universität Rostock. Publikationen zur Literatur der Klassischen Moderne, der Gegenwart (*Der deutsche Pop-Roman,* München: C. H.: Beck 2002) und zur Literaturtheorie (u. a. Hg.: *New Historicism,* 1995; Habilitation: *Die kulturpoetische Funktion* ist eingereicht) sowie zu Storm, Goethe und Barocklyrik.

Hermann Böhm, Leiter der Handschriftensammlung der Wiener Stadt- und Landesbibliothek. Zahlreiche Arbeiten zur österreichischen Literatur, insbesondere zu Karl Kraus und Johann Nepomuk Nestroy, Gestaltung von Ausstellungen, zuletzt erschienen: *Kaffeehäuser in Wien: Griensteidl, Central und andere.* In: *Peter Altenberg – Extracte des Lebens. Einem Schriftsteller auf der Spur.* Hg. von Heinz Lunzer, Victoria Lunzer-Talos (Salzburg: Residenz 2003).

Thomas Eder, geb. 1968 in Linz, lebt als Literaturwissenschaftler in Wien. Forschungsprojekt zum literarischen Vorlaß von Heimrad Bäcker am Österreichischen Literaturarchiv. Programmgestalter der Sparte „wort" im kunsthaus muerzzuschlag, Lehrbeauftragter am Institut für Germanistik der Universität Wien.

Christoph Eggenberger, seit 2001 Leiter der Handschriftenabteilung der Zentralbibliothek Zürich, vorher 25 Jahre verantwortlich für die Bildenden Künste in der Schweizer Kulturstiftung PRO HELVETIA. Titularprofessor für Kunstgeschichte des Mittelalters an der Universität Zürich.

Walter Fanta, geb. 1958 in Spittal an der Drau, lebt in Wien. Studium der Germanistik und Geschichte an den Universitäten Wien, Innsbruck, Klagenfurt. Promotion mit einer Untersuchung zur Werkgeschichte des Romans *Der Mann ohne Eigenschaften* von Robert Musil, Mitarbeit an der Transkription und CD-Edition des Nachlasses von Musil. Lehrtätigkeit an Universitäten in Ungarn und Rumänien. Derzeit Arbeit an der Vorbereitung der kommentierten digitalen Edition des Gesamtwerks von Robert Musil im Internet.

Bernhard Fetz, geb. 1963. Wissenschaftlicher Mitarbeiter am Österreichischen Literaturarchiv. Lehrbeauftragter am Institut für Germanistik der Universität Wien. 1998 Hermann Broch Fellow an der Beinecke Library/Yale University. Mitherausgeber der Albert-Drach-Werkausgabe in zehn Bänden (Wien: Zsolnay). Ausstellungsgestaltungen, Konzeption literarischer und wissenschaftlicher Veranstaltungen. Literaturkritik. Zahlreiche Publikationen vor allem zur Literatur des 20. Jahrhunderts, Studien zur Textgenese. Zuletzt: *Wien Berlin* (Wien: Zsolnay 2001).

László F. Földényi, geb. 1952 in Debrecen (Ungarn), Essayist und Literaturhistoriker, lebt in Budapest und arbeitet als Dozent für Komparatistik an der Eötvös Loránd Universität. Herausgeber der gesammelten Werke von Heinrich von Kleist in ungarischer Sprache. Bücher u. a.: *Melancholie* (München: Matthes & Seitz 1988); *Heinrich von Kleist: Im Netz der Wörter* (München: Matthes & Seitz 1999); *Das Schweißtuch der Veronika. Museumsspaziergänge* (Frankfurt am Main: Suhrkamp 2001).

Erwin Gartner, geb. 1976. Studium der Germanistik und Theaterwissenschaft in Wien. Seit 2000 wissenschaftlicher Mitarbeiter an Forschungsprojekten zu Ödön von Horváth am Österreichischen Literaturarchiv.

Wilhelm W. Hemecker, geb. 1955. Studium der Philosophie, Germanistik und Theologie in Paderborn, Wien und Graz. Seit 1986 Lehrtätigkeit u. a. an den Universitäten Graz, Wien, St. Petersburg. Mitarbeiter des Deutschen Literaturarchivs in Marbach am Neckar. 1994–1996 Assistent am Institut für Germanistik der Universität Wien, seit 1997 Mitarbeiter des Österreichischen Literaturarchivs. Selbständige Publikationen zu Sigmund Freud, Rainer Maria Rilke und Mechtilde Lichnowsky. Aufsätze zur Psychoanalyse und zur Literatur des 20. Jahrhunderts.

Martin Huber, geb. 1963. Lektor am Germanistischen Institut der Universität Wien und seit 1999 Bearbeiter des Nachlasses von Thomas Bernhard in Gmunden. Mehrere Veröffentlichungen zu Thomas Bernhard, z. B.: *Lachphilosoph Bernhard. Zur Schopenhauer-Rezeption im Werk Thomas Bernhards* (Wien: WUV 1992).

Klaus Kastberger, geb. 1963. Wissenschaftlicher Mitarbeiter am Österreichischen Literaturarchiv und Lektor an der Universität Wien; Research Fellow am IFK Wien (WS 02/03). Zahlreiche Aufsätze und Sammelbände zur österreichischen Literatur, Leiter der Veranstaltungsreihe „Grundbücher der österreichischen Literatur ab 1945". Mitherausgeber der „Gesammelten Prosa" Friederike Mayröckers (5 Bände, Frankfurt am Main: Suhrkamp 2001). Zuletzt erschienen: *Reinschrift des Lebens. Friederike Mayröckers „Reise durch die Nacht"* (Wien: Böhlau 2000) und (Hg.): *Ödön von Horváth: Himmelwärts und andere Prosa aus dem Nachlaß* (Frankfurt am Main: Suhrkamp 2001).

Volker Kaukoreit, geb. 1955. Studium der Germanistik und Romanistik in Köln, Rennes und Düsseldorf. Bis 1991 wissenschaftlicher Redakteur der historisch-kritischen Heinrich-Heine-Ausgabe in Düsseldorf. Seit 1992 Mitarbeiter des Österreichischen Literaturarchivs, seit 1996 dessen stellvertretender Leiter. Mehrfache Lehrtätigkeit an amerikanischen Universitäten. Zahlreiche Veröffentlichungen zur Literatur des 19. und 20. Jahrhunderts.

Eberhard Ostermann, geb. 1959. Studium der Germanistik, Philosophie und Publizistik in Münster, Promotion 1989, Habilitation 2000. Hochschuldozent für Literatur am Fachbereich „Kulturwissenschaften und Ästhetische Kommunikation" der Universität Hildesheim. Aufsätze zur deutschen Literaturgeschichte vom 18. bis zum 20. Jahrhundert. Buchveröffentlichungen: *Das Fragment* (München: Fink 1991); *Die Authentizität des Ästhetischen* (München: Fink 2002).

Ulrich Ott, geb. 1939 in Esslingen/Württemberg. Prof. Dr., Direktor des Schiller National Museums und des Deutschen Literaturarchivs Marbach am Neckar.

Robert Pichl, geb. 1944 in Wien. Studium der Germanistik, Klassischen Philologie und Philosophie an der Universität Wien. Professor am Institut für Germanistik der Universität Wien. Veröffentlichungen: *Dualismus und Ambivalenz. Die Dramenschlüsse Schillers und Grillparzers* (Diss., Wien: Braumüller 1972), zahlreiche Publikationen und Herausgeberschaften zu Ingeborg Bachmann, u. a. *Todesarten*-Projekt unter der Leitung von Robert Pichl, hg. von Monika Albrecht und Dirk Göttsche (München, Zürich: Piper 1995).

Burghart Schmidt, geb. 1942, Philosoph. Schüler und Mitarbeiter Ernst Blochs. Professor für Sprache und Ästhetik und Vizepräsident an der Hochschule für Gestaltung in Offenbach am Main. Gastprofessor an der Hochschule für Angewandte Kunst, Wien. Präsident der Ernst-Bloch-Gesellschaft, Ludwigshafen am Rhein. Publikationen u. a. *Postmoderne. Strategien des Vergessens* (Darmstadt: Luchterhand 1986).

Wendelin Schmidt-Dengler, geb. 1942 in Zagreb. Professor am Institut für Germanistik Wien; Gastprofessuren im In- und Ausland. Seit 1996 Leiter des Österreichischen Literaturarchivs, seit 1998 Vorstand der Thomas-Bernhard-Privatstiftung. Herausgeber der Tagebücher Heimito von Doderers. Zahlreiche Publikationen zur deutschen und österreichischen Literatur. Zuletzt erschienen: *Nestroy. Die Launen des Glückes* (Wien: Zsolnay 2001); *Ohne Nostalgie. Zur österreichischen Literatur der Zwischenkriegszeit* (Wien: Böhlau 2002).

Joachim Seng, geb. 1966. Studium der Germanistik an der Johann Wolfgang Goethe-Universität in Frankfurt am Main. Seit 1997 wissenschaftlicher Mitarbeiter im Handschriften-Archiv des Freien Deutschen Hochstifts – Frankfurter Goethe Museum; Schwerpunkt Hofmannsthal-Archiv. Publikationen zu Paul Celan, Hugo von Hofmannsthal, Ernst Beutler und Thomas Mann.

Gisela Steinlechner, Literaturwissenschafterin und Publizistin, Lehrbeauftragte am Institut für Germanistik der Universität Wien. Zuletzt erschienen: *Nichts Wahnwitzigeres als Sprechen und Schreiben,* in: Klaus Amman (Hg.), *Werner Kofler. Texte und Materialien* (Wien: Sonderzahl 2000); *Schweben mit Bodenhaftung. Elfriede Gerstls Reise-Gedichte,* in: *Elfriede Gerstl. Dossier 18* (Graz, Wien: Droschl 2001).

Juliane Vogel, geb. in Mainz. Studium der Germanistik und Anglistik in Wien und Freiburg i. Brsg., Ao. Prof. am Institut für Germanistik der Universität Wien. Veröffentlichungen u. a.: *Elisabeth von Österreich. Momente aus dem Leben einer Kunstfigur* (Wien: Brandstätter 1992); *Die Furie und das Gesetz. Zur Dramaturgie der ‚großen Szene' in der Tragödie des 19. Jahrhunderts* (Freiburg/B.: Rombach 2002). Zahlreiche Aufsätze zur Literatur des Fin de siècle und zur österreichischen Gegenwartsliteratur.

Dieses Buch erscheint begleitend zu der vom Österreichischen Literaturarchiv gestalteten Ausstellung „Die Teile und das Ganze. Bausteine der literarischen Moderne in Österreich“:

Deutsches Literaturarchiv Marbach (10.5.–31.10.2003)
Prunksaal der Österreichischen Nationalbibliothek (13.5.–31.10.2004)

Für die Überlassung von Leihgaben gilt unser Dank:
Traudl Bayer (Wien), Gerhard Rühm (Köln), Dominik Steiger (Wien), Heimrad Bäcker (Linz), Dr. Gerda Barth, Leiterin der Plakatsammlung der Wiener Stadt- und Landesbibliothek, Dr. Hermann Böhm, Leiter der Handschriftensammlung der Wiener Stadt- und Landesbibliothek, Prof. Dr. Christoph Eggenberger, Leiter der Handschriftenabteilung der Zentralbibliothek Zürich, Dr. Peter Fabjan, Thomas-Bernhard-Privatstiftung, Dr. Martin Huber, Thomas-Bernhard-Archiv (Gmunden), Dr. Ernst Gamillscheg, Leiter der Handschriften-, Autographen- und Nachlaßsammlung der Österreichischen Nationalbibliothek, Prof. Dr. Ulrich Ott, Leiter des Deutschen Literaturarchivs Marbach am Neckar, Dr. Joachim Seng, Handschriften-Archiv des Freien Deutschen Hochstifts – Frankfurter Goethe Museum

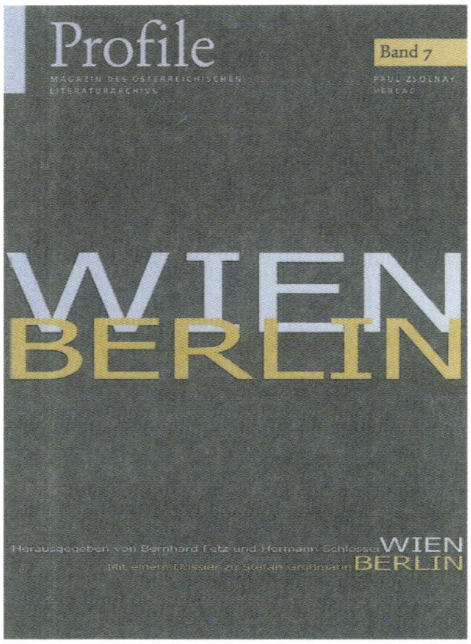

Profile Band 7

Wien Berlin

Mit einem Dossier zu Stefan Großmann

Herausgegeben von Bernhard Fetz und Hermann Schlösser

2001
Englische Broschur, 288 Seiten, Paperback
EUR 18,40 (A) / EUR 17,90 (D) / SFR 31,20
ISBN 3-552-04993-2

Weder die Berliner Publizistik noch Theater oder Film der Krisenjahre 1918–1933 sind denkbar ohne die Präsenz von Wiener Künstlern und von durch Wien vermittelten Genres. Berlin wiederum war für die Wiener Reibebaum, Faszinosum und Existenzgrundlage: als Stadt des schnellen Geld- und Bilderflusses, als Stadt der fortgeschrittensten Unterhaltungs- und Medienindustrie. Der Band enthält Essays zu Literatur und Publizistik, zu Film und Reklame, zu Musik und Theater im Spannungsfeld der beiden Metropolen zwischen 1918 und 1933. Er bringt einen Anhang mit aktuellen essayistischen Texten von SchriftstellerInnen zu Berlin bzw. Wien, und er enthält ein umfangreiches Dossier zum Wiener Schriftsteller und Publizisten Stefan Großmann, dem Herausgeber des *Tage-Buch,* einer der wichtigsten Zeitschriften der Weimarer Republik: Sichtbar wird das Geflecht von sich überlagernden und konkurrierenden Diskursen und Mentalitäten, von Städtebildern und Austauschbeziehungen.

Mit Beiträgen u. a. von Albrecht Betz, Elfriede Czurda, Bernhard Fetz, Christian Jäger, Thomas Köstner, Christian Maryška, Kathrin Röggla, Daniela Sannwald, Hermann Schlösser, Wendelin Schmidt-Dengler, Sabine Scholl, Ginka Steinwachs, Gregor Streim, Klaus Völker, Hartmut Vollmer, John Warren, Christina Wesemann-Wittgenstein.

Profile Band 8

Ödön von Horváth. Unendliche Dummheit – dumme Unendlichkeit

Mit einem Dossier „Geborgte Leben. Horváth und der Film“

Herausgegeben von Klaus Kastberger

2001
Englische Broschur, 264 Seiten, Paperback
EUR 18,40 (A) / EUR 17,90 (D) / SFR 31,20
ISBN 3-552-04994-0

Ödön von Horváth (1901–1938) ist ein moderner Klassiker: Der Roman *Jugend ohne Gott* gehört zu den meistgelesenen Büchern der deutschsprachigen Literatur, Stücke wie *Glaube Liebe Hoffnung* oder *Kasimir und Karoline* entfalten unverminderte Bühnenwirkung. Unvergessen ist der tragische Tod des Autors auf den Pariser Champs-Élysées; unvergessen ist aber auch die schlichte Eindringlichkeit der Horváthschen Sätze, wie im Motto der *Geschichten aus dem Wiener Wald:* „Nichts gibt so sehr das Gefühl der Unendlichkeit als wie die Dummheit.“

Ausgehend vom Nachlaßbestand Horváths am Österreichischen Literaturarchiv bieten im vorliegenden Band renommierte Experten fundierte Analysen und originelle Interpretationsansätze. Zahlreiche Fotos machen das Leben des Autors, ausgewählte Faksimiles dessen hochmoderne Arbeitsweise anschaulich. Ein besonderer Akzent wird auf aktuelle Horváth-Inszenierungen unter anderem von Kušej, Marthaler und Kriegenburg gelegt. Ein ausführliches Dossier zum Thema „Horváth und der Film“ fördert neue Erkenntnisse zu diesem für das Verständnis von Horváths Spätwerk essentiellen Werkabschnitt zutage.

Mit Beiträgen von Kurt Bartsch, Johanna Bossinade, Ingrid Haag, Jürgen Hein, Klaus Kastberger, Hajo Kurzenberger, Helmut Lethen, Karl Müller, Evelyne Polt-Heinzl, Christine Schmidjell, Wendelin Schmidt-Dengler, Jürgen Schröder, Johann Sonnleitner.

Profile Band 9

Frauen verstehen keinen Spaß

Herausgegeben von Daniela Strigl

2002
Klappbroschur, 248 Seiten, Paperback
EUR 18,40 (A) / EUR 17,90 (D) / SFR 31,20
ISBN 3-552-05207-0

Frauen und Humor: nach dem Vorurteil vieler (Männer) eine nichtexistente Beziehung. Nicht nur die Frauenbewegung wird der humorlosen Verbissenheit verdächtigt, sondern das ganze weibliche Geschlecht und mit ihm das, was Schriftstellerinnen schreiben. Ist da etwas Wahres dran? Oder wird weiblicher Witz einfach nicht wahrgenommen? Und gibt es nicht Zustände, bei denen einem das Lachen vergeht?

In diesem Band geht es ganz streng zu: Ausschließlich Frauen schreiben – zum Beispiel über schreibende Frauen. Die Essays befassen sich unter anderem mit dem neuen deutschen Unterhaltungsroman und dem Frauenkrimi, dem Mauerblümchendasein von Frauen im Literaturbetrieb und der Veränderung der feministischen Diskussion in den vergangenen 25 Jahren. Portraits sind Schriftstellerinnen wie Marlen Haushofer, Dorothea Zeemann, Helen Meier, Sarah Kane, Patricia Highsmith und Hannah Arendt gewidmet. Zusammen mit Collagen und Bildgeschichten widerlegen auch die literarischen Originalbeiträge souverän den Titel des Bandes.

Mit Beiträgen von Elke Brüns, Dubravka Ugrešić, Marie Darrieussecq, Herta Müller, Margret Kreidl, Helga Glantschnig, Brigitta Falkner, Ilse Aichinger, Luise F. Pusch, Margit Schreiner, Christine Schmidjell, Christa Gürtler, Daniela Strigl, Sabine Zelger, Dorothea Zeemann, Barbara Rohrer, Doris Gercke, Katarina Düringer, Beatrice von Matt, Doris Krumpl, Cornelia Niedermeier, Ágnes Heller und einer Umfrage unter Beteiligung u. a. von Felicitas Hoppe, Barbara Frischmuth, Sabine Scholl, Eva Rossmann, Christine Grän, Christina Thürmer-Rohr, Sabine Gruber, Kathrin Röggla, Monika Maron und Ginka Steinwachs.